Timm Eichenberg, Martin Hahmann, Olga Hördt, Maren Luther, Thom

Personalmanagement, Führung und Change-Management

Lehr- und Klausurenbücher der angewandten Ökonomik

Herausgegeben von
Prof. Dr. Michael Vorfeld und Prof. Dr. Werner A. Halver

Band 7

Timm Eichenberg, Martin Hahmann,
Olga Hördt, Maren Luther,
Thomas Stelzer-Rothe

Personalmanagement, Führung und Change-Management

Fallstudien, Klausuren, Übungen und Lösungen

DE GRUYTER
OLDENBOURG

ISBN 978-3-11-048080-1
e-ISBN (PDF) 978-3-11-048186-0
e-ISBN (EPUB) 978-3-11-048203-4
ISSN 2364-2920

Library of Congress Control Number: 2018964975

Bibliografische Information der Deutschen Nationalbibliothek
Die Deutsche Nationalbibliothek verzeichnet diese Publikation in der Deutschen
Nationalbibliografie; detaillierte bibliografische Daten sind im Internet über
http://dnb.dnb.de abrufbar.

© 2019 Walter de Gruyter GmbH, Berlin/Boston
Satz: le-tex publishing services GmbH, Leipzig
Druck und Bindung: CPI books GmbH, Leck

www.degruyter.com

Vorwort

In der vorliegenden Publikation steht – analog zum Fallstudien-, Klausuren- und Übungsbuch „Unternehmensführung" – das fiktive Startup „KaffeeLeben GmbH" im Mittelpunkt. Dieses junge Unternehmen, das in mehreren norddeutschen Hansestädten Cafés betreibt, hat seine Vision, seine Mission und seine Ziele festgelegt. Es verfügt über eine Strategie. Es hat sich mit der Strategieanalyse, mit der Strategieentwicklung und mit der Strategieimplementierung erfolgreich auseinandergesetzt. Ob nun die implementierte Strategie umgesetzt wird, hängt nicht nur von den Konzepten und Instrumenten der Strategischen Kontrolle ab, sondern muss sich im betrieblichen Handeln durch die Funktionen des Personalmanagements und der Führung des Personals, gleichermaßen strategisch und operativ, bewähren. Darüber hinaus gilt es immer wieder, die betriebliche Praxis zu verbessern, möglicherweise zu hinterfragen respektive diese zu verändern. Mit diesen betriebspraktischen Herausforderungen setzt sich diese Schrift auseinander.

Im ersten Kapitel werden vornehmlich die administrativen Angelegenheiten der Personalarbeit thematisiert. Personalmanagement ist in die Unternehmensziele eingebunden und unterstützt diese. Dabei spielen die rechtlichen Rahmenbedingungen eine wesentliche Rolle. Managementprozesse sind stets in Planung, Durchführung und Kontrolle eingebunden. Nicht anders ist dies beim Personalmanagement: Kompetenzanforderungen und Personalbestände müssen geplant werden, wozu ausgewählte qualitative und quantitative Methoden angewandt werden. Beschaffungswege werden evaluiert, um anschließend die geeigneten Konzepte und Instrumente der Personalauswahl einzusetzen. Mitarbeiter in Unternehmen haben das Recht auf eine Personalbeurteilung; aber auch aus betriebswirtschaftlicher Perspektive sollte überprüft werden, welche Methoden der Beurteilung effektiv und effizient sind. Materielle und immaterielle Anreizsysteme bilden den Kern der Personalvergütung. Dabei hat die Entwicklung des Personals eine stark immaterielle Bedeutung. Zu beachten ist, dass die Personalentwicklung gleichermaßen den Zielen des Unternehmens und den Zielen der Mitarbeiter gerecht werden sollte. Besonders sensibel ist die Personalfreisetzung zu beurteilen; werden doch hier existenzielle Lebensbereiche tangiert. Die sozialverträgliche Entlassung von Personal bedarf gleichermaßen einer rechtlichen Normierung und eines angemessenen personalökonomischen Kalküls. Schließlich trägt das Personalcontrolling dazu bei, die Prämissen des Personalmanagements auf den Ebenen der Durchführung und der Realisation zu messen und zu reflektieren.

Der Fokus des zweiten Kapitels liegt in der verhaltenswissenschaftlichen Fundierung des Beschreibens, Erklärens und des Gestaltens von Führungsprozessen. Es gibt Konzepte und Instrumente von Führung. Zunächst zu den Konzepten: Die Bestimmungsgrößen (z. B. Motivation, Erwartungen, Rollen, Interaktion) des Führungsverhaltens von Vorgesetzten und Mitarbeitern werden über die Eigenschafts-, Verhaltens- und Situationsansätze hergeleitet. Diese Ansätze bilden die Grundlage für Handlungs-

https://doi.org/10.1515/9783110481860-201

empfehlungen und Beurteilung von Führungsstilmodellen. Zu den Instrumenten der unmittelbaren Führung gehören Gespräche auf der Mitarbeiter- und auf der Team-ebene.

Insgesamt kann Führung als eine beabsichtigte Verhaltensbeeinflussung des Personals verstanden werden. Gelungene Führung basiert auf der unmittelbaren, zumindest mittelbaren Akzeptanz. Damit wird ein wesentlicher Bezugspunkt zum Change-Management hergestellt, welches im dritten und letzten Kapitel behandelt wird. Gelungene Veränderungsprozesse basieren auf Akzeptanz und auf der aktiven Mitge-staltung der Organisationsmitglieder. Entsprechend liegt der Fokus dieses Kapitels auf der verhaltenswissenschaftlichen Fundierung des Beschreibens, Erklärens und des Gestaltens von organisationalen Veränderungsprozessen. Auch hier gibt es Konzep-te und Instrumente. Zu den Konzepten: Hier werden Change-Management-Modelle, Veränderungspotenziale, aber auch Reaktanz sowie typische Veränderungsphasen hergeleitet. Zu den Instrumenten des Veränderungsmanagement gehören die Kom-munikation, die Beteiligung und die Qualifikation.

Das vorliegende Übungs- und Klausurenbuch besteht aus Aufgaben, die in der Vergangenheit im Rahmen von Prüfungen zum Einsatz kamen, sowie den zugehörigen Lösungen. Zu jedem Gliederungspunkt gibt es neben den Übungsaufgaben eine Frage-stellung zur durchgehenden Fallstudie „KaffeeLeben GmbH", welche sich sukzessive im Buch entwickelt. Zu Beginn des Buches wird das Fallstudienszenario beschrieben. Für die Fallstudie finden sich keine vollständigen Lösungen, sondern Anregungen zur Diskussion eines Lösungsweges. Wir empfehlen Studierenden insbesondere die Fall-studie in Lerngruppen zu bearbeiten und zu diskutieren. Außerdem werden aufga-benbezogene Literaturhinweise angeführt, die konkrete Empfehlungen zum vertief-ten selbstständigen Studium geben sollen. Des Weiteren ist jede Aufgabe mit einer Angabe zum angestrebten Niveau sowie zum zeitlichen Arbeitsumfang versehen. Wir wünschen Ihnen viel Erfolg bei Ihrem Studium mit der Unterstützung dieses Buches und freuen uns auch über Ihr Feedback!

Mülheim (Ruhr), Braunschweig, Hagen und Hameln im Februar 2019

Inhalt

„Fallstudie KaffeeLeben GmbH": Szenariobeschreibung

Über die KaffeeLeben GmbH

Kaffee war immer schon ihre Leidenschaft – schon während ihres BWL-Studiums in Hamburg verbrachte Florentine Gutmann viele Stunden in der Woche in campusnahen Cafés, um sich dort abseits der Ablenkungen und Störungen ihrer Wohngemeinschaft auf Prüfungen vorzubereiten und Hausarbeiten zu schreiben. Auch ihren heutigen Geschäftspartner, Roman Fertig, hat sie dort bereits während der Studienzeit kennen gelernt. Nach ihrem Studium arbeitete Florentine zunächst in einem großen, internationalen Nahrungsmittelkonzern, wo sie für den deutschlandweiten Vertrieb von Gummibärchen verantwortlich war. Nach einigen Jahren traf sie zufällig bei einem abendlichen Besuch eines amerikanischen Schnellrestaurants ihren alten Freund Roman wieder, der nach seiner Ausbildung zum Groß- und Außenhandelskaufmann inzwischen bei einem der größten Kaffeeimporteure Deutschlands im Bereich „Import Südamerika" tätig war. Beim gemeinsamen Verzehr von Burgern und Shakes stellte sich heraus, dass beide noch nicht das Gefühl hatten, mit ihren bisherigen und durchaus erfolgreichen Karriereschritten ihren „Traumberuf" gefunden zu haben, stattdessen aber damit liebäugelten, ein Unternehmen zu gründen.

Zwei Jahre später, im Jahr 2007, gründeten Florentine Gutmann und Roman Fertig das erste „KaffeeLeben" in Hamburg, ein „Coffeehouse" nach amerikanischem Vorbild, aber mit hanseatischem Charakter. Die hanseatische Kaffeekultur zeichnet sich bei KaffeeLeben vor allem dadurch aus, dass Florentine und Roman der Frische und der Geschmacksqualität ihrer Produkte außerordentlichen Wert beimessen. Bei KaffeeLeben kann der Kunde bei der Bestellung seiner Kaffeespezialität die für ihn geschmacklich gewünschte Röstung auswählen. Zusätzlich erhält er über ansprechend aufbereitete Schautafeln Informationen über Herkunft, Anpflanzung und Ernte der jeweiligen Röstung. Bei allen Röstungen achtet KaffeeLeben besonders darauf, dass die jeweilige Plantage als „fair" zertifiziert ist. Die Produktvariation der Kaffeespezialitäten erfolgt ausschließlich über die verschiedenen Röstungen und beschränkt sich auf „traditionelle" Zubereitungen wie Espresso, Americano, Cappuccino oder Latte Macchiato. Geschmacksveränderte Sirupvariationen werden im Gegensatz zur Konkurrenz bewusst nicht angeboten, um das Kaffee-Erlebnis pur, unverfälscht und gesünder zu halten. Die Preisgestaltung bewegt sich bei KaffeeLeben auf höherem Niveau. Dafür erhalten die Gäste neben einem Kaffee, der sich angenehm vom üblichen „Ketten-Kaffee" absetzt, ein stilvolles Ambiente, welches den Stil hanseatischer Handelskontore in gemütlicher Art und Weise nachahmt.

Die Kunden von KaffeeLeben sind zunächst private Konsumenten, die sich eine Auszeit gönnen – sowohl zum Freunde treffen, zum alleinigen Genießen oder aber

https://doi.org/10.1515/9783110481860-001

als klassische Pause während der Arbeitszeit. Die Gründer wollten ein ausgefeiltes Konzept für unterschiedliche Zielgruppen entwickeln. Das Konzept kam auch bei der Bank gut an, denn obwohl beide Gründer gemeinsam über etwas Startkapital verfügten, konnte das Unternehmen nur aufgebaut werden, wenn sie die Zusage für einen Kredit erhielten.

Seit dem Gründungsjahr kann die KaffeeLeben GmbH stolz auf ihre regionale Expansion zurückblicken. Inzwischen gibt es zehn Filialen: 5 in Hamburg, 3 in Bremen und 2 in Lübeck. Die Standortwahl war dabei ein entscheidender Faktor für Roman und Florentine, um das Markenerlebnis konsistent zu halten. So sind alle bisherigen Filialen in Hansestädten entstanden. Ebenfalls befinden sich die KaffeeLeben-Filialen stets außerhalb der Innenstädte in belebten Stadtteilen: Der Kunde soll die Möglichkeit haben, sich in Ruhe und in der Nähe seiner Wohnung mit Freunden oder Familie zu einem Kaffee zu treffen. Innenstadtlagen vermeidet die KaffeeLeben hingegen, da in Innenstädten in der Regel schon ausreichend Cafés vorhanden und die Ladenmieten überdurchschnittlich hoch sind. In den Stadtteillagen hat die KaffeeLeben hingegen sehr guten Anklang gefunden, das Konzept ist aufgegangen.

Die „hanseatischen Tugenden" werden von Florentine und Roman jedoch nicht nur in der Gestaltung der Kaffeeläden aufgegriffen. Auch im Management des Unternehmens spiegeln sich diese Werte wider. Das hanseatische Verständnis des „ehrbaren Kaufmanns" folgt einer an Werten orientierten Unternehmerschaft. Ehrliches und verlässliches Handeln gegenüber Partnern sowie langfristig ausgerichtetes und solides Wirtschaften sind die Grundpfeiler der KaffeeLeben GmbH von Beginn an.

1 Personalmanagement

1.1 Grundlagen des Personalmanagements

Fallstudie KaffeeLeben – Aufgabe F1

Wissen, Verstehen, Anwenden, Transfer
20 Minuten

1. Fragestellung

Mittlerweile verfügt die KaffeeLeben über zehn Filialen in drei Städten. Dies war natürlich nicht immer so. Kurz vor Eröffnung der ersten Filiale, die die beiden Gründer nach dem „Stammhaus" eröffneten, unterhalten sich Roman Fertig und Florentine Gutmann das erste Mal über das Thema „Personal": „Der ganze Papierkrieg mit den Einstellungsunterlagen und Gehaltsabrechnungen ist ganz schön aufwendig", monierte Roman. „Ich glaube, wir sollten jemanden einstellen, der uns diesen ganzen Personalkram abnimmt, dann haben wir mehr Zeit für's Geschäft!" Florentine erwiderte: „Ich glaube auch, dass wir hier Unterstützung gut gebrauchen könnten. Allerdings würde ich das nicht als ‚Personalkrams' abtun. Gute Personalarbeit wird für unser Unternehmen sehr wichtig sein." Roman hatte ein großes Fragezeichen auf der Stirn und so fuhr Florentine fort: „Na überleg mal: Wenn wir wollen, dass sich unsere Gäste so richtig wohl fühlen, dann wird das nur funktionieren, wenn unsere Mitarbeiter im KaffeeLeben eine gute Atmosphäre ausstrahlen. Und das wird nur so sein, wenn sie sich ebenfalls bei uns als ihrem Arbeitgeber wohlfühlen und gerne zur Arbeit kommen. Personalarbeit ist eben mehr als nur ‚Formularwesen und Gehaltsabrechnungen'!" „So habe ich das noch nicht betrachtet", entgegnete Roman, „aber Du hast Recht. Wir müssen uns überlegen, wie wir gute Leute zu uns bekommen. Sie könnten schließlich den gleichen Job bei der amerikanischen Konkurrenz gegenüber machen, wenn es ihnen dort besser gefällt." Florentine schlug vor, zunächst ein „Grundkonzept" zu entwickeln, in Form einer Personalstrategie und den wichtigsten Funktionen, die ein Personalmanagement bei KaffeeLeben erfüllen müsste.

(a) Erläutern Sie zunächst allgemein, wie sich eine Personalstrategie aus der Unternehmensstrategie ableitet und wie sich die Personalstrategie zum Personalmanagement abgrenzen lässt.

(b) Skizzieren Sie erste Inhalte einer möglichen Personalstrategie für die KaffeeLeben GmbH.

(c) Welche Funktionen des Personalmanagements gibt es?

https://doi.org/10.1515/9783110481860-002

2. Anregungen für Ihre Diskussion der Lösung

(a) Das Personalmanagement unterstützt das Unternehmen bei der Umsetzung seiner Strategien. Insofern sollten die Aktivitäten des Personalmanagements im Sinne einer Personalstrategie aus der Unternehmensstrategie abgeleitet werden. Abbildung 1.1 verdeutlicht die Zusammenhänge zunächst allgemein:

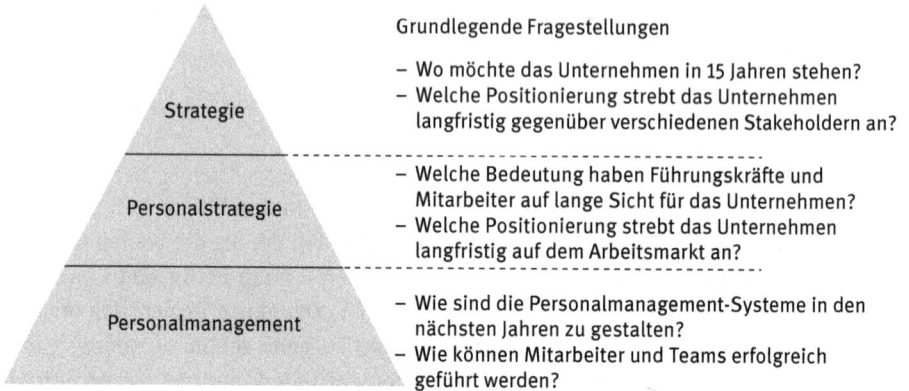

Grundlegende Fragestellungen

Strategie
– Wo möchte das Unternehmen in 15 Jahren stehen?
– Welche Positionierung strebt das Unternehmen langfristig gegenüber verschiedenen Stakeholdern an?

Personalstrategie
– Welche Bedeutung haben Führungskräfte und Mitarbeiter auf lange Sicht für das Unternehmen?
– Welche Positionierung strebt das Unternehmen langfristig auf dem Arbeitsmarkt an?

Personalmanagement
– Wie sind die Personalmanagement-Systeme in den nächsten Jahren zu gestalten?
– Wie können Mitarbeiter und Teams erfolgreich geführt werden?

Abb. 1.1: Relevanz der Unternehmensstrategie für das Personalmanagement, Quelle: Stock-Homburg, Ruth (2013: 10).

(b) Für eine Personalstrategie der KaffeeLeben könnten zum Zeitpunkt des dargestellten Dialogs – unmittelbar vor Eröffnung der ersten Filiale – folgende Inhalte, aber nicht ausschließlich diese, relevant sein:
–   Ausrichtung der Personalbedarfsplanung und -einstellung an weiteren Expansionsplänen des Unternehmens,
–   Bekanntmachen von KaffeeLeben als attraktiver Arbeitgeber in der Branche,
–   Entwickeln von Karriereperspektiven für die wesentlichen Beschäftigtengruppen,
–   Sicherstellung der Qualifizierung der neu einzustellenden Mitarbeiter, vor allem mit Blick auf gleichbleibend hohe Kaffeequalität und Beibehaltung der hohen Kundenzufriedenheit auch in neuen Filialen,
–   Systematisierung der Personalbeurteilung und von Feedbacksystemen, da nicht mehr alle neuen Mitarbeiter direkt von einem der beiden Gründer geführt werden können,
–   Etablierung eines KaffeeLeben-typischen Führungsstils, welcher eine Konsistenz zur Unternehmenskultur aufweist,
–   Antizipation von Betriebsratsgründungen bei zunehmender Belegschaft,
–   …

(c) Funktionen des Personalmanagements sind im Wesentlichen:
–   Personalplanung
–   Personalbeschaffung und Personalmarketing

- Personalauswahl
- Personalbeurteilung
- Personalvergütung und Anreizsysteme
- Personal- bzw. Mitarbeiterführung
- Personalentwicklung
- Personalfreisetzung
- Personalcontrolling

3. Literaturempfehlungen

Bartscher, Thomas et al. (2012): Personalmanagement: Grundlagen, Handlungsfelder, Praxis, München, S. 50–54 sowie S. 130–137.

Berthel, Jürgen/Becker, Fred G. (2017): Personal-Management: Grundzüge für Konzeptionen betrieblicher Personalarbeit, 11. Aufl., Stuttgart, S. 13–27 sowie S. 771–780.

Kolb, Meinulf (2010): Personalmanagement: Grundlagen und Praxis des Human Resources Managements, 2. Aufl., Wiesbaden, S. 60–67.

Scholz, Christian (2014): Grundzüge des Personalmanagements, 2. Aufl., München, S. 1–41.

Stock-Homburg, Ruth (2013): Personalmanagement. Theorien – Konzepte – Instrumente, 3. Aufl., Stuttgart, S. 6–20.

Aufgabe 1: Definition und Gegenstand des Personalmanagements

Wissen, Verstehen
10 Minuten

---

1. Fragestellung

Erläutern Sie, was unter dem Begriff Personalmanagement zu verstehen ist.

2. Lösung

Personalmanagement setzt sich aus den beiden Wörtern *Personal* und *Management* zusammen. Eine einheitlich gebrauchte Definition des Begriffs hat sich in den Standardwerken der Fachliteratur nicht durchgesetzt. Es existiert deshalb kein einheitliches Begriffsverständnis, sondern eine Reihe von verschiedenen Definitionsansätzen.

Unter dem Kollektivsingular *Personal* werden nach Oechsler (2011: 1) *„die in jeder Art von Organisationen in abhängiger Stellung arbeitenden Menschen*[1] *bezeichnet, die innerhalb einer institutionell abgesicherten Ordnung eine Arbeitsleistung gegen Entgelt erbringen"*.

---

[1] Freiberufliche Berater, Leiharbeiter und auch die neue Gruppe der sogenannten Crowdworker sind Gegenstand des Personalmanagements, gehören jedoch nach arbeitsrechtlicher Definition nicht zu den „abhängig Beschäftigten", vgl. dazu § 5 BetrVG.

Das Ziel des Personalmanagements ist die Verwirklichung der wirtschaftlichen und sozialen Unternehmensziele unter Berücksichtigung des ökonomischen Prinzips.

Aus betriebswirtschaftlicher Sicht ist Personal ein dispositiver Produktionsfaktor und für den Unternehmenserfolg von großer Bedeutung. Organisationen sind also auf Personal angewiesen. Das Personal wiederum ist einerseits auf das Entgelt zur Bestreitung des Lebensunterhalts angewiesen (es sei denn, es wurde viel geerbt oder reich geheiratet – dies ist eher selten der Fall) und damit in gewisser Weise abhängig vom Unternehmen. Darüber hinaus ist Arbeit andererseits auch sinnstiftend und ermöglicht soziale Kontakte. Arbeit verschafft Status, steigert das Prestige und vermittelt soziale Anerkennung. Insofern hat Arbeit auch neben der Sicherung des Lebensunterhalts vielfältige weitere Funktionen. Personal muss aber auch für den Prozess der Arbeit motiviert werden, Anreize zur Verfolgung der Unternehmensziele müssen gesetzt werden, Personal muss gesteuert werden, es muss, wie es umgangssprachlich häufig heißt, „gemanagt" werden.

Was aber genau bezeichnet der Begriff Management? Beim Begriff des *Managements* kann die *institutionelle* und die *funktionelle* Perspektive unterschieden werden. Management als Institution umfasst den Personenkreis, der mit Managementaufgaben betraut ist. Angefangen vom Meister bis zum Vorstand.

Management als Funktion bezeichnet den Kranz von Aufgaben und Prozessen, die zur Steuerung eines Unternehmens notwendig sind. In der Managementliteratur haben sich für die funktionelle Perspektive die vier Kategorien *Planung, Organisation, Mitarbeiterführung* und *Controlling* etabliert. Der Begriff Personalmanagement umfasst folglich die Aufgaben von der Planung bis zum Controlling des Faktors Personal.

Wie Becker und Berthel (2013: 13) betonen, ist Personalmanagement nicht einzig die Aufgabe der Personalabteilung, sondern Teil eines übergreifenden Managementsystems, in dem alle Unternehmensbereiche und Führungsfunktionen vernetzt sind und als Ganzheit betrachtet werden. Dieses Managementsystem muss auf der oberen Managementebene verortet werden.

3. Hinweise zur Lösung

Neben dem Begriff des Personalmanagements werden Begriffe wie beispielsweise Personalwirtschaft oder Human Resources Management synonym verwendet.

Die Veränderung der Begrifflichkeiten liegt u. a. auch an dem veränderten Selbstverständnis des Personalmanagements. In der Phase der Bürokratisierung, die in den 1960er-Jahren zu verorten ist, bestand Personalarbeit hauptsächlich in der Pflege der Personalakten sowie der Lohn- und Gehaltsabrechnung und wurde als Personalwesen/Personalwirtschaft bzw. Personalarbeit bezeichnet.

Der Begriff des Personalmanagements entwickelte sich erst in den 1980er- bzw. 1990er-Jahren, als die Bedeutung des Humanfaktors Mensch für den Unternehmenserfolg an Bedeutung gewann, die strategische Funktion von Personalarbeit erkannt wurde und das Personalmanagement mit den übrigen betrieblichen Teilfunktionen gleichgestellt wurde.

4. Literaturempfehlungen

Berthel, Jürgen/Becker, Fred G. (2017): Personal-Management, 11. Aufl., Stuttgart, S. 13–27.

Drumm, Hans J. (2008): Personalwirtschaft, 6. Aufl., Heidelberg, S. 9.

Jung, Hans (2017): Personalwirtschaft, 10. Aufl., Berlin, S. 7 f.

Klimecki, Rüdiger/Gmür, Markus (2005): Personalmanagement, 3. Aufl., Stuttgart, S. 1–22.

Meckl, Reinhard (2010): Personalmanagement, in: Scholz, Christian (Hrsg.), Vahlens Großes Perso-nallexikon, München, S. 898 f.

Oechsler, Walter A. (2011): Personal und Arbeit, 9. Aufl., München, S. 1.

Pössel, Anne et al. (2007): Führung von Führungskräften, Saarbrücken, S. 6–10.

Scherm, Ewald/Süß, Stefan (2010): Personalmanagement, 2. Aufl., München, S. 3 ff.

Aufgabe 2: Ziele des Personalmanagements

Wissen, Verstehen
15 Minuten

1. Fragestellung

Erläutern Sie das Zielbeziehungssystem von wirtschaftlichen und sozialen Zielen im Personalmanagement.

2. Lösung

Im Personalmanagement werden wirtschaftliche und soziale Ziele unterschieden. Die wirtschaftlichen und sozialen Ziele stehen nicht unvermittelt nebeneinander, sondern sind in ein Zielbeziehungssystem eingebettet, welches entweder als komplementär, konkurrierend oder indifferent bezeichnet werden kann.

Wirtschaftliche Ziele beziehen sich auf ein günstiges Verhältnis von Aufwand und Ertrag sowie auf die langfristige Gewinnmaximierung und die Kostenminimierung. Sie werden in erster Linie von der Unternehmensleitung verfolgt. Wirtschaftliche Ziele können beispielsweise durch Senkung der Personalkosten, Abbau von Personal oder Steigerung der Mitarbeiterleistung erreicht werden.

Soziale Ziele beziehen sich demgegenüber auf Bedürfnisse, Erwartungen und Interessen der Beschäftigten. Soziale Ziele können beispielsweise durch Steigerung der Arbeitszufriedenheit, menschengerechte Gestaltung des Arbeitsplatzes, eine leis-tungsgerechte Bezahlung, Arbeitszeitverkürzung sowie Maßnahmen zur Förderung des Wohlergehens der einzelnen Mitarbeiter erreicht werden, zum Beispiel durch den

Ausbau des Gesundheitsschutzes oder die Reduzierung von Belastungen. Im Rahmen des gesellschaftlichen Wertewandels und der zunehmenden psychischen Belastung am Arbeitsplatz gewinnen Konzepte zur Work-Life-Balance an Bedeutung für die Verwirklichung sozialer Ziele.

In welchem Verhältnis soziale und wirtschaftliche Ziele zueinander stehen, ist eine Frage des Einzelfalls und hängt von der jeweils konkret betrachteten Maßnahme ab. Dabei kann auch der zeitliche Beurteilungshorizont eine Rolle spielen.

In einem konkurrierenden Verhältnis stehen beispielsweise das wirtschaftliche Ziel „Senkung der Personalkosten durch Erhöhung der wöchentlichen Arbeitszeit von 35 Stunden auf 38,5 Stunden" und das soziale Ziel „Arbeitszeitverkürzung bei vollem Lohnausgleich".

Ein konkurrierendes Ziel kann sich unter einer veränderten Perspektive in ein komplementäres Ziel verwandeln. So kann beispielsweise die Verbesserung des Gesundheitsschutzes (soziales Ziel) Kosten verursachen und damit zu Lasten des wirtschaftlichen Ziels (Kostenminimierung) gehen – so die kurzfristige Betrachtung. In längerfristiger Betrachtung fördert die Erhöhung des Gesundheitsschutzes das Wohlergehen der Mitarbeiter und kann die Fluktuations- und Krankheitsquoten senken und damit wiederum zum Erreichen des wirtschaftlichen Ziels beitragen.

Eine indifferente Zielbeziehung besteht, wenn eine Maßnahme zwar eine Zielkategorie beeinflusst, die andere davon aber unberührt bleibt. So wäre beispielsweise eine durch Gesetzesänderung verstärkte Einräumung von Mitbestimmungsrechten zwar eine Förderung des sozialen Ziels, ohne damit aber zugleich einen Einfluss auf das wirtschaftliche Ziel erwarten zu lassen. Dieses Beispiel wurde aus didaktischen Gründen gewählt, ungeachtet der Tatsache, dass aus Sicht der Arbeitgeberverbände bzw. der Gewerkschaften die Zielbeziehung in diesem Fall umstritten ist.

3. Hinweise zur Lösung

In welchem Ausmaß soziale Ziele verwirklicht werden, hängt unter anderem von der Stärke der Tarifpartner ab, und davon, ob ein Betriebsrat besteht und wie machtvoll dieser ist. Letztlich liegt die Verwirklichung von sozialen und wirtschaftlichen Zielen immer im Spannungsfeld der Arbeitgeber-Arbeitnehmer-Beziehungen und stellt ein Austarieren von Interessen dar.

Das Zielbeziehungssystem in seiner grafischen Darstellung ist in Abbildung 1.2 ersichtlich.

4. Literaturempfehlungen

Drumm, Hans J. (2008): Personalwirtschaft, 6. Aufl., Heidelberg, S. 29 ff.

Grieger, Jürgen (2004): Ökonomisierung in Personalwirtschaft und Personalwirtschaftslehre. Theoretische Grundlagen und praktische Bezüge, Wiesbaden, S. 271–275.

Jung, Hans (2017): Personalwirtschaft, 10. Aufl., Berlin, S. 11–18.

Mag, Wolfgang (1998): Einführung in die betriebliche Personalplanung, 2. Aufl., München, S. 57–62.

Olfert, Klaus (2012): Personalwirtschaft, 15. Aufl., Herne, S. 33 f.

Zielerreichungsgrad Ziel 1

indifferent

komplementär

indifferent

konkurrierend

Zielerreichungsgrad Ziel 2

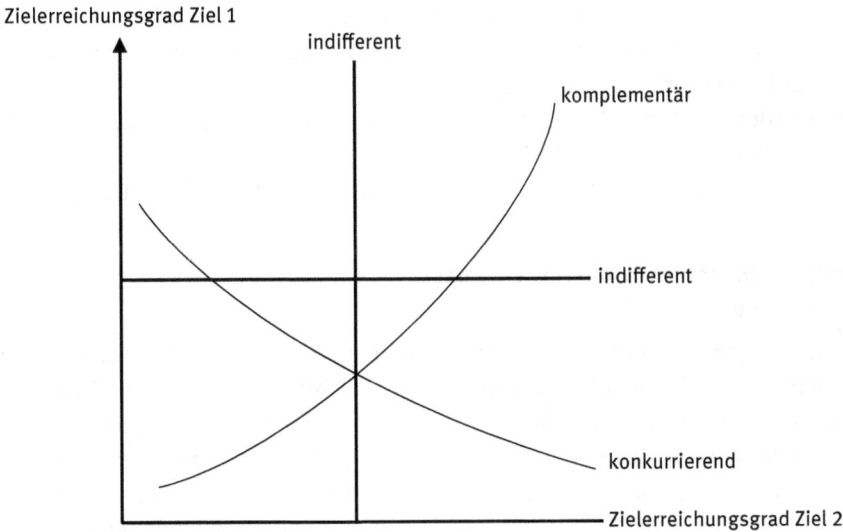

Abb. 1.2: Das Zielbeziehungssystem, Quelle: eigene Darstellung nach Jung (2017:17).

1.2 Grundlagen der Mitbestimmung und des Arbeitsrechts

Fallstudie KaffeeLeben – Aufgabe F2

Wissen, Verstehen, Anwenden, Transfer
20 Minuten

1. Fragestellung

Roman Fertig kam gerade aus der Mittagspause zurück, als sein Telefon klingelte. „Hallo Herr Fertig, hier spricht Judith Klein!" Schon wieder ein Anruf von Frau Klein, dachte sich Roman. Frau Klein war eine der ersten Mitarbeiterinnen von KaffeeLeben und hatte häufiger Beschwerden über ihre persönliche Arbeitssituation vorzubringen. Dennoch versuchte Roman stets, sich professionell und ruhig um Judith Kleins Anliegen zu kümmern, auch wenn dies schwer fiel. „Wie geht es Ihnen, Frau Klein?", eröffnete Roman das Gespräch. „Ich will mich bei Ihnen beschweren. Gestern musste ich schon wieder Überstunden machen, weil eine Kollegin krank geworden war. Es ist einfach nicht genug Personal da. 12 Stunden habe ich gearbeitet, Sie wissen schon, dass dies rechtlich nicht zulässig ist?" „Ich weiß, Frau Klein, das tut mir auch sehr leid ..." Roman Fertig versuchte, Frau Klein zu beruhigen, wurde aber gleich unterbrochen. „Herr Fertig, wenn das so weitergeht, gründen wir einen Betriebsrat!" Noch bevor Roman antworten konnte, legte Frau Klein auf. Sofort ging Roman zu Florentine und berichtete von dem Telefonat. „Ich glaube, wir müssen uns einarbeiten, welche

Arbeitsgesetze wir berücksichtigen müssen", sagte Florentine und beide waren sich einig. „Und was machen wir, wenn die wirklich einen Betriebsrat gründen?", stellte Roman zur Diskussion.

(a) Welche der nachfolgenden Arbeitsgesetze haben einen Einfluss auf das Personalmanagement? Füllen Sie Tabelle 1.1 aus.

(b) Wie beurteilen Sie die mögliche Gründung eines Betriebsrates bei KaffeeLeben?

2. Anregungen für Ihre Diskussion der Lösung

(a) siehe Tabelle 1.2

(b) Grundsätzlich lässt sich die Gründung eines Betriebsrates bei KaffeeLeben nicht verhindern. Wenn die Mitarbeiter sich für diesen Schritt entscheiden, steht ihnen dies frei. Ein Betriebsrat kann – gerade bei zunehmender Belegschaftsanzahl – aus Sicht der Geschäftsführung auch vorteilhaft sein. Zwar besteht oftmals der Eindruck, dass mitbestimmungspflichtige Entscheidungen dadurch mehr Zeit in Anspruch nehmen bzw. „umständlicher" sind. Gleichzeitig liegt in der Kollektivverhandlung aber auch Potenzial zur Senkung von Transaktionskosten, da Sachverhalte, die mit dem Betriebsrat vereinbart wurden, dann automatisch für jeden gegenwärtigen und künftigen Arbeitnehmer gelten und nicht mehr individuell verhandelt werden müssen. Zudem ist ein Betriebsrat aus Sicht vieler Mitarbeiter dafür hilfreich, um die Gerechtigkeit im Unternehmen sicherzustellen. Dies vermag sich positiv auf das Klima auszuwirken. Damit die genannten Vorteile überwiegen, ist es unerlässlich, dass zwischen Geschäftsführung und Betriebsrat ein gutes Arbeitsverhältnis etabliert und gewahrt bleibt. Dies ist vor allem dadurch zu erreichen, wenn die Geschäftsführung den Betriebsrat frühzeitig und proaktiv einbindet.

3. Literaturempfehlungen

Bartscher, Thomas (2012): Personalmanagement: Grundlagen, Handlungsfelder, Praxis, München, S. 181–185.

Berthel, Jürgen/Becker, Fred G. (2017): Personal-Management: Grundzüge für Konzeptionen betrieblicher Personalarbeit, 11. Aufl., Stuttgart, S. 743–767.

Kolb, Meinulf (2010): Personalmanagement: Grundlagen und Praxis des Human Resources Managements, 2. Aufl., Wiesbaden, S. 205–312.

Tab. 1.1: Einfluss von Arbeitsgesetzen auf das Personalmanagemert.

	Mitarbeiter-führung	Personal-planung	Personal-beurteilung	Personal-beschaffung und -auswahl	Personal-freisetzung	Personal-entwicklung	Arbeits-bedingungen	Vergütung	Personal-verwaltung	Personal-controlling
Bürgerliches Gesetzbuch										
Teilzeit- u. Befristungsgesetz										
Entgeltfortzahlungsgesetz										
Bundesurlaubsgesetz										
Kündigungsschutzgesetz										
Gesetz zur Verbesserung der betrieblichen Altersversorgung										
Arbeitsförderungsgesetz										
Arbeitszeitgesetz										
Mutterschutzgesetz										
Bundeselterngeld- u. Elternzeitgesetz										
Jugendarbeitsschutzgesetz										
Schwerbehindertengesetz										
Arbeitnehmerüberlassungsgesetz										
Berufsbildungsgesetz										
Betriebsverfassungsgesetz										
Sprecherausschussgesetz										

Tab. 1.2: Einfluss wichtiger Arbeitsgesetze auf Teilsysteme des Personalmanagements, Quelle: in Anlehnung an Berthel, Jürgen/Becker, Fred G. (2017: 755).

	Mitarbeiter-führung	Personal-planung	Personal-beurteilung	Personal-beschaffung und -auswahl	Personal-freisetzung	Personal-entwicklung	Arbeits-bedingungen	Vergütung	Personal-verwaltung	Personal-controlling
Bürgerliches Gesetzbuch				X	X			X		
Teilzeit- u. Befristungsgesetz		X					X			
Entgeltfortzahlungsgesetz								X		
Bundesurlaubsgesetz		X					X			
Kündigungsschutzgesetz		X			X					
Gesetz zur Verbesserung der betrieblichen Altersversorgung								X		
Arbeitsförderungsgesetz				X	X	X				
Arbeitszeitgesetz		X					X			
Mutterschutzgesetz		X					X			
Bundeselterngeld- u. Elternzeitgesetz		X		X			X			
Jugendarbeitsschutzgesetz		X		X		X	X			
Schwerbehindertengesetz		X		X	X		X			
Arbeitnehmerüberlassungsgesetz				X	X					
Berufsbildungsgesetz						X				
Betriebsverfassungsgesetz		X	X	X	X	X	X	X	X	
Sprecherausschussgesetz		X		X	X		X	X	X	

Aufgabe 1: Funktion und Gründung des Betriebsrats

Wissen, Verstehen, Anwenden
20 Minuten

---

1. Fragestellung

Welche Funktion bzw. Aufgaben hat der Betriebsrat in einem Unternehmen und wie kann er gegründet werden?

2. Lösung

Funktion und Aufgaben:

Der Betriebsrat stellt das zentrale Organ der Mitbestimmung auf betrieblicher Ebene dar. Seine Rechte und Pflichten sind im Betriebsverfassungsgesetz **(BetrVG)** geregelt. Der Betriebsrat hat die übergeordnete Funktion, die Arbeitnehmer vor opportunistischem Verhalten des Arbeitgebers zu schützen, und als Vertretungsorgan der Arbeitnehmer deren Interessen gegenüber dem Arbeitgeber zu kommunizieren. Die allgemeinen Aufgaben des Betriebsrats sind in § 80 BetrVG geregelt und umfassen beispielsweise

- die Überwachung der Einhaltung geltender Gesetze, insbesondere Vorschriften zum Schutz der Arbeitnehmer,
- die Beantragung von Maßnahmen für die Beschäftigten wie z. B. die Durchsetzung der tatsächlichen Gleichstellung von Frauen und Männer, und
- die Förderung und Eingliederung bestimmter Gruppen wie z. B. Schwerbehinderte, ältere Arbeitnehmer, Frauen und Arbeitnehmer mit Migrationshintergrund.

Der Betriebsrat hat die Aufgabe, die Interessen der Arbeitnehmer zu vertreten und darüber zu wachen, dass die zugunsten der Arbeitnehmer geltenden Gesetze, Verordnungen, Unfallverhütungsvorschriften, Tarifverträge und Betriebsvereinbarungen berücksichtigt werden. Dabei sollen Betriebsrat und Arbeitgeber unter Beachtung der geltenden Tarifverträge vertrauensvoll zum Wohl der Arbeitnehmer (§§ 74, 75, 79 BetrVG) und unter Einhaltung der Friedenspflicht zusammenarbeiten (§§ 74 BetrVG).

Die einzelnen Rechte des Betriebsrats lassen sich grob in Mitbestimmungs- und Mitwirkungsrechte untergliedern und sind im Betriebsverfassungsgesetz geregelt (§§ 87, 88, 96–105 BetrVG). Die Darstellung der praktischen Anwendung der einzelnen Rechte erfolgt in den weiteren Aufgabenstellungen dieses Buches.

Gründung des Betriebsrats:

Ein Betriebsrat kann auf Initiative der Arbeitnehmer gegründet werden. Voraussetzung ist, dass in dem Betrieb mindestens fünf wahlberechtigte Arbeitnehmer beschäftigt sind, von denen mindesten drei wählbar sein müssen (§§ 1, 9 BetrVG).

Wahlberechtigt (aktives Wahlrecht) sind Arbeitnehmer, die das 18. Lebensjahr vollendet haben und mindestens 10 Stunden pro Woche beschäftigt sind, sowie Leiharbeiter, wenn sie länger als drei Monate in dem Betrieb eingesetzt sind (§ 7 Satz 2 BetrVG).

Wählbar (passives Wahlrecht) sind alle wahlberechtigten Arbeitnehmer, die mindestens sechs Monate dem Betrieb angehören. Leiharbeiter sind allerdings nicht wählbar (§ 14 Abs. 2 Satz 1 AÜG).

Die Tätigkeit des Betriebsrats steht unter besonderem Schutz des Gesetzgebers. Die Behinderung der Gründung eines Betriebsrats oder der Ausübung des aktiven und passiven Wahlrechts stehen unter Strafe (§ 119 BetrVG).

Die Gründung des Betriebsrats erfolgt durch ein gesetzlich festgeschriebenes und formalisiertes Wahlverfahren, das einer gründlichen Planung und Fachexpertise bedarf, wenn es rechtssicher durchgeführt werden soll.

Existiert noch kein Betriebsrat, so kann zu einem beliebigen Zeitpunkt die Gründung erfolgen. Die Organisation und Durchführung der Betriebsratsgründung erfolgt durch einen Wahlvorstand, der aus mindestens drei wahlberechtigten Arbeitnehmern besteht. Dem Wahlvorstand obliegt die Überwachung und ordnungsgemäße Durchführung der Wahl. Bei erstmaliger Gründung des Betriebsrats muss auch der Wahlvorstand gegründet werden. Dies erfolgt durch eine erste Wahl auf einer Betriebsversammlung. Scheitert die Gründung des Wahlvorstands, so kann entweder durch das Arbeitsgericht oder die Gewerkschaft der Wahlvorstand errichtet werden. Anschließend erstellt der Wahlvorstand die Wählerliste und das Wahlausschreiben.

Je nach Größe des Betriebs findet das vereinfachte oder das normale Wahlverfahren Anwendung. Bei Betrieben mit 5 bis 50 Arbeitnehmern kann das vereinfachte Wahlverfahren zur Anwendung kommen. D. h., nachdem der Wahlvorstand gegründet wurde, kommt es zu einer zweiten Wahlveranstaltung, in der unmittelbar und geheim gewählt wird. In Abhängigkeit von der Zahl der wahlberechtigten Arbeitnehmer kommt entweder die Personenwahl, auch Mehrheitswahl genannt, oder die Listenwahl, auch Verhältniswahl genannt, zur Anwendung. Bei Betrieben mit 5 bis 50 Arbeitnehmern muss die Personenwahl erfolgen. D. h., es werden direkt die Kandidaten gewählt, die sich haben aufstellen lassen. Von den wahlberechtigten Arbeitnehmern können so viele Kandidaten gewählt werden, wie Sitze zu vergeben sind.

Die Listenwahl muss bei Betrieben mit mehr als 100 Arbeitnehmern erfolgen. Der Betriebsrat kann nur bei einer Größe von 51 bis 100 Arbeitnehmern ein vereinfachtes Wahlverfahren und damit die Personenwahl mit dem Arbeitgeber vereinbaren. Ansonsten gilt, dass ein vereinfachtes Wahlverfahren immer eine Personenwahl zur Folge hat und das normale Wahlverfahren mit der Listenwahl einhergeht.

Die Listenwahl erfolgt nach den Prinzipien der Verhältniswahl (§ 14 Abs. 2 BetrVG). Bei der Listenwahl werden mehrere Kandidaten auf eine Liste gesetzt, und die wahlberechtigten Arbeitnehmer geben eine Stimme ab für eine Liste, auf der mehrere Personen stehen können. Es wird nicht ein Kandidat direkt gewählt. Die Details des Wahlablaufs werden an dieser Stelle nicht weiter erläutert und der interessierte Leser sei auf die Publikation von Kühne und Meyer (2014) verwiesen.

Die Größe des Betriebsrats ist abhängig von der Anzahl der wahlberechtigten Personen im Betrieb und wächst mit der Anzahl der Arbeitnehmer (§ 9 BetrVG, siehe Tabelle 1.3).

Tab. 1.3: Zahl der Betriebsratsmitglieder (§ 9 BetrVG), Quelle: Jung (2017: 87).

Anzahl der wahlberechtigten Arbeitnehmer	Betriebsratsmitglieder	Anzahl der wahlberechtigten Arbeitnehmer	Betriebsratsmitglieder
5 bis 20	1 (sog. Obmann)	3.501 bis 4.000	25
21 bis 50	3	4.001 bis 4.500	27
51 bis 100	5	4.501 bis 5.000	29
101 bis 200	7	5.001 bis 6.000	31
201 bis 400	9	6.001 bis 7.000	33
401 bis 700	11	7.001 bis 9.000	35
701 bis 1.000	13		
1.001 bis 1.500	15		
1.501 bis 2.000	17		
2.001 bis 2.500	19		
2.501 bis 3.000	21		
3.001 bis 3.500	23		

Die Zahl der Betriebsratsmitglieder erhöht sich in Betrieben mit mehr als 9.000 Arbeitnehmern um 2 Mitglieder je angefangene 3.000 weitere Arbeitnehmer.

Ab einer Betriebsgröße von 200 Arbeitnehmern ist ein Betriebsratsmitglied freizustellen. Die Zahl der freizustellenden Betriebsratsmitglieder erhöht sich mit der Betriebsgröße (siehe Tabelle 1.4).

3. Hinweise zur Lösung

Die Funktionen und Aufgaben des Betriebsrats beziehen sich auf Arbeitnehmer und nicht auf leitende Angestellte. Leitende Angestellte können einen Sprecherausschuss bilden (SprAuG). Der Sprecherausschuss vertritt die Interessen der leitenden Angestellten und kann in Betrieben mit mindestens zehn leitenden Angestellten gewählt werden. Die Aufgaben und Rechte des Sprecherausschusses sind mit denen des Betriebsrats zu vergleichen.

Tab. 1.4: Freizustellende Betriebsratmitglieder (§ 38 BetrVG), Quelle: Jung (2017: 88).

Betriebsgröße (Arbeitnehmerzahl)	Freizustellende Betriebsratsmitglieder
200 bis 500	1
501 bis 900	2
901 bis 1.500	3
1.501 bis 2.000	4
2.001 bis 3.000	5
3.001 bis 4.000	6
4.001 bis 5.000	7
5.001 bis 6.000	8
6.001 bis 7.000	9
7.001 bis 8.000	10
8.001 bis 9.000	11
9.001 bis 10.000	12

Die Zahl der freizustellenden Betriebsratsmitglieder erhöht sich in Betrieben mit mehr als 10.000 Arbeitnehmern um 1 Betriebsratsmitglied je angefangene 2.000 weitere Arbeitnehmer.

Ferner finden die Regelungen des Betriebsverfassungsgesetzes nur bedingt bzw. keine Anwendung auf die Seeschiff- und Luftfahrt (§§ 114 ff. BetrVG) sowie auf Unternehmen, die unmittelbar und überwiegend politischen, konfessionellen, karitativen, erzieherischen, wissenschaftlichen oder künstlerischen Bestimmungen dienen. Auf Religionsgemeinschaften und deren karitative und erzieherische Einrichtungen findet das Gesetz keine Anwendung (§ 118 BetrVG). Für Betriebe im öffentlichen Dienst gilt das Personalvertretungsgesetz, welches ähnliche Bestimmungen wie das Betriebsverfassungsgesetz enthält.

Eine Jugend- und Auszubildendenvertretung kann gewählt werden, wenn in einem Betrieb mindestens fünf jugendliche Arbeitnehmer beschäftigt sind, die das 18. Lebensjahr nicht vollendet haben oder zu ihrer Ausbildung beschäftigt sind und das 25. Lebensjahr noch nicht vollendet haben (§ 60 BetrVG).

Das Recht der Arbeitnehmer einen Betriebsrat zu wählen, ist nicht gleichzusetzen mit der Pflicht einen Betriebsrat zu wählen. Nach empirischen Erhebungen arbeitet in Deutschland nur rund die Hälfte der Beschäftigten in einem Betrieb mit Betriebsrat. Die Gründe dafür sind vielfältig. Je nach Branche und Größe des Unternehmens ist die betriebliche Mitbestimmung sehr unterschiedlich ausgeprägt, so die Ergebnisse einer Befragung des Bonner Instituts für Mittelstandsforschung (IfM) unter rund 800 Mittelstandsunternehmen (Quelle: Böcklerstiftung (2007)). Als Faustregel kann gelten: Je größer der Betrieb, desto größer die Wahrscheinlichkeit, dass ein Betriebsrat institutionalisiert ist.

Die Ergebnisse einer empirischen Untersuchung von Behrens und Dribbusch (2012) zeigen, dass jede sechste Betriebsratsgründung vonseiten des Arbeitgebers behindert wird. Die Behinderungen reichen von der Einschüchterung möglicher Kandi-

Wo Unternehmen die Wahl eines Betriebsrats behindern,
tun sie das, indem sie ...

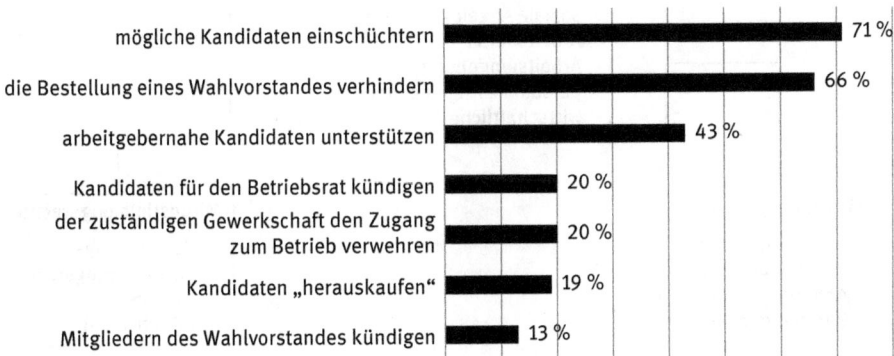

Abb. 1.3: Kampfzone Betriebsratswahl, Quelle: Behrens/Dribbusch (2016).

daten bis hin zu Entlassungen der Mitglieder des Wahlvorstands (siehe Abbildung 1.3). Das sogenannte „Betriebsrats-Bashing" ist allerdings stark von der Branche abhängig und kann nicht als allgemeiner Zustand in deutschen Betrieben bezeichnet werden.

4. Literaturempfehlungen

Artus, Ingrid et al. (2016): Betriebsratsgründungen. Typische Phasen, Varianten und Probleme, in: WSI-Mitteilungen, Nr. 3/2016, S. 183–191.

Jung, Hans (2017): Personalwirtschaft, 10. Aufl., Berlin, S. 85–89.

Kühne, Wolfgang/Meyer, Sören (2014): Betriebsratswahl. Vorbereitung, Durchführung, Konstituierung, München.

Linnenkohl, Karl (1999): Arbeitsrecht, 4. Aufl., München, S. 137–150.

Scherm, Ewald/Süß, Stefan (2010): Personalmanagement, 2. Aufl., München, S. 195 ff.

Scholz, Christian (2014): Personalmanagement. Informationsorientierte und verhaltenstheoretische Grundlagen, 6. Aufl., München, S. 190–199.

Aufgabe 2: Rechte des Betriebsrats

Wissen, Verstehen
20 Minuten

1. Fragestellung

Skizzieren Sie die Rechte des Betriebsrats.

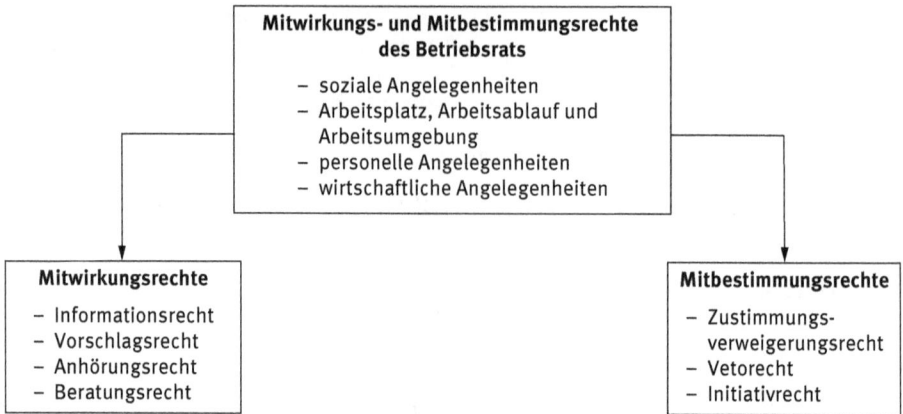

Abb. 1.4: Mitwirkungs- und Mitbestimmungsrechte des Betriebsrats, Quelle: Jung (2017: 91).

2. Lösung

Die Rechte des Betriebsrats lassen sich in **Mitwirkungsrechte** und **Mitbestimmungsrechte** unterteilen (siehe Abbildung 1.4), und beziehen sich auf die folgenden Bereiche:

- Soziale Angelegenheiten (§§ 87–89 BetrVG)
- Gestaltung von Arbeitsplatz, Arbeitsablauf und Arbeitsumgebung (§§ 90 f. BetrVG)
- Personelle Angelegenheiten (§§ 92–105 BetrVG)
- Wirtschaftliche Angelegenheiten (§§ 106–113 BetrVG)

Nach dem Umfang und der Intensität der Beteiligung des Betriebsrats an Arbeitgeberentscheidungen werden weiterhin folgende Rechte unterschieden:

1. **Informationsrecht (§§ 90, 106 BetrVG):** Das Recht des Betriebsrats auf Information bezüglich der Pläne des Arbeitgebers, die für die Arbeitnehmer von Relevanz sind. Beispielsweise hat der Betriebsrat bei Personalplanungsaktivitäten ein Recht, umfassend und rechtzeitig informiert zu werden. Das Informationsrecht ist hinsichtlich des Umfangs der Beteiligung das am schwächsten ausgeprägte Mitwirkungsrecht.

2. **Vorschlagsrecht (§ 92 BetrVG):** Das Recht des Betriebsrats, dem Arbeitgeber Vorschläge zu machen, die vom Arbeitgeber zur Kenntnis genommen werden müssen. Diese können sich beispielsweise auf die Personalplanung, die Weiterbildung, die tatsächliche Gleichstellung von Mann und Frau oder auch auf neue Formen der Arbeitsorganisation beziehen. Allerdings muss der Arbeitgeber den Vorschlägen des Betriebsrats nicht folgen.

3. **Anhörungsrecht (§ 102 BetrVG):** Das Recht des Betriebsrats, zu Arbeitgeberentscheidungen Stellung zu beziehen bzw. vor einer Entscheidung angehört zu werden. Erfolgt die Anhörung des Betriebsrats nicht, können u. U. die Entscheidungen des Arbeitgebers blockiert werden und/oder unwirksam sein. Beispielsweise sind Kündigungen ohne die Anhörung des Betriebsrats unwirksam.

4. **Beratungsrecht (§ 96 BetrVG):** Das Recht des Betriebsrats, mit dem Arbeitgeber über bestimmte Fragestellungen zu beraten. Der Arbeitgeber muss aus eigener Initiative tätig werden und den Betriebsrat zu Beratungszwecken hinzuziehen. Das Beratungsrecht bezieht sich beispielsweise auf Angelegenheiten der Arbeitsplatzgestaltung, Berufsausbildung oder Betriebsänderungen.

   Informationsrecht, Vorschlagsrecht, Anhörungsrecht und Beratungsrecht gehören zu den **Mitwirkungsrechten.** Wie aus der Wortbedeutung zu entnehmen ist, kann der Betriebsrat im Rahmen seiner Mitwirkungsrechte nur „mitwirken", d. h., Vorstellungen des Betriebsrats sind nicht über die Einigungsstelle durchsetzbar. **Mitbestimmen** kann der Betriebsrat hingegen im Rahmen seiner Mitbestimmungsrechte. Zu den **Mitbestimmungsrechten** gehören das **Widerspruchsrecht** (auch **Zustimmungsverweigerungsrecht** genannt), das **Vetorecht** und das **Initiativrecht.**

5. **Widerspruchsrecht (§ 99 BetrVG):** Das Recht des Betriebsrats, Entscheidungen des Arbeitgebers, wie beispielsweise Einstellungen, Umgruppierungen und Versetzungen, zu blockieren, indem der Betriebsrat die Zustimmung verweigert. In diesem Fall muss eine Entscheidung durch die Einigungsstelle des Arbeitsgerichts herbeigeführt werden. Beispielsweise kann der Betriebsrat sein Widerspruchsrecht im Rahmen von personellen Einzelmaßnahmen wie Umgruppierungen bzw. Einstellungen geltend machen, wenn diese gegen geltende Vorschriften und Normen verstoßen und/oder zu folgenreichen Benachteiligungen des Arbeitnehmers führen.

6. **Vetorecht (§§ 91, 95 BetrVG):** Das Recht des Betriebsrats, bestimmten Entscheidungen des Arbeitgebers zu widersprechen, sodass der Arbeitgeber Entscheidungen gegen den Willen des Betriebsrats nicht durchsetzen kann. Der Unterschied zum Widerspruchsrecht liegt darin, dass das Veto des Betriebsrats nicht durch die Einigungsstelle des Arbeitsgerichts überwunden werden kann.

7. **Initiativrecht (§§ 98, 104 BetrVG):** Das Initiativrecht ist das weitgehendste Mitbestimmungsrecht, welches dem Betriebsrat gewährt wird. Der Betriebsrat kann vom Arbeitgeber bestimmte Handlungen verlangen. Beispielsweise kann der Betriebsrat verlangen, dass der Arbeitgeber einen Sozialplan aufstellt.

3. Hinweise zur Lösung

Neben der Stärke der Rechte (Mitwirkung versus Mitbestimmung) lassen sich die Rechte des Betriebsrats auch nach dem Charakter in wirtschaftliche, soziale und personelle Angelegenheiten unterteilen.

In wirtschaftlichen Angelegenheiten (§§ 106–113 BetrVG) hat der Betriebsrat vergleichsweise die schwächsten Rechte. In §§ 106–109 BetrVG ist geregelt, dass ab einem Schwellenwert von mehr als 100 Beschäftigten ein Wirtschaftsausschuss zu bilden ist, und wirtschaftliche Angelegenheiten zu beraten sind und der Betriebsrat vom Arbeitgeber zu unterrichten ist. Der Betriebsrat wird lediglich informiert, Mitbestimmungsrechte hat er nicht. § 112 Abs. 1 BetrVG regelt den Interessensausgleich. Ist eine

Betriebsänderung geplant, muss der Arbeitgeber mit dem Betriebsrat ernsthaft verhandeln, um mögliche negative Konsequenzen für die Arbeitnehmer abzumildern. Ein Interessensausgleich lässt sich im Gegensatz zum Sozialplan nicht erzwingen. Der Sozialplan (§§ 112, 112 a BetrVG) hingegen kann gegen den Willen des Arbeitgebers erlassen werden. Als Sozialplan ist die zwischen Betriebsrat und Arbeitgeber getroffene Einigung über den Ausgleich oder die Milderung wirtschaftlicher Nachteile, die in Folge einer Betriebsänderung entstanden sind, zu verstehen.

Personelle Angelegenheiten sind in §§ 92–105 BetrVG geregelt und umfassen das Recht auf Unterrichtung bei der Personalplanung sowie weiterer Rechte, die die Zustimmung des Betriebsrats voraussetzen. So kann der Betriebsrat verlangen, dass zu besetzende Stellen intern ausgeschrieben werden. Bei der Einführung von Personalfragebögen bedarf es ebenso der Zustimmung durch den Betriebsrat wie bei der Aufstellung von allgemeinen Beurteilungsgrundsätzen sowie bei Richtlinien über die personelle Auswahl bei Einstellungen, Versetzungen, Umgruppierungen und Kündigungen. Es braucht die Zustimmung des Betriebsrats, ansonsten muss die Einigungsstelle angerufen werden. Weiterhin gehört der Regelungsbereich der personellen Einzelmaßnahmen als auch die Förderung der Berufsausbildung zu den personellen Angelegenheiten.

In sozialen Angelegenheiten hat der Betriebsrat die stärksten Rechte. Ohne die Zustimmung des Betriebsrats sind die Maßnahmen gemäß §§ 87–89 BetrVG nicht wirksam. Soziale Angelegenheiten regeln die Form des „Zusammenlebens im Betrieb". Sie beziehen sich beispielsweise auf die Ordnung im Betrieb und das Verhalten der Arbeitnehmer, angefangen von Kleidungsvorschriften bis hin zu Rauchverboten. Die Überwachung der Arbeitszeit, die Verkürzung oder Verlängerung der Arbeitszeit, die Auszahlung des Arbeitsentgelts, Regelungen über die Verhütung von Arbeitsunfällen, die Einrichtung und Ausgestaltung von Betriebskantinen sowie Freizeit und Erholungseinrichtungen sowie v. a. vgl. dazu § 87 BetrVG.

4. Literaturempfehlungen

Eylert, Mario (2017): Mitbestimmung des Betriebsrats bei der Arbeitszeit im Spiegel der aktuellen Rechtsprechung, in: Arbeit und Recht, Nr. 1/2017, S. 4–10.

Gutmann, Joachim/Terschüren, Jessica (2005): Personalplanung. Wie Sie Mitarbeiter richtig einsetzen, Planegg, S. 19.

Jung, Hans (2017): Personalwirtschaft, 10. Aufl., Berlin, S. 90–94.

Keller, Berndt (2017): Interessenvertretung bei atypischen Beschäftigungsverhältnissen – ein strategisches Dilemma, in: WSI-Mitteilungen, Nr. 1/2017, S. 27–35.

Mag, Wolfgang (1998): Einführung in die betriebliche Personalplanung, 2. Aufl., München, S. 13 ff.

Scholz, Christian (2014): Personalmanagement. Informationsorientierte und verhaltenstheoretische Grundlagen, 6. Aufl., München, S. 190–199.

Weinbrenner, Lars/Meier, Enrico (2017): Interessenausgleich und Sozialplan. Verhandlungen, Inhalte, Durchführung, 3. Aufl., München.

Aufgabe 3: Vermischtes Single Choice

Wissen, Verstehen
14 Minuten

---

1. Fragestellung

Markieren Sie die Aussagen als richtig oder falsch.

(a) ☐ Die arbeitsrechtliche Grundordnung für die Beziehungen zwischen Arbeitgeber und Arbeitnehmer im Betrieb ist im Betriebsverfassungsgesetz geregelt.

(b) ☐ Der Sprecherausschuss ist die Interessenvertretung der leitenden Angestellten im Betrieb.

(c) ☐ Im öffentlichen Dienst findet das Betriebsverfassungsgesetz Anwendung.

(d) ☐ Betriebsräte dürfen zum Streik aufrufen.

(e) ☐ Betriebsräte haben einen lebenslang garantierten Arbeitsplatz.

(f) ☐ Können sich Arbeitgeber und Betriebsrat nicht einigen, so kann die Einigungsstelle entscheiden.

(g) ☐ Ein Unternehmen mit mindestens 50 ständig wahlberechtigten Arbeitnehmern muss einen Wirtschaftsausschuss bilden.

(h) ☐ In Betrieben mit mindestens drei Arbeitnehmern, die unter 18 sind oder unter 25 und sich in der Ausbildung befinden, kann eine Jugend- und Auszubildendenvertretung gewählt werden.

(i) ☐ Eine Betriebsvereinbarung ist ein Vertrag zwischen Arbeitgeber und Betriebsrat.

(j) ☐ Es liegen keine eindeutigen Ergebnisse vor, dass Betriebsräte positive ökonomische Wirkungen auf Unternehmen haben.

(k) ☐ Betriebsratswahlen sind alle vier Jahre durchzuführen.

(l) ☐ Ein Wirtschaftsausschuss kann in Betrieben mit mehr als 100 Arbeitnehmern gegründet werden.

(m) ☐ Ab einer Zahl von 100 Arbeitnehmern ist ein Betriebsratsmitglied von seiner Arbeit freizustellen.

(n) ☐ Besteht der Betriebsrat aus mehr als acht Mitgliedern, muss ein Betriebsausschuss gebildet werden.

2. Lösung

(a) R Die arbeitsrechtliche Grundordnung für die Beziehungen zwischen Arbeitgeber und Arbeitnehmer im Betrieb ist im Betriebsverfassungsgesetz geregelt.

(b) R Der Sprecherausschuss ist die Interessenvertretung der leitenden Angestellten im Betrieb.

(c) F Im Öffentlichen Dienst findet das Betriebsverfassungsgesetz Anwendung.

(d) F Betriebsräte dürfen zum Streik aufrufen.

(e) $\boxed{\text{F}}$ Betriebsräte haben einen lebenslang garantierten Arbeitsplatz.

(f) $\boxed{\text{R}}$ Können sich Arbeitgeber und Betriebsrat nicht einigen, so kann die Einigungsstelle entscheiden.

(g) $\boxed{\text{F}}$ Ein Unternehmen mit mindestens 50 ständig wahlberechtigten Arbeitnehmern muss einen Wirtschaftsausschuss bilden.

(h) $\boxed{\text{F}}$ In Betrieben mit mindestens drei Arbeitnehmern, die unter 18 sind oder unter 25 und sich in der Ausbildung befinden, kann eine Jugend- und Auszubildendenvertretung gewählt werden.

(i) $\boxed{\text{R}}$ Eine Betriebsvereinbarung ist ein Vertrag zwischen Arbeitgeber und Betriebsrat.

(j) $\boxed{\text{R}}$ Es liegen keine eindeutigen Ergebnisse vor, dass Betriebsräte positive ökonomische Wirkungen auf Unternehmen haben.

(k) $\boxed{\text{R}}$ Betriebsratswahlen sind alle vier Jahre durchzuführen.

(l) $\boxed{\text{R}}$ Ein Wirtschaftsausschuss kann in Betrieben mit mehr als 100 Arbeitnehmern gegründet werden.

(m) $\boxed{\text{F}}$ Ab einer Zahl von 100 Arbeitnehmern ist ein Betriebsratsmitglied von seiner Arbeit freizustellen.

(n) $\boxed{\text{F}}$ Besteht der Betriebsrat aus mehr als acht Mitgliedern, muss ein Betriebsausschuss gebildet werden.

3. Hinweise zur Lösung

Die arbeitsrechtliche Grundordnung für die Beziehungen zwischen Arbeitgeber und Arbeitnehmer im Betrieb ist im Betriebsverfassungsgesetz (BetrVG) geregelt.

Hinweis: Das Betriebsverfassungsgesetz (BetrVG) regelt die Beziehungen zwischen Arbeitgeber und den Beschäftigten im Betrieb, die durch den Betriebsrat vertreten werden.

Der Sprecherausschuss ist die Interessenvertretung der leitenden Angestellten im Betrieb.

Hinweis: Der Sprecherausschuss ist die Interessensvertretung der leitenden Angestellten im Betrieb und das Pendant des Betriebsrats für Arbeitnehmer. Ein Sprecherausschuss kann gewählt werden, wenn ständig mindestens zehn leitende Angestellte im Betrieb tätig sind.

Im Öffentlichen Dienst findet das Betriebsverfassungsgesetz Anwendung.

Hinweis: Nach § 130 BetrVG findet im öffentlichen Dienst das Betriebsverfassungsgesetz keine Anwendung. Das Betriebsverfassungsgesetz beschränkt sich auf die private Wirtschaft. Im öffentlichen Dienst gilt gemäß § 1 BPersVG das Personalvertretungsgesetz des Bundes.

Betriebsräte dürfen zum Streik aufrufen.

Hinweis: Betriebsräte in ihrer Eigenschaft als Arbeitnehmervertreter dürfen nicht zum Streik aufrufen. In § 74 BetrVG sind die Grundsätze der Zusammenarbeit zwischen Betriebsrat und Arbeitgeber geregelt. In § 74 Abs. 2 ist geregelt, dass Maßnahmen des Arbeitskampfes zwischen Arbeitgeber und Betriebsrat unzulässig sind. Ebenso ist jede parteipolitische Betätigung zu unterlassen, durch die der Arbeitsablauf oder der Betriebsfrieden gestört wird.

Allerdings dürfen Betriebsratsmitglieder als Gewerkschaftsmitglieder zum Streik aufrufen. Siehe dazu Beschluss vom 15.10.2013, 1 ABR 31/12.

Betriebsräte haben einen lebenslang garantierten Arbeitsplatz.
Hinweis: Betriebsräte haben einen Sonderkündigungsschutz. Dieser Sonderkündigungsschutz soll sicherstellen, dass Betriebsratsmitglieder ihrer Arbeit nachgehen können, ohne Repressionen von der Arbeitgeberseite befürchten zu müssen. Der Sonderkündigungsschutz sieht vor, dass ordentliche Kündigungen in der Regel ausgeschlossen sind. Ausnahmen gelten bei Stilllegungen von Betrieben. Außerordentliche Kündigungen von Betriebsratsmitgliedern bedürfen der Zustimmung durch den Betriebsrat.

Können sich Arbeitgeber und Betriebsrat nicht einigen, so kann die Einigungsstelle entscheiden.
Hinweis: Die Einigungsstelle ist das Schlichtungsorgan, welches bei Uneinigkeit zwischen Arbeitgeber und Betriebsrat angerufen werden kann.

Ein Unternehmen mit mindestens 50 ständig wahlberechtigten Arbeitnehmern muss einen Wirtschaftsausschuss bilden.
Hinweis: Ein Unternehmen mit mehr als 100 wahlberechtigten Arbeitnehmern muss einen Wirtschaftsausschuss bilden.

In Betrieben mit mindestens drei Arbeitnehmern, die unter 18 sind oder unter 25 und sich in der Ausbildung befinden, kann eine Jugend- und Auszubildendenvertretung gewählt werden.
Hinweis: In Betrieben mit mindestens fünf Arbeitnehmern, die unter 18 sind oder unter 25 und sich in der Ausbildung befinden, kann eine Jugend- und Auszubildendenvertretung gewählt werden.

Eine Betriebsvereinbarung ist ein Vertrag zwischen Arbeitgeber und Betriebsrat.
Hinweis: Eine Betriebsvereinbarung ist ein Vertrag zwischen Arbeitgeber und Betriebsrat, in dem die Rechte und Pflichten zwischen Arbeitgeber und Betriebsrat geregelt werden. Eine Betriebsvereinbarung legt verbindliche Normen für alle Beschäftigten fest.

Es liegen keine eindeutigen Ergebnisse vor, dass das Vorhandensein eines Betriebsrats positive ökonomische Wirkungen auf den Betrieb hat.
Hinweis: Ob die Etablierung von Betriebsräten in Unternehmen positive ökonomische Wirkungen hat, ist umstritten. Es gibt zahlreiche empirische Studien, die einen positiven Effekt sowohl für die Betriebe als auch die Beschäftigten nahelegen, aber dennoch ist der Effekt noch nicht sicher nachgewiesen.

Betriebsratswahlen sind alle vier Jahre durchzuführen.

Hinweis: Die Amtszeit des Betriebsrats beträgt vier Jahre (§ 21 BetrVG) und die Wahlen finden in der Zeit von Anfang März bis Ende Mai statt (§ 13 Abs. 1 BetrVG). Bei Erstgründung/erstmaliger Wahl des Betriebsrats kann von dem Zeitraum März bis Mai abgewichen werden.

Ein Wirtschaftsausschuss muss in Betrieben mit mehr als 100 Arbeitnehmern gegründet werden.

Hinweis: Ein Wirtschaftsausschuss (§ 106 BetrVG) kann aus mindestens drei und höchstens sieben Mitgliedern bestehen. Er hat eine beratende Funktion in wirtschaftlichen Angelegenheiten.

Ab einer Zahl von mehr als 100 Arbeitnehmern ist ein Betriebsratsmitglied von seiner Arbeit freizustellen.

Hinweis: In Betrieben mit mehr als 200 Beschäftigten ist ein Betriebsratsmitglied für die Ausübung des Betriebsratsamts freizustellen (§ 38 BetrVG). Die Zahl weiterer freizustellender Betriebsratsmitglieder erhöht sich mit der Anzahl der Beschäftigten. Günstigere Regelungen können vereinbart werden.

Besteht der Betriebsrat aus mehr als acht Mitgliedern, muss ein Betriebsausschuss gebildet werden.

Hinweis: Ein Betriebsausschuss muss gewählt werden, sobald der Betriebsrat über neun oder mehr Mitglieder verfügt (§ 27 BetrVG). Wird kein Betriebsausschuss gewählt, so handelt der Betriebsrat entgegen seiner Pflicht. Der Betriebsausschuss ist das geschäftsführende Organ des Betriebsrats.

4. Literaturempfehlungen

Bröckermann, Reiner (2012): Personalwirtschaft. Lehr- und Übungsbuch für Human Resource Management, 6. Aufl., Stuttgart, S. 25.

Drumm, Hans J. (2008): Personalwirtschaft, 6. Aufl., Heidelberg, S. 37–52.

Fischer, Ulrich/Reihsner, Rolf (2002): Personalplanung, Frankfurt a. M., S. 115 ff.

Jung, Hans (2017): Personalwirtschaft, 10. Aufl., Berlin, S. 85–95.

Röschlau, Manfred (1990): RKW-Handbuch Personalplanung, 2. Aufl., Frankfurt a. M., S. 550 ff.

1.3 Personalplanung

Fallstudie KaffeeLeben – Aufgabe F3

Wissen, Verstehen, Anwenden, Transfer
30 Minuten

---

1. Fragestellung

Florentine Gutmann und Roman Fertig waren erfreut darüber, wie ihr erstes Laden-lokal in Hamburg von den Kunden angenommen wurde. Bei einer Kundenbefragung wurde deutlich, dass die Kunden sich eine Ausweitung der Öffnungszeiten wün-schen. Bislang öffnete KaffeeLeben täglich erst um 10:00 Uhr morgens und schloss um 18:00 Uhr. Die Kunden würden jedoch gerne auf dem Weg zur Arbeit einen Kaffee holen können und vor allem am Abend gemütlich Zeit im Kaffeehaus verbringen. Ro-man und Florentine ziehen daher in Erwägung, täglich bereits um 7:30 Uhr zu öffnen und bis 21:00 Uhr. „Was schätzt Du, wie viele Mitarbeiter müssen wir dafür zusätzlich einstellen? Und rechnet sich das überhaupt?", gab Roman zu bedenken.

(a) Berechnen Sie den Mehrbedarf an Vollzeitäquivalenzen (VZÄ), auch Full Time Equivalents (FTE) genannt.

Sie können mit folgenden Annahmen arbeiten, die bei KaffeeLeben der Personal-planung zugrunde liegen:

- Vor und nach den Öffnungszeiten benötigen die Mitarbeiter jeweils 30 Minu-ten, um das Geschäft vorzubereiten bzw. aufzuräumen und zu reinigen.
- Bis zu 7:30 Stunden Arbeitszeit gilt eine Pausenzeit von 30 Minuten. Danach haben die Mitarbeiter Anspruch auf 45 Minuten Pause.
- Die vertraglich vereinbarte Wochenarbeitszeit beträgt 40 Stunden. Mitarbei-ter können an allen sieben Wochentagen eingesetzt werden, es gibt keine Zu-schläge für Sonn- und Feiertage.
- Pro Schicht arbeiten immer zwei Mitarbeiter. Bislang gab es nur eine Schicht. Sofern ein Zweischichtsystem eingeführt werden müsste, ist eine sich über-schneidende Arbeitszeit von 30 Minuten für die Übergabe notwendig.
- KaffeeLeben ist an keinem Tag im Jahr geschlossen.
- Mitarbeiter haben Anspruch auf zwei freie Tage pro Woche.
- KaffeeLeben gewährt 28 Tage Urlaub pro Kalenderjahr.
- Die Anzahl gesetzlicher Feiertage in Hamburg beträgt 9 Tage pro Jahr.
- Im Durchschnitt sind die Mitarbeiter von KaffeeLeben 12 Tage im Jahr krank.
- An durchschnittlich 2 Tagen pro Jahr können die Mitarbeiter nicht im Geschäft arbeiten, da sie zu einer Schulung gehen oder zur Gesundheitsuntersuchung.
- Der durchschnittlich gewährte Sonderurlaub (Hochzeit, Todesfall in der Fa-milie, etc.) liegt bei 2 Tagen pro Jahr.

- KaffeeLeben vergütet mit 10,00 Euro pro Stunde.
- Die Lohnnebenkosten liegen bei 31 % des Bruttoverdiensts.

(b) Welcher zusätzliche Gewinn (nicht Umsatz!) aus dem Verkauf der Speisen und Getränke muss jährlich mindestens generiert werden, damit die längeren Öffnungszeiten wirtschaftlich sind?

Berücksichtigen Sie dabei lediglich die Personalkosten und ignorieren Sie zusätzliche Betriebskosten wie Energiekosten, Abnutzung der Geräte etc.

2. Anregungen für Ihre Diskussion der Lösung

(a) Berechnen Sie zunächst den Absenzfaktor:

Tab. 1.5: Absenzfaktor.

Tage im Jahr	365
Absenztage	157
Arbeitstage	208
Absenzfaktor	**1,75**

Stellen Sie anschließend ein Zeittableau auf, in dem Sie Öffnungszeiten und Schichten erfassen. Beachten Sie, dass für die neuen Öffnungszeiten die Einführung einer zweiten Schicht notwendig ist, um die gesetzliche Höchstarbeitszeit einzuhalten.

Tab. 1.6: Zeittableau.

	Beginn	Ende	Brutto	Pause
Öffnungszeit alt:	10:00	18:00		
Schicht alt:	09:30	18:30	09:00	00:45
Öffnungszeit neu:	07:30	21:00		
Schichten neu:	07:00	14:30	07:30	00:30
	14:00	21:30	07:30	00:30

Daraus ergibt sich folgender, gleichbleibender Bedarf hinsichtlich der Anzahl an Mitarbeitern (Headcount) pro Schicht:

Tab. 1.7: Headcount Bedarf.

	Anzahl Mitarbeiter pro Schicht						
	Mo	Di	Mi	Do	Fr	Sa	So
Schicht alt:	2	2	2	2	2	2	2
Schicht (1) neu:	2	2	2	2	2	2	2
Schicht (2) neu:	2	2	2	2	2	2	2

Berechnen Sie die wöchentlichen Nettostunden pro Schicht:

Schicht alt: 115,5 Stunden (= 8,25 Stunden × 2 Mitarbeiter × 7 Tage)

Schichten neu: pro Schicht 98 Stunden (= 7 Stunden × 2 Mitarbeiter × 7 Tage), daher in Summe 196 Stunden für zwei Schichten

Unter Berücksichtigung des Abszenzfaktors ergibt sich ein FTE-Bedarf von:

Schicht alt: 5,07 FTE

Schichten neu: 8,60 FTE

Differenz (Mehrbedarf): 3,53 FTE

Beachten Sie, dass sich der FTE-Bedarf – anders als der Headcount pro Arbeitstag bei zwei Schichten – nicht verdoppelt!

(b) Berechnen Sie zunächst die bisherigen Personalkosten:

$$\text{Personalkosten} = \text{Nettostunden} \times \text{Stundenlohn} \times \text{Lohnnebenkostenfaktor}$$

Tab. 1.8: Personalkosten.

	pro Woche	pro Jahr
alt:	1.513,05 €	78.678,60 €
neu:	2.567,60 €	133.515,20 €

Durch die ausgedehnten Öffnungszeiten müsste ein zusätzlicher Gewinn aus dem Verkauf von Speisen und Getränken von mindestens 54.836,60 Euro pro Jahr bzw. 1.054,55 Euro pro Woche resultieren, um die Entscheidung wirtschaftlich zu begründen.

3. Literaturempfehlungen

Bartscher, Thomas et al. (2012): Personalmanagement: Grundlagen, Handlungsfelder, Praxis, München, S. 204–209.

Berthel, Jürgen/Becker, Fred G. (2017): Personal-Management: Grundzüge für Konzeptionen betrieblicher Personalarbeit, 11. Aufl., Stuttgart, S. 302–309.

Kolb, Meinulf (2010): Personalmanagement: Grundlagen und Praxis des Human Resources Managements, 2. Aufl., Wiesbaden, S. 145–149.

Scholz, Christian (2014): Grundzüge des Personalmanagements, 2. Aufl., München, S. 98–102.

Stock-Homburg, Ruth (2013): Personalmanagement. Theorien – Konzepte – Instrumente, 3. Aufl., Stuttgart, S. 102–115.

Aufgabe 1: Grundlagen der Personalplanung

Wissen, Verstehen, Anwenden, Transfer, Bewerten
24 Minuten

1. Fragestellung

Erläutern Sie die den Begriff, die Funktion und die Aufgaben der Personalplanung. Warum sollten Unternehmen Personalplanung durchführen?

2. Lösung

Die Personalplanung ist ein Teilbereich der gesamten Unternehmensplanung. Im betriebswirtschaftlichen Sinne[2] wird sie als aus den anderen Teilbereichen des Unternehmens abgeleitete Planung bezeichnet. Sie dient der Erreichung der Unternehmensziele.

Die Personalplanung ist eine Managementaufgabe, die sich m. E. aus der Personalpolitik ableitet. Die Personalplanung ist die wichtigste personalwirtschaftliche Funktion. Denn die Ressource Personal ist knapp, teuer und unterliegt gesetzlichen Rahmenbedingungen. Sie ist nicht beliebig einsetzbar und austauschbar, und sie benötigt für ihren Einsatz eine gewisse Vorlaufzeit. Das macht Planung notwendig. Der gesamte betriebliche Wertschöpfungsprozess wäre ohne Personalplanung hinfällig, denn der Einsatz von Produktionsfaktoren, die Schaffung von Gütern und Dienstleistungen ist ohne Personal nicht denkbar.

Auch vor dem Hintergrund aktueller technologischer und gesellschaftlicher Veränderungen, beschleunigter Innovationsprozesse und zunehmender Globalisierung hat Personalplanung den gleichen Stellenwert wie die Investitions-, Produktions-, Absatz-, und Finanzplanung, aus denen sich die Personalplanung ableitet.

Die Erstellung von Gütern und Dienstleistungen – dem ökonomischen Prinzip folgend – bedarf nicht nur eines optimalen Einsatzes der Produktionsfaktoren, sondern auch des optimalen Einsatzes humaner Faktoren. Die Ressource Personal gilt als erfolgskritische Ressource, die in bestimmten Berufsfeldern zunehmend knapp wird und damit auch die Wettbewerbsfähigkeit, die Leistungserstellung und die Versorgung gefährdet.

---

2 Personalplanung aus Sicht der betrieblichen Mitbestimmung ist nicht nur abgeleitete Planung, sondern ein Mittel, um die Interessen der Beschäftigten gleichberechtigt in die Unternehmensplanung einzubringen. So sollen Arbeitsplätze gesichert, Arbeitsbedingungen verbessert und mögliche Risiken und Arbeitsplatzabbau sozial verträglich gestaltet werden.

Was aber ist nun unter Planung zu verstehen? Es lassen sich unterschiedliche Blickwinkel einnehmen, aus denen sich unterschiedliche Definitionen ergeben.[3] Aus methodisch-didaktischen Gründen wird eine in der Literatur oft zitierte Standarddefinition zugrunde gelegt: Als Planung wird die gedankliche Vorwegnahme zukünftigen Handels bzw. eines zukünftigen Zustands verstanden. Planung ist als ein Prozess zu verstehen, der sich immer nur dem gewünschten Endzustand annähern kann und der fortlaufender Korrekturen bedarf, da Diskontinuitäten und unvorhergesehene Ereignisse auftreten können.

Die Personalplanung hat die Aufgabe sicherzustellen, dass zur Erreichung der Unternehmensziele die humanen Ressourcen wirksam eingesetzt werden – bei gleichzeitiger Berücksichtigung der Arbeitnehmerinteressen.

Wie Fischer und Reihsner (2002: 16) ausführen, bewegt sich Personalplanung immer im Spannungsfeld zwischen Arbeitgeber- und Arbeitnehmerinteressen und gewinnt u. a. aufgrund zunehmenden Wettbewerbsdrucks, veränderter Nachfrage sowie technischer und struktureller Veränderungen an Bedeutung.

Die Funktionen der Personalplanung sind 1. die Beobachtungsfunktion (frühzeitige Veränderungen aufzugreifen und in den Planungsprozess zu integrieren), 2. die Prüffunktion (Überprüfung, ob die benötigten MA zur richtigen Zeit, am richtigen Ort in entsprechender Menge verfügbar sind) und 3. die Beitragsfunktion (entscheidungsrelevante Informationen liefern).

Durch Planung werden Zustände bzw. Dinge im Voraus analysiert. Durch die Analyse zukünftiger Zustände sollen Risiken besser eingeschätzt und Sicherheit bezüglich zukünftiger Entwicklungen gewonnen werden. Planung ist ein fortlaufender Prozess, der bedingt durch das Auftreten von Diskontinuitäten und unvorhergesehenen Ereignissen immer wieder angepasst werden muss und nicht als fehlerfrei zu verstehen ist.

Die Personalplanung lässt sich entlang der *personalwirtschaftlichen Funktionen* in die Bereiche Personalbedarfsplanung, Personalbeschaffungsplanung, Personaleinsatzplanung, Personalentwicklungsplanung und Personalfreisetzungsplanung untergliedern.

Die *Personalbedarfsplanung* hat zum Ziel, das benötigte Personal quantitativ und qualitativ, also mengenmäßig und mit den entsprechenden Kompetenzen, zu ermitteln.

Die *Personalbeschaffungsplanung* verfolgt das Ziel, das benötigte Personal quantitativ und qualitativ zur richtigen Zeit und am richtigen Ort zu rekrutieren. Aufgabe der *Personaleinsatzplanung* ist die Zuordnung von Stellen zu Personen, sodass die Kompetenzen des Personals mit den Stellenanforderungen im Einklang stehen. Interne und externe Veränderungen können eine *Personalentwicklungsplanung* erforderlich machen, um die „Employability" des Personals zu erhalten. *Personalfreisetzungspla-*

---

3 Für eine umfangreiche und gut verständliche Darlegung der begrifflichen Grundlagen vgl. Mag (1998: 3 ff.).

nung zielt darauf ab, die nicht mehr für den Leistungsprozess notwendigen Mitarbeiter freizusetzen.

In zeitlicher Hinsicht lassen sich die kurzfristige, die mittelfristige und die langfristige Personalplanung unterscheiden. Als kurzfristig hat sich in der Literatur ein Zeitraum von bis zu einem Jahr etabliert, während als mittelfristig mehr als ein Jahr bis zu drei Jahren gilt, und die langfristige Betrachtung einen Zeitraum von länger als drei Jahren umfasst. Je länger der Planungshorizont, desto unsicherer die Voraussagen bzw. die Planung.

Die informatorische Basis der Personalplanung ergibt sich aus Studien, Statistiken und Beobachtung der externen und internen Umwelt sowie aus allen anderen Teilbereichen der Unternehmensplanung wie z. B. der Absatzplanung, Produktionsplanung und Finanzplanung. Personalplanung ist folglich eng mit den anderen Teilbereichen der Unternehmensplanung verzahnt und kann nicht losgelöst von diesen betrachtet werden. In Abbildung 1.5 werden die Beziehungen der Teilbereiche zueinander grafisch dargestellt.

An einem Beispiel sei die Verzahnung von Personalplanung und Unternehmensplanung illustriert:

Angenommen, ein Automobilunternehmen will seine angestrebten Umsatzziele im Inland erhöhen. Marktstudien haben gezeigt, dass das Potenzial mehr Fahrzeuge abzusetzen gegeben ist. Zur Verwirklichung des Umsatzziels müssen mehr Fahrzeuge gebaut werden, d. h., das Unternehmen muss seine Produktionsplanung verändern. Unternehmensberater haben errechnet, dass dazu die Produktion um 20 % erhöht werden muss. Eine veränderte Produktionsplanung muss mit ausreichend Vorlaufzeit an die Personalplanung kommuniziert werden. Denn ohne ausreichendes Personal kann die Produktion nicht erhöht werden, zumindest solange noch Menschen und nicht Maschinen/Roboter für die Produktion benötigt werden. Aber nicht nur die Produktionsplanung muss involviert werden, sondern auch die Finanzplanung. Denn abhängig davon, ob die Produktionssteigerung durch Nachtarbeit, Mehrarbeit oder zusätzliches Personal abgedeckt wird, entstehen Kosten, die von der Finanzplanung erfasst werden müssen, bzw. für die aus der Finanzplanung die Budgetfreigabe erfolgen muss.

3. Hinweise zur Lösung

Personalplanung als klassische Managementaufgabe kann besser erledigt werden, je umfassender die informatorische Basis ist. Aus diesem Grund ist es notwendig, dass die Verantwortlichen (häufig sind es in der Praxis die Personalmanager) in enger Zusammenarbeit mit dem Management aus dem gesamten Unternehmen zusammenarbeiten und Informationen austauschen, und in die Entscheidungsprozesse frühzeitig involviert werden.

Empirische Untersuchungen zeigen, dass in der betrieblichen Praxis Maßnahmen der Personalplanung abhängig von der Branche, der Betriebsgröße sowie der Arbeits-

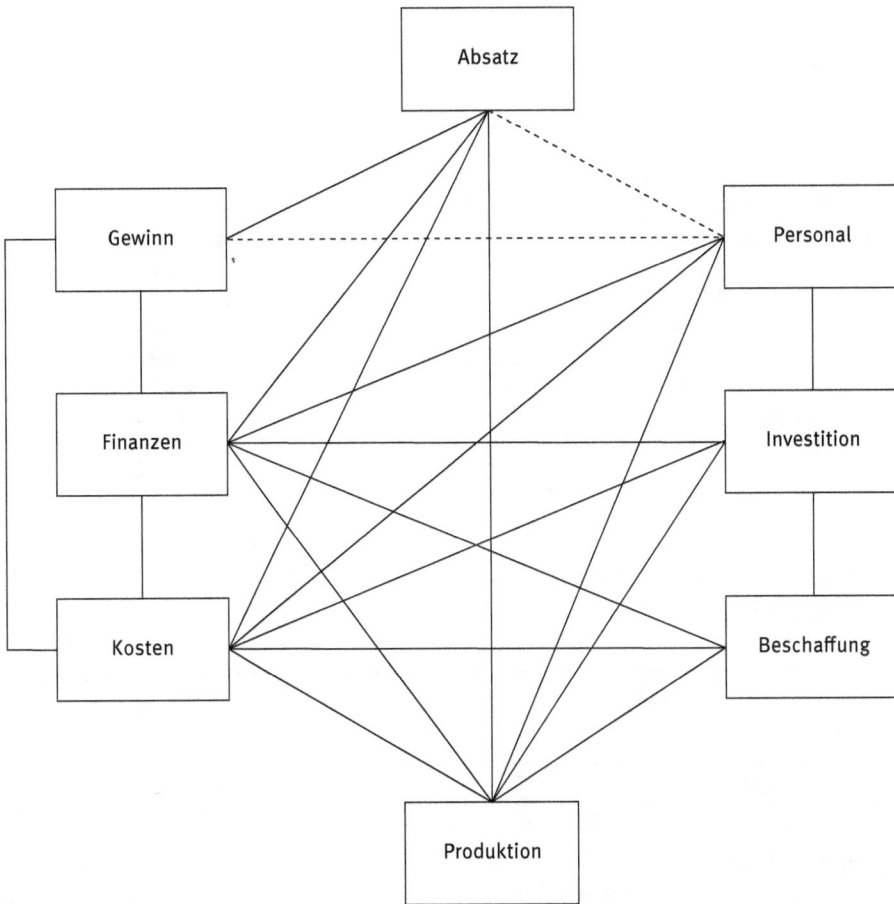

Abb. 1.5: Beziehungen der Teilbereiche der Unternehmensplanung zueinander, Quelle: Röschlau (1990: 14).

marktsituation und der Qualifikationsgruppen sind. Als Faustregel kann gelten: Je größer ein Unternehmen ist und je stärker die betriebliche Mitbestimmung, desto höher ist die Bedeutung der Personalplanung. Allerdings muss auch betont werden, dass eine umfassende und einheitliche strategische Personalplanung in Unternehmen in Deutschland nicht stark verbreitet ist, wie eine Studie von Hays (2014) zeigt. Zwar sind Ansätze einer strategischen Personalplanung und damit einer langfristigen und umfassenden Planung in den meisten Unternehmen gegeben. Allerdings beziehen 80 % der befragten Personalleiter die Fachbereiche nicht in die Strategieentwicklung ein.

Der interessierte Leser sei auf Mag (1998: 29 ff.) verwiesen, der in seiner umfassenden Publikation einen guten Überblick über die geschichtliche Entwicklung der Bedeutung der Personalplanung in Deutschland gibt.

Wie Gutmann und Terschüren (2005: 9) ausführen, spielt die Personalplanung seit Einführung der Kapitalrichtlinien Basel II (2006/2007) auch eine Rolle bei der Vergabe von Krediten.

4. Literaturempfehlungen

Drumm, Hans J. (2008): Personalwirtschaft, 6. Aufl., Heidelberg, S. 197–202.
Fischer, Ulrich/Reihsner, Rolf (2002): Personalplanung, Frankfurt a. M., S. 13–23.
Gutmann, Joachim/Terschüren, Jessica (2005): Personalplanung. Wie Sie Mitarbeiter richtig einsetzen, Planegg, S. 6–21.
Jung, Hans (2017): Personalwirtschaft, 10. Aufl., Berlin, S. 21–45.
Mag, Wolfgang (1998): Einführung in die betriebliche Personalplanung, 2. Aufl., München, S. 29 ff.
Röschlau, Manfred (1990): RKW-Handbuch Personalplanung, 2. Aufl., Frankfurt a. M., S. 5 ff.
Stock-Homburg, Ruth (2013): Personalmanagement. Theorien – Konzepte – Instrumente, 3. Aufl., Wiesbaden, S. 94 ff.

Aufgabe 2: Betriebsverfassungsrechtliche Aspekte im Rahmen der Personalbedarfsplanung

---

Wissen, Verstehen, Anwenden, Transfer, Bewerten
10 Minuten

---

1. Fragestellung

Sie sind als HR-Business-Partner für die FutureCar GmbH tätig. Die Geschäftsleitung hat in ihrem letzten Strategiemeeting eine umfassende Personalbedarfsplanung durchgeführt. Diese Dokumente möchte der HR-Manager geheim halten und schon gar nicht möchte er mit dem im Unternehmen vorhandenen Betriebsrat darüber beraten. Kann der HR-Manager die Ergebnisse des Strategiemeetings bezüglich der Personalbedarfsplanung geheim halten? Welche Rechte hat der Betriebsrat im Rahmen der Personalbedarfsplanung?

2. Lösung

Der HR-Manager kann die Dokumente zur Personalbedarfsplanung nicht vor dem Betriebsrat geheim halten, sondern muss ihn unterrichten. Insbesondere, wenn eine durch entsprechende Unterlagen dokumentierte Personalbedarfsplanung vorliegt, wie es in dem Beispiel der Fall ist.

Gemäß § 90 Abs. 1 BetrVG hat der Betriebsrat ein allgemeines Mitwirkungsrecht bei der Personalbedarfsplanung. Die sogenannten Unterrichtungs- und Beratungsrechte aus § 90 BetrVG beinhalten das Recht auf Unterrichtung durch den Arbeitgeber, wenn Veränderung des Arbeitsplatzes, des Arbeitsortes, der Arbeitsverfahren und der technischen Anlagen Veränderungen des Personalbedarfs hervorrufen. Weiterhin ist in § 90 BetrVG geregelt, dass der Arbeitgeber den Betriebsrat unter Vorlage der erforderlichen Unterlagen über die Planung der Maßnahmen rechtzeitig und umfassend zu unterrichten hat, sodass Vorschläge und Bedenken des Betriebsrats bei der Planung berücksichtigt werden können.

In §§ 92, 111–112 BetrVG sind die Mitbestimmungsrechte präziser geregelt. Gemäß § 92 BetrVG hat der Arbeitgeber den Betriebsrat *anhand von Unterlagen rechtzeitig und umfassend* über die Personalbedarfsplanung, insbesondere über den gegenwärtigen und zukünftigen Personalbedarf sowie über die sich daraus ergebenden personellen Maßnahmen, zu unterrichten. Lägen dem HR-Manager derartige Dokumente bereits vor, so müsste er den Betriebsrat umfassend und rechtzeitig informieren. Liegen dem HR-Manager Dokumente vor, die Personalfreisetzungen oder Versetzungen zur Folge haben, so muss sich der HR-Manager mit dem Betriebsrat beraten, um Härten für die Mitarbeiter zu vermeiden. Der Betriebsrat kann dem Arbeitgeber Vorschläge bei der Personalplanung unterbreiten, welche der Arbeitgeber zwar ablehnen kann, eine solche Ablehnung aber schriftlich begründen muss.

Gemäß §§ 111–112 BetrVG hat der Arbeitgeber den Betriebsrat im Falle von geplanten Betriebsänderungen, die mit wesentlichen Nachteilen für die Arbeitnehmer verbunden sind, rechtzeitig und umfassend zu unterrichten und mit dem Betriebsrat zu beraten. Zur Milderung der erwarteten wirtschaftlichen Nachteile ist in § 112 BetrVG der Interessenausgleich bei Betriebsänderungen über den Sozialplan geregelt. Gemäß § 112 Abs. 1 Satz 2 und Abs. 2–5 BetrVG hat der Betriebsrat ein Initiativrecht bei der Aufstellung eines Sozialplans.

3. Hinweise zur Lösung

In der Praxis ist die Beteiligung des Betriebsrats immer wieder ein spannungsreiches Thema, denn 1. ist die Personalplanung ein fortlaufender Prozess, d. h. der Betriebsrat muss fortlaufend und nicht nur einmalig informiert werden, 2. ist nicht einheitlich definiert, was unter Personalplanung zu verstehen ist (beginnt Planung mit dem Gedanken oder erst mit Maßnahmen?) und 3. ist die Definition der Begriffe „rechtzeitig" und „umfassend" interpretationsbedürftig.

In dem beschriebenen Praxisfall muss der Arbeitgeber gemäß § 92 BetrVG alle Informationen bezüglich der Personalplanung dem Betriebsrat anhand von Unterlagen mitteilen. Was an sich zunächst plausibel erscheint, kann in der Praxis zu einem Streitthema werden, wenn die Auffassungen von Arbeitgeber und Betriebsrat über die Begriffe „rechtzeitig" und „umfassend" differieren.

Betriebsverfassungsrechtlich bedeutet das Wort „rechtzeitig" Folgendes: „wenn eine Beteiligung des Betriebsrats an der Meinungsbildung und Entscheidungsfindung über die Personalplanung allgemein und bei jeder ihrer Einzelmaßnahmen gewährleistet ist" Röschlau (1996: 553).

D. h. die Rechtzeitigkeit ist gegeben, wenn der Betriebsrat auf die Planung des Arbeitgebers Einfluss nehmen kann. Der interessierte Leser sei auf Mag (1998: 2 ff.) verwiesen, der sehr ausführlich auf die Thematik eingeht.

Auch über den Begriff „umfassend" herrschen in der Anwendung im Einzelfall häufig unterschiedliche Auffassungen.

Als umfassend kann die Unterrichtung bezeichnet werden, wenn der Betriebsrat in der Lage ist, anhand der zur Verfügung gestellten Daten und Informationen als ebenbürtiger Verhandlungspartner dem Arbeitgeber entgegenzutreten. Der Arbeitgeber hat den Betriebsrat diesbezüglich über die Inhalte, Gründe und Auswirkungen der beabsichtigten Maßnahme zu informieren.

4. Literaturempfehlungen

Drumm, Hans J. (2008): Personalwirtschaft, 6. Aufl., Heidelberg, S. 238 f.

Jung, Hans (2017): Personalwirtschaft, 10. Aufl., Berlin, S. 133.

Mag, Wolfgang (1998): Einführung in die betriebliche Personalplanung, 2. Aufl., München, S. 13 ff.

Oechsler, Walter A. (2011): Personal und Arbeit, 9. Aufl., München, S. 170 ff.

Röschlau, Manfred (1990): RKW-Handbuch Personalplanung, 2. Aufl., Frankfurt a. M., S. 554 ff.

Aufgabe 3: Quantitative und qualitative Ziele der Personalplanung zur Sicherstellung wirtschaftlicher und sozialer Ziele

Wissen, Verstehen, Anwenden, Transfer, Bewerten
10 Minuten

1. Fragestellung

Sie befinden sich mit Frau Huber, der Personalleiterin des Automobilzulieferunternehmens FutureCar GmbH, und weiteren Abteilungsleitern des Unternehmens in einer Sitzung. Beim Tagesordnungspunkt „Personalbedarfsplanung" ist Ihr Kollege neben Ihnen etwas abgelenkt und schläfrig. Er hat nur „mit einem Ohr zugehört", als Frau Huber gesagt hat, dass alle Personengruppen – vom Arbeiter bis zum Vorstand – an der Personalbedarfsplanung interessiert sein müssten. In der Pause fragt der Kollege Sie, was die Arbeitsdirektorin Frau Huber wohl damit gemeint haben könnte. Helfen Sie dem Kollegen, indem Sie ihm die Ziele der Personalbedarfsplanung und die unterschiedlichen Interessen, die bei der Personalbedarfsplanung eine Rolle spielen, erläutern.

2. Lösung

Die Ziele der Personalbedarfsermittlung sind die quantitative (mengenmäßige), qualitative (in Bezug auf die Qualifikation), örtliche, zeitliche und kostengerechte bzw. budgetgerechte Sicherstellung des erforderlichen Personals zur Verfolgung der Unternehmensziele.

Personal kann aufgrund rechtlicher Bestimmungen (Arbeitsschutzgesetze) nicht beliebig ausgetauscht werden und sollte auch aus sozialpolitischen Überlegungen nicht nach Belieben ersetzt werden.

Sowohl Arbeitgeber als auch Arbeitnehmer und Betriebsrat haben ein Interesse an einer optimalen Gestaltung der Personalbedarfsplanung und verfolgen das Ziel, den optimalen Personalbedarf zu ermitteln, um weder Personalüberhänge noch Personalunterdeckung zu produzieren und damit die Verwirklichung der Unternehmensziele zu gefährden. Sowohl ein Personalüberhang als auch eine Personalunterdeckung verursachen Kosten. Beim Personalüberhang besteht 1. die Gefahr, dass die Arbeitgeberseite nicht eingesetztes Personal bezahlt, und 2. nicht ausgelastete Mitarbeiter eine Arbeitsunzufriedenheit entwickeln, die bis zum „Bore-out" führen kann. Eine längerfristige Personalunterdeckung kann zur Überlastung der Mitarbeiter führen, die wiederum zu Unzufriedenheit, verringerter Motivation bis hin zum „Burn-out" führen kann.

3. Hinweise zur Lösung

Der Druck zur Optimierung der Personalbedarfsplanung resultiert auch daraus, dass Personalkosten einen großen Kostenblock für Unternehmen darstellen, der allerdings aufgrund gesetzlicher Bestimmungen (z. B. Mindestlohn, tarifvertragliche Regelungen) und auch aus gesellschaftspolitischen Aspekten nicht ohne Weiteres gesenkt werden kann.

Die durchschnittlichen Arbeitskosten in Deutschland lagen im Jahr 2016 im produzierenden Gewerbe und bei wirtschaftlichen Dienstleistungen bei 33,40 Euro und im verarbeitenden Gewerbe bei 38,70 Euro je geleisteter Arbeitsstunde (Statistisches Bundesamt 2017). Das Arbeitskostenniveau in Deutschland liegt im europäischen Vergleich auf Platz sieben. Der EU-Durchschnitt liegt bei 25,70 Euro. Dänemark hat mit 43,30 Euro die höchsten und Bulgarien mit 4,40 Euro die niedrigsten Arbeitskosten. Arbeitskosten bestehen aus Bruttoverdiensten und Lohnnebenkosten wie Sozialbeiträge der Arbeitgeber, Aufwendungen für betriebliche Altersvorsorge und die Lohn- und Gehaltsfortzahlung im Krankheitsfall. Nach Angaben des Statistischen Bundesamts zahlten im Jahr 2016 Arbeitgeber je 100 Euro Bruttoverdienst zusätzlich 28 Euro Lohnnebenkosten.

Abbildung 1.6 zeigt die Arbeitskosten je geleisteter Arbeitsstunde 2016 im EU-Vergleich.

Produzierendes Gewerbe und wirtschaftliche Dienstleistungen in EUR

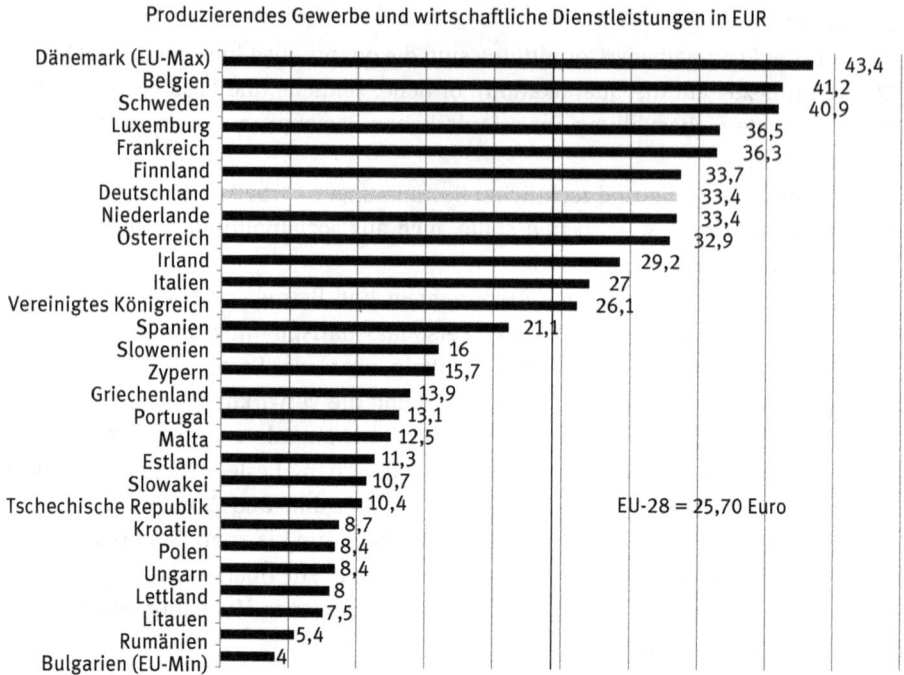

Abb. 1.6: EU-Vergleich der Arbeitskosten je geleistete Stunde 2016, Quelle: Statistisches Bundesamt (2017).

4. Literaturempfehlungen

Berthel, Jürgen/Becker, Fred G. (2017): Personal-Management, 11. Aufl., Stuttgart, S. 283–300.

Drumm, Hans J. (2008): Personalwirtschaft, 6. Aufl., Heidelberg, S. 197–238.

Jung, Hans (2017): Personalwirtschaft, 10. Aufl., Berlin, S. 113–115.

Scherm, Ewald/Süß, Stefan (2010): Personalmanagement, 2. Aufl., München, S. 21–30.

Statistisches Bundesamt (Hrsg.) (2017): Pressemitteilung Nr. 125. EU-Vergleich der Arbeitskosten 2016: Deutschland auf Rang sieben, www.destatis.de/DE/PresseService/Presse/Pressemitteilungen/2017/04/PD17_125_624.html, Abruf vom 20.07.2018.

Stock-Homburg, Ruth (2013): Personalmanagement. Theorien – Konzepte – Instrumente, 3. Aufl., Wiesbaden, S. 94 ff.

Aufgabe 4: Kennzahlenmethode zur Personalbedarfsermittlung

Wissen, Verstehen, Anwenden, Transfer, Bewerten
6 Minuten

1. Fragestellung

Die FutureCar GmbH verkauft über ihre eigenen Autohäuser innovative Autos, die mit Elektro- und Hybridmotor betrieben werden, und außerdem Autos mit Verbrennungsmotoren. Es wird für das kommende Jahr mit einem Umsatz von 80 Millionen Euro geplant. Aus Erfahrungswerten weiß man, dass ein Verkaufsmitarbeiter pro Jahr 1,5 Millionen Euro Umsatz generieren kann.

(a) Ermitteln Sie mithilfe der Kennzahlenmethode, wie viele Verkaufsmitarbeiter notwendig wären, wenn das Umsatzziel von 80 Millionen Euro erreicht werden soll.

(b) Ermitteln Sie mithilfe der Kennzahlenmethode, wie viele zusätzliche Verkaufsmitarbeiter benötigt werden, wenn der Umsatz auf 100 Millionen Euro gesteigert werden soll.

2. Lösung

(a) Es werden rechnerisch 53,3 Mitarbeiter benötigt, um das Umsatzziel von 80 Millionen Euro zu realisieren.

Der Personalbedarf errechnet sich wie folgt: künftiger Ertrag (80 Millionen Euro)/geschätzte Arbeitsproduktivität (1,5 Millionen Euro Umsatz pro Mitarbeiter) = 53,3

(b) Es werden rein rechnerisch zusätzlich 13,3 Mitarbeiter benötigt, wenn der Umsatz auf 100 Millionen Euro gesteigert werden soll.

Personalbedarf insgesamt = 53,3 Mitarbeiter/80 Millionen Euro · 100 Millionen Euro.

3. Hinweise zur Lösung

Die Anwendung der Kennzahlenmethode setzt eine stabile Beziehung zwischen einer relevanten Bezugsgröße und dem Personalbedarf voraus sowie eine stabile interne und externe Unternehmensumwelt und einen planbaren Kontext.

Sind diese Voraussetzungen gegeben, so können aus Erfahrungswerten die Bedarfe für die Zukunft fortgeschrieben werden. Schwankungen jeglicher Art, sowohl im organisatorisch-technischen Bereich als auch auf der Auftragsseite oder der Kundenseite oder hinsichtlich der Arbeitsproduktivität, schränken die Anwendbarkeit von Kennzahlen stark ein. Die Kennzahlenmethode kann sowohl für die Berechnung des Einsatzbedarfes, des Reservebedarfes und des Bruttopersonalbedarfes eingesetzt werden.

Die Schwächen der Kennzahlenmethode liegen darin, dass sie von konstanten Größen ausgeht, die in der Realität nicht immer vorhanden sind. So dürften, wie im Fallbeispiel aufgeführt, die Beratungszeiten für den Verkauf eines Fahrzeugs nicht variieren. Beratungsintensive Fahrzeuge, wie beispielsweise Elektrofahrzeuge, oder Kunden mit intensivem Beratungsbedarf könnten die zugrunde gelegten Determinanten torpedieren. Weiterhin wird bei dieser Methode vorausgesetzt, dass die Nachfrage immer konstant ist. In der Realität ist die Nachfrage nach Fahrzeugen saisonal sehr unterschiedlich.

4. Literaturempfehlungen

Drumm, Hans J. (2008): Personalwirtschaft, 6. Aufl., Heidelberg, S. 203–238.
Röschlau, Manfred (1990): RKW-Handbuch Personalplanung, 2. Aufl., Frankfurt a. M., S. 57–119.
Scholz, Christian (2014): Personalmanagement. Informationsorientierte und verhaltenstheoretische Grundlagen, 6. Aufl., München, S. 309 ff.
Stock-Homburg, Ruth (2013): Personalmanagement. Theorien – Konzepte – Instrumente, 3. Aufl., Wiesbaden, S. 89–115.

Aufgabe 5: Personalbemessungsverfahren

Wissen, Verstehen, Anwenden, Transfer, Bewerten
8 Minuten

---

1. Fragestellung

(a) Ermitteln Sie den quantitativen Personalbedarf einer Marketingabteilung mit dem Personalbemessungsverfahren. Es stehen Ihnen die Angaben in Tabelle 1.9 zur Verfügung.

(b) Die Erstellung der Marktforschungsanalysen wird an einen externen Dienstleister im Ausland ausgelagert und fällt somit raus. Weiterhin entwickeln die Mitarbeiter eine Routine bei der Vorbereitung des Messeauftritts, sodass ein Lernkurveneffekt von 20 % auftritt. Wie ändert sich dadurch der quantitative Personalbedarf?

2. Lösung

Zu (a)

Der quantitative Personalbedarf kann wie folgt ermittelt werden:

$$\text{Personalbedarf} = \frac{\text{anfallende Arbeitsmenge} \cdot \text{Zeitbedarf pro Arbeitsvorgang}}{\text{Arbeitszeit pro Arbeitskraft}}$$

$$= (1 \cdot 6 + 4 \cdot 3 + 8 \cdot 3 + 8 \cdot 10 + 10 \cdot 2 + 6 \cdot 7 + 3 \cdot 8)/35 = 5{,}94$$

Es werden rechnerisch 5,94 Mitarbeiter benötigt.

Tab. 1.9: Personalbedarf.

Tätigkeit	Häufigkeit	Zeitbedarf
M1 = Erstellen einer Analyse des Werbekostenbudgets	1	t = 6 h
M2 = Vorbereitung der monatlichen Newsletter	4	t = 3 h
M3 = Konzepterstellung Analyse des Nutzungsverhaltens von Social-Media-Usern	8	t = 3 h
M4 = Marktforschungsanalysen	8	t = 10 h
M5 = Briefing Werbeagenturen	10	t = 2 h
M6 = B2B-Kundengespräche	6	t = 7 h
M7 = Vorbereitung des Messeauftritts	3	t = 8 h

M = Arbeitsmenge gleichartiger Geschäftsvorfälle pro Monat
t = Zeitbedarf je Vorfall
Die wöchentliche Arbeitszeit beträgt laut Tarifvertrag 35 Stunden.

Zu (b)

Durch die Auslagerung und den Lerneffekt der Mitarbeiter verringert sich der Personalbedarf. Für die Erstellung der Marktforschungsanalysen werden zukünftig keine Mitarbeiter benötigt und somit entfällt der Personalbedarf. Der Zeitbedarf für die Vorbereitung des Messeauftritts verringert sich um 20 % von t = 8 h auf t = 6,4 h.

Es werden rechnerisch 3,52 Mitarbeiter benötigt.

3. Hinweise zur Lösung

Bei der Berechnung des Personalbedarfs wurde kein Reservebedarf berücksichtigt. Dieser wäre mit ca. 20 % Zuschlagskalkulation auf den Einsatzbedarf von 5,94 Mitarbeitern bzw. 3,52 Mitarbeitern zu ermitteln.

Die Personalbemessungsmethode setzt voraus, dass das Leistungsprogramm bzw. die Geschäftsvorfälle konstant bleiben. Veränderungen in den anfallenden Tätigkeiten oder in der Intensität der Bearbeitung würden auch den quantitativen Personalbedarf verändern.

4. Literaturempfehlungen

Drumm, Hans J. (2008): Personalwirtschaft, 6. Aufl., Heidelberg, S. 203–238.
Jung, Hans (2017): Personalwirtschaft, 10. Aufl., Berlin, S. 129.
Röschlau, Manfred (1990): RKW-Handbuch Personalplanung, 2. Aufl., Frankfurt a. M., S. 57–119.
Stock-Homburg, Ruth (2013): Personalmanagement. Theorien – Konzepte – Instrumente, 3. Aufl., Wiesbaden, S. 89–115.

Aufgabe 6: Vermischtes Single Choice

Wissen, Verstehen
8 Minuten

1. Fragestellung

Markieren Sie die Aussagen als richtig oder falsch.

(a) ☐ Der Einsatzbedarf ist der Bedarf an Personal, der nach organisatorischen Gesichtspunkten und technischen Gesichtspunkten notwendig ist, um einen reibungslosen Leistungserstellungsprozess aufrechtzuerhalten.

(b) ☐ Wenn ein Stelleninhaber in Pension geht und die Stelle wiederbesetzt wird, bezeichnet man das als Neubedarf.

(c) ☐ Wenn ein Unternehmen neue Stellen schafft, dann entsteht ein Einsatzbedarf.

(d) ☐ Der Nettopersonalbedarf muss in einer guten Personalplanung immer null ergeben.

(e) ☐ Nettopersonalbedarf ist mit Reservebedarf gleichzusetzen.

(f) ☐ Bruttopersonalbedarf entsteht aus der Summe von Einsatzbedarf und Reservebedarf.

(g) ☐ Einsatzbedarf und Nettopersonalbedarf sind identisch.

(h) ☐ Reservebedarf und Nettopersonalbedarf sind identisch.

2. Lösung

(a) ☐R Der Einsatzbedarf ist der Bedarf an Personal, der nach organisatorischen Gesichtspunkten und technischen Gesichtspunkten notwendig ist, um einen reibungslosen Leistungserstellungsprozess aufrechtzuerhalten.

(b) ☐F Wenn ein Stelleninhaber in Pension geht und die Stelle wiederbesetzt wird, bezeichnet man das als Neubedarf.

(c) ☐F Wenn ein Unternehmen neue Stellen schafft, dann entsteht ein Einsatzbedarf.

(d) ☐F Der Nettopersonalbedarf muss in einer guten Personalplanung immer null ergeben.

(e) ☐F Nettopersonalbedarf ist mit Reservebedarf gleichzusetzen.

(f) ☐R Bruttopersonalbedarf entsteht aus der Summe von Einsatzbedarf und Reservebedarf.

(g) ☐F Einsatzbedarf und Nettopersonalbedarf sind identisch.

(h) ☐F Reservebedarf und Nettopersonalbedarfs sind identisch.

3. Hinweise zur Lösung

Der Einsatzbedarf ist der Bedarf an Personal, der nach organisatorischen Gesichtspunkten und technischen Gesichtspunkten notwendig ist, um einen reibungslosen Leistungserstellungsprozess aufrechtzuerhalten.

Hinweis: Der Einsatzbedarf berücksichtigt nicht den Reservebedarf, der aufgrund von Urlaub, Krankheit, Fluktuation usw. entstehen kann.

Wenn ein Stelleninhaber in Pension geht und die Stelle wieder besetzt wird, bezeichnet man das als Neubedarf.

Hinweis: Wenn ein Stelleninhaber in Pension geht und die Stelle wieder besetzt wird, so handelt es sich um einen Ersatzbedarf. Neubedarf würde entstehen, wenn beispielsweise Produktionskapazitäten ausgeweitet würden und eine neue Stelle geschaffen werden müsste.

Wenn ein Unternehmen neue Stellen schafft, dann entsteht ein Einsatzbedarf.

Hinweis: Wenn ein Unternehmen neue Stellen schafft, so entsteht, wie durch die Bezeichnung auch deutlich wird, ein Neubedarf.

Einsatzbedarf ist der Bedarf, der nach organisatorischen und technischen Gesichtspunkten notwendig ist, um einen reibungslosen Leistungserstellungsprozess aufrechtzuerhalten.

Der Nettopersonalbedarf muss in einer guten Personalplanung immer null ergeben.

Hinweis: Der Nettopersonalbedarf muss nicht immer gleich null sein, sondern kann auch positiv oder negativ sein. Ein Nettopersonalbedarf von null zeigt an, dass kein Personal beschafft oder entlassen werden muss.

Nettopersonalbedarf ist mit Reservebedarf gleichzusetzen.

Hinweis: Nettopersonalbedarf ergibt sich aus der Differenz von Personalbedarf und fortgeschriebenem Personalbestand. Ein Reservebedarf ist ein Bedarf, der aufgrund von Ausfällen und/oder Abwesenheiten kalkuliert werden muss. Der Reservebedarf kann ja nach Branche sehr unterschiedlich sein. Üblicherweise wird ein Reservebedarf von 20 % bis 30 % auf die Betriebszeit aufgeschlagen.

Bruttopersonalbedarf entsteht aus der Summe von Einsatzbedarf und Reservebedarf,

Hinweis: Der Reservebedarf kann mit ca. 20 % bis 30 % der jährlichen Arbeitstage kalkuliert werden.

Einsatzbedarf und Nettopersonalbedarf sind identisch

Hinweis: Der Nettopersonalbedarf gibt den Veränderungsbedarf an, der Einsatzbedarf demgegenüber den Bedarf, welcher nach technischen und organisatorischen Gesichtspunkten notwendig ist.

Reservebedarf und Nettopersonalbedarf sind identisch.

Hinweis: Reservebedarf kennzeichnet den Bedarf, der notwendig ist, um Krankheitstage, Ausfälle und Fluktuation abzudecken. Der Reservebedarf variiert von Branche zu Branche und wird auch durch die Dringlichkeit sowie den Arbeitsanfall beeinflusst. Der Reservebedarf kann durch eine Zuschlagskalkulation ermittelt werden. Bei durchschnittlich 250 Arbeitstagen muss mit einem Reservebedarf von 50 bis 75 Tagen gerechnet werden.

4. Literaturempfehlungen

Drumm, Hans J. (2008): Personalwirtschaft, 6. Aufl., Heidelberg, S. 203–238.

Jung, Hans (2017): Personalwirtschaft, 10. Aufl., Berlin, S. 117 ff.

Röschlau, Manfred (1990): RKW-Handbuch Personalplanung, 2. Aufl., Frankfurt a. M., S. 57–119.

Stock-Homburg, Ruth (2013): Personalmanagement. Theorien – Konzepte – Instrumente, 3. Aufl., Wiesbaden, S. 89–115.

1.4 Personalbeschaffung

Fallstudie KaffeeLeben – Aufgabe F4

Wissen, Verstehen, Anwenden, Transfer
30 Minuten

1. Fragestellung

Nachdem Roman und Florentine für die geplante Ausweitung der Öffnungszeiten in einer Filiale ausgerechnet hatten, wie hoch der Mehrbedarf an Mitarbeiterkapazität ist, machten sich die beiden gleich an die nächsten Schritte. „Wir müssen zu den vorhandenen 5 FTE ca. 3,5 FTE zusätzlich einstellen", rechnete Florentine noch mal vor. Die bisherigen 5 FTE sind bislang wie folgt aufgeteilt: 1 FTE Filialleitung (Frau Müller, die sich als sehr zuverlässig erweist) sowie 8 Teilzeitbeschäftigte zu je 0,5 FTE. „Florentine, wie machen wir das denn mit der Filialleitung? Bisher hat Frau Müller das ja sehr zuverlässig gemacht, aber mit dem neuen Schichtmodell wird sie es nicht mehr alleine den ganzen Tag übernehmen können", bemerkte Roman. „Du hast Recht. Aber das ist doch eine gute Gelegenheit. Frau Müller hatte ohnehin neulich angemerkt, dass sie eigentlich eine Stellvertreterin braucht, z. B. für Urlaub oder wenn sie mal krank sein sollte. Dann kann die Stellvertreterin ja in der neuen Schicht die Leitung übernehmen", entgegnete Florentine. „Ich hätte auch schon eine Idee, wer das übernehmen könnte", so Roman, „Frau Emsig arbeitet bislang ja nur mit einem Beschäftigungsgrad von 50 % und ist laut Frau Müller die beste Mitarbeiterin in der Filiale!" „Das könnten wir uns überlegen, aber das muss auch passen. Auf die Aussage von Frau Müller sollten wir uns dabei nicht ausschließlich verlassen. Ich hätte noch ein weiteres Thema, Roman. Selbst wenn wir das mit Frau Emsig so machen sollten, müssen wir immer noch ca. 6 Teilzeitkräfte einstellen. Das ist ganz schön viel und bei der letzten Einstellungsrunde haben wir nicht gerade die besten Bewerber gehabt. Wir müssen uns etwas überlegen, wie wir als attraktiver Arbeitgeber wahrgenommen werden", merkte Florentine an.

(a) Stellen Sie zunächst allgemein die Vor- und Nachteile der internen und externen Beschaffung heraus.

(b) Welche Ideen hätten Sie, wie KaffeeLeben sein gutes Arbeitgeberimage besser transportieren kann?

(c) Soll Frau Emsig die Position der stellv. Filialleitung übernehmen und sollte damit ihr Beschäftigungsgrad auf 100 % erhöht werden oder sollte diese Position extern besetzt werden? Welche Voraussetzungen müssen Florentine und Roman prüfen, um diese Entscheidung zu treffen?

2. Anregungen für Ihre Diskussion der Lösung

(a) Interne Beschaffung:

Tab. 1.10: Vor- und Nachteile der internen Personalbeschaffung für das Unternehmen, Quelle: in Anlehnung Scholz, Christian (2014: 139).

Vorteile	Nachteile
– Geringeres Auswahlrisiko	– Geringere Auswahlmöglichkeiten
– Schnellere Besetzung	– Eventuell zusätzliche
– Geringere Beschaffungskosten	Personalentwicklungskosten
– Mitarbeiter verfügt über Betriebskenntnisse	– Eventuell Spannungen und Rivalität zwischen
– Positive Signalwirkung für die Mitarbeiter	Mitarbeitern
	– Eventuell nachlassendes Engagement, wenn ein Beförderungsautomatismus entsteht

Externe Beschaffung:

Tab. 1.11: Vor- und Nachteile der externen Personalbeschaffung für das Unternehmen, Quelle: in Anlehnung Scholz, Christian (2014: 141).

Vorteile	Nachteile
– Breitere Auswahlmöglichkeiten	– Vergleichsweise hohe Beschaffungskosten
– Verringerung einer möglichen Betriebsblindheit	– Eventuell höhere Fluktuation
– Neue Ideen kommen in das Unternehmen	– Vergleichsweise höheres Risiko einer Fehlentscheidung
– Eventuell geringere Personalentwicklungskosten	– Der Mitarbeiter kennt das Unternehmen noch nicht und hat keine Betriebskenntnisse
	– Eventuell Demotivation bei internen Bewerbern

(b) Die Möglichkeiten an Maßnahmen für ein modernes Personalmarketing sind nahezu unbegrenzt. Wichtig ist es im vorliegenden Fall, bei der Generierung von Maßnahmen einige entscheidende Faktoren der Unternehmenssituation zu berücksichtigen:

– Das Unternehmen ist relativ jung und verfügt über eine vergleichsweise geringe Professionalisierung des Personalmanagements.

– Aus der Situationsbeschreibung geht hervor, dass es derzeit noch keine eigene Personalabteilung bzw. keine eigenen Personalverantwortlichen gibt – die Gründer übernehmen diese Aufgaben bislang selbst.

– Demnach gibt es auch keine dezidierte Position für Personalmarketing, die Kapazitäten für die Entwicklung und Umsetzung von Personalmarketingmaßnahmen werden also gering sein.

Ansätze für mögliche Maßnahmen, welche diese Faktoren berücksichtigen, könnten sein:

– Einführung eines „Mitarbeiter-werben-Mitarbeiter-Programms", bei dem nach erfolgreicher Probezeit ein Bonus an den werbenden Mitarbeiter bezahlt wird.

– Einrichten einer Karrieresektion auf der Homepage von KaffeeLeben, auf der entsprechende Informationen über Arbeitsmöglichkeiten, Aufstiegsperspektiven und Arbeitgeberphilosophie dargestellt werden.

– Erstellung eines Karrierevideos über eine externe Agentur, welches die Unternehmenskultur von KaffeeLeben hervorhebt, die guten Arbeitsbedingungen und die Freude der Mitarbeiter bei der Bedienung zufriedener Kunden darstellt.

(c) Die Aufstockung des Beschäftigungsgrads und eine Beförderung von Frau Emsig hätte grundsätzlich die unter (a) dargestellten Vor- und Nachteile der internen Beschaffung. Insbesondere die Tatsache, dass das Unternehmen Frau Emsig bereits kennt, Frau Emsig mit den Abläufen in der Filiale vertraut ist und damit schnell den Einstieg in die neue Position finden kann, sprechen dafür. Vor allem wäre damit eine zügige Umsetzung der neuen Öffnungszeiten möglich. Allerdings gibt es auch Aspekte, die vorher zu klären wären: Hat Frau Emsig überhaupt ein Interesse an einer Führungsposition und bringt sie die entsprechenden Führungskompetenzen mit? Der fachlich beste Mitarbeiter ist dadurch nicht automatisch auch derjenige, der Führungspotenzial aufweist. Zudem wäre zu klären, ob ein Aufstieg „von der Kollegin zur Führungskraft" aufseiten der anderen sieben MitarbeiterInnen auf Akzeptanz stößt. Weiterhin ist zu prüfen ob Frau Emsig überhaupt auf 100 % Beschäftigungsgrad aufstocken möchte, ggf. gibt es bei ihr private Gründe für eine Teilzeitbeschäftigung wie z. B. Kinderbetreuung. Zudem wäre mit Frau Emsig und Frau Müller zu klären, ob beide grundsätzlich in der Lage wären, zu den Arbeitszeiten beider Schichten zu arbeiten. Für eine wirkliche Stellvertretung ist hier volle Flexibilität bei beiden Mitarbeiterinnen zielführend. Sofern diese Bedingungen erfüllt sind, stünde der Lösung mit Frau Emsig nichts im Wege und es wäre eine gute Entscheidung für das Unternehmen.

3. Literaturempfehlungen

Bartscher, Thomas et al. (2012): Personalmanagement: Grundlagen, Handlungsfelder, Praxis, München, S. 223–227.

Berthel, Jürgen/Becker, Fred G. (2017): Personal-Management: Grundzüge für Konzeptionen betrieblicher Personalarbeit, 11. Aufl., Stuttgart, S. 330–357.

Kolb, Meinulf (2010): Personalmanagement: Grundlagen und Praxis des Human Resources Managements, 2. Aufl., Wiesbaden, S. 92–103.

Scholz, Christian (2014): Grundzüge des Personalmanagements, 2. Aufl., München, S. 136–147.

Stock-Homburg, Ruth (2013): Personalmanagement. Theorien – Konzepte – Instrumente, 3. Aufl., Stuttgart, S. 141–146.

Aufgabe 1: Rechtliche Aspekte im Rahmen der Personalbeschaffung

Wissen, Verstehen, Anwenden, Transfer, Bewerten
12 Minuten

1. Fragestellung

Erläutern Sie, was die FutureCar GmbH im Hinblick auf das Allgemeine Gleichbehandlungsgesetz (AGG) im Prozess der Personalbeschaffung zu beachten hat.

2. Lösung

Bei der Stellenausschreibung muss die FutureCar GmbH darauf achten, dass die Stellenanzeige den Anforderungen des Allgemeinen Gleichbehandlungsgesetzes (AGG) genügt, welches im Jahre 2006 in Kraft getreten ist. Durch das Allgemeine Gleichbehandlungsgesetz dürfen Personen nicht aufgrund ihrer *Rasse oder ethnischen Herkunft, ihres Geschlechts, ihrer Religion oder Weltanschauung, einer Behinderung, ihres Alters oder der sexuellen Identität* diskriminiert werden. Verstöße gegen das AGG können für Unternehmen teuer werden, wenn Schadensersatzzahlungen oder Entschädigungen von abgelehnten Bewerbern geltend gemacht werden.

Diskriminierung aufgrund *ethnischer Herkunft* oder *Rasse* würde beispielsweise vorliegen, wenn die FutureCar GmbH in ihrer Ausschreibung verlangen würde, dass die Bewerber einen bayrischen Akzent haben sollen, obwohl der Akzent keine wesentliche Anforderung an den Arbeitsplatz darstellt.

Die Stellenausschreibung muss *geschlechtsneutral* formuliert sein. In dem genannten Beispiel muss sowohl die männliche als auch die weibliche und die diverse Form genannt werden, und zwar für alle zu besetzenden Stellen.

Eine mögliche Formulierung wäre:

Wir suchen
- IT-Manager/IT-Managerin oder IT-Manager (m/w/d)
- Systemadministrator/Systemadministratorin oder Systemadministrator (m/w/d)
- Programmierer/Programmiererin oder Programmierer (m/w/d)
- Office Assistant/Office-Assistentin oder Office-Assistenz (m/w/d)

Verlangt die FutureCar GmbH eine bestimmte *Religion* bei ihren Bewerbern, so würde dieses Bewerber von anderen Religionen ausschließen und damit diskriminieren. Wäre die FutureCar GmbH ein Tendenzbetrieb, könnte sie die Zugehörigkeit zu einer bestimmten Religion als Voraussetzung verlangen.

Gegen das Verbot der Diskriminierung von *Behinderten* würde die FutureCar GmbH verstoßen, wenn sie zum Beispiel in der Stellenausschreibung verlangen würde, dass Bewerber körperlich absolut unversehrt sein sollen. Bei den in der Aufgabe ausgeschriebenen Stellen handelt es sich durchweg um Wissensarbeit, die auch bei körperlicher Einschränkung gut geleistet werden könnte.

Zum Schluss sollte die FutureCar GmbH bei der Stellenausschreibung der Altersdiskriminierung vorbeugen. Formulierungen, die Unternehmen gerne in ihren Stellenausschreibungen verwenden, lauten: *„Zur Unterstützung unseres jungen Teams suchen wir noch"*, oder *„eine Tätigkeit in einem professionellen Umfeld, mit einem jungen dynamischen Team"*. Diese Formulierungen wirken altersdiskriminierend und sind zu vermeiden. Allgemein gilt der Grundsatz, dass die Stelle und die Anforderungen beschrieben werden sollen, und nicht, wie der Arbeitgeber sich die gewünschte Person vorstellt, wie z. B. jung, weiblich, blond, verheiratet, katholisch.

3. Hinweise zur Lösung

Seitdem das Allgemeine Gleichbehandlungsgesetz (AGG) im August 2006 in Kraft getreten ist, sind nun mehr als zehn Jahre vergangen. Inwieweit das Gesetz die gewünschte Wirkung erbracht hat, bleibt strittig. Zumindest ist die befürchtete Klagewelle ausgeblieben, denn seit 2006 wurden nach Angaben der Antidiskriminierungsstelle lediglich ca. 1.200 Urteile bezüglich des AGG gesprochen. Ein Gesetz allein kann keine Diskriminierung verhindern, aber es kann zumindest Personaler und Entscheidungsträger sensibilisieren.

4. Literaturempfehlungen

Jung, Hans (2017): Personalwirtschaft, 10. Aufl., Berlin, S. 64.
Scholz, Christian (2014): Personalmanagement. Informationsorientierte und verhaltenstheoretische Grundlagen, 6. Aufl., München, S. 188.

Aufgabe 2: Interne und externe Personalbeschaffung

Wissen, Verstehen, Anwenden, Transfer, Bewerten
26 Minuten

1. Fragestellung

Sie sind bei der FutureCar GmbH, einem beachtlichen mittelständischen Unternehmen der Automobilzuliefererindustrie, in leitender Funktion tätig. Die Veränderungen des Marktes und die zunehmenden Forderungen aus Politik und Gesellschaft, Elektromobilität häufiger und schneller anwenderfreundlich, praktikabel und finanzierbar anzubieten, stellen Sie vor große Herausforderungen. Sie haben die Anweisung von der Geschäftsführung bekommen, eine neue Abteilung für digitale Kompetenz zu gründen. Sie benötigen dazu drei IT-Manager mit langjähriger Erfahrung, zwei Systemadministratoren, drei Programmierer und zwei Büroassistenzen. Alle Arbeitskräfte sollen langjährige Berufserfahrung vorweisen können. Wählen Sie die interne oder externe Personalbeschaffung? Erläutern Sie auch die jeweiligen Vor- und Nachteile.

2. Lösung

Die Personalbeschaffung gehört zu den wichtigsten Funktionen im Personalmanagement. Wie man dem Beispiel entnehmen kann, trägt die Personalbeschaffung erheblich zum Unternehmenserfolg bei. Ohne sie könnte das Unternehmen die Abteilung für digitale Kompetenz nicht aufbauen. Die Wahl des Beschaffungsweges hängt von vielen Faktoren ab, unter anderem von unternehmensinternen politischen Regelungen, von der Angebotssituation am Arbeitsmarkt, von Karrierewünschen der Beschäftigten, den Lohnkosten, der Unternehmenskultur u. v. m.

Die *externe Personalbeschaffung* bezeichnet die Beschaffung von Arbeitskräften außerhalb des eigenen Unternehmens, also von Personen, die noch nicht für das Unternehmen tätig sind. Demgegenüber bezeichnet die *interne Personalbeschaffung* den Weg der unternehmensinternen Rekrutierung. Dabei werden Arbeitskräfte eingesetzt, die bereits für das Unternehmen tätig sind.

Interne Personalbeschaffung kann durch Versetzung oder Personalentwicklung erfolgen. *Externe Personalbeschaffung* kann über verschiedene Rekrutierungswege wie beispielsweise Online- und Printmedien, Mundpropaganda, Personalberater sowie über die Arbeitsagentur oder die Arbeitnehmerüberlassung erfolgen.

In Tabelle 1.12 sind die Ergebnisse der Untersuchung des IAB zu verwendeten Such- und Besetzungswegen bei Neueinstellungen 2015 in West- und Ostdeutschland dargestellt. Wie der Tabelle zu entnehmen ist, dominieren die Anzeigen auf der eigenen Homepage.

Tab. 1.12: Such- und Besetzungswege bei Neueinstellungen 2015 in West- und Ostdeutschland (Anteile in Prozent), Quelle: IAB-Kurzbericht (4/2016: 2).

	Verwendete Suchwege[1]			Besetzungsweg			Erfolgsquote		
	West	Ost	Gesamt	West	Ost	Gesamt	West	Ost	Gesamt
Eigene Inserate in Zeitungen oder Zeitschriften	36*	30*	35	15*	8*	14	42*	26*	39
Eigene Homepage	52	52	52	11	12	11	21	23	22
Internet-Jobbörsen[2]	41	41	41	12	11	12	30	28	30
Soziale Medien[2]	14	16	15	1	1	1	8	7	8
Kontakt zur Arbeitsagentur[3]	48*	54*	49	14	14	14	29	27	28
Bewerberliste oder Initiativbewerbungen	29*	35*	30	9*	13*	10	30*	36*	32
Private Arbeitsvermittlung	8*	15*	10	3*	4*	3	36*	27*	33
Interne Stellenausschreibung	24*	20*	23	2	2	2	9	9	9
Über eigene Mitarbeiter/persönliche Kontakte	49*	53*	50	29	30	29	59	57	58
Auswahl aus Azubis/Leiharbeitern/Praktikanten	6	6	6	3	3	3	–	–	–
Sonstige Wege	2	2	2	1	1	1	–	–	–

* Die Unterschiede zwischen West- und Ostdeutschland sind mindestens auf dem 5-%-Niveau signifikant.
[1] Mehrfachnennungen sind möglich.
[2] Ohne Internetdienste der Arbeitsagenturen.
[3] Kontakt zur BA oder BA-Jobbörse.
Lesebeispiel: Bei 36 Prozent aller Neueinstellungen in Westdeutschland wurde die Suche über eigene Inserate in Zeitungen oder Zeitschriften als Suchweg genutzt. 15 Prozent aller Neueinstellungen in Westdeutschland kommen auf diesem Wege zustande, was einer Erfolgsquote von 42 Prozent entspricht. Die Erfolgsquote ist die Relation aus dem gewählten Suchweg und dem erfolgreichen Besetzungsweg × 100.

Die Wahl des Beschaffungsweges hängt, wie bereits oben kurz erläutert, von vielen Einflussfaktoren ab, und kann deshalb ohne die nähere Betrachtung der Umstände und weiterer Informationen nicht entschieden werden. Grundsätzlich ist eine interne Personalbeschaffung einer externen vorzuziehen, nach dem Grundsatz „Aufstieg vor Einstieg" (Femppel 2013: 82). Dieser Grundsatz kann aber nur eingehalten werden, wenn die quantitativen und qualitativen Voraussetzungen gegebenen sind, d. h. ausreichend Personal mit entsprechenden Kompetenzen und Qualifikationen ausgestattet ist, der zeitliche Vorlauf gegeben ist und die Kosten der internen Beschaffung unter denen der externen Beschaffung liegen. Natürlich spielen auch personalpolitische Erwägungen eine Rolle, ungeachtet der Kostensituation, allerdings sollen diese hier mangels Operationalisierbarkeit aus dem Fallbeispiel nicht weiter betrachtet werden.

In dem oben beschriebenen Fall werden zehn Arbeitskräfte zum Aufbau einer neuen Abteilung benötigt. Deshalb wäre im ersten Schritt zu prüfen, ob die zehn benötigten Arbeitskräfte aus anderen Abteilungen beschafft werden können, weil sie dort nicht mehr gebraucht werden. Wenn dies der Fall wäre, so könnten Sie hier eine *Versetzung* vornehmen. Ist in dem Unternehmen kein Betriebsrat vorhanden, so muss die Versetzung den Kriterien des Weisungsrechts des Arbeitgebers entsprechen. Eine Versetzung ist nach § 106 GewO eine Änderung des Aufgabenbereichs nach Art, Ort und Umfang der Tätigkeit. Diese Änderung muss mindestens für die Dauer eines Monats sein oder mit einer erheblichen Änderung des Tätigkeitsbereichs einhergehen. Es sind die Grenzen des Weisungsrechts einzuhalten, die sich aus dem Arbeitsvertrag ergeben. Mit der Versetzung dürfen keine schlechteren Arbeitsbedingungen einhergehen wie beispielsweise ein niedrigeres Gehalt.

Eine weitere Möglichkeit der *internen Personalbeschaffung* stellt die *Personalentwicklung* dar. Wenn die benötigten Arbeitskräfte für den Aufbau der neuen Abteilung aus anderen Abteilungen entbehrlich sind, so könnten sie durch entsprechende Schulungen und Weiterbildungsprogramme für die neue Aufgabe entwickelt werden. Personalentwicklung ist nur dann möglich, wenn die neu zu entwickelnden Kompetenzen und zu erwerbenden Qualifikationen zu der bisherigen Vita der Arbeitskräfte passen und wenn eine Versetzung nicht einen Personalbedarf an anderer Stelle auslösen würde.

Eine kosten- und zeitintensive Personalentwicklung bietet keinen Vorteil gegenüber der externen Beschaffung.

Deshalb wäre im beschriebenen Fallbeispiel die Personalentwicklung mit Blick auf Informatiker und Systemadministratoren, die fundierte Berufserfahrung benötigen, aus zeitlichen Gründen wohl nicht zu realisieren.

Die FutureCar GmbH könnte auf die *externe Personalbeschaffung* zurückgreifen, und in Abhängigkeit von der Dringlichkeit entweder alle zehn genannten Stellen in Onlinemedien oder Printmedien ausschreiben, oder sich an die Bundesagentur für Arbeit wenden bzw. Arbeitnehmerüberlassungsleistungen in Anspruch nehmen und damit den Personalbedarf abdecken.

Von der Stellenausschreibung bis zur Stellenbesetzung wird eine Vorlaufzeit benötigt, die umso länger dauert, je höher die Qualifikation des Bewerbers und der zu besetzenden Stelle ist. Nach dem IAB-Kurzbericht (04/2016) dauert es im Durchschnitt 85 Tage, bis eine Stelle besetzt ist. Der Wert variiert deutlich in Abhängigkeit von der Qualifikation.

Abbildung 1.7 zeigt die geplanten und tatsächlichen Besetzungszeiten im Vergleich.

Geplante und tatsächliche Besetzungszeiten bei Neueinstellungen 2010 bis 2015 in West- und Ostdeutschland

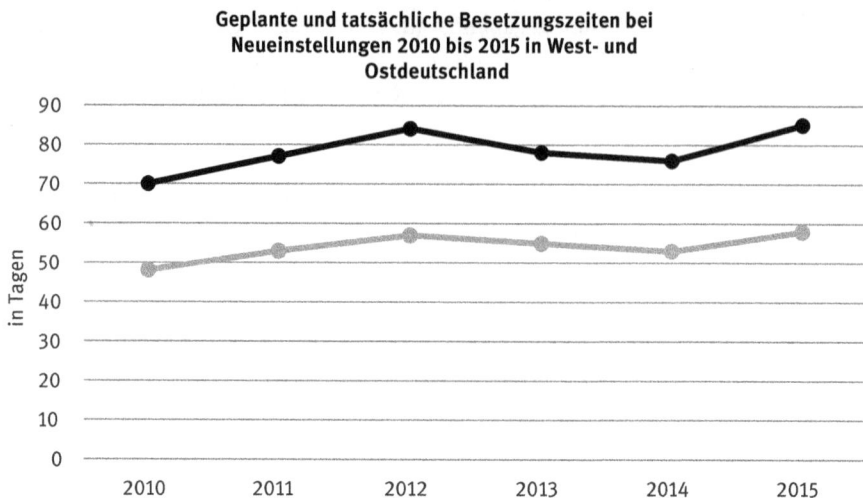

Besetzungsdauer bei Neueinstellungen in Deutschland insgesamt in Tagen

	2010	2011	2012	2013	2014	2015
geplante Besetzungdsauer[1]	48	53	57	55	53	58
tatsächliche Besetzungsdauer[2]	70	77	84	78	76	85

*Die Unterschiede zwischen West-und Ostdeutschland sind mindestens auf dem 5%-Niveau signifikant.
[1]Zeitraum zwischen Beginn der Personalsuche und dem gewünschten Arbeitsbeginn.
[2]Zeitraum zwischen Beginn der Personalsuchen und dem tatsächlichen Arbeitsbeginn.

Abb. 1.7: Geplante und tatsächliche Besetzungszeiten bei Neueinstellungen, Quelle: IAB-Kurzbericht, leicht abgeänderte eigene Darstellung (4/2016: 4).

Das Einschalten der Bundesagentur für Arbeit ist eine weitere Form der externen Personalbeschaffung, die an dieser Stelle zwar der Vollständigkeit halber genannt wird, jedoch nicht weiter ausgeführt wird. Denn die Zielgruppe der Informatiker und Systemadministratoren werden derzeit aufgrund des Mangels an Fachkräften über andere Kanäle als die Bundesagentur für Arbeit rekrutiert. Lediglich die leicht zu rekrutierende, da am Arbeitsmarkt ausreichend vorhandene, Zielgruppe der gesuchten Büroassistenzen ließe sich über die Bundesagentur für Arbeit rekrutieren.

Für die Beschaffung der IT-Manager, der Systemadministratoren und Programmierer bietet sich „Active Sourcing" oder das Einschalten einer Personalberatung an. Denn diese Zielgruppe ist am Arbeitsmarkt sehr stark nachgefragt und muss deshalb gezielt angesprochen bzw. ggf. abgeworben werden. Unter „Active Sourcing" wird die Gesamtheit aller Maßnahmen verstanden, die darauf abzielen, mit einem potenziellen

Kandidaten in persönlichen Kontakt zu treten. Die Kontaktaufnahme erfolgt über das Internet und kann die Recherche in Karrierenetzwerken oder anderen Social-Media-Kanälen beinhalten. Die sogenannten Sourcer, also die Personen, die rekrutieren, versuchen über das Internet frei zugängliche Informationen oder Lebensläufe zu recherchieren, um so mit den potenziellen Bewerbern in Kontakt zu kommen. Die Publikationen von Robindro Ullah et al. (2015) stellen ein gutes Nachschlagewerk mit Handlungsanleitungen für Social Media Recruitings dar.

Eine weitere Quelle des externen Beschaffungsmarktes stellt die Arbeitnehmerüberlassung dar. Die *Arbeitnehmerüberlassung* – auch *Leiharbeit* genannt – ist eine kontrovers diskutierte Form der externen Personalbeschaffung. In Deutschland sind knapp eine Million Menschen in mehr als 11.000 Leiharbeitsfirmen in Leiharbeit beschäftigt. Betrachtet man die aggregierten Daten, so stellt man fest, dass nur 3 % der Unternehmen Leiharbeit in Anspruch nehmen. Allerdings ist die Dynamik (Anstieg um 300 % in den letzten Jahren), mit der sich Leiharbeit entwickelt hat, sehr hoch und diese Tatsache gibt immer wieder Anlass zu politischen Diskussionen. Leiharbeit hat auch bei Hochqualifizierten, insbesondere IT-Fachkräften, an Bedeutung gewonnen.

Bei der Leiharbeit gibt es drei Parteien: der Verleiher, der Leiharbeitnehmer und der Entleiher, weshalb auch von einem Dreiecksverhältnis gesprochen wird.

Der Verleiher ist das Unternehmen, welches mit dem Leiharbeitnehmer einen Vertrag schließt. Der Leiharbeitnehmer ist die Person, die die Arbeitsleistung beim Entleiher erbringt. Der juristische Arbeitgeber ist also der Verleiher, nicht der Entleiher. Der Entleiher ist das Unternehmen, welches mit dem Verleiher einen Arbeitnehmerüberlassungsvertrag schließt und vom Verleiher Personal gegen eine Entleihgebühr bezieht. Der Entleiher und der Verleiher haben gegenüber dem Leiharbeitnehmer ein begrenztes Direktionsrecht.

Der Verleiher übernimmt die Gehaltsabwicklung sowie alle weiteren administrativen Angelegenheiten wie Personalauswahl und die Abführung der Sozialabgaben (siehe Abbildung 1.8).

Personalakquisition durch Leiharbeit muss nicht zwangsläufig zu einer Kostenersparnis für den Entleiher führen, da der Entleiher eine Entleihgebühr veranschlagt.

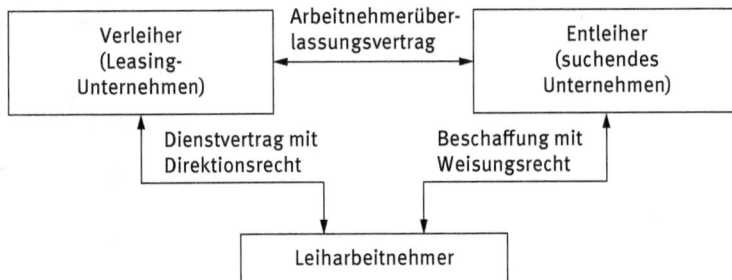

Abb. 1.8: Rechtliche Beziehung der Personalleasing-Parteien, Quelle: Jung (2017: 145).

Zudem gibt es mittlerweile auch für die Zeitarbeit Tarifverträge und Lohnfortzahlung im Krankheitsfall, sodass das Kostenargument nur bedingt greift. Allerdings werden die Risiken (Krankheit, Ausfall) auf den Verleiher und den Arbeitnehmer verteilt. Entgegen der landläufigen Meinung, dass Leiharbeit aus Kostengründen eingeführt wird, steht bei der Entscheidung für Leiharbeit die Flexibilität im Mittelpunkt. Entleiher sehen den größten Vorteil in der Leiharbeit in der damit verbundenen Flexibilität, den Personalbedarf besser steuern zu können. Dass letztlich die Flexibilität auch ein mittelbares Kostenargument darstellt, soll an dieser Stelle nicht weiter ausgeführt werden. Zeitarbeit durchläuft deshalb einen gewissen Imagewandel. Auch wenn sich die Zeitarbeit noch nicht vollständig von prekärer Schmuddelarbeit für Unqualifizierte zu temporär anständig bezahlter Arbeit – auch von Hochqualifizierten – gewandelt hat, so wird doch die Vielfalt der Beschäftigungsverhältnisse zunehmend deutlich.

Vor dem Hintergrund der Tatsache, dass die FutureCar GmbH eine neue Abteilung aufbauen will und daher Konstanz im Personalbestand unter Vermeidung von Fluktuation wichtig ist, sollte die FutureCar GmbH von der Arbeitnehmerüberlassung/ Leiharbeit Abstand nehmen. Der Gesetzgeber hat seit 2017 in der Neuregelung des Arbeitnehmerüberlassungsgesetzes (AÜG) die Höchstüberlassungsdauer von Leiharbeitnehmern bei demselben Entleiher auf 18 Monate festgelegt (§ 1 Abs. 1b AÜG). Ein Wechsel der verantwortlichen Personen bei der Neugründung einer Abteilung wäre für den Erfolg des Unternehmens abträglich.

3. Hinweise zur Lösung

Der Vollständigkeit halber sei darauf hingewiesen, dass außerdem die Möglichkeiten der Mehrarbeit, der Urlaubsverschiebung und der innerbetrieblichen Stellenausschreibung als Formen der internen Personalbeschaffung existieren, allerdings in diesem Beispiel nicht weiter ausgeführt werden. Der quantitative Personalbedarf ist zu hoch, als dass mit Mehrarbeit oder Urlaubsverschiebung dem Problem hätte begegnet werden können.

Wie bereits in der Lösung genannt, können Empfehlungen für die interne oder externe Personalbeschaffung nicht allgemeinverbindlich gegeben werden. Die Vor- und Nachteile der internen und der externen Personalbeschaffung veranschaulicht die Tabelle 1.13.

Tab. 1.13: Vor- und Nachteile interner und externer Personalbeschaffung, Quelle: Jung (2017: 152).

	Interne Personalbeschaffung	Externe Personalbeschaffung
Vorteile	– Eröffnung von Aufstiegschancen (erhöht die Bindung an den Betrieb, verbessert Betriebsklima) – Geringere Beschaffungskosten – Betriebskenntnis – Kennen des Mitarbeiters und seines Könnens (geringeres Risiko) – Einhaltung des betrieblichen Entgeltniveaus (bei externer Einstellung ggf. überhöhtes Marktgehalt) – Schnellere Stellenbesetzungsmöglichkeit – Anfangsstellungen für Nachwuchskräfte werden frei – Transparente Personalpolitik	– Breite Auswahlmöglichkeit – Neue Impulse für den Betrieb (Verringerung der Betriebsblindheit) – Der Externe wird leichter anerkannt – Einstellung löst Personalbedarf direkt – Eventuell Information über Konkurrenzverhalten
Nachteile	– Weniger Auswahlmöglichkeiten – Ggf. hohe Fortbildungskosten – Mögliche Betriebsblindheit – Enttäuschung bei Kollegen, evtl. weniger Anerkennung bei Aufrücken in Vorgesetztenfunktion, ggf. auch Spannungen und Rivalitäten – Zu starke kollegiale Bindungen, Sachentscheidungen werden verkuppelt – Stellenbesetzung/Beförderung „um des lieben Friedens willen". Man will dem langgedienten Mitarbeiter nicht „nein" sagen. – Nachlassende Mitarbeiterkreativität wegen Beförderungsautomatik, man verlässt sich auf die Nachfolge (Vertreter wird immer Nachfolger)	– Größere Beschaffungskosten – Höhere externe Einstellungsquote wirkt fluktuations- und frustrationsfördernd („Hier kann man nichts werden") – Negative Auswirkungen auf das Betriebsklima – Höheres Risiko durch Probezeit – Keine Betriebskenntnisse (allgemeine Einführung erforderlich, Kosten/Zeit)

4. Literaturempfehlungen

Apitzsch, Birgit et al. (2015): Flexibilität und Beschäftigungswandel, Weinheim, S. 37 ff.

Astheimer, Sven (2017): Die Bewerber sind die Chefs, in: Frankfurter Allgemeine Zeitung, Nr. 268/2017.

Brenzel, Hanna et al. (2016): Neueinstellungen im Jahr 2015, in: IAB-Kurzbericht 4/2016, Nürnberg.

Bröckermann, Reiner (2012): Personalwirtschaft. Lehr- und Übungsbuch für Human Resource Management, 6. Aufl., Stuttgart, S. 47–65.

Drumm, Hans J. (2008): Personalwirtschaft, 6. Aufl., Heidelberg, S. 275–284.

Femppel, Kurt (2013): Interne Wege der Personalgewinnung, in: Bröckermann, Reiner/Pepels, Werner (Hrsg.), Das neue Personalmarketing- Employee Relationship Management als moderner Erfolgstreiber, 2. Aufl., Berlin, S. 75–91.

Giersberg, Georg (2017): Im Kampf um Arbeit, Lernen und Familie, in: Frankfurter Allgemeine Zeitung, Nr. 252/2017.

Huf, Stefan (2017): Radikal, fundamental und disruptiv?, in: OrganisationsEntwicklung, Nr. 04/2017, S. 73–76.

Jung, Hans (2017): Personalwirtschaft, 10. Aufl., Berlin, S. 134–152.

Keller, Berndt/Seifert, Hartmut (2013): Atypische Beschäftigung zwischen Prekarität und Normalität. Entwicklung, Strukturen und Bestimmungsgründe im Überblick, Berlin.

Röschlau, Manfred (1990): RKW-Handbuch Personalplanung, 2. Aufl., Frankfurt a. M., S. 129–139.

Seiler, Kai/Acemyan, Talar (2015): Zweiklassengesellschaft? Atypische Beschäftigung und Konsequenzen für Sicherheit und Gesundheit bei der Arbeit, Transfer 6, Landesinstitut für Arbeitsgestaltung des Landes Nordrhein-Westfalen.

Sommer, Luise P. et al. (2017): War for talents. How perceived organizational innovativeness affects employer attractiveness, in: R&D management, Nr. 47/2/2017, S. 299–310.

Stelzer-Rothe, Thomas (2013): Personalauswahlverfahren, in: Bröckermann, Reiner/Pepels, Werner (Hrsg.), Das neue Personalmarketing – Employee Relationship Management als moderner Erfolgstreiber, 2. Aufl., Berlin, S.167–195.

Ullah, Robindro/Witt, Michael (Hrsg.) (2015): Praxishandbuch Recruiting. Grundlagenwissen, Prozess-Know-How, Social Recruiting, Stuttgart.

Wadhawan, Julia (2017): Ich will dich! Unternehmen müssen sich heute einiges einfallen lassen, um die richtigen Mitarbeiter zu finden, in: absatzwirtschaft. Zeitschrift für Marketing, Nr. 7/8/2017, S. 22–35.

Aufgabe 3: Die Rechte des Betriebsrats im Rahmen der Personalbeschaffung

Wissen, Verstehen
12 Minuten

1. Fragestellung

Welche Rechte hat der Betriebsrat im Rahmen der Personalbeschaffung?

2. Lösung

In Betrieben mit mehr als 20 wahlberechtigten Arbeitnehmern ist der Betriebsrat nach § 99 BetrVG vor jeder Einstellung, Eingruppierung, Umgruppierung und Versetzung zu unterrichten. Es sind dem Betriebsrat die Bewerbungsunterlagen und Auskünfte über die Person vorzulegen.

Ferner kann der Betriebsrat nach § 93 BetrVG die interne Stellenausschreibung für Arbeitnehmer verlangen und hat somit ein echtes Initiativrecht. Der Arbeitgeber sollte darauf achten, dass die interne Stellenausschreibung für alle Beschäftigten wahrnehmbar ist. Dazu bietet es sich an, Veröffentlichungen am schwarzen Brett, dem Intranet oder in der Werkszeitung vorzunehmen.

Durch die interne Stellenausschreibung soll der interne Arbeitsmarkt gestärkt werden sowie Transparenz in der Personalpolitik und Chancengleichheit von Betriebsangehörigen sichergestellt werden. Kommt der Arbeitgeber der Forderung des Betriebsrats nicht nach und schreibt die Stelle nicht intern aus, so kann der Betriebsrat von seinem Zustimmungsverweigerungsrecht nach § 99 Abs. 2 Nr. 5 BetrVG Gebrauch machen. D. h. wenn die Auswahlrichtlinien nach § 95 BetrVG nicht eingehalten werden, kann der Betriebsrat der Entscheidung des Arbeitgebers widersprechen. Er hat dies innerhalb von einer Woche nach Information durch den Arbeitgeber unter Angabe von Gründen schriftlich mitzuteilen. Eine Einigung müsste dann über die Einigungsstelle erzielt werden. Hält der Betriebsrat die Wochenfrist nicht ein, so gilt die Zustimmung als erteilt.

Es empfiehlt sich, eine Betriebsvereinbarung für innerbetriebliche Stellenausschreibungen zu vereinbaren, um Irritationen oder Missverständnisse gar nicht erst aufkommen zu lassen. In der Betriebsvereinbarung können im Vorfeld wichtige organisatorische und inhaltliche Punkte festgelegt werden. So z. B. ob interne und externe Stellenausschreibung zeitgleich erfolgen sollen oder eine Karenzzeit festgelegt wird, oder etwa nach welchen Regeln die Bewerberauswahl erfolgt: welchem Bewerber also bei gleicher Eignung der Vorzug gegeben wird (extern versus intern), ob Schwerbehinderte und Frauen bei gleicher Eignung bevorzugt werden, welche Fristen bei interner Besetzung einzuhalten sind u. v. m.

3. Hinweise zur Lösung

Es sei noch einmal verdeutlicht, dass für den Arbeitgeber kein allgemeines Erfordernis existiert, eine Stelle innerbetrieblich auszuschreiben. Nur wenn der Betriebsrat von seinem Initiativrecht Gebrauch macht und die interne Ausschreibung verlangt, muss der Arbeitgeber dieser Forderung nachkommen. An den Inhalt und die Form sind keine besonderen Anforderungen gestellt, lediglich Mindestinformationen müssen enthalten sein wie z. B.
- die Stellenbezeichnung
- das Anforderungsprofil
- der zeitliche Umfang (Teilzeit oder Vollzeit)
- Arbeitsbeginn und eine eventuelle Befristung. Inwieweit die Vergütungshöhe angegeben werden muss, ist strittig.

Die innerbetriebliche Stellenausschreibung muss ebenso wie eine externe Stellenausschreibung diskriminierungsfrei gestaltet werden und es bedarf einer sachlichen Rechtfertigung, wenn bestimmte Merkmale einer Person gesucht werden.

Der Betriebsrat kann von seinem Zustimmungsverweigerungsrecht nach § 99 Abs. 2 Nr. 5 BetrVG Gebrauch machen, wenn der Arbeitgeber die Ausschreibung unterlassen hat, wenn die Ausschreibung grob fehlerhaft ist oder der Arbeitgeber zwar die Ausschreibung vornimmt, aber in der außerbetrieblichen Stellenausschreibung geringere Anforderungen gestellt werden als in der innerbetrieblichen Stellenausschreibung. Vgl. dazu den Beschluss des BAG vom 23.02.1988, Az. 1 ABR 82/86, wonach bei der Bevorzugung außerbetrieblicher Kandidaten ein Verstoß gegen den Zweck des § 93 BetrVG vorliege.

4. Literaturempfehlungen

Bröckermann, Reiner (2012): Personalwirtschaft. Lehr- und Übungsbuch für Human Resource Management, 6. Aufl., Stuttgart, S. 111 f.

Drumm, Hans J. (2008): Personalwirtschaft, 6. Aufl., Heidelberg, S. 316 f.

Röschlau, Manfred (1990): RKW-Handbuch Personalplanung, 2. Aufl., Frankfurt a. M., S. 524 ff.

1.5 Personalauswahl

Fallstudie KaffeeLeben – Aufgabe F5

Wissen, Verstehen, Anwenden, Transfer
20 Minuten

---

1. Fragestellung

Florentine und Roman arbeiteten weiter daran, die Öffnungszeiten ihrer Filiale so schnell wie möglich ausweiten zu können. Dazu mussten noch mehrere Stellen als Barista besetzt werden. Erstellen Sie ein Anforderungsprofil, welches dann als Grundlage für eine Stellenausschreibung genutzt werden kann.

2. Anregungen für Ihre Diskussion der Lösung

Ein Anforderungsprofil ist typischerweise in definierte „Aufgaben" der ausgeschriebenen Stelle sowie idealtypische „Qualifikationen" oder „Kompetenzen" des Bewerbers gegliedert. Für die Stelle als Barista könnte dies inhaltlich wie folgt ausgestaltet werden:

Aufgaben:
- Kompetente und freundliche Beratung und Bedienung unserer Gäste
- Zubereitung von Kaffee- und Teespezialitäten
- Vorbereitungs- und Aufräumarbeiten in der Filiale
- Kassiertätigkeiten

Qualifikationen:

- Berufserfahrung in der Gastronomie
- Leidenschaft für Kaffee, produktspezifische Fachkenntnisse sind wünschenswert
- Ausgeprägte Service- und Kundenorientierung
- Ausgeprägte Kommunikationsstärke
- Hohe Belastbarkeit und Zuverlässigkeit
- Spürbare Freude an der Arbeit im Team
- Zeitlich flexibler Einsatz im Rahmen der Öffnungszeiten

3. Literaturempfehlungen

Berthel, Jürgen/Becker, Fred G. (2017): Personal-Management: Grundzüge für Konzeptionen betrieblicher Personalarbeit, 11. Aufl., Stuttgart, S. 367–369.

Kolb, Meinulf (2010): Personalmanagement: Grundlagen und Praxis des Human Resources Managements, 2. Aufl., Wiesbaden, S. 108–113.

Aufgabe 1: Konzeptionelle Grundlagen

Wissen, Verstehen, Anwenden, Transfer, Bewerten
24 Minuten

---

1. Fragestellung

Sie sind Personalreferent eines Unternehmens, das sein Geschäftsmodell aufgrund des Digitalisierungsdrucks stark und schnell verändern muss. Dazu benötigt das Unternehmen Experten. Sie bekommen die verantwortungsvolle Aufgabe, 10 Programmierer zu rekrutieren. Wie gehen Sie vor? Welche Instrumente der Personalauswahl setzen Sie ein?

2. Lösung

Sie haben die ehrenwerte Aufgabe bekommen, Personal auszuwählen, Gratulation! Personalauswahl ist eine der wichtigsten Aufgaben des Personalmanagements. Mit guter Personalauswahl können Unternehmen in einer Wissensgesellschaft Wettbewerbsvorteile generieren. Fehlentscheidungen bei der Auswahl können für Unternehmen teuer werden und sind aufgrund arbeitsrechtlicher Regulierungen nur bedingt revidierbar.

Ausgangspunkt einer erfolgreichen Personalauswahl ist die Festlegung des *Anforderungsprofils*. Das Anforderungsprofil ist die Grundlage der Personalauswahl. Die Erstellung eines Anforderungsprofils setzt ein präzises Wissen über die benötigten Qualifikationen und Kompetenzen für die zu besetzende Stelle voraus. Die Erstellung des Anforderungsprofils sollte in enger Abstimmung mit der Leitung der Personalabteilung und den Fachabteilungen erfolgen. Die Kernfrage lautet hier: „Was muss der Kandidat können?" Die eigentlich sehr simpel klingende Frage wird in der Praxis nicht immer gründlich beantwortet, was dazu führen kann, dass Anforderungsprofile erstellt werden, die so weit gefasst sind, dass unklar ist, was gesucht wird. Die genaue Definition der erforderlichen Qualifikation und Kompetenz setzt ein präzises Wissen über die Stellenanforderungen bzw. eine gründliche Arbeitsanalyse voraus und bestimmt die Güte der Personalauswahlentscheidung. Bei der Zielgruppe der Programmierer ist es empfehlenswert, den Rahmen nicht zu eng zu stecken, und nicht lediglich auf den Bildungsabschluss und die Fachrichtung zu fokussieren. Nicht nur Informatiker, sondern zunehmend auch Physiker, Mathematiker oder Ingenieure, die sich im Rahmen ihres Studiums Programmierkenntnisse angeeignet und mit Begeisterung gelernt haben, kommen hier in Frage. Denn Lernbereitschaft und nicht nur der Bildungsabschluss ist eine wichtige Kompetenz für Programmierer. Auch ist bei der Erstellung des Anforderungsprofils darüber nachzudenken, welchen Stellenwert Fremdsprachen haben sollen, denn die Softwaresprache ist Englisch. Das konkrete Wissen der Stellenanforderungen haben jedoch in der Regel die Fachabteilungen, sodass eine enge Zusammenarbeit mit den Führungskräften der Fachabteilungen erforderlich ist.

Die *interne* und *externe Stellenausschreibung* ist der nächste Schritt. Für die interne Stellenausschreibung ist unerheblich, ob tatsächlich passende Kandidaten in dem Unternehmen vorhanden sind. Im Mittelpunkt steht die Pflege einer transparenten Informationspolitik. Die externe Stellenausschreibung kann auf der eigenen Homepage sowie auf den gängigen elektronischen Stellenbörsen und in Fachzeitschriften erfolgen. Von der externen Stellenausschreibung sollten Sie als Personalreferent nicht viele Bewerbungen erwarten, denn sie ist zwar eine notwendige, aber nicht unbedingt hinreichende Bedingung, um erfolgreich Personal zu rekrutieren. Wenn Sie den Arbeitsmarkt für Programmierer im Internet recherchiert haben, werden Sie festgestellt haben, dass Programmierer eine sehr begehrte Zielgruppe am Arbeitsmarkt sind. Es wird in ökonomischer Terminologie auch von einem Käufermarkt gesprochen, denn die Marktmacht haben die Arbeitnehmer bzw. potenzielle Bewerber.

Nach dem Motto „Find me" müssen Arbeitgeber gezielt auf die Suche nach diesen Fachkräften gehen, sie speziell anwerben und umwerben und um sie kämpfen. Programmierer haben die Wahl am Arbeitsmarkt. Untersuchungen zur Gewinnung von IT-Fachkräften zeigen, dass bei der Zielgruppe der Programmierer nicht so sehr die finanziellen Aspekte bei der Arbeitgeberwahl im Mittelpunkt stehen, sondern vielmehr spannende Arbeitsinhalte und Themen, die den Bewerbern angeboten werden. Der typische Programmierer ist nicht der karriere-, status- und machtorientierte Persönlichkeitstyp, sondern vielmehr jemand, der sich über die Arbeitsinhalte definiert. Erfahrungen zeigen, dass bei der Arbeitgeberwahl zudem sehr viel Wert auf die Reputation des Arbeitgebers im sozialen Netzwerk gelegt wird.

Im vorliegenden Fall würde also die klassische Vorgehensweise der Personalrekrutierung, zunächst nach der Stellenausschreibung den Bewerbungseingang abzuwarten, wenig erfolgsversprechend sein. Eine wichtige Frage, die Sie sich zu Beginn stellen müssen ist: „In welcher Marktposition befinden sich die Teilnehmer, also die Zielgruppe der Programmierer, und die nachfragende Seite, also die Arbeitgeber?" Wie die Bundesagentur für Arbeit veröffentlicht hat, ist die Zahl der sozialversiche-rungspflichtigen Arbeitsplätze in diesem Bereich im Jahr 2016 um neun Prozent im Vergleich zum Vorjahr gestiegen.

Wie bereits oben erwähnt, müssen Arbeitgeber die potenziellen Arbeitnehmer ak-tiv in den sozialen Medien suchen. Dazu bieten sich Chats, Foren, Twitter und Spezi-almessen sowie Hackathons an. Ein Hackathon ist ein 24-Stunden-Programmierwett-bewerb und zugleich ein Personalmarketinginstrument.

Inwieweit die klassischen Instrumente der Personalauswahl, wie Assessment-Center, Leistungs-, Persönlichkeits- und Intelligenztest, für die Zielgruppe der Pro-grammierer zur Anwendung kommen, hängt von vielen Faktoren ab, so zum Beispiel von der Professionalität der HR-Abteilung, dem Employer Branding des Unterneh-mens, aber auch der Akzeptanz der Bewerber. Bei der Entscheidung für ein Auswahl-verfahren sind eignungsdiagnostische Gütekriterien wie Validität, Reliabilität und Objektivität abzuwägen. Die klassischen Personalauswahlinstrumente wie die Ana-lyse der Bewerbungsunterlagen, verschiedene Formen von Vorstellungsgesprächen und Auswahlinstrumente wie Assessment-Center, Leistungs-, Persönlichkeits- und Intelligenztest, kommen für die Zielgruppe der Programmierer nicht vorrangig in Frage.

3. Hinweise zur Lösung

Die üblichen Bewerbungsunterlagen, wie Anschreiben, Lebenslauf, Schul-, Ausbil-dungszeugnisse, Referenzen etc., sind Basisinformationen, die der Negativselektion dienen. Auf Basis der schriftlichen Unterlagen werden ungeeignete Bewerber ausge-schlossen und die als geeignet erscheinenden Bewerber anhand der Unterlagen beur-teilt.

Die Vorselektion erfolgt in der Regel folgendermaßen: Das Bewerbungsanschrei-ben kann im Hinblick auf formale Aspekte, wie die äußere Form, Sauberkeit, Recht-schreibung, sprachliches Ausdrucksvermögen und Stil, analysiert werden. Bewerbun-gen, die im Hinblick auf die formalen Aspekte negativ auffallen, werden in der Regel aussortiert, da ein Rückschluss auf Arbeitsverhalten und Sorgfalt des Bewerbers gezo-gen wird. Es empfiehlt sich die Festlegung von formalen Kriterien, anhand derer eine große Zahl von Bewerbungen auf eine handhabbare Größe reduziert werden kann. Häufig werden formale Kriterien wie die Form und der Stil des Anschreibens sowie die Vollständigkeit und Sauberkeit der Unterlagen bewertet. Auch Zeugnisnoten sind ein beliebtes Mittel zur Vorselektion schriftlicher Bewerbungsunterlagen, aber nicht unbedingt ein adäquates Instrument zur Vorhersage des Berufserfolgs. Die Bedeutung von Zeugnisnoten wird in den weiteren Abschnitten ausführlicher behandelt.

Hat man die Zahl der Bewerbungen auf eine handhabbare Zahl reduziert, kann die Auswertung der schriftlichen Bewerbungsunterlagen mithilfe der Positionsanalyse und der Zeitreihenfolgenanalyse erfolgen. Bei der Positionsanalyse wird der Lebenslauf auf das berufliche Vorankommen analysiert und daraufhin untersucht, ob ein stetiger beruflicher Aufstieg bzw. ein Abstieg stattgefunden hat, bzw. ein Wechsel des Arbeitsgebietes oder ein Berufswechsel vorliegt. Personalverantwortliche bevorzugen in der Regel Stetigkeit und Stringenz. Ein voreiliger negativer Rückschluss auf eventuelle Berufswechsel oder Wechsel des Arbeitsgebiets sollten allerdings nicht erfolgen, stattdessen sind die Ursachen genau zu prüfen, um „auf den zweiten Blick" geeignete Bewerber nicht voreilig auszuschließen oder zu diskriminieren. Möglicherweise ist ein Arbeitsgebiet aufgrund des technologischen Wandels weggefallen und die Person musste ihr Arbeitsgebiet wechseln. In Anbetracht der fortschreitenden Digitalisierung und den damit einhergehenden und prognostizierten Veränderungen am Arbeitsmarkt dürften zukünftig mehr Menschen ihr Arbeitsgebiet wechseln.

Bei der Zeitreihenfolgenanalyse wird der Lebenslauf auf eventuelle Lücken und die Dauer der jeweiligen Positionsbesetzung untersucht. Personalverantwortliche bevorzugen Bewerber, die keine Lücken im Lebenslauf haben oder nur zeitlich kurze Unterbrechungen vorweisen. Je länger der Zeitraum ohne Beschäftigung, desto negativer die Wirkung.

Das Arbeitszeugnis ist ein weiteres Instrument zur Analyse von Bewerbungsunterlagen. Es wird zwischen einfachem und qualifiziertem Arbeitszeugnis unterschieden. Das qualifizierte Arbeitszeugnis enthält neben der Tätigkeitsbeschreibung eine Beurteilung der Leistung und des Verhaltens. Das qualifizierte Arbeitszeugnis muss der Arbeitgeber auf Verlangen des ausscheidenden Arbeitnehmers innerhalb von zwei bis vier Wochen ausstellen.

Die Meinungen über den Aussagegehalt von Arbeitszeugnissen gehen weit auseinander. Während die einen es noch als wichtige Informationsquelle über die sich bewerbende Person betrachten, meinen die anderen, dass die Aussagekraft sehr begrenzt sei. Rechtliche Regelungen, die vorsehen, dass ein Zeugnis wohlwollend formuliert sein soll, Führungskräfte, die durchweg positive Zeugnisse ausstellen, weil sie Konflikte mit den ausscheidenden Mitarbeitern scheuen, und die Tatsache, dass Arbeitszeugnisse von den ausscheidenden Mitarbeitern häufig selbst geschrieben werden, stellen die Aussagekraft von Arbeitszeugnissen zunehmend in Frage und fördern die Inflation der als sehr gut oder gut bewerteten Arbeitszeugnisse. Arbeitszeugnisse sind deshalb – u. a. auch aufgrund mangelnder Standardisierung – keine validen Instrumente zur Vorhersage von Berufserfolg. Das Vorhandensein eines Arbeitszeugnisses ist der Vollständigkeit halber notwendig, als verlässliche Informationsquelle wird es von Personalverantwortlichen längst nicht mehr gesehen.

Im weiteren Schritt erfolgt die Entscheidung über die Auswahlinstrumente, die mit folgendem Zitat eingeleitet werden soll: „Die Entscheidung für oder gegen ein Personalauswahlinstrument wird häufig von Intuition, bloßen Behauptungen oder Zeitgeist bestimmt." (Oechsler/Paul 2015: 226)

Sie als Personalreferent sollten, wenn Sie eine professionelle Personalauswahl anstreben, auf evidenzbasierte Verfahren zurückgreifen. Im Mittelpunkt sollte die Validität eines Testverfahrens stehen und nicht ausschließlich die Praktikabilität. Denn die Qualität der Personalauswahl ist schließlich ursächlich für den Unternehmenserfolg.

Validität bezeichnet die Gültigkeit eines Testverfahrens. Testverfahren sind valide, wenn sie auch das messen, was sie zu messen vorgeben. Mithilfe des Validitätskoeffizienten lässt sich die statistische Maßzahl von 0 bis 1 ausdrücken. In der Tabelle 1.14 werden die Verfahren mit ihren entsprechenden Validitätskoeffizienten dargestellt. Der Intelligenztest hat mit einer Validität von 0,58 den höchsten Wert. Intelligenztests gelten in der Wirtschaftspsychologie als validester Prädiktor für Berufserfolg. Ausbildungsdauer, Schulnoten, grafologische Gutachten und Persönlichkeitstests hingegen haben eine geringe Validität.

Tab. 1.14: Validität ausgewählter Auswahlinstrumente, Quelle: Oechsler/Paul (2015: 228).

Verfahren	Instrument	Validität
Biografieorientierte Verfahren	Teilstrukturierte Einstellungsinterviews	0.51
	Berufswissenstests	0.48
	Unstrukturierte Einstellungsinterviews	0.38
	Schulnoten	0.03–0.30
	Referenzen	0.26
	Ausbildungsdauer	0.10
Eigenschaftsorientierte Verfahren	Intelligenztests	0.53
	Persönlichkeitstests (Big Five)	0.03–0.23
	Grafologische Gutachten	0.14–0.21
	Projektive Tests	0.18
Simulationsorientierte Verfahren	Arbeitsproben	0.38–0.54
	Assessment-Center	0.37

Die in Tabelle 1.14 aufgezeigten Verfahren werden in biografieorientierte, eigenschaftsorientierte und simulationsorientierte Verfahren eingeteilt. Eine einheitliche Klassifizierung der Personalauswahlinstrumente existiert nicht.

Eigenschaftsorientierte Verfahren dienen der Erfassung von stabilen Merkmalen bzw. des Potenzials eines Bewerbers.

Zu den eigenschaftsorientierten Verfahren zählen Intelligenz- und Persönlichkeitstests. Es ist zu beachten, dass Intelligenz- und Persönlichkeitstests nur von geschulten Psychologen und Fachleuten durchgeführt werden sollten und mit Zeit- und Geldaufwand verbunden sind. Als Intelligenztest bietet sich das Berliner-Intelligenz-Strukturmodell an. Im Bereich der Persönlichkeitstest hat sich das Fünf-Faktoren-Modell etabliert.

Die Einsatzhäufigkeit von Intelligenz- und Persönlichkeitstests liegt in Deutschland bei unter 10 % bei Fach- und Führungskräften. Häufiger werden diese Tests bei Auszubildenden eigesetzt. Im internationalen Vergleich dominieren auf allen Stufen Intelligenz- und Persönlichkeitstests (siehe Abbildung 1.9) als Instrument der Personalauswahl. Dies lässt den Rückschluss zu, dass kulturelle Einflüsse anscheinend auch die Personalauswahlinstrumente beeinflussen.

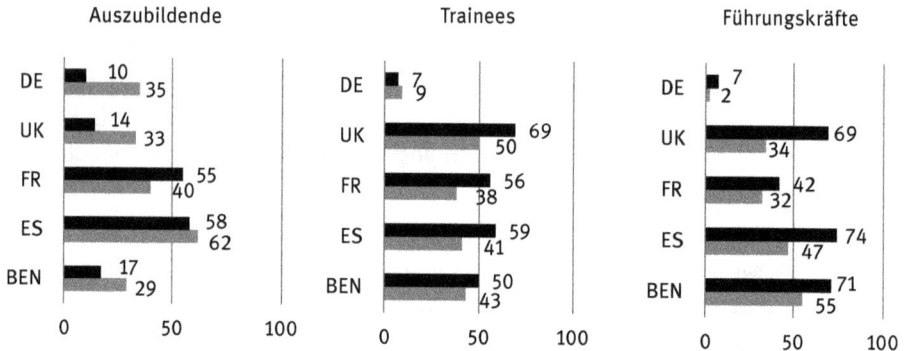

Abb. 1.9: Nutzung eigenschaftsorientierter Instrumente der Personalauswahl in verschiedenen Ländern, Quelle: Stock-Homburg (2013: 171).

Ausgangspunkt biografieorientierter Verfahren sind Verhalten und Leistungen aus der Vergangenheit, die zur Vorhersage zukünftiger Leistungen und Verhaltensweisen genutzt werden. Dazu zählen der biografische Fragebogen und die Analyse der Bewerbungsunterlagen inklusive Zeugnisanalyse. Der biografische Fragebogen eignet sich insbesondere, wenn eine Ähnlichkeit besteht zwischen vergangenen und künftigen Tätigkeiten. Ein solcher Fragebogen ist aufwendig in der Konstruktion.

Mit simulationsorientierten Verfahren wird versucht, die spätere Tätigkeit möglichst genau durch Simulationen abzubilden. Rollenspiele, Postkorbübungen, Arbeitsproben, Computerszenarien und Gruppendiskussionen sind Beispiele für simulationsorientierte Verfahren. Der Vorteil von Arbeitsproben liegt darin, dass die Testaufgaben einen direkten Bezug zum Arbeitsverhalten haben und die Leistungen getestet werden können. Die Vertiefung der Auswahlinstrumente kann an dieser Stelle nicht erfolgen. Der interessierte Leser sei auf Schuler (2014) verwiesen.

4. Literaturempfehlungen

Bröckermann, Reiner (2012): Personalwirtschaft. Lehr- und Übungsbuch für Human Resource Management, 6. Aufl., Stuttgart, S. 66–109.

Drumm, Hans J. (2008): Personalwirtschaft, 6. Aufl., Heidelberg, S. 275–312.

Kaiser, Tobias (2016): Meist sind Arbeitszeugnisse das Papier nicht wert, in: WeltN24.

Kanning, Uwe P. (2004): Standards der Personaldiagnostik, Göttingen.

Mayrhofer, Helene (2009): Beschaffung und Auswahl von Mitarbeiterinnen und Mitarbeitern, in: Kasper, Helmut/Mayrhofer, Wolfgang (Hrsg.), Personalmanagement Führung Organisation, 4. Aufl., Wien, S. 365–404.

Nerdinger, Friedemann W. et al. (2014): Arbeits- und Organisationspsychologie, 3. Aufl., Heidelberg, S. 241–267.

Oechsler, Walter A./Paul, Christopher (2015): Personal und Arbeit, 10. Aufl., Berlin. S. 203–252.

von der Oelsnitz, Dietrich et al. (2007): Der Talente-Krieg. Personalstrategie und Bildung im globalen Kampf um Hochqualifizierte, Bern, S. 185–219.

Schuler, Heinz (2014): Psychologische Personalauswahl. Eignungsdiagnostik für Personalentscheidungen und Berufsberatung, 4. Aufl., Göttingen.

Wottawa, Heinrich (2000): Perspektiven der Potentialbeurteilung: Themen und Trends, in: von Rosenstiel, Lutz/Lang-von Wins, Thomas (Hrsg.): Perspektiven der Potentialbeurteilung, Göttingen, S. 27–51.

Aufgabe 2: Rechtliche Aspekte im Rahmen der Personalauswahl

Wissen, Verstehen, Anwenden, Transfer, Bewerten
14 Minuten

---

1. Fragestellung

Sie als Personalreferent sollen Fragen entwickeln für Vorstellungsgespräche, da die Kollegen aus den Fachabteilungen, die auch an den Vorstellungsgesprächen teilnehmen, nicht für Personalauswahl geschult sind. Ihre Kollegen wollen wissen, ob sie alles fragen können, was sie interessiert. Denn schließlich wollen die Kollegen so viel wie möglich über die Person erfahren, um die richtige Entscheidung bei der Personalauswahl zu treffen bzw. eine Fehlentscheidung zu vermeiden. Was antworten Sie Ihren Kollegen und welche Fragen werden Sie formulieren?

2. Lösung

Verständlicherweise will die Arbeitgeberseite (Personalabteilung und die Kollegen aus der Fachabteilung) so viele Informationen wie nur möglich über den Arbeitnehmer erhalten. Der Bewerber hingegen möchte nur positive Informationen über sich preisgeben und seine Persönlichkeitsrechte gewahrt wissen. Aus dem Informationsstreben des Arbeitgebers und dem spezifischen Interesse des Bewerbers kann ein Interessenskonflikt entstehen.

Sie sollten Ihre Kollegen aus der Fachabteilung darüber aufklären, dass sie im Grunde genommen fast alles fragen dürfen, nur sollten sie nicht eine völlig wahrheitsgemäße Antwort erwarten. Denn der Gesetzgeber unterscheidet zwischen zulässigen und unzulässigen Fragen sowie Problemfragen. In der Praxis ist es oftmals vom Einzelfall abhängig und die Zulässigkeit einer Frage kann nur im Kontext bewertet werden.

Zulässige Fragen stehen in einer konkreten Beziehung zu der avisierten beruflichen Position und müssen wahrheitsgemäß beantwortet werden. Zwar hat der Bewerber grundsätzlich eine Offenbarungspflicht, d. h., es müssen alle Informationen offenbart werden, die in einem Zusammenhang mit dem Arbeitsverhältnis stehen. Allerdings ergibt sich aus dem Bundesdatenschutzgesetz und dem Allgemeinen Gleichbehandlungsgesetz, dass nur Daten erhoben werden dürfen, die im Zusammenhang mit der avisierten Stelle stehen und die nicht Anlass zur Diskriminierung geben aus Gründen der Rasse, der ethnischen Herkunft, des Geschlechts, der Religion, einer Behinderung, des Alters oder der sexuellen Identität. Zu den zulässigen Fragen gehören alle Fragen zum schulischen und beruflichen Werdegang sowie sachlich berechtigte Fragen, die der Klärung dienen in Anbetracht des zukünftigen Arbeitsverhältnisses. Private Fragen sind grundsätzlich nicht Bestandteil eines Vorstellungsgesprächs. Werden zulässige Fragen nicht wahrheitsgemäß beantwortet, droht die Anfechtung des Arbeitsvertrages, eine Entlassung oder sogar ein Schadenersatzanspruch.

Unzulässige Fragen hat der Gesetzgeber definiert als Fragen, die in keinem Zusammenhang zu der avisierten Stelle des Bewerbers stehen. Der Bewerber darf diese Fragen wahrheitswidrig beantworten ohne rechtliche Konsequenzen befürchten zu müssen. Er hat also das Recht zur Lüge. Es handelt sich um rein persönliche Fragen wie beispielsweise Fragen nach einer Schwangerschaft, zu bevorzugten Verhütungsmitteln, zur Gewerkschaftszugehörigkeit, Religionszugehörigkeit, zu Vermögensverhältnissen, Vorstrafen, bisheriger Gehaltshöhe oder dem Gesundheitszustand. Allerdings können einige unzulässige Fragen in Einzelfällen zulässig sein, und damit gehören sie zu der Kategorie der Problemfragen. Beispielsweise ist die Frage nach der Religionszugehörigkeit grundsätzlich nicht zulässig, aber in Tendenzbetrieben zulässig. Auch ist die Frage nach Vermögensverhältnissen unzulässig, aber im Kontext einer avisierten Stelle als Richter oder Banker zulässig. Die Frage nach Vorstrafen ist erlaubt, wenn sie im Zusammenhang mit der Eignung für den geplanten Beruf steht. So ist bei einem Erzieher, Ausbilder oder sonstigen Beruf, der den Umgang mit Kindern und Jugendlichen beinhaltet, die Frage nach Vorstrafen (Sittlichkeitsverbrechen) erlaubt. Die Frage nach einer Schwangerschaft ist zum Schutze vor Geschlechtsdiskriminierung nicht erlaubt. Wird aber der ausgeübte Beruf durch eine Schwangerschaft direkt beeinträchtigt, wie beispielsweise bei einem Mannequin für Bademoden, so ist die Frage nach einer Schwangerschaft zulässig. Auch sind Fragen nach dem Gesundheitszustand grundsätzlich nicht zulässig, wenn die Arbeitstätigkeit dadurch nicht beeinträchtigt wird. Allerdings ist eine Aids-Erkrankung dem potenziellen Arbeitgeber offenzulegen, aber nicht eine HIV-Erkrankung. Die Rechtsprechung hat entschieden, dass die Frage nach einer HIV-Infektion grundsätzlich unzulässig ist, sofern es sich nicht um ansteckungsgefährdete Tätigkeiten handelt wie in Heilberufen oder Pflegeberufen. Die Frage nach einer HIV-Infektion für die angestrebte Position als Sachbearbeiterin wäre also unzulässig, für die Tätigkeit als Krankenschwester jedoch zulässig.

3. Hinweise zur Lösung
Die Zulässigkeit von Fragen nach Jung (2017: 164):

Erlaubt sind:
alle Fragen, die in einer konkreten Beziehung zu dem angestrebten Arbeitsverhältnis stehen. Diese sind insbesondere der schulische und berufliche Werdegang (Prüfungsnoten) und die allgemeinen persönlichen Verhältnisse (Alter, Familienstand).

Unzulässig sind:
alle Fragen, die auf den rein persönlichen Bereich des Bewerbers abzielen. Hier sind insbesondere Fragen über private Gewohnheiten, Bindungen oder Pläne zu nennen (bevorzugte Verhütungsmittel, geplante Heirat etc.).

Problemfragen:
Gewisse Fragen sind zwar in der Regel unzulässig, in einigen Einzelfällen jedoch erlaubt. Dabei handelt es sich insbesondere um Fragen nach:

Gewerkschafts-, Religions- oder Parteizugehörigkeit:
Diese Fragen sind nur in entsprechenden Tendenzbetrieben zulässig (z. B. Frage nach der Religionszugehörigkeit in einem katholischen Kindergarten).

Vermögensverhältnisse (Schulden):
Diese Fragen sind nur dann zulässig, wenn der Bewerber einen Beruf anstrebt, bei dem finanzielle Unabhängigkeit eine wichtige Voraussetzung ist (z. B. Richter, Bankier). Strittig ist in diesem Zusammenhang auch die Frage nach Lohn- und Gehaltspfändungen.

Vorstrafen:
Fragen nach Vorstrafen sind nur erlaubt, wenn diese die Eignung für den angestrebten Beruf in Frage stellen (Unterschlagung bei Buchhaltern, Sittlichkeitsverbrechen bei Ausbildern). Vorstrafen, die nach § 15 Bundeszentralregistergesetz nicht offenbart zu werden brauchen, dürfen in jedem Fall verheimlicht werden.

Bisherige Gehaltshöhe:
Diese Frage ist nur dann erlaubt, wenn die bisherige Gehaltshöhe Grundlage der Verhandlungen zum Abschuss des Arbeitsverhältnisses war (z. B. Arbeitnehmer erhält 300,- Euro mehr als bisher).

Schwangerschaft:

Die Frage nach einer Schwangerschaft ist wegen der Geschlechtsdiskriminierung unzulässig (§ 611a BGB). Lediglich in Fällen, in denen die Schwangerschaft die Ausübung des Berufes direkt beeinflusst (Mannequin, Mode), ist diese Frage zulässig (vgl. dazu auch die Entscheidung des Europäischen Gerichtshofes: EuGH, NJW 91, 628).

Gesundheitszustand:

Die Frage nach dem Gesundheitszustand und nach Krankheiten des Bewerbers ist nur erlaubt, soweit die Arbeitsfähigkeit des Bewerbers stark betroffen ist. Frühere, ausgeheilte Erkrankungen und Kinderkrankheiten sind in der Regel für das Arbeitsverhältnis nicht relevant und Fragen danach somit unzulässig.

4. Literaturempfehlungen

Jung, Hans (2017): Personalwirtschaft, 10. Aufl., Berlin, S. 164.

Aufgabe 3: Die Rechte des Betriebsrats im Rahmen der Personalauswahl

Wissen, Verstehen, Bewerten
10 Minuten

1. Fragestellung

Welche Rechte hat der Betriebsrat im Rahmen der Personalauswahl?

2. Lösung

Im Rahmen der Personalauswahl hat der Betriebsrat eine Reihe von Mitbestimmungsrechten, die benachteiligendes, unsoziales oder die Persönlichkeitsrechte des Bewerbers tangierendes Verhalten des Arbeitgebers verhindern sollen.

Nach § 99 Abs. 1 BetrVG muss der Arbeitgeber in Betrieben mit mehr als 20 wahlberechtigten Arbeitnehmern den Betriebsrat vor jeder Einstellung, Eingruppierung, Umgruppierung und Versetzung informieren. Dem Betriebsrat sind alle erforderlichen Unterlagen vorzulegen und es ist Auskunft über die Bewerber zu geben. Verweigert der Betriebsrat seine Zustimmung, so muss er innerhalb von einer Woche seine Einwände unter Angabe von Gründen dem Arbeitgeber schriftlich mitteilen.

Der Betriebsrat kann die Zustimmung zu einer Einstellung verweigern:

1. Wenn ein Verstoß gegen Gesetz, Tarifvertrag oder Betriebsvereinbarung vorliegt (§ 99 Abs. 2 Nr. 1 BetrVG).

Ein Verstoß gegen ein Gesetz läge beispielsweise vor, wenn mit der Einstellung gegen ein Beschäftigungsverbot verstoßen werden würde. Beschäftigungsverbote bestehen zum Beispiel für werdende Mütter (§§ 3 f. MuSchG), Jugendliche (§§ 22 f. JArbSchG) und für die Beschäftigung von Arbeitnehmern ohne ausreichende Qualifizierung oder Unterweisung (§§ 7 ff. ArbSchG). Hinsichtlich weiterer Beschäftigungsverbote sei der interessierte Leser auf Jung (2017: 71 ff.) verwiesen.

2. Wenn ein Verstoß gegen Auswahlrichtlinien vorliegt (§ 95 Abs. 2 Nr. 3 BetrVG).
   Stellt der Arbeitgeber Richtlinien für die Auswahl der Bewerber auf, so bedürfen sie der Zustimmung des Betriebsrats, d. h., dass Anforderungsprofile, selektionsrelevante Qualifikationsmerkmale und Kompetenzen der Zustimmung des Betriebsrats bedürfen. Der Betriebsrat kann aber nicht die Aufstellung von allgemeinen Beurteilungsgrundsätzen oder den Einsatz von Personalfragebögen verlangen (§ 94 Abs. 2 BetrVG).
   Werden in einem Unternehmen Personalfragebögen eingesetzt, also innerbetrieblich konzipierte Fragebögen, die Angaben zur Person, Qualifikation, beruflichem Werdegang und andere stellenrelevante Angaben enthalten, um die Beschäftigten untereinander zu vergleichen, so kann der Betriebsrat sein erzwingbares Mitbestimmungsrecht aus § 94 Abs. 1 BetrVG geltend machen. Der Betriebsrat kann bei der inhaltlichen Gestaltung von Personalfragebögen Einfluss nehmen und verhindern, dass Fragen einfließen, die keinen Bezug zur angestrebten Stelle haben. Auf die Einführung von Personalfragebögen kann der Betriebsrat hingegen keinen Einfluss nehmen.

3. Bei einer fehlenden innerbetrieblichen Stellenausschreibung (§ 93 BetrVG).
   Hat der Arbeitgeber auf Verlangen des Betriebsrats eine zu vergebende Stelle nicht ausgeschrieben oder formal mangelhaft oder nicht diskriminierungsfrei ausgeschrieben, so kann der Betriebsrat seine Zustimmung zu einer Einstellung verweigern (§ 99 Abs. 2 Nr. 5 BetrVG). Unerheblich ist, ob es innerbetrieblich geeignete Bewerber für die zu besetzende Stelle gibt oder die innerbetriebliche Stellenausschreibung erfolgversprechend ist. Der Arbeitgeber muss der Forderung des Betriebsrats nach innerbetrieblicher Stellenausschreibung nachkommen.

4. Wenn Gefahr für den Betriebsfrieden besteht (§ 99 Abs. 2 Nr. 6 BetrVG). Besteht eine berechtigte und durch Tatsachen belegte Gefahr, dass die Einstellung einer Person eine Gefahr für den Betriebsfrieden darstellt, so kann der Betriebsrat die Zustimmung verweigern. Der Betriebsfrieden kann durch gesetzwidriges Verhalten oder durch Gefährdung der in § 75 Abs. 1 BetrVG enthaltenen Grundsätze gestört werden. Der Betriebsfrieden ist ein unbestimmter Rechtsbegriff. Mögliche Störungen des Betriebsfriedens sind beispielsweise rassistische oder fremdenfeindliche Betätigungen von Personen.

5. Wenn Nachteile für andere Beschäftigte entstehen (§ 99 Abs. 2 Nr. 3 BetrVG).
   Ist zu befürchten, dass durch die Neubesetzung bereits im Betrieb beschäftigte Arbeitnehmer gekündigt werden oder sonstige Nachteile zu erwarten haben, kann der Betriebsrat die Zustimmung verweigern.

Ein Nachteil kann sich beispielsweise ergeben, wenn bei unbefristeter Einstellung ein befristet eingestellter und bereits im Betrieb beschäftigter Arbeitnehmer bei gleicher Eignung nicht berücksichtigt wird.

3. Hinweise zur Lösung

An dieser Stelle sei auf die Publikation „Personalauswahl und Auswahlrichtlinien" von Sven Hinrichs (2011) verwiesen, der 109 betriebliche Vereinbarungen der Jahre 1973 bis 2009 unter anderem dahingehend analysiert hat, in welcher Weise die Interessenvertretung beteiligt ist. Im Ergebnis zeigen seine Analysen, dass in der betrieblichen Praxis die Regelungsbereiche zum Thema Personalauswahl sehr vielfältig und variabel sind.

4. Literaturempfehlungen

Bröckermann, Reiner (2012): Personalwirtschaft. Lehr- und Übungsbuch für Human Resource Management, 6. Aufl., Stuttgart, S. 111 f.

Drumm, Hans J. (2008): Personalwirtschaft, 6. Aufl., Heidelberg, S. 316 f.

Hinrichs, Sven (2011): Personalauswahl und Auswahlrichtlinien, Frankfurt a. M.

Röschlau, Manfred (1990): RKW-Handbuch Personalplanung, 2. Aufl., Frankfurt a. M., S. 524 ff.

Stock-Homburg, Ruth (2013): Personalmanagement. Theorien – Konzepte – Instrumente, 3. Aufl., Wiesbaden, S. 159.

Vahle, Jürgen (2015): Welche Unterlagen muss der Arbeitgeber dem Betriebsrat im Bewerbungsverfahren vorlegen?, in: Datenschutz-Berater, Nr. 10/2015, S. 220.

Aufgabe 4: Single-Choice-Aufgaben zur Personalauswahl

Wissen, Verstehen
8 Minuten

---

1. Fragestellung

Markieren Sie die Aussagen als richtig oder falsch.

(a) ☐ Personalverantwortliche sollten bei der Personalauswahl ihren Fokus stärker auf Referenzen setzen, da Referenzen die höchste Aussagekraft haben.

(b) ☐ Arbeitgeber dürfen keine Bewerbungsfotos verlangen.

(c) ☐ Schon aus dem Anschreiben kann man Informationen über die Qualifikation des Bewerbers erlangen. So lassen beispielsweise Tippfehler im Anschreiben erkennen, dass der Bewerber unzuverlässig ist.

(d) ☐ Als Reliabilität wird ein Gütekriterium für Einstellungstests bezeichnet.

(e) ☐ Als Wissenschaftler muss man grafologische Gutachten für Personalauswahlverfahren ablehnen.

(f) ☐ Stressinterviews sind ein adäquates Mittel, um die Belastbarkeit von Menschen zu testen.

(g) ☐ Im Prozess der Personalauswahl vermarktet sich nicht nur der Bewerber, sondern auch der Arbeitgeber.

(h) ☐ Psychologische Testverfahren verstoßen gegen Ethikregeln und sind unzulässig.

2. Lösung

(a) ☐F☐ Personalverantwortliche sollten bei der Personalauswahl ihren Fokus stärker auf Referenzen setzen, da Referenzen die höchste Aussagekraft haben.

(b) ☐R☐ Arbeitgeber dürfen keine Bewerbungsfotos verlangen.

(c) ☐F☐ Schon aus dem Anschreiben kann man Informationen über die Qualifikation des Bewerbers erlangen. So lassen beispielsweise Tippfehler im Anschreiben erkennen, dass der Bewerber unzuverlässig ist.

(d) ☐R☐ Als Reliabilität wird ein Gütekriterium für Einstellungstests bezeichnet.

(e) ☐R☐ Als Wissenschaftler muss man grafologische Gutachten für Personalauswahlverfahren ablehnen.

(f) ☐F☐ Stressinterviews sind ein adäquates Mittel, um die Belastbarkeit von Menschen zu testen.

(g) ☐R☐ Im Prozess der Personalauswahl vermarktet sich nicht nur der Bewerber, sondern auch der Arbeitgeber.

(h) ☐F☐ Psychologische Testverfahren verstoßen gegen Ethikregeln und sind unzulässig.

3. Hinweise zur Lösung

Personalverantwortliche sollten bei der Personalauswahl ihren Fokus stärker auf Referenzen setzen, da Referenzen die höchste Aussagekraft haben.

Hinweis: Referenzen haben eine geringe Aussagekraft, denn sie werden in der Regel nur von Referenzgebern erteilt, die dem Bewerber wohlgesonnen sind. Damit sind Referenzen keine objektive Auskunft über die Leistung oder das Verhalten, sondern stark subjektiv geprägt. Auch wenn die Aussagekraft von Referenzen gering ist, so ist für Managementpositionen das Einholen von Referenzen gebräuchlich. Es ist zu beachten, dass Referenzen nur eingeholt werden dürfen, wenn der Bewerber vorher zugestimmt hat. Das Einholen von Auskünften beim vorherigen Arbeitgeber hingegen, welches nicht gleichzusetzen ist mit Referenzen, ist auch ohne Zustimmung des Bewerbers möglich. Allerdings darf er dafür nicht mehr in dem Unternehmen beschäftigt sein. Äußert sich der frühere Arbeitgeber negativ, so kann der Bewerber gegebenenfalls Schadensersatzansprüche geltend machen. Folglich wird der frühere Arbeitgeber sehr vorsichtig sein mit negativen Äußerungen.

Arbeitgeber dürfen keine Bewerbungsfotos verlangen.

Hinweis: Seitdem das AGG (Allgemeine Gleichbehandlungsgesetz) im Jahre 2006 verabschiedet wurde, darf der Arbeitgeber kein Bewerbungsfoto mehr verlangen, aber der Bewerber darf freiwillig ein Foto seiner Bewerbung beilegen. Es besteht also kein Fotoverbot. Mit dem Allgemeinen Gleichbehandlungsgesetz (AGG) soll Diskriminierungen entgegengewirkt werden. Das fachliche Profil soll im Mittelpunkt stehen und nicht ein äußeres Merkmal. In der Praxis ist es aber nach wie vor so, dass Bewerber der Meinung sind, dass ein Foto zu einer Bewerbung dazugehört und von den Personalabteilungen nach wie vor Fotos erwartet werden, auch wenn das offiziell heute kein Personalverantwortlicher sagen würde, weil er Gefahr laufen würde, gegen das AGG zu verstoßen und damit schadensersatzpflichtig werden würde. Anonymisierte Bewerbungen, wie man sie in den USA kennt, sind in Deutschland nicht sehr weit verbreitet.

Schon aus dem Anschreiben kann man Informationen über die Qualifikation des Bewerbers erlangen. So lassen beispielsweise Tippfehler im Anschreiben erkennen, dass der Bewerber unzuverlässig ist.

Hinweis: Das Anschreiben gehört ebenso wie der Lebenslauf, die Zeugnisse und andere Nachweise zu den schriftlichen bzw. elektronischen Bewerbungsunterlagen, die zu Beginn des Personalauswahlprozesses bewertet werden. Wie aus der eignungsdiagnostischen Forschung bekannt ist, lassen Tippfehler im Anschreiben keinen Rückschluss auf Unzuverlässigkeit und Nichteignung zu. Es bleibt jedoch der Eindruck, dass der Bewerber sich mit der konkreten Bewerbung nicht sonderlich viel Mühe gegeben hat; was vielleicht einen Rückschluss auf sein Interesse an der Stelle erlaubt. Dass Tippfehler im Anschreiben als Ausschlusskriterium gelten, ist jedenfalls herrschende Praxis. Bei tiefergehendem Interesse sei auf Uwe Kanning verwiesen, der zu den profiliertesten Kritikern der gängigen Personalauswahlverfahren gezählt wird.

Als Reliabilität wird ein Gütekriterium für Einstellungstests bezeichnet.

Hinweis: Reliabilität bezeichnet die Zuverlässigkeit eines Verfahrens. In der Eignungsdiagnostik gehören Reliabilität, Validität und Objektivität zu den klassischen Gütekriterien.

Als Wissenschaftler muss man grafologische Gutachten für Personalauswahlverfahren ablehnen.

Hinweis: Grafologische Gutachten sind Analysen der Schrift des Bewerbers. Von den Grundmerkmalen der Schrift (Bewegungsmerkmal, Formmerkmal und Raummerkmal) wird auf die Persönlichkeit des Bewerbers geschlossen. Nach heutigem Stand der Wissenschaft sind grafologische Gutachten abzulehnen, weil sie weder valid noch reliabel bzw. objektiv sind. Kanning bezeichnet grafologische Gutachten in der Personalauswahl als Schwachsinn.

Stressinterviews sind ein adäquates Mittel, um die Belastbarkeit von Menschen zu testen.

Hinweis: Stressinterviews sind kein adäquates Mittel, da sich Belastungssituationen im beruflichen Alltag von einer künstlich hergestellten Stresssituation im Interview unterscheiden. Wie ein Unternehmen mit seinen Bewerbern umgeht, reflektiert auch dessen Wertesystem. Und in Zeiten von Social Media und Arbeitgeberbewertungsportalen kann ein ethisch und moralisch bedenklicher Umgang mit Bewerbern, wie es bei Stressinterviews der Fall sein kann, zu einem schlechten Image führen und die Arbeitgeberattraktivität senken.

Im Prozess der Personalauswahl vermarktet sich nicht nur der Bewerber, sondern auch der Arbeitgeber.

Hinweis: Im Kampf um die besten Talente müssen sich auch Unternehmen zunehmend attraktiv gegenüber ihren Bewerbern positionieren. Insbesondere mittelständische Unternehmen, die nicht über einen großen Namen oder einen hohen Bekanntheitsgrad verfügen, müssen um ihre Bewerber buhlen. Arbeitgeber sollten sich gut überlegen, wie sie sich im Prozess der Personalauswahl positionieren wollen. Denn auch Bewerbern, denen man abgesagt hat, sollte nicht das Selbstwertgefühl genommen werden, sondern sie sollten mit Anstand und Respekt behandelt werden.

Psychologische Testverfahren verstoßen gegen Ethikregeln und sind unzulässig.

Hinweis: Psychologische Testverfahren sind nicht grundsätzlich unzulässig. Sie müssen sich an den Anforderungen der zu besetzenden Stelle orientieren, die Bewerber müssen über den Inhalt informiert sein und dem Testverfahren zustimmen.

4. Literaturempfehlungen

Bröckermann, Reiner (2012): Personalwirtschaft. Lehr- und Übungsbuch für Human Resource Management, 6. Aufl., Stuttgart, S. 66–111.

Drumm, Hans J. (2008): Personalwirtschaft, 6. Aufl., Heidelberg, S. 299–308.

Hossiep, Rüdiger/Mühlhaus, Oliver (2015): Personalauswahl und –entwicklung mit Persönlichkeitstests, 2. Aufl., Göttingen, S. 42–55.

Kanning, Uwe P. (1999): Die Psychologie der Personenbeurteilung, Göttingen.

Kanning, Uwe P. (2004): Standards der Personaldiagnostik, Göttingen.

Scholz, Christian (2014): Personalmanagement. Informationsorientierte und verhaltenstheoretische Grundlagen, 6. Aufl., München, S. 568–570.

Schuler, Heinz (2014): Psychologische Personalauswahl. Eignungsdiagnostik für Personalentscheidungen und Berufsberatung, 4. Aufl., Göttingen.

1.6 Personalbeurteilung

Fallstudie KaffeeLeben – Aufgabe F6

Wissen, Verstehen, Anwenden, Transfer
20 Minuten

---

1. Fragestellung

KaffeeLeben konnte auf eine erfreuliche Entwicklung zurückblicken: Die Anzahl der Filialen wurde gesteigert. Dadurch konnte KaffeeLeben als Arbeitgeber mehr Arbeitsplätze anbieten und auch die wirtschaftliche Entwicklung war positiv. Gleichzeitig führte das Wachstum dazu, dass in Bezug auf die Mitarbeiterführung eine andere Herangehensweise notwendig wurde: Zu Beginn der Unternehmensgründung kannten Florentine und Roman alle Mitarbeiter sehr gut, da intensiv in einem Ladenlokal zusammengearbeitet wurde. Nun, mit mehreren Filialen in verschiedenen Städten, war dieser persönliche Kontakt deutlich zurückgegangen. Florentine und Roman waren nicht mehr in der Lage, die Leistung jedes einzelnen Mitarbeiters zu beurteilen. Dadurch, dass es Filialleiterpositionen gab, welche disziplinarische Vorgesetzte der Mitarbeiter vor Ort sind, verlagerte sich die Aufgabe der Personalbeurteilung für einen Großteil der Mitarbeiter weg von Florentine und Roman. „Neulich war ich in unserem Geschäft in Lübeck", begann Florentine, „dort habe ich während meines kurzen Aufenthalts mehrere Fehler bei den Mitarbeitern in der Bedienung der Kunden gesehen. Ich habe daraufhin unseren Filialleiter Herrn Freundlich auf diese Situationen angesprochen und stell Dir vor, was er gesagt hat! Das wäre schon in Ordnung, die Mitarbeiter seien alle sehr gut und ein paar Fehler hier und da seien ja auch mal normal!" Roman entgegnete: „Das ist unfassbar, ich dachte eigentlich wir hätten weitestgehend das gleiche Verständnis von ‚guter Arbeit' unter den Filialleitern. Offenbar ist das nicht so." „Ich glaube da gibt es einiges zu tun – wir müssen z. B. auf jeden Fall noch einmal alle Filialleiter in den Standards schulen. Aber wir benötigen auch eine einheitlich anzuwendende Personalbeurteilungssystematik, z. B. ein regelmäßiges Mitarbeitergespräch, so wie es in vielen Unternehmen üblich ist", kommentierte Florentine.

(a) Welche Aspekte sind bei der Entwicklung eines Mitarbeitergespräches für KaffeeLeben relevant?

(b) Worauf ist bei der Einführung eines Mitarbeitergespräches bei KaffeeLeben zu achten?

2. Anregungen für Ihre Diskussion der Lösung

(a) Die Gestaltung eines Mitarbeitergespräches lässt sich primär in zwei Dimension unterscheiden: Inhaltsperspektive und Prozessperspektive.

Inhaltsperspektive:

Hier geht es um die inhaltliche Ausgestaltung des Mitarbeitergespräches und damit des Formulars, welches das Gesprächsergebnis (und damit die Beurteilung) protokolliert. Diese sind situativ an das Unternehmen anzupassen.

Typische Inhalte von Mitarbeitergesprächsformularen sind:

- Leistungsbeurteilung (z. B. anhand eines Kompetenzmodells oder für die beurteilte Position relevante Leistungskriterien)
- Beurteilung von Zielerreichungsgraden, sofern es Zielvereinbarungen gibt
- Potenzialeinschätzung, z. B. für Führungspotenzial
- Zielvereinbarungen für die kommende Periode
- Weiterbildungsbedarf oder -vereinbarungen
- Mitarbeiterfeedback an den Vorgesetzten

Für die Filial- oder Schichtleitungen von KaffeeLeben kommen prinzipiell alle o. g. Inhaltsbereiche grundsätzlich in Frage. Für die Baristas erscheinen Zielvereinbarungen (und damit auch die Beurteilung der Zielerreichung) aufgrund der stark ausführenden Tätigkeit weniger geeignet. Als Kriterien für die Leistungsbeurteilung könnten für Baristas die Aufgaben und Qualifikationsanforderungen aus der vorherigen Fallstudienaufgabe F5 als Ausgangspunkt verwendet werden, wie z. B. (aber nicht nur):

- Freundlichkeit der Beratung und Bedienung
- Fachkompetenz in der Beratung
- Qualität der Zubereitung von Kaffee- und Teespezialitäten
- Qualität der Vorbereitungs- und Aufräumarbeiten in der Filiale
- Fehlerfreiheit der Kassiertätigkeiten
- Belastbarkeit und Zuverlässigkeit
- Teamarbeit
- Arbeitsbereitschaft und Zuverlässigkeit
- Pünktlichkeit
- …

Für Filial- und Schichtleitungen sollten übergeordnete Kriterien verwendet werden, welche auf dem wirtschaftlichen Erfolg der Filiale, der Einhaltung von KaffeeLeben-Standards und Mitarbeiterführung basieren.

Prozessperspektive:

Hier geht es darum, ein ganz konkretes Ablaufschema aus terminlicher Sicht und klarer Rollenzuteilung zu entwickeln. Fragestellungen, welche die Prozessentwicklung leiten können, sind:

- Wer ist Prozess-Owner des Mitarbeitergespräches?
- Welcher Durchführungsrhythmus (i. d. R. jährlich) wird angewendet?
- In welchem Zeitraum sind die Gespräche verbindlich durchzuführen (Start-/ Endtermin)?

- Ist der Zeitraum einheitlich für alle Hierarchieebenen oder soll es einen kaskadierenden Ablauf geben?
- Wie wird das Formular technisch ausgefüllt (z. B. papierbasiert oder in einem IT-System)?
- Welche Widerspruchs- und Eskalationsmöglichkeiten (z. B. in Richtung Betriebsrat) hat der Mitarbeiter?
- Wie werden die Inhalte der Formulare ggf. ausgewertet?
- Ist das Beurteilungsergebnis an eine variable Gehaltskomponente gekoppelt oder nicht?

Für KaffeeLeben sollte zunächst eine möglichst einfach anzuwendende Formularform papierbasiert verwendet werden. Die Einführung eines IT-Systems für Mitarbeitergespräche lohnt sich erst, wenn das Unternehmen noch weiter wachsen würde und die Gesprächsformulare inhaltlich ausgereift sind.

(b) Bei der Einführung empfiehlt es sich, u. a. – aber nicht ausschließlich – auf folgende Aspekte zu achten:

- Filialleiter sollten bei der Entwicklung der Inhalte einbezogen werden.
- Personalbeurteilung ist grundsätzlich ein zustimmungspflichtiges Mitbestimmungsthema. Durch einen Einbezug des Betriebsrates bereits in der Entwicklung (sowohl bezogen auf die inhaltliche als auch prozessuale Ausgestaltung) kann die Akzeptanz gesteigert und die spätere Zustimmung vereinfacht werden.
- Die Führungskräfte sollten vor der erstmaligen Anwendung ausführlich geschult werden. Die Schulungen sollten sowohl die richtige Anwendung des Formulars und die Einhaltung des Prozesses als auch Gesprächsführungstechniken beinhalten.
- Die Mitarbeiter sollten ebenfalls vor der erstmaligen Anwendung über Gesprächsinhalte und Ablauf informiert werden.

3. Literaturempfehlungen

Berthel, Jürgen/Becker, Fred G. (2017): Personal-Management: Grundzüge für Konzeptionen betrieblicher Personalarbeit, 11. Aufl., Stuttgart, S. 276–301.

Scholz, Christian (2014): Grundzüge des Personalmanagements, 2. Aufl., München, S. 241–242 sowie S. 309–310.

Stock-Homburg, Ruth (2013): Personalmanagement. Theorien – Konzepte – Instrumente, 3. Aufl., Stuttgart, S. 359–398.

Aufgabe 1: Beurteilungsfehler

Wissen, Verstehen, Anwenden
16 Minuten

---

1. Fragestellung

In Personalbeurteilungen können aus verschiedenen Gründen durch Menschen verursachte Beurteilungsfehler entstehen. Erläutern Sie vier Beurteilungsfehler und zeigen Sie, wie diese vermieden werden können.

2. Lösung

Als Beurteilungsfehler werden Verzerrungen der Wahrnehmung bezeichnet. Es besteht die Gefahr, dass Urteile gefällt werden, die nicht auf Fakten basieren, sondern auf einer verzerrten Wahrnehmung der Wirklichkeit. Dies wiederum kann dysfunktionale Wirkungen in einer Organisation erzeugen, wenn beispielsweise ein Ungerechtigkeitsgefühl entsteht oder der Eindruck von Willkür.

Die Ursachen für kognitive Verzerrungen werden anhand der folgenden Effekte beschrieben:

1. **Halo-Effekt:** Halo bedeutet im Englischen Heiligenschein, weshalb der Halo-Effekt auch als Heiligenscheineffekt bezeichnet wird. Beim Halo-Effekt erfolgt die kognitive Verzerrung dadurch, dass ein Merkmal einer Person wie ein Heiligenschein über alle anderen Merkmale strahlt, und in der Folge von diesem Merkmal auf andere Merkmale geschlossen wird, obwohl diese nicht gegeben sind.

   Ein Beispiel wäre, von einem Merkmal wie Kleidung, Attraktivität oder dem Benehmen auf die fachliche Kompetenz zu schließen. Dieser Prozess läuft unbewusst ab, und nicht mit der Absicht, dem anderen einen Vorteil zu verschaffen oder zu schaden. Eine Reihe von psychologischen Forschungsergebnissen hat nachgewiesen, dass beispielsweise dicke Menschen als faul und willensschwach wahrgenommen werden, während attraktive, gut angezogene Menschen häufiger als sympathisch und intelligent wahrgenommen werden.

2. **Hierarchie-Effekt:** Dieser Effekt entsteht, wenn Mitarbeiter höherer Hierarchiestufen besser beurteilt werden. Der Hierarchie-Effekt kann darauf zurückgeführt werden, dass die meisten Menschen in den westlichen Industrieländern autoritätsgläubig sozialisiert werden. So kann es passieren, dass Personen, die schon gewisse Karriereschritte erklommen haben, weniger kritisch beurteilt werden als Personen, die in der Hierarchie weiter unten angesiedelt sind. Nach dem Motto: „Der Chef muss es ja wissen." Wenn jemand schon in Führungsposition gekommen ist, kann diese Person auch nicht schlecht beurteilt werden, so die Annahme.

3. **Primacy-Recency-Effekt:**
   Dieser Effekt kann mit zwei Zitaten aus dem Volksmund verdeutlicht werden:
   (a) „Es gibt keine zweite Chance für einen guten ersten Eindruck."
   (b) „Der erste Eindruck zählt, der letzte bleibt."
   Der Effekt besagt, dass sich Menschen in ihrer Beurteilung bzw. Erinnerung besonders gut an die zuerst eingegangenen Informationen und an die zuletzt eingegangenen Informationen erinnern. An einem Beispiel auf die Arbeitsplatzsituation bezogen soll dies verdeutlicht werden: Ein Mitarbeiter macht zu Jahresbeginn bei seiner Tätigkeit einen guten Eindruck oder erzielt zu Beginn eines Projektes, in das er involviert ist, gute Ergebnisse. Diese Ergebnisse hält er über das Jahr aber nicht aufrecht, sondern zeigt eine mittelmäßige Leistung. Kurz vor den Jahresgesprächen strengt er sich noch einmal richtig an. Nach dem Primacy-Recency-Effekt bleiben dem Beurteiler besonders der erste gute Eindruck und der letzte Eindruck im Gedächtnis. Die Ergebnisse im Laufe des Jahres werden durch den Beurteilungsfehler ignoriert oder nicht angemessen berücksichtigt.

4. **Sympathie-Effekt:** Der Sympathie-Effekt besagt, dass Menschen, die sich sympathisch sind, sich tendenziell besser beurteilen, als wenn sie sich unsympathisch sind. Sympathie wiederum kann durch Ähnlichkeit erzeugt werden. „Gleich und gleich gesellt sich gern", lautet der Ausspruch im Volksmund. Die Ähnlichkeit kann sich auf verschiedene Aspekte beziehen, z. B. Körpergröße, Attraktivität, der Besuch der gleichen Hochschule, gleiche Hobbys etc. Ähnlichkeit kann in Prozessen, die mit hoher Unsicherheit behaftet sind, wie etwa bei der Personalauswahl, diese Unsicherheit mindern, indem eine Scheinsicherheit vermittelt wird. So wird beispielsweise auch die Marginalität von Frauen im Management auf die sogenannte homosoziale Rekrutierung des weißen, großen Mannes zurückgeführt. Also Rekrutierung nach dem Ähnlichkeitsprinzip.

Es wäre eine Illusion zu glauben, dass Beurteilungsfehler vollständig vermieden werden könnten. Sie können jedoch begrenzt und sogar minimiert werden. Die beschriebenen Beurteilungsfehler ließen sich zum Teil durch Diversity-Trainings vermeiden. Generell können Beurteilende mit Schulungen für Beurteilungsfehler sensibilisiert werden. In der Regel werden Beurteilungen einmal jährlich durchgeführt. Stattdessen könnten Beurteilungen mehrmals im Jahr oder sogar kontinuierlich stattfinden bzw. immer dann, wenn es dazu ein relevantes Ereignis gibt, z. B. eine besonders gute oder schlechte Leistung. So könnten einige Beurteilungsfehler, wie der Primacy-Recency-Effekt oder auch der Halo-Effekt, reduziert werden, weil es eine Dokumentation von kontinuierlichen Leistungsnachweisen gibt.

Viele Beurteilungssysteme werden dadurch unnötig kompliziert, dass man verfahrenstechnisch „absolute" Objektivität anstrebt und Subjektivität vermeiden will. Unvermeidlich ist aber jede nichtquantitative Beurteilung subjektiv, weil sie durch Menschen erfolgt. Nicht Subjektivität ist aber das Problem, sondern Willkür. So sind

z. B. auch Gerichtsurteile subjektiv, sie sind aber nicht willkürlich, weil sie nach festgelegten Regeln nachvollziehbar zustande kommen und begründet werden.

3. Hinweise zur Lösung

Weitere Beurteilungsfehler, die sich in der einschlägigen Literatur wiederfinden (Stock-Homburg 2013:374), sind:

Stimmungseffekt: Beim Stimmungseffekt fließt die eigene Befindlichkeit in die Beurteilung des Gegenübers ein. Menschen deren Emotionen positiv sind tendieren dazu, die Welt mit rosaroter Brille (Kanning 1999, S. 157) zu sehen und fremde Ergebnisse positiver zu beurteilen, als sie möglicherweise sind. Dies lässt sich dadurch erklären, dass Menschen ihre gute Laune aufrechterhalten wollen und negative Eindrücke ignorieren. Umgekehrt beeinflussen negative Emotionen die Beurteilung so, dass negativer bewertet wird, als die erbrachte Leistung möglicherweise ist.

Stereotypeneffekt: Stereotypen sind unhinterfragte Annahmen über Eigenschaften einer Person. Mittels Stereotypen werden Personen aufgrund von bestimmten Eigenschaften in gedankliche Schubladen gesteckt. Stereotypen haben eine wichtige Funktion, weil sie komplexitätsreduzierend wirken. Das menschliche Gehirn wäre schnell überfordert, wenn es kein Kategorisierungsschema wie Stereotypen als Komplexitätsreduktionsmechanismus hätte. Stereotypen können aber auch zum Nachteil gereichen und selbsterfüllende Prophezeiungen verursachen. Stereotypen können sich auf unterschiedliche Merkmale beziehen, wie etwa Geschlecht, Hautfarbe, Herkunft oder Alter.

Antipathie-Effekt: Der Antipathie-Effekt hat den umgekehrten Effekt des Sympathie-Effektes. Menschen, die wir als unsympathisch empfinden, lehnen wir eher ab und beurteilen sie tendenziell schlechter.

4. Literaturempfehlungen

Berg, Thomas R. (1991): The Importance of Equity Perception and Job Satisfaction in Predicting Employee intent to stay at Television Stations, Group & Organization Studies 16, 3, S. 268–284.

Byars, Lloyd/Rue, Leslie (2007): Human Resource Management, 9. Aufl., New York.

Forgas, Joseph P. (2014): Soziale Interaktion und Kommunikation. Eine Einführung in die Sozialpsychologie, Weinheim, S. 61 ff.

Jung, Hans (2017): Personalwirtschaft, 10. Aufl., Berlin, S. 765 ff.

Kanning, Uwe P. (1999): Die Psychologie der Personenbeurteilung, Göttingen, S. 157.

Kauffeld, Simone (Hrsg.) (2014): Arbeits-, Organisations,- und Personalpsychologie für Bachelor, 2. Aufl., Berlin.

Lieberman, Al (2002): The Entertainment Marketing Revolution. Bringing the Moguls, the Media, and the Magic to the World, New Jersey.

Moser, Klaus (2004): Selbstbeurteilung; in: Schuler, Heinz (Hrsg.): Beurteilung und Förderung beruflicher Leistung, 2. Aufl.; Göttingen, S. 83–99.

Musolesi, Frank (1996): Handlungsanalyse. Ein alternativer Ansatz im Assessment Center; in: Sarges, Werner (Hrsg.): Weiterentwicklungen der Assessment-Center-Methode, Göttingen, S. 41–51.

Thorndike, E. L. (1920): A constant error in psychological rating, in: Journal of Applied Psychology, Nr. 4/1920, S. 25–29.

Rosenzweig, Phil (2008): Der Halo-Effekt: Wie Manager sich täuschen lassen, Offenbach.

Stock-Homburg, Ruth (2013): Personalmanagement. Theorien – Konzepte – Instrumente, 3. Aufl., Wiesbaden, S. 374.

Aufgabe 2: 360-Grad-Feedback

Wissen, Verstehen, Anwenden, Transfer, Bewerten
10 Minuten

1. Fragestellung

Harry Müller ist in Leitungsfunktion in der Controllingabteilung der FutureCar GmbH tätig. Die Stimmung in der Abteilung mit 20 Mitarbeitern kann als mittelmäßig bis schlecht beschrieben werden. Es herrscht eine Misstrauenskultur, die Motivation der Mitarbeiter war auch schon mal besser und „die linke Hand weiß nicht, was die rechte Hand tut". Außerdem hat Harry Müller das Gefühl, dass hinter seinem Rücken die Mitarbeiter lästern. Nun will er die Abteilung mal wieder auf Vordermann bringen, indem er ein 360-Grad-Feedback einführen will. Er hat gehört, dass dies die Nummer 1 in der Personalbeurteilung ist. So könnte er erfahren, was in der Abteilung wirklich los ist und wo der Schuh drückt. Wie beurteilen Sie die Idee von Harry Müller, ein 360-Grad-Feedback einzuführen? Begründen Sie.

2. Lösung

Die Idee von Harry Müller ist nicht geeignet, um das genannte Ziel zu erreichen. Man sollte Harry Müller auf jeden Fall von einem 360-Grad-Feedback abraten. Ein 360-Grad-Feedback eignet sich nur für die persönliche Weiterentwicklung, und die Durchführung ist an eine Reihe von Voraussetzungen gebunden.

In dem beschriebenen Fall ist die Stimmung in der Abteilung mittelmäßig und es herrscht eine Misstrauenskultur. Dies sind keine geeigneten Ausgangsbedingungen. Der Einsatz eines 360-Grad-Feedbacks setzt voraus, dass eine Kultur des Respekts herrscht und das Verhältnis zwischen Führungskraft und Mitarbeitern nicht gestört ist. Dies ist allerdings im Fallbeispiel offenbar nicht gegeben. Zudem müssen die Beurteilenden Kenntnisse über die Leistung der beurteilten Person haben. Wie aus dem Fallbeispiel hervorgeht, weiß die eine Hand nicht, was die andere Hand tut. Deshalb ist nicht davon auszugehen, dass die notwendigen Kenntnisse vorliegen.

Das 360-Grad-Feedback ist ein sehr aufwendiges Verfahren und setzt voraus, dass eine gewisse Freiwilligkeit besteht an einer umfangreichen schriftlichen Befragung teilzunehmen. Dies scheint aufgrund der mangelnden allgemeinen Motivation der Mitarbeiter ebenfalls nicht gegeben zu sein. Alles in allem sollte Harry Müller deshalb von diesem Instrument absehen und das direkte Gespräch mit den Mitarbeitern suchen.

3. Hinweise zur Lösung

Kennzeichen eines 360-Grad-Feedbacks ist die Multiperspektivität vieler Akteure. Die zu beurteilende Person bekommt strukturiert Rückmeldungen über ihre Leistungen und/oder ihr Verhalten von verschiedenen Personen und führt eine Selbsteinschätzung durch. 360 Grad kann als Metapher für eine Beurteilung verstanden werden, die gleichzeitig eine Bewertung durch sich selbst in Form einer Selbsteinschätzung und eine Bewertung durch andere, wie Vorgesetze, Mitarbeiter, Kollegen und Kunden, beinhaltet. Dadurch soll eine umfassende Einschätzung ermöglicht werden. Insbesondere für Führungskräfte ist dieses Instrument der Personalbeurteilung sehr populär, da Führungskräfte generell nur selten eine Rückmeldung erhalten und insbesondere kaum von Untergebenen.

Das 360-Grad-Feedback wird anonymisiert und schriftlich durchgeführt. Die Durchführung eines 360-Grad-Feedbacks setzt in erster Linie voraus, dass die Führungskraft die Fähigkeit zur Selbstreflexion hat. Oftmals haben Führungskräfte allerdings ein überhöhtes Selbstbewusstsein und reflektieren nicht mehr ihre eigenen Schwächen. Führungskräfte müssen das 360-Grad-Feedback als ein Instrument betrachten, das ihnen die Möglichkeit gibt, sich durch Feedback weiterzuentwickeln. Diese Voraussetzung fehlt oftmals in der Praxis, trotz zahlreicher Lippenbekenntnisse der Führungskräfte.

Die Mitarbeiter müssen sich sicher sein können, dass die Bewertungsergebnisse der Führungskraft keine Sanktionen nach sich ziehen. Dies setzt voraus, dass sowohl Führungskraft als auch die Beurteiler darin geschult sind, konstruktiv zum Beurteilungsprozess beizutragen. Die beurteilenden Personen müssen zudem ausreichend Informationen und Kenntnisse über die Leistung haben, die es zu beurteilen gilt.

4. Literaturempfehlungen

Jung, Hans (2017): Personalwirtschaft, 10. Aufl., Berlin, S. 762 ff.

Lepsinger, Richard/Lucia, Anntoinette D. (2009): The Art and Science of 360 Degree Feedback, 2. Aufl., San Francisco.

Neuberger, Oswald (2000): Das 360°-Feedback. Alles fragen? Alles sehen? Alles sagen? München.

Sarges, Werner (Hrsg.) (1996): Weiterentwicklungen der Assessment-Center-Methode, Göttingen.

Scherm, Martin (Hrsg.) (2005): 360-Grad-Beurteilungen. Diagnose und Entwicklung von Führungskompetenzen, Göttingen.

Stock-Homburg, Ruth (2013): Personalmanagement. Theorien – Konzepte – Instrumente, 3. Aufl., Wiesbaden, S. 355–398.

Aufgabe 3: Personalbeurteilung und Arbeitsrecht

Wissen, Verstehen, Anwenden, Transfer, Bewerten
12 Minuten

---

1. Fragestellung

Sie sind in Leitungsfunktion bei der FutureCar GmbH und sollen Peter Dussel ein Arbeitszeugnis ausstellen. Peter Dussel verlässt nach fünf Jahren Betriebszugehörigkeit das Unternehmen. Sie haben Peter Dussel nur als sogenannten Schlechtleister, „Low-Performer", in Erinnerung und sind froh, dass er geht. Peter Dussel verlangt von Ihnen ein wohlwollendes Zeugnis und meint, dass er Anspruch auf eine gute Note im Arbeitszeugnis hat. Sie sind empört und empfinden das Ansinnen von Peter Dussel als Affront. Wie kann er trotz schlechter Leistung ein wohlwollendes Arbeitszeugnis verlangen? Welche arbeitsrechtlichen Aspekte haben Sie zu beachten?

2. Lösung

Peter Dussel hat nach § 630 BGB und insbesondere § 106 GewO einen rechtlichen Anspruch auf ein Arbeitszeugnis. Er kann ein qualifiziertes Zeugnis verlangen, aus dem neben der Dauer und Art der Tätigkeit (einfaches Zeugnis) auch die Bewertung der Leistung und des Verhaltens (qualifiziertes Zeugnis) hervorgeht.

Auch wenn Sie meinen, dass Peter Dussel kein wohlwollendes Zeugnis verdient hat, müssen Sie bei der Zeugniserstellung der Wahrheitspflicht und der Wohlwollenspflicht nachkommen, d. h., Sie dürfen einerseits keine Vermutungen oder Behauptungen formulieren oder Geheimcodes verwenden. Andererseits dürfen Sie Peter Dussel mit der Formulierung im Arbeitszeugnis für seine berufliche Zukunft keine Steine in den Weg legen. Der Gesetzgeber bleibt allerdings unklar, was genau „wohlwollend" bedeutet. Und so zeigt sich diese Problematik auch in der Praxis: Es werden pro Jahr ca. 30.000 Prozesse wegen Streitigkeiten über Formulierungen im Arbeitszeugnis geführt.

Sie müssen bei der Zeugniserstellung zwar formale Anforderungen berücksichtigen, können aber im Grundsatz frei formulieren. Die Übersendung eines digitalen Zeugnisses per E-Mail, USB-Stick oder CD-ROM ist nach § 109 Abs. 3 GewO nicht zulässig. Sie sollten Geschäftspapier der FutureCar GmbH verwenden und den Namen ggf. mit akademischem Titel verwenden. Das Zeugnis sollte eine DIN-A4-Seite nicht überschreiten, es dürfen keine nachträglichen Verbesserungen durchgeführt werden und die Wortwahl sollte klar und deutlich sein. Das Zeugnis muss ein Datum enthalten und von Ihnen bzw. dem nächsthöheren Vorgesetzten von Peter Dussel unterschrieben sein.

Bei der inhaltlichen Gestaltung ist, wie bereits oben ausgeführt, darauf zu achten, dass die Wortwahl klar ist und die Formulierungen wohlwollend sind und keine Geheimcodes enthalten. Peter Dussel hat zwar keinen Anspruch auf eine gute Note, aber könnte bei Streitigkeiten um die Bewertung vor Gericht gehen und einen Zeugnisberichtigungsanspruch nach §§ 280 ff. BGB geltend machen, wenn er nachweisen kann, dass er eine bessere Leistung erbracht hat.

Wenn Sie Peter Dussel im Arbeitszeugnis mit der Note „befriedigend" oder unterdurchschnittlich bewerten, kehrt sich die Beweislast um und Sie müssen nachweisen, dass die unterdurchschnittliche Bewertung gerechtfertigt ist.

3. Hinweise zur Lösung
In Tabelle 1.15 werden häufig verwendete Formulierungen in Arbeitszeugnissen und ihre Bedeutungen aufgeführt.

4. Literaturempfehlungen
Jung, Hans (2017): Personalwirtschaft, 10. Aufl., Berlin, S. 795.
Huesmann, Monika (2008): Arbeitszeugnisse aus personalpolitischer Perspektive, Wiesbaden, S. 42–124.
Neuberger, Oswald (1980): Rituelle (Selbst)-Täuschung. Kritik der irrationalen Praxis der Personalbeurteilung; in: Die Betriebswirtschaft, Nr. 1/1980, S. 27–43.
Püttjer, Christian/Schnierda, Uwe (2013): Arbeitszeugnisse formulieren und entschlüsseln. Mit 50 Beispielzeugnissen, 400 Formulierungshilfen und Extratipps für Zwischenzeugnisse, 3. Aufl., Frankfurt a. M.
Schleßmann, Hein (2015): Das Arbeitszeugnis. Zeugnisrecht, Zeugnissprache, Bausteine, Muster, Auskünfte über Arbeitnehmer, 21. Aufl., Frankfurt a. M.
Stock-Homburg, Ruth (2013): Personalmanagement. Theorien – Konzepte – Instrumente, 3. Aufl., Wiesbaden, S. 355–398.

Aufgabe 4: Betriebsrat und Personalbeurteilung

Wissen, Verstehen, Anwenden
4 Minuten

1. Fragestellung
Der Betriebsrat der FutureCar GmbH fordert die Geschäftsführung auf, Personalfragebögen einzusetzen, um bei der Personalauswahl eine Gleichbehandlung von Mann und Frau zu gewährleisten. Das sei schon längst überfällig, so die Meinung des Betriebsrats. Kann der Betriebsrat den Einsatz von Personalfragebögen verlangen? Erläutern Sie.

Tab. 1.15: Redewendungen der Zeugnissprache, Quelle: Hans Jung (2017: 795).

Formulierung	Bedeutung
Er hat alle Arbeiten ordnungsgemäß erledigt.	Er ist ein Bürokrat ohne Eigeninitiative.
Er erledigte alle Arbeiten mit großem Fleiß und Interesse.	Er war zwar eifrig, aber nicht besonders tüchtig.
Wegen seiner Pünktlichkeit war er stets ein gutes Vorbild.	Seine Leistung war unterdurchschnittlich; er war in jeder Hinsicht unbrauchbar.
Er ist ein zuverlässiger/gewissenhafter Mitarbeiter.	Er ist zur Stelle, wenn man ihn braucht, aber er ist nicht immer brauchbar.
Er hat sich im Rahmen seiner Fähigkeiten eingesetzt.	Er hat getan, was er konnte, aber das war nicht viel.
Er war immer mit Interesse bei der Sache.	Er hat sich angestrengt, aber nichts geleistet.
Er zeigt für seine Arbeit Verständnis.	Er war faul und hat nichts geleistet.
Er verfügt über Fachwissen und zeigt ein gesundes Selbstvertrauen.	Geringes Fachwissen, das mit „großer Klappe" übertüncht werden soll.
Er hat sich bemüht, seinen Aufgaben gerecht zu werden.	Guter Wille, mehr aber nicht. Ungenügende Leistung.
Er erledigte die ihm übertragenen Aufgaben mit Fleiß und war stets willens, sie termingerecht zu beenden.	Absolut unzureichende Leistung.
Mit seinen Vorgesetzten ist er gut zurechtgekommen.	Er ist ein Mitläufer und Ja-Sager, der sich gut anpasst.
Er war tüchtig und wusste sich gut zu verkaufen.	Er ist ein unangenehmer Mitarbeiter.
Wir lernten ihn als umgänglichen Kollegen kennen.	Er ging vielen Mitarbeitern auf die Nerven; er war schlecht gelitten.
Er galt im Kollegenkreis als toleranter Mitarbeiter.	Den Vorgesetzten gegenüber war sein Verhalten mangelhaft.
Durch seine Geselligkeit trug er zur Verbesserung des Betriebsklimas bei.	Er neigt zu übertriebenem Alkoholgenuss.
Er/sie bewies für die Belange der Kolleginnen/Kollegen stets Einfühlungsvermögen.	Er/sie sucht sexuelle Kontakte bei Betriebsangehörigen.
Wir haben ihn als einsatzwilligen und sehr beweglichen Mitarbeiter kennengelernt, der stets bemüht war, die ihm übertragenen Aufgaben zur vollsten Zufriedenheit in seinem und im Interesse der Firma zu lösen.	Umschreibung dafür, dass der Mitarbeiter sehr geschickt den Arbeitgeber bestohlen hat.
Wir bestätigen gerne, dass Herr XY mit Fleiß, Ehrlichkeit und Pünktlichkeit an seine Aufgaben herangegangen ist.	Aber leider ohne jegliche fachliche Qualifikation.
Wir schätzten ihn als einen eifrigen Mitarbeiter, der die ihm übertragenen Aufgaben schnell und sicher bewältigte.	„Ihm gemäß" waren jedoch nur die anspruchslosen Aufgaben.

2. Lösung

Der Betriebsrat kann grundsätzlich nicht verlangen, dass der Arbeitgeber Personalfragebögen einsetzt. Die Entscheidung für die Einführung von Personalfragebögen obliegt dem Arbeitgeber. Entscheidet sich der Arbeitgeber aber für die Einführung, so hat
der Betriebsrat ein Mitbestimmungsrecht laut § 94 Abs. 2 BetrVG. Der Betriebsrat kann
in Bezug auf den Inhalt, den Verwendungszweck, die herangezogenen Kriterien und
die Festlegung der Kriterien sein Mitbestimmungsrecht geltend machen. Verstößt der
Arbeitgeber gegen § 94 Abs. 2 BetrVG und erbittet nicht die Zustimmung des Betriebsrats, so besteht ein Unterlassungsanspruch, und die Datenerhebung ist nicht zulässig.
Sind bereits Daten erhoben worden, so kann deren Löschung beantragt werden.

Durch die Mitbestimmung durch den Betriebsrat soll sichergestellt werden, dass
ein einheitliches Vorgehen bei der Bewertung und Beurteilung des Arbeitnehmers
durch den Arbeitgeber erfolgt und die Verfahren durch Transparenz und Fairness geprägt sind, sodass Willkür und Eingriffe in die Persönlichkeitssphäre unterbleiben.

3. Hinweise zur Lösung

Die Einführung von Personalfragebögen ist mit einer Reihe von Vor- und Nachteilen
verbunden, die gut gegeneinander abgewogen werden müssen. Personalfragebögen
enthalten standardisierte Fragen, die in der Regel Angaben zu persönlichen Verhält-
nissen, zu beruflichen Kenntnissen und Qualifikationen beinhalten. Da es sich um
standardisierte Fragen handelt, werden jedem Mitarbeiter die gleichen Fragen vorgelegt. Dies ermöglicht einerseits eine Vergleichbarkeit der Mitarbeiter untereinander
und kann eine Ungleichbehandlung verhindern. Anderseits kann es auch zu Benach-
teiligung und Verletzung von Persönlichkeitsrechten führen.

4. Literaturempfehlungen

Breisig, Thomas (2006): Personalbeurteilung. Mitarbeitergespräche und Zielvereinbarungen regeln
    und gestalten, 3. Aufl., Frankfurt/a.M., S. 209–237.
Breisig, Thomas (2012): Grundsätze und Verfahren der Personalbeurteilung, Frankfurt a. M.,
    S. 109–113.
Drumm, Hans Jürgen (2008): Personalwirtschaft, 6. Aufl., Heidelberg, S. 37 ff.
Steinheimer, Jörg (2015): Praxiswissen Arbeitsrecht. Begründung, Durchführung und Beendigung
    eines Arbeitsverhältnisses, Nürnberg.

1.7 Personalvergütung und Anreizsysteme

Fallstudie KaffeeLeben – Aufgabe F7

Wissen, Verstehen, Anwenden, Transfer
20 Minuten

1. Fragestellung

Im Rahmen der Einführung des Mitarbeitergespräches diskutierten Florentine und Roman auch darüber, ob die Koppelung des Beurteilungsergebnisses an eine variable Gehaltskomponente gekoppelt werden sollte oder nicht. Bislang gibt es bei KaffeeLeben keinerlei variable Zahlungen.

Diskutieren Sie für die Beschäftigtengruppe der Baristas, an welche Leistungsbeurteilungskriterien eine variable Gehaltskomponente gekoppelt werden könnte und welche sich dafür eher nicht eignen. Wie könnte die Beurteilung konkret erfolgen?

2. Anregungen für Ihre Diskussion der Lösung

Ausgangspunkt für die Überlegungen sind die in Fallstudienaufgabe F6 erstellten Leistungsbeurteilungskriterien wie z. B.:
- Freundlichkeit der Beratung und Bedienung,
- Fachkompetenz in der Beratung,
- Qualität der Zubereitung von Kaffee- und Teespezialitäten,
- Qualität der Vorbereitungs- und Aufräumarbeiten in der Filiale,
- Fehlerfreiheit der Kassiertätigkeiten,
- Belastbarkeit und Zuverlässigkeit,
- Teamarbeit,
- Arbeitsbereitschaft und Zuverlässigkeit und
- Pünktlichkeit.

Grundsätzlich ist für jedes Kriterium zu prüfen, ob es durch den Vorgesetzten (Filialleitung) differenziert beurteilt werden kann. Auf eine objektiv richtige Beurteilbarkeit kommt es hierbei nicht an, da eine Personalbeurteilung stets eine subjektive Einschätzung durch den disziplinarischen Vorgesetzten darstellt. Prinzipiell könnten alle oben dargestellten Kriterien für eine Kopplung an ein variables Gehalt in Frage kommen. Die Beurteilung könnte auf einer Skala durchgeführt werden (z. B. Schulnotenskala, 5er-Likert-Skala, %-Skala, ...).

Ein Nachteil einer möglichen algorithmischen Berechnung der Höhe der variablen Zahlung auf Basis der Kriterien und einer Skala liegt darin, dass Mitarbeiter im Beurteilungsgespräch genau berechnen können, wie sich ein Kreuz weiter rechts oder links auf der Beurteilungsskala in Euro auswirkt. Dies kann dazu führen, dass der

Feedback- und Entwicklungscharakter des Mitarbeitergespräches in den Hintergrund gerät, da sich auch die beurteilenden Vorgesetzten über diesen Effekt im Klaren sind und damit ggf. notwendiges kritisches Feedback abgeschwächt wird oder unterbleibt.

3. Literaturempfehlungen

Bartscher, Thomas et al. (2012): Personalmanagement: Grundlagen, Handlungsfelder, Praxis, München, S. 429–442.

Berthel, Jürgen/Becker, Fred G. (2017): Personal-Management: Grundzüge für Konzeptionen betrieblicher Personalarbeit, 11. Aufl., Stuttgart, S. 601–630.

Scholz, Christian (2014): Grundzüge des Personalmanagements, 2. Aufl., München, S. 236–248.

Stock-Homburg, Ruth (2013): Personalmanagement. Theorien – Konzepte – Instrumente, 3. Aufl., Stuttgart, S. 399–428.

1.8 Personalentwicklung

Fallstudie KaffeeLeben – Aufgabe F8

Wissen, Verstehen, Anwenden, Transfer
20 Minuten

---

1. Fragestellung

In drei Monaten ist der erste Arbeitstag für den ersten Auszubildenden von KaffeeLeben. Florentine Gutmann und Roman Fertig haben sich dafür entschieden, sich Unterstützung im kaufmännischen Bereich zu sichern, da sie davon ausgehen, dass in zwei bis drei Jahren – gegen Ende der Ausbildungszeit des neuen Mitarbeiters – entsprechende Arbeitskapazität im Bereich Buchhaltung und Personalwesen benötigt wird. Daher haben sie sich für das Berufsbild „Kaufmann/Kauffrau für Büromanagement" entschieden. „So langsam sollten wir uns mal Gedanken machen, wie wir den neuen Azubi bei uns einsetzen", sagte Florentine. „Der kann doch hier einfach erledigen, was gerade so reinkommt, es gibt doch jeden Tag genug zu tun, oder nicht?", meinte Roman. „Nein, so einfach ist es nicht, Roman! Es gibt Vorgaben seitens der IHK, was wir ihm hier beibringen müssen. Das müssen wir für die Ausbildungszeit schon durchplanen, damit der Azubi dann auch alle erforderlichen Tätigkeiten erlernt hat, wenn er fertig ist!"

Führen Sie eine Internetrecherche durch und finden Sie heraus,
(a) welche Vorgaben seitens der IHK für die Ausbildung im Betrieb bestehen und
(b) welche Lerninhalte seitens der Berufsschule vermittelt werden.
(c) Wie sollte KaffeeLeben die Einarbeitung des neuen Azubis gestalten?

2. Anregungen für Ihre Diskussion der Lösung

(a) Informationen der IHK finden Sie in Form von Ausbildungsplänen auf den verschiedenen Websites örtlicher IHKs. (Auf die Auflistung von Links verzichten wir an dieser Stelle, damit nach Drucklegung des Buches keine veralteten Links enthalten sind.)

(b) Den Rahmenlehrplan für den Ausbildungsberuf und damit die seitens der Berufsschule zu vermittelnden Inhalte finden Sie auf der Website der Kultusministerkonferenz unter www.kmk.org (Abruf vom 31.08.3018).

(c) Bei der Einarbeitung sind beispielsweise folgende Maßnahmen und Instrumente zu empfehlen:

- Aufstellen eines Einarbeitungsplans für den ersten Monat mit konkreten Einsatzpositionen, festen Ansprechpartnern/Verantwortlichen und klaren Aufgaben,
- Vermittlung betrieblicher Informationen (Strategie von KaffeeLeben, Unternehmenskultur, Übersicht über Standorte, fachliches Wissen zu Kaffee usw.),
- Benennung eines Paten als informeller Ansprechpartner,
- Mitarbeit in einer Filiale, auch wenn die Zielposition nach Ausbildungsende nicht in einer Filiale sein wird, um das Kerngeschäft kennen zu lernen,
- Kennenlernen aller wichtigen Mitarbeiter,
- …

3. Literaturempfehlungen

Kolb, Meinulf (2010): Personalmanagement: Grundlagen und Praxis des Human Resources Managements, 2. Aufl., Wiesbaden, S. 462–486.

Scholz, Christian (2014): Grundzüge des Personalmanagements, 2. Aufl., München, S. 262–284.

Stock-Homburg, Ruth (2013): Personalmanagement. Theorien – Konzepte – Instrumente, 3. Aufl., Stuttgart, S. 214–217.

Aufgabe 1: Konzeption einer Nachfolgeplanung

Wissen, Verstehen, Anwenden, Transfer, Bewerten
24 Minuten

1. Fragestellung

Die FutureCar GmbH ist ein Zulieferer von elektronischen Komponenten des Typs X für die Fahrzeugindustrie. Das Unternehmen mit seinen ca. 1500 Mitarbeitern ist von der digitalen Transformation auf allen Ebenen stark gefordert und muss sich großen Veränderungen stellen. Das strategische Ziel des Unternehmens ist es, Marktführer im Bereich dieser speziellen Komponenten des Typs X zu werden. Die Personalchefin stellt nach der Analyse der Personalbestandsstatistik fest, dass das Unternehmen auf der Ebene der Führungskräfte eine sehr homogene Altersstruktur hat. Die Bestandsstatistik hat ergeben, dass ca. 50 % der Führungskräfte, die ebenso wie die Belegschaft vorrangig Ingenieure sind, in den nächsten fünf Jahren altersbedingt aus dem Betrieb ausscheiden. Die Personalpolitik des Unternehmens verfolgt die Strategie der „Nachwuchssicherung aus den eigenen Reihen". Die Personalchefin kommt auf Sie zu und bittet Sie um Mithilfe bei der Erarbeitung eines strategischen Konzepts zur Nachfolgeplanung. Wie gehen Sie vor und welche Vorschläge machen Sie?

2. Lösung

Sie könnten erst einmal analytisch vorgehen, und aufzeigen, wie viele Personen für die Nachfolgeplanung in Frage kommen. Der Führungskräfteanteil in Organisationen liegt bei ca. 5 % der Gesamtbelegschaft. Bei ca. 15.000 Mitarbeitern, würde dies einen Anteil von 75 Personen ergeben. Diese Angabe gilt es zu berücksichtigen, denn sie kann bei der Erarbeitung weiterer Maßnahmen von Bedeutung sein.

Die Erarbeitung eines strategischen Konzepts zur Nachfolgeplanung muss sich an den strategischen Unternehmenszielen orientieren, bzw. aus diesen abgeleitet werden. Das strategische Ziel des Unternehmens ist die Erlangung der Marktführerschaft im Bereich der Komponentenfertigung für Elektroautos. Weiterhin muss für die Konzeption der Nachfolgeplanung beachtet werden, dass das Unternehmen im Zuge der Digitalisierung vor einer großen Umbruchsituation steht, und zum Teil Bedrohungen aus der Umwelt ausgesetzt ist. Sie könnten der Personalchefin eine Vorgehensweise in drei Schritten vorschlagen.

(1) Analyse der künftigen Anforderungen und Identifikation der Nachwuchskräfte
(2) Methodeneinsatz
(3) Evaluation

Bei (1) der Analyse der zukünftigen Anforderungen an die Führungskräfte könnte die Leitfrage lauten: „*Welchen Anforderungen müssen die Führungskräfte im Laufe der folgenden fünf Jahre genügen und welche Kompetenzen benötigen sie dazu?*"

Um diese Frage zu beantworten, benötigen Sie Informationen über die strategischen Unternehmensziele. Aus den strategischen Unternehmenszielen werden die Anforderungen an die zukünftigen Führungskräfte abgeleitet. Eine Nachfolgeplanung, die sich nicht an den strategischen Unternehmenszielen orientiert, ist der Kategorie „Trial and Error" zuzuordnen und wird weder den Unternehmensinteressen noch den Mitarbeiterinteressen gerecht.

Weiterhin ist es wichtig, dass Sie Informationen über das Anforderungsprofil von Führungskräften der Zukunft einholen. Ein Rückgriff auf bestehende Anforderungsprofile, wie es in der Praxis häufig getan wird, sollte nicht erfolgen. Denn vielfach sind die Anforderungsprofile nicht mehr zeitgemäß. Denn nach Jahrzehnten der wirtschaftlichen und technologischen Stabilität ist heute damit zu rechnen, dass sich durch den Prozess der Digitalisierung, durch die Entwicklung der künstlichen Intelligenz, durch wirtschaftliche Krisen, Globalisierung u. v. m. vieles grundlegend ändern wird, und damit auch die zukünftigen Kompetenzanforderungen. Führungskräfte müssen sich nicht nur den immer stärker und schneller werdenden Veränderungen selbst stellen, sondern müssen in dem Prozess auch die Mitarbeiter begleiten. Die Veränderung von Führungshierarchien und das Entstehen von neuen Arbeitsformen erfordern eine Entwicklung von Kompetenzen wie individuelle und organisationale Lern- und Veränderungsbereitschaft. Insbesondere die Fähigkeit sich selbst zu führen, an fundamentalen Change-Prozessen mitzuwirken und als Wissensarbeiter effektiv zu sein, stellen große Herausforderungen für die Zukunft dar, denen sich Führungskräfte zunehmend werden stellen müssen. Denn im Zuge der genannten Veränderungen verlagern sich die Aufgabenfelder von Führungskräften sukzessive von Sachaufgaben zu Führungsaufgaben. Interessierte Leser seien weiterführend auf Malik (2014) verwiesen, der zu diesen Veränderungen geforscht und publiziert hat.

Nach der Analyse der zukünftigen Anforderungen und der Erstellung eines Anforderungsprofils könnten Sie der Personalchefin nun vorschlagen, potenzielle Nachwuchskandidaten zu identifizieren. Wer kommt überhaupt für eine Führungsposition in Frage? Potenzielle Kandidaten sind solche Personen, die zwar noch nicht die Qualifikationen und Kompetenzen besitzen, aber deren Potenzial ausreicht, um diese zu entwickeln. Dazu bietet sich eine Potenzialanalyse bzw. ein Management-Audit an. Als Management-Audit wird ein Verfahren der internen Personalauswahl bzw. Personalentwicklung bezeichnet, welches die Managementqualitäten prüft. In der Praxis werden Management-Audits häufig von externen Anbietern durchgeführt. Management-Audits können Persönlichkeitstests, Bearbeitung von Fallstudien, 360-Grad-Feedback-Verfahren, strukturierte Interviews u. v. m. beinhalten.

Nach der Auswahl der potenziellen Nachwuchskräfte gilt es im zweiten Schritt die Methoden auszuwählen, die für die Nachfolgeplanung eingesetzt werden. Für die zukünftigen Führungskräfte bieten sich als Methoden das Coaching oder die Implementierung von strukturierten Management-Development-Programmen an. Als Coaching wird die Beratung und Unterstützung durch einen in der Regel psychologisch geschulten Coach verstanden, der seinem Coachee (Klienten) Hilfe zur Selbsthilfe bietet bei fachlichen und außerfachlichen Fragen, Problemen und Herausforderungen im Hinblick auf die zukünftig zu besetzende Führungsposition.

Sie könnten in Ihrer beratenden Position ein externes Coaching, Vorgesetzten-Coaching, Einzelcoaching oder Gruppencoaching vorschlagen. Welche Coachingform zur Anwendung kommt, ist abhängig vom Adressatenkreis, dem Budget und den verfolgten Unternehmens- und Mitarbeiterzielen.

Management-Development-Programme umfassen verschiedene Maßnahmen wie beispielsweise Trainings, Seminare, Workshops, Coaching, E-Action-Learning, Webinare, Auslandseinsätze u. v. m. Somit ist die Bezeichnung Management-Development-Programm ein Sammelbegriff für verschiedene Maßnahmen der Qualifizierung zur

Führungskraft. Auch hier gilt wieder: In welcher Form ein Management-Development-Programm konzipiert wird hängt vom Adressatenkreis, dem Budget und der Zielsetzung ab und kann nicht allgemeinverbindlich beantwortet werden.

Im letzten Schritt erfolgt die Evaluation der Maßnahme. Die Evaluation soll Aufschluss darüber geben, ob die geplanten Maßnahmen auch tatsächlich erreicht wurden. Dazu müssen Istwerte mit Sollwerten abgeglichen werden.

Denkbar wäre hier beispielsweise in regelmäßigen Abständen die Entwicklung der Führungskompetenz zu messen und ggf. ungeeignete Kandidaten in einer Fachlaufbahn statt in einer Führungslaufbahn zu positionieren.

3. Hinweise zur Lösung

Die vielbenannten und für die Zukunftsfähigkeit der Unternehmen notwendigen digitalen Kompetenzen werden bei der Nachfolgeplanung in vielen Unternehmen nicht berücksichtigt. Interessierte Leser seien auf die Studie von Intersearch verwiesen (http://www.intersearch-executive.de/news.asp?news=73, Abruf vom 05.09.2018).

4. Literaturempfehlungen

Drumm, Hans Jürgen (2008): Personalwirtschaft, 6. Aufl., Heidelberg.

Malik, Fredmund (2014): Führen, leisten, leben. Wirksames Management für eine neue Welt, Frankfurt a. M.

Pössel, Anne et al. (2007): Führung von Führungskräften. Optimierung des Führungs- und Kooperationserfolgs von Führungskräften der mittleren Ebene, Saarbrücken.

Scholz, Christian (2014): Personalmanagement. Informationsorientierte und verhaltenstheoretische Grundlagen, 6. Aufl., München.

http://www.intersearch-executive.de/news.asp?news=73, Abruf vom 05.09.2018.

Aufgabe 2: Single-Choice-Aufgaben zur Personalentwicklung

Wissen, Verstehen
7 Minuten

---

1. Fragestellung

Geben Sie an, ob die Aussagen richtig oder falsch sind.

(a) ☐ Unter einem dualen Studium versteht man die Fähigkeit zwei Studiengänge parallel zu studieren.

(b) ☐ Nach dem Peter-Prinzip steigt ein Mitarbeiter bis zu seiner Inkompetenz auf.

(c) ☐ Die Konzentration auf die Beseitigung von Schwächen ist ein Grundprinzip in der Personalentwicklung.

(d) ☐ Das duale System der Berufsausbildung verliert zunehmend an Attraktivität in Deutschland.

(e) ☐ Personalentwicklung „on the job" bezeichnet Maßnahmen, die am Arbeitsplatz stattfinden.

(f) ☐ Personalentwicklung "near the job" und "along the job" sind Synonyme.

(g) ☐ Als Lerntransfer wird die erfolgreiche Vermittlung von Wissen bezeichnet.

2. Lösung

(a) ☐F Unter einem dualen Studium versteht man die Fähigkeit zwei Studiengänge parallel zu studieren.

(b) ☐R Nach dem Peter-Prinzip steigt ein Mitarbeiter bis zu seiner Inkompetenz auf.

(c) ☐R Die Konzentration auf die Beseitigung von Schwächen ist ein Grundprinzip in der Personalentwicklung.

(d) ☐R Das duale System der Berufsausbildung verliert zunehmend an Attraktivität in Deutschland.

(e) ☐R Personalentwicklung „on the job" bezeichnet Maßnahmen, die am Arbeitsplatz stattfinden.

(f) ☐F Personalentwicklung "near the job" und "along the job" sind Synonyme.

(g) ☐R Als Lerntransfer wird die erfolgreiche Vermittlung von Wissen bezeichnet.

3. Hinweise zur Lösung

Unter einem dualen Studium versteht man die Fähigkeit zwei Studiengänge parallel zu studieren.

Hinweis: Unter einem dualen Studium im klassischen Sinne bezeichnet man die Kombination von einer Berufsausbildung mit einem Bachelorstudium an einer Hochschule oder Berufsakademie, mit der in der Regel zwei qualifizierte Abschlüsse angestrebt werden. Es gibt allerdings auch verschiedene Ausprägungen des dualen Studiums, die sich hinsichtlich der Integration der Praxisphasen unterscheiden. Die Zahl der Studierenden im dualen Studium ist rapide angestiegen, und hat sich in den letzten 10 Jahren mehr als verdoppelt und liegt derzeit bei knapp 100.000 Studierenden (https://www.bibb.de/datenreport/de/2015/30730.php, Abruf vom 04.09.2018).

Nach dem Peter-Prinzip steigt ein Mitarbeiter bis zu seiner Inkompetenz auf.

Hinweis: Der Wissenschaftler Lawrence J. Peter hat die These aufgestellt, dass der Mensch in der Arbeitswelt dazu neigt bis zu seiner Inkompetenz aufzusteigen. Das Peter-Prinzip ist zum Standardwerk der populärwissenschaftlichen Managementliteratur avanciert, und beschreibt, dass nach einer gewissen Zeit jeder Mitarbeiter sich auf der Stufe seiner Unfähigkeit befindet, und den Anforderungen der Stelle nicht mehr gewachsen ist. Mit dem Peter-Prinzip werden viele menschliche Fehler in der Wirtschaft, im Management, aber auch in der Politik und der Medizin erklärt.

Die Konzentration auf die Beseitigung von Schwächen ist ein Grundprinzip in der Personalentwicklung.

Hinweis: Die Konzentration auf die Beseitigung von Schwächen ist neben der Stärkung von Stärken ein Grundprinzip in der Personalentwicklung. Welches Prinzip verfolgt wird, hängt u. a. von den Stellenanforderungen aber auch der Unternehmenskultur und den Überzeugungen und Menschenbilder der Führungskräfte ab. Nach Malik (2014) führt die Beseitigung von Schwächen nicht zu Spitzenleistungen, sondern zur Mittelmäßigkeit: Wirkliche Spitzenleistungen können nach Malik nur durch Konzentration auf Stärken erreicht werden. Stärken sind den Menschen aber so selbstverständlich, dass sie zum Teil gar nicht erkannt werden. Während Schwächen, da sie defizitär sind, sofort in Erscheinung treten.

Das duale System der Berufsausbildung verliert zunehmend an Attraktivität in Deutschland.

Hinweis: Die Frage ist in der Musterlösung mit „Ja" beantwortet. Das duale System der Berufsausbildung ist international und national anerkannt und erfährt eine hohe Wertschätzung. Allerdings verliert es quantitativ an Bedeutung. Die zunehmende Akademisierung und Studierneigung junger Menschen, die nachlassende Ausbildungsbereitschaft der Betriebe rechtfertigt die Beantwortung der Fragestellung mit einem "Ja, das System der dualen Ausbildung verliert an Attraktivität." Der interessierte Leser sei für weiterführende Informationen auf Gerhard Bosch verwiesen, der als ausgewiesener Experte in der Debatte um Bildungspolitik gilt.

Personalentwicklung „on the job" bezeichnet Maßnahmen der Personalentwicklung, die am Arbeitsplatz stattfinden.

IIinweis: Als Beispiele für „On-the-Job-Maßnahmen" sind sowohl Job Enlargement, Job Enrichment, Job Rotation, teilautonome Arbeitsgruppen als auch die planmäßige Unterweisung zu nennen. Diese Form der Personalentwicklung findet am Arbeitsplatz statt.

Personalentwicklung "near the job" und "along the job" sind Synonyme.

Hinweis: „Near the job" und „along the job" sind keine Synonyme. Als „near the job" wird eine Methode der Personalentwicklung bezeichnet, die stellenbegleitend stattfindet. Dazu gehören beispielsweise die Einrichtung von Lernzirkeln, Qualitätszirkeln oder Projektarbeit. Zusätzlich zu der eigentlichen Planstelle, auf der die Person eingesetzt ist, erfolgt eine Tätigkeit „along the job", die der Qualifizierung dienen soll. Zu den „Along-the-Job-Methoden" der Personalentwicklung gehören beispielsweise Coaching, Mentoring, Karriereplanung und auch der Erfahrungsaustausch. Diese Methode hat beratenden Charakter.

Als Lerntransfer wird die erfolgreiche Vermittlung von Wissen bezeichnet.

Hinweis: Die erfolgreiche Vermittlung von Wissen ist dann erfolgt, wenn das Gelernte aus der Lernsituation auf eine Anwendungssituation übertragen werden kann. Der Lerntransfer wird vielfach sowohl von Lernenden als auch Arbeitgebern, die in der Regel als Auftraggeber fungieren, als nicht ausreichend empfunden, da das intendierte

Ziel nicht erreicht wird. Die Ausgaben für betriebliche Weiterbildung haben laut einer Studie des Instituts der deutschen Wirtschaft (IW) mit 33,5 Milliarden Euro einen Höchststand erreicht.

4. Literaturempfehlungen

Berthel, Jürgen/Becker, Fred G. (2017): Personal-Management. Grundzüge für Konzeptionen betrieblicher Personalarbeit, 11. Aufl., Stuttgart, S. 485–593.

Bosch, Gerhard (2006): Ist die industrielle Ausbildung ein Auslaufmodell?, in: Denk-doch-mal.de, Nr. 1/2016, www.denk-doch-mal.de/wp/gerhard-bosch-ist-die-industrielle-ausbildung-ein-auslaufmodell/, Abruf vom 28.11.2017.

Bosch, Gerhard (2014): Facharbeit, Berufe und berufliche Arbeitsmärkte. In: WSI-Mitteilungen, Nr. 1/2014, S. 5–13.

Bundesinstitut für Berufsbildung (2015): Datenreport zum Berufsbildungsbericht 2015, Bonn.

Bundesinstitut für Berufsbildung (2015): Duales Studium in Zahlen. Trends und Analysen 2014, Bonn, https://www.bibb.de/datenreport/de/2015/30730.php, Abruf vom 04.09.2018.

Hinrichs, Anja-Christina (2016): Erfolgsfaktoren beruflicher Weiterbildung. Eine Längsschnittstudie zum Lerntransfer, Wiesbaden.

Malik, Fredmund (2014): Führen, leisten, leben. Wirksames Management für eine neue Welt, Frankfurt a. M.

Meißner, Astrid (2012): Lerntransfer in der betrieblichen Weiterbildung. Theoretische und empirische Exploration der Lerntransferdeterminanten im Rahmen des Training off-the-job, Lohmar.

Voss-Dahm, Dorothea/Franz, Christine (2011): Ohne Studium (k)eine Führungsposition? Nach wie vor starke Bedeutung von beruflichen Bildungsabschlüssen bei Führungskräften in der Privatwirtschaft, IAQ-Report, Nr. 2/2011.

Aufgabe 3: Rechte des Betriebsrats im Rahmen der Personalentwicklung

---

Wissen, Verstehen, Anwenden, Transfer, Bewerten
4 Minuten

---

1. Fragestellung

Die Digitalisierung verändert das Geschäftsmodell der FutureCar GmbH radikal. Immer mehr Tätigkeiten werden durch den Einsatz von Maschinen und Robotern so stark verändert, dass die bestehenden Qualifikationen der Beschäftigten nicht mehr ausreichen, um ihre Arbeit zu erledigen. Der Betriebsrat schlägt Alarm, denn die fehlende Qualifikation ist ein großer Stressfaktor für die Beschäftigten. Der Betriebsrat fordert vom Arbeitgeber umfassende Maßnahmen zur Qualifizierung. Muss der Arbeitgeber dieser Forderung nachkommen?

2. Lösung

Die Rechte des Betriebsrats im Rahmen der Personalentwicklung sind je nach Gegenstand unterschiedlich stark ausgeprägt, sodass auch von gestuften Beteiligungsrechten (§§ 96 bis 98 BetrVG) gesprochen wird. Grundsätzlich ist der Arbeitgeber frei in seiner Entscheidung Qualifizierungsmaßnahmen für die Beschäftigten einzuführen. In dem vorliegenden Fall wird allerding thematisiert, dass sich durch technologischen Wandel und den Einsatz von Robotern und künstlicher Intelligenz die Tätigkeiten derart stark ändern, dass die Kenntnisse und Qualifikationen der Beschäftigten nicht mehr ausreichen, um ihre Aufgaben zu erfüllen. In diesem Fall hat der Betriebsrat nach § 97 Abs. 2 Satz 1 BetrVG ein echtes Mitbestimmungsrecht und kann entsprechende Maßnahmen zur beruflichen Qualifizierung fordern. Bei Streitigkeiten zwischen Betriebsrat und Arbeitgeber entscheidet die Einigungsstelle.

3. Hinweise zur Lösung

In Zeiten der digitalen Transformation der Arbeitswelt hat der Bereich der Qualifizierung eine hohe Bedeutung, um die Beschäftigung sicherzustellen. Betriebsräte haben eine besonders herausragende Rolle in dem Transformationsprozess. Betriebsräte haben die herausfordernde Aufgabe die Digitalisierung mitzugestalten und nicht Verhinderer des Prozesses zu sein und gleichzeitig Rechte für Beschäftige zu sichern, für humane Arbeitsbedingungen zu sorgen und die Sicherheit der Arbeitsplätze zu fördern.

4. Literaturempfehlungen

Drumm, Hans Jürgen (2008): Personalwirtschaft, 6. Aufl., Heidelberg.

Jung, Hans (2017): Personalwirtschaft, 10. Aufl., Berlin, S. 313.

Röschlau, Manfred (1990): RKW-Handbuch Personalplanung, 2. Aufl., Frankfurt a. M., S. 550 ff.

Scheytt, Stefan: Die Wucht des digitalen Wandels, in: Magazin Mitbestimmung, Hans-Böckler-Stiftung, Nr. 04/2017.

Stock-Homburg, Ruth (2013): Personalmanagement. Theorien – Konzepte – Instrumente, 3. Aufl., Wiesbaden, S. 23 ff.

1.9 Personalfreisetzung

Fallstudie KaffeeLeben – Aufgabe F9

Wissen, Verstehen, Anwenden, Transfer
20 Minuten

---

1. Fragestellung

Mittlerweile konnten die Öffnungszeiten der Filiale ausgedehnt werden, die notwendigen Stellen wurden erfolgreich mit neuen Mitarbeitern besetzt (vgl. Fallstudienaufgabe F3–F5). Die Filialleiterin Frau Müller hat sich in den letzten Monaten dabei auch um die Einarbeitung der neuen Kräfte gekümmert, was sich schwieriger als erwartet gestaltet hat, da zu einem Zeitpunkt gleich sechs neue Mitarbeiter und Mitarbeiterinnen eingestellt wurden. Frau Müller fiel es schwer, neben dem Aufrechterhalten des Tagesgeschäfts – die Kunden wollten schließlich weiter genauso gut bedient werden wie bisher – immer auch noch ein Auge auf die „Neuen" zu haben. Bei einem der neuen Mitarbeiter, Nico Schlecht, hatte Frau Müller arge Zweifel, ob er wirklich dauerhaft bleiben sollte. Heute beschloss sie, mit Florentine Gutmann über die Situation erstmals zu sprechen: „Frau Gutmann, es geht um unseren neuen Mitarbeiter Herrn Schlecht. Leider scheint Herr Schlecht gar nicht in seinem neuen Job angekommen zu sein. Ich habe häufiger mitbekommen, dass er zu Kunden etwas patzig war, wenn diese z. B. noch mal ihre Bestellung ändern wollten oder mit etwas nicht zufrieden waren. Außerdem verwechselt er ständig die Kaffeesorten und bereitet dann das falsche Getränk zu. Die Teamkolleginnen finden ihn ebenfalls nicht so gut als Kollegen; die Zusammenarbeit könnte harmonischer laufen. Herr Schlecht hat ja am 1. April dieses Jahres bei uns angefangen. Wann ist eigentlich seine Probezeit zu Ende?" „Oh, Frau Müller, na das hört sich ja gar nicht gut an. Also wir vereinbaren mit allen neuen Mitarbeitern immer eine Probezeit von sechs Monaten, so steht es auch im Vertrag von Herrn Schlecht. Heute ist der 7. September. In drei Wochen, also am 30. September, läuft die Probezeit von Herrn Schlecht ab. Haben Sie denn schon mal mit ihm über das gesprochen, was sie mir gerade berichtet haben, Frau Müller?", fragte Florentine. „Leider nicht, Frau Gutmann. Es ist einfach so viel zu tun. Sie können sich ja vorstellen wie das ist. Sechs neue Mitarbeiter und der normale Trubel im Tagesgeschäft. Da bin ich nicht zu gekommen, ich habe mir immer gedacht, dass er bestimmt noch besser wird und es nur Startschwierigkeiten sind. Können wir die Probezeit noch mal um einen Monat verlängern, dann würde ich jetzt noch mal mit ihm das Gespräch suchen und wir können ihm eine Chance geben?", schlug Frau Müller vor.

Wie sollte Florentine Gutmann auf das bisherige Gespräch mit Frau Müller reagieren?

2. Anregungen für Ihre Diskussion der Lösung

Der Vorschlag von Frau Müller ist bedenklich und sollte nicht umgesetzt werden. Der Kündigungsschutz läuft nach sechs Monaten Betriebszugehörigkeit aus. Kritisch ist ebenfalls, dass Frau Müller sich die Leistung von Herrn Schlecht über fünf Monate angesehen hat, ohne mit ihm darüber zu sprechen. Hätte ein Gespräch über die mangelnde Leistung und sein Verhalten gegenüber Kunden und Kollegen deutlich früher stattgefunden, hätte Herr Schlecht die Chance gehabt, auf das Feedback zu reagieren und sein Verhalten zu ändern. Frau Müller hätte dann eine bessere Basis für die nun anstehende Entscheidung gehabt. Leider verbleibt jetzt allerdings nicht viel Zeit: Zwei Wochen vor Ablauf der Probezeit muss eine Kündigung ausgesprochen werden, sofern sich Frau Gutmann und Frau Müller für diesen Schritt entscheiden. Damit verbleibt lediglich eine Woche, um diese Entscheidung zu treffen. Die Vermittlung von fachlichen Kenntnissen verbunden mit der Vermeidung der Zubereitung der falschen Getränke wäre vermutlich relativ einfach zu bewerkstelligen. Es ist jedoch eher unwahrscheinlich, dass Herr Schlecht innerhalb von einer Woche sein Verhalten gegenüber Kunden und Kollegen ändern wird und selbst, wenn dies erfolgt, bleibt die Frage offen, ob er sich nur für vier bis fünf Tage „zusammengerissen" hat oder ob die Verhaltensänderung stabil ist.

Frau Gutmann ist zu empfehlen, bereits jetzt eine Probezeitkündigung in die Wege zu leiten und mit Frau Müller noch einmal eindringlich über ihre Verantwortung als Führungskraft bei der Einarbeitung und Beurteilung neuer Mitarbeiter innerhalb der Probezeit zu sprechen.

3. Literaturempfehlungen

Bartscher, Thomas et al. (2012): Personalmanagement: Grundlagen, Handlungsfelder, Praxis, München, S. 317–329.

Berthel, Jürgen/Becker, Fred G. (2017): Personal-Management: Grundzüge für Konzeptionen betrieblicher Personalarbeit, 11. Aufl., Stuttgart, S. 457–472.

Kolb, Meinulf (2010): Personalmanagement: Grundlagen und Praxis des Human Resources Managements, 2. Aufl., Wiesbaden, S. 248–287.

Scholz, Christian (2014): Grundzüge des Personalmanagements, 2. Aufl., München, S. 389–398.

Stock-Homburg, Ruth (2013): Personalmanagement. Theorien – Konzepte – Instrumente, 3. Aufl., Stuttgart, S. 279–314.

Aufgabe 1: Kündigungsgründe und Kündigungsarten

Wissen, Verstehen, Anwenden, Transfer, Bewerten
24 Minuten

---

1. Fragestellung

Julius Jung ist neuer Praktikant in der Personalabteilung. Er fragt Sie, ob es einen inhaltlichen Unterschied zwischen Kündigungsarten und Kündigungsgründen gibt oder ob diese Begriffe synonym verwendet werden. Was sagen Sie?

2. Lösung

Da Sie über Fachwissen im Bereich Personalmanagement verfügen, geben Sie die Antwort, dass die Begriffe nicht synonym verwendet werden, sondern inhaltliche Unterschiede vorhanden sind.

Kündigungsarten sind von Kündigungsgründen inhaltlich zu unterscheiden. Es werden die folgenden *Kündigungsarten* unterschieden: *1. die ordentliche Kündigung, 2. die außerordentliche Kündigung* und *3. die Änderungskündigung*.

Bei den *Kündigungsgründen* werden die *betriebsbedingte*, die *verhaltensbedingte* und die *personenbedingte Kündigung* unterschieden.

Bei der *ordentlichen Kündigung* werden sowohl bei arbeitnehmer- als auch arbeitgeberinduzierten Kündigungen arbeitsvertragliche oder tarifvertragliche Kündigungsfristen eingehalten. Die Kündigungsfristen variieren in Abhängigkeit von arbeits- und tarifvertraglichen Regelungen sowie von der Dauer der Betriebszugehörigkeit. In Tabelle 1.16 sind die gesetzlichen Kündigungsfristen gemäß § 622 BGB aufgeführt.

Unterliegt der Arbeitgeber dem Kündigungsschutzgesetz (KSchG), so ist die Kündigung nur wirksam, abgesehen von Schrift- und Formerfordernissen, wenn sie sozial gerechtfertigt ist. Sozial gerechtfertigt ist eine Kündigung, wenn der Kündigung be-

Tab. 1.16: Kündigungsfristen in Abhängigkeit von der Dauer der Betriebszugehörigkeit, Quelle: Jung (2017; S. 329).

Dauer des Arbeitsverhältnisses (mind.)	Kündigungsfrist bei Kündigung durch den Arbeitgeber
2 Jahre	1 Monat zum Ende des Kalendermonats
5 Jahre	2 Monate zum Ende des Kalendermonats
8 Jahre	3 Monate zum Ende des Kalendermonats
10 Jahre	4 Monate zum Ende des Kalendermonats
12 Jahre	5 Monate zum Ende des Kalendermonats
15 Jahre	6 Monate zum Ende des Kalendermonats
20 Jahre	7 Monate zum Ende des Kalendermonats

triebsbedingte, verhaltensbedingte oder personenbedingte Gründe zu Grunde liegen. Das Kündigungsschutzgesetz tritt in Kraft bei Personen, die länger als 6 Monate in einem Betrieb beschäftigt sind, der mehr als 10 Arbeitnehmer beschäftigt. Ist ein Arbeitnehmer beispielsweise 4 Monate in einem Betrieb mit 100 Beschäftigten angestellt, so fällt die Person noch nicht unter das Kündigungsschutzgesetz. Ist eine Person beispielsweise seit 3 Jahren in einem Betrieb mit 5 Beschäftigten angestellt, so fällt diese Person auch nicht unter das Kündigungsschutzgesetz, da der Betrieb weniger als 10 Arbeitnehmer anstellt.

Die ordentliche Kündigung durch den Arbeitgeber setzt, zumindest dann, wenn die Kündigungsvoraussetzungen aus § 1 KSchG Anwendung finden, einen Sachgrund voraus, um sozial gerechtfertigt zu sein. Dieser Sachgrund muss entweder betriebsbedingt, verhaltensbedingt oder personenbedingt sein. Kleinstbetriebe mit bis zu 10 Arbeitnehmern unterliegen nicht dem Kündigungsschutzgesetz und deshalb muss eine Kündigung durch den Arbeitgeber in Kleinstbetrieben auch nicht sozial gerechtfertigt sein. Ab einer Arbeitnehmerzahl von 10 findet das Kündigungsschutzgesetz Anwendung.

Der Arbeitnehmer hingegen kann ordentlich kündigen ohne einen Sachgrund anzugeben, allerdings sind die Kündigungsfristen gemäß §§ 621 f. BGB einzuhalten.

Eine **ordentliche Kündigung** durch den Arbeitgeber ist nur wirksam, wenn sie sozial gerechtfertigt ist. Sozial gerechtfertigt ist eine Kündigung dann, wenn sie bedingt ist durch betriebliche Erfordernisse oder bedingt durch Gründe in der Person oder in dem Verhalten der Person. Ausgenommen sind befristete Arbeitsverhältnisse, da diese durch Zeitablauf beendet werden und nur in Ausnahmefällen gekündigt werden können (§ 15 TzBfG).

Eine **außerordentliche Kündigung** kann auch als fristlose Kündigung bezeichnet werden, da zwar Fristen durch den Kündigenden gewährt werden können, diese aber nicht vorgeschrieben sind. Für die Anwendbarkeit der außerordentlichen Kündigung muss ein wichtiger Grund vorliegen (§ 626 BGB), der die Fortführung des Arbeitsverhältnisses für den Kündigenden unzumutbar macht. Der Gesetzgeber hat zum Schutze des Arbeitnehmers eine Reihe von Anforderungen an die Wirksamkeit einer fristlosen Kündigung gestellt.

Bei einer **Änderungskündigung (§ 2 KSchG)** wird, wie das Wort schon sagt, etwas geändert. Eine Änderungskündigung kann ausgesprochen werden, wenn ein bestehendes Arbeitsverhältnis beendet werden soll und ein neues Arbeitsverhältnis unter neuen Bedingungen begonnen werden soll. Der Arbeitgeber beabsichtigt mit einer Änderungskündigung, die Bedingungen des Arbeitsverhältnisses zu verändern. Allerdings kann der Arbeitgeber nicht opportunistisch die Arbeitsbedingungen verändern, sondern es muss auch bei einer Änderungskündigung einen betriebsbedingten oder verhaltensbedingten Grund geben. Der Arbeitnehmer hat die Möglichkeit, die neuen Arbeitsbedingungen zu akzeptieren oder abzulehnen. Lehnt er die Änderungskündigung ab, kann er innerhalb von drei Wochen eine Änderungsschutzklage einreichen und die Rechtswidrigkeit der Änderungskündigung feststellen lassen.

Wie oben ausgeführt, muss eine Kündigung, damit sie nach dem Kündigungsschutzgesetz wirksam wird, sozial gerechtfertigt sein und bedingt sein durch einen der drei Kündigungsgründe: 1. betriebsbedingt, 2. verhaltensbedingt oder 3. personenbedingt.

Die **betriebsbedingte Kündigung** (§ 1 Abs. 2 KSchG) liegt in der Sphäre des Arbeitgebers, d. h., sie liegt außerhalb des Einflussbereichs des Arbeitnehmers. Eine betriebsbedingte Kündigung kann der Arbeitgeber aussprechen, wenn dringende betriebliche Erfordernisse vorliegen, die eine Weiterbeschäftigung der Arbeitnehmer gefährden. Dies kann beispielsweise dann der Fall sein, wenn das Unternehmen einen Personalüberhang hat, und damit über mehr Arbeitnehmer verfügt als zukünftig benötigt werden. Auch die Auflösung von Abteilungen, Rationalisierungsmaßnahmen, Auftragseinbrüche usw. sind beispielhafte Anlässe für betriebsbedingte Kündigungen. Betriebsbedingte Kündigungen sind in der Regel gruppenbezogene Kündigungen und betreffen eine Vielzahl von Arbeitnehmern.

Bei der **verhaltensbedingten Kündigung** (§ 1 Abs. 2 KSchG) liegt der Grund für die Kündigung durch den Arbeitgeber im Verhalten des Arbeitnehmers. Führt das Verhalten eines Arbeitnehmers zu Störungen in der Leistungserbringung und im Umgang mit Kollegen und Vorgesetzten, und wird die Aufrechterhaltung des Arbeitsverhältnisses unzumutbar, so kann eine verhaltensbedingte Kündigung ausgesprochen werden. So sind beispielsweise Nichtleistungen, verursacht durch Verspätungen, Arbeitsverweigerung, quantitative und qualitative Minderleistung, oder Verstöße gegen arbeitsvertragliche Nebenpflichten wie eine unerlaubte Konkurrenztätigkeit beispielhafte Gründe für den Ausspruch einer verhaltensbedingten Kündigung. Es sei angemerkt, dass die Wirksamkeit einer verhaltensbedingten Kündigung eine vorherige Abmahnung voraussetzt (§ 65 Abs. 1 Nr. 3 KSchG).

Die **personenbedingte Kündigung** (§ 1 Abs. 2 KSchG) bezeichnet einen Kündigungsgrund, der in der Person selbst liegt. Dies betrifft Fälle, in denen die vertraglich geschuldete Arbeitsleistung nicht mehr zu erbringen ist. Krankheit, fehlende Leistungsfähigkeit oder andere in der Person liegende Gründe sind häufig der Anlass für den Ausspruch einer personenbedingten Kündigung. Die Wirksamkeit einer personenbedingten Kündigung setzt voraus, dass 1. eine negative Prognose vorliegt, 2. eine erhebliche Interessenbeeinträchtigung vorliegt, 3. keine Weiterbeschäftigungsmöglichkeit vorliegt, und 4. Maßnahmen des betrieblichen Eingliederungsmanagements stattgefunden haben.

Der Ausspruch von Kündigungen unterliegt arbeitsrechtlichen Bestimmungen. Es gilt dabei jeweils im Einzelfall die kollektivrechtlichen (z. B. Mitbestimmungsrechte des Betriebsrats) als auch die individualrechtlichen Bestimmungen zu berücksichtigen (z. B. Einschränkungen während des Mutterschutzes, bei Behinderten, bei Azubis, Wehr- und Zivildienstleistenden sowie Mitgliedern des Betriebsrats). Die Beendigung eines Arbeitsverhältnisses durch den Arbeitnehmer hingegen ist deutlich einfacher in der Handhabung. Von Spezialfällen und befristeten Arbeitsverhältnissen die durch Zeitablauf beendet werden abgesehen, haben Arbeitnehmer, wenn sie ihr Arbeitsverhältnis beenden wollen, zumindest aus der juristischen Perspektive, lediglich ihre Kündigungsfristen zu beachten.

3. Hinweise zur Lösung

Wie in der Lösung deutlich wurde, kann ein einmal geschlossenes Arbeitsverhältnis, sofern es unter das Kündigungsschutzgesetz fällt, vonseiten des Arbeitgebers nur unter bestimmten rechtlichen Voraussetzungen aufgelöst werden. Obwohl der Gesetzgeber für arbeitgeberinduzierte Kündigungen zum Schutze des Arbeitnehmers hohe Schranken eingebaut hat, ist die Angst vor arbeitgeberinduzierten Kündigungen in der Arbeitnehmerschaft groß. In der Realität hingegen werden Beschäftigungsverhältnisse häufiger durch arbeitnehmerinduzierte Kündigungen beendet als durch arbeitgeberinduzierte Kündigungen.

Befragungen zeigen aber immer wieder, dass die Angst der Beschäftigten vor Jobverlust groß ist. Wohlwissend, dass aggregierte Daten nur eingeschränkt aussagefähig sind, die Sicht auf die Realität verstellen können und der Arbeitsplatzverlust für jeden einzelnen Beschäftigten mit gravierenden Folgen finanzieller, psychologischer und gesundheitlicher Art verbunden sein kann, wird dennoch ein Blick in die Statistik gewagt. Nach einer Untersuchung der TNS Infratest Sozialforschung im Jahr 2013 (SOEP) haben von 1.594 Befragten ab 16 Jahren in Deutschland, die nach dem 31.12.2011 aus einer beruflichen Tätigkeit ausgeschieden sind, 31 % angegeben, dass sie aufgrund von Eigenkündigung aus der Tätigkeit ausgeschieden sind. Kündigungen durch den Arbeitgeber sind in 15 % der Fälle zu verzeichnen. Arbeitnehmer kündigen also doppelt so häufig wie Arbeitgeber dies tun (siehe Abbildung 1.10). Als Gründe für die Eigenkündigungen wurden hauptsächlich schlechte Bezahlung und schlechtes Arbeitsklima genannt.

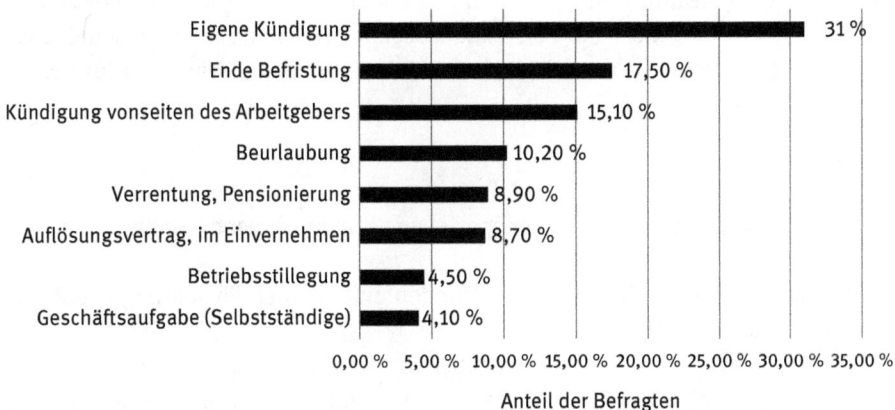

Abb. 1.10: Auf welche Weise wurde Ihre Beschäftigung beendet? Quelle: Sozio-oekonomisches Panel (2014).

4. Literaturempfehlungen

Jung, Hans (2017): Personalwirtschaft, 10. Aufl., Berlin, S. 327 ff.

Röschlau, Manfred (1990): RKW-Handbuch Personalplanung, 2. Aufl., Frankfurt a. M., S. 193.

Scholz, Christian (2014): Personalmanagement. Informationsorientierte und verhaltenstheoretische Grundlagen, 6. Aufl., München.

Stahlhacke, Eugen et al. (2015): Kündigung und Kündigungsschutz im Arbeitsverhältnis, 11. Aufl., München.

Aufgabe 2: Grundlagen der indirekten Personalfreisetzung

Wissen, Verstehen, Anwenden, Transfer, Bewerten
16 Minuten

1. Fragestellung

Sie sind in der Position des Personalleiters der FutureCar GmbH, einem Mobilitätsdienstleister, der u. a. im 3-Schichtbetrieb Elektrofahrzeuge produziert. Auf dem letzten Führungskräftemeeting ist die wirtschaftliche Situation des Unternehmens dargestellt worden. Die Auftragseingänge aus China, einem der wichtigsten Märkte, gehen zurück, die Investitionstätigkeiten werden zurückgefahren. Sie schätzen die Situation so ein, dass es sich um **kurzfristige Schwankungen** handelt, die aufgrund **temporärer Absatzschwierigkeiten** entstehen. Mittel- und langfristige Veränderungen können nur schwer eingeschätzt werden.

Sie als Personalleiter müssen dennoch handeln und Personalanpassungen durchführen. Nennen Sie fünf Maßnahmen, die Sie einleiten können und die in der Praxis als Mittel der Wahl gelten, um Personalanpassungen ohne direkten Personalabbau durchzuführen. Nennen Sie auch die ggf. damit verbundenen Nachteile für die Arbeitnehmer.

2. Lösung

Sie könnten in Abhängigkeit von der speziellen Situation folgende Maßnahmen nennen:

(a) Wegfall von Nachtarbeit bzw. Überstunden und dadurch Einsparung von Personalkosten.

Anmerkung: Diese für den Arbeitgeber wirtschaftliche Maßnahme führt bei Arbeitnehmern häufig zu Missmut und Unruhe, wenn sie freiwillig Nachtschichten, Mehrarbeit bzw. Überstunden leisten, weil sie finanziell darauf angewiesen sind.

(b) Einführung von Kurzarbeit und dadurch Reduzierung der Personalkosten.
   Anmerkung: Die Entlastung des Arbeitgebers durch Senkung der Personalkosten kann bei den Arbeitnehmern ebenfalls zu Missmut und Unruhe führen, da sie auf einen Teil des Lohns temporär verzichten müssen.

(c) Einstellungsstopp und dadurch Nutzen der natürlichen Fluktuation.
   Anmerkung: Diese Maßnahme hat auf die bestehende Belegschaft keine direkte Auswirkung. Sie kann allerdings zu einer Arbeitsverdichtung führen, sobald wieder mehr Arbeit anfällt, aus Kostengründen aber keine Einstellungen vollzogen werden. Überalterung der Belegschaft und Fluktuation von Leistungsträgern sind mögliche langfristige Folgen.

(d) Nichtverlängerung von befristeten Verträgen und Abbau von Leiharbeit; dadurch keine Neuentstehung von Personalkosten und Reduktion bestehender Kosten.
   Anmerkung: In der Zeitspanne zwischen Information der betroffenen Personen und Beendigung des Arbeitsvertrages kann es zu Frustration und Missmut kommen, was sich zudem auf die gesamte Belegschaft übertragen kann.

Sie könnten darüber hinaus auch folgende Maßnahmen nennen: Verkürzung der regulären Arbeitszeit, Versetzungen, Genehmigung von unbezahltem Urlaub, die Umwandlung von Vollzeit- in Teilzeitstellen, das Vorziehen von Reparatur-, Wartungs- und Erneuerungsarbeiten oder die Erweiterung der Lagerhaltung. Dazu ausführlich Jung (2017: 317 ff).

Es handelt sich bei den genannten Maßnahmen um Alternativen zur Personalfreisetzung. Diese lösen das Problem des Personalüberhangs nicht direkt, sondern verlagern es zum Teil auf die Allgemeinheit und die Arbeitnehmer. Bitte beachten Sie, dass die arbeitsrechtlichen Voraussetzungen in den Hinweisen zur Lösung stark eingeschränkt dargestellt bzw. nicht thematisiert sind. Interessierte Leser seien auf Straub (2010) verwiesen.

3. Hinweise zur Lösung

(a) Wegfall von Nachtarbeit bzw. Überstunden/Mehrarbeit
   Hinweis: Als Personalleiter können Sie den Wegfall von Nachtarbeit anordnen und dadurch Personalkosten sparen. Nachtarbeit ist definiert als die Arbeit, die mindestens für zwei Stunden zwischen 23:00 Uhr und 6:00 Uhr verrichtet wird. Nach § 6 ArbZG ist Nachtarbeit entweder in Form bezahlter freier Tage oder durch einen angemessenen Zuschlag auf das Bruttoarbeitsentgelt zu vergüten.
   Wird die arbeitsvertragliche Arbeitszeit überschritten, so spricht man von Überstunden. Hat die FutureCar GmbH in der Vergangenheit Überstunden bzw. Mehrarbeit angeordnet, weil die Auftragslage dies erforderte, so kann sie diese wieder streichen, um damit die Personalkosten zu senken. Überstunden und Mehrarbeit sind begrifflich zu differenzieren, werden im alltagssprachlichen Gebrauch aber häufig synonym verwendet. Von Mehrarbeit spricht man, anders als bei Überstun-

den, wenn eine gesetzliche Höchstarbeitsgrenze überschritten wird. Mehrarbeit ist ebenfalls gesondert zu vergüten.

(b) Einführung von Kurzarbeit

Hinweis: Die FutureCar GmbH kann mit Zustimmung der Beschäftigten und des Betriebsrats (§ 87 Abs. 1 Nr. 3 BetrVG) Kurzarbeit einführen und somit die Personalkosten temporär senken. Kurzarbeit ist die vorübergehende Reduzierung der Arbeitszeit für eine Gruppe von Beschäftigten.

Die FutureCar GmbH kann in ausgesuchten Unternehmensbereichen, wie beispielsweise der Produktion, oder im gesamten Betrieb Kurzarbeit einführen.

Die Einführung der Kurzarbeit ist an eine Reihe von Voraussetzungen gebunden und unterliegt gesetzlichen Bestimmungen (§§ 95 ff. SGB III). Bei Feststellung der Rechtmäßigkeit der Kurzarbeit wird Kurzarbeitergeld (KuG) von der Bundesagentur für Arbeit an die Arbeitnehmer gezahlt. Der Betrag deckt zwischen 60 % und 70 % des Differenzbetrages, der durch den Lohnausfall entstanden ist. Kurzarbeitergeld wird bis zu 12 Monate, in Ausnahmefällen bis zu 24 Monate, gezahlt.

(c) Einstellungsstopp

Hinweis: Der sogenannte Einstellungsstopp ist eine Maßnahme, bei der Personalabgänge nicht ersetzt werden. Diese Maßnahme wirkt mit zeitlicher Verzögerung und nutzt die natürliche Fluktuation. Der Einstellungsstopp ist als problematisch zu bewerten, da dies zu einer Überalterung der Belegschaft führen kann, da keine jungen Mitarbeiter eingestellt werden. Die Imagewirkung auf dem Arbeitsmarkt ist negativ und kann so zu einer niedrigen Arbeitgeberattraktivität führen und in Folge weitere Eigenkündigungen von leistungsstarken Mitarbeitern nach sich ziehen.

(d) Nichtverlängerung von befristeten Verträgen und Abbau von Leiharbeit

Hinweis: Ähnlich wie der Einstellungsstopp wirken die Nichtverlängerung von befristeten Verträgen und der Abbau von Leiharbeit.

4. Literaturempfehlungen

Bröckermann, Reiner (2012): Personalwirtschaft. Lehr- und Übungsbuch für Human Resource Management, 6. Aufl., Stuttgart, S. 349–383.

Drumm, Hans Jürgen (2008): Personalwirtschaft, 6. Aufl., Heidelberg, S. 256 ff.

Straub, Dieter (Hrsg.) (2010): Arbeits-Handbuch Personal. Recht und Praxis für den Personal-Profi, 7. Aufl., Berlin.

Jung, Hans (2017): Personalwirtschaft, 10. Aufl., Berlin, S. 317 ff.

Röschlau, Manfred (1990): RKW-Handbuch Personalplanung, 2. Aufl., Frankfurt a. M., S. 222 ff.

Stock-Homburg, Ruth (2013): Personalmanagement. Theorien – Konzepte – Instrumente, 3. Aufl., Wiesbaden, S. 290 ff.

Aufgabe 3: Betriebsbedingte Personalfreisetzung und Massenentlassung

Wissen, Verstehen, Anwenden, Transfer, Bewerten
15 Minuten

1. Fragestellung

Bei der FutureCar GmbH sind am 1. September 2017 am Standort Berlin 50 Personen beschäftigt. Aufgrund des Dieselgate-Skandals und des zunehmenden Wettbewerbs gerät das Unternehmen in eine angespannte wirtschaftliche Situation. Einen Betriebsrat hat das Unternehmen nicht.

Sie als Personalleiter informieren Ihre Belegschaft und raten Ihren Mitarbeitern, sich darauf vorzubereiten, dass in Zukunft „ein harter Wind wehen" wird und jeder, der kann, „das sinkende Schiff" besser verlassen sollte, um sich einen neuen Job zu suchen. An anderen Standorten in Süddeutschland gibt es auch keine Einsatzmöglichkeiten.

Drei hochqualifizierte Ingenieure aus der Konstruktionsabteilung sind am Arbeitsmarkt sehr begehrt. Sie haben sich bei anderen Unternehmen beworben, sofort einen neuen Job gefunden und deshalb zum Monatsende eigenständig gekündigt. Fünf weiteren Mitarbeitern aus der Personalabteilung kündigen Sie betriebsbedingt. Sie haben in einem Zeitraum von 30 Tagen insgesamt acht Personalabgänge zu verzeichnen. Wen oder was müssen Sie wann informieren? Und welche Auswirkungen hätte es, wenn die FutureCar GmbH anstatt 50 nur 20 Beschäftigte hätte?

2. Lösung

In dem vorliegenden Fall wurde einer Gruppe von Personen aus betriebsbedingten Gründen gekündigt. Nach § 17 KSchG handelt es sich um eine Massenentlassung, da innerhalb von 30 Kalendertagen in einem Betrieb von 50 Beschäftigten mehr als fünf Personen, in diesem Fall acht Personen, entlassen wurden. Massenentlassungen müssen der Bundesagentur für Arbeit vor Ausspruch der Kündigungen schriftlich angezeigt werden, damit die Agenturen rechtzeitig Maßnahmen – ggf. auch zusammen mit dem Arbeitgeber – ergreifen können, um die Auswirkungen der Arbeitslosigkeit abzumildern. In dem genannten Fall haben drei Mitarbeiter selbst gekündigt. Da es sich dabei um Eigenkündigungen handelt, die vom Arbeitgeber veranlasst wurden, werden diese bei der Anzahl der Entlassungen, die eine Pflicht zur Massenentlassungsanzeige begründen, mitgezählt (BAG, Urteil vom 19.03.2015 – 8 AZR 119/14). Sie als Personalleiter haben gegenüber der Bundesagentur für Arbeit eine Anzeigepflicht vor Ausspruch der Kündigungen. Diese Anzeigepflicht kann nicht nachgeholt werden. Ist die ordnungsgemäße schriftliche Anzeige der Massenentlassungen nicht vor Ausspruch der Kündigungen erfolgt, so sind die Kündigungen unwirksam. Hätte die FutureCar

GmbH nur 20 Beschäftigte am Standort in Berlin, so hätten Sie als Personalleiter keine Anzeigepflicht. Die Anzeigepflicht richtet sich nach der Größe des Betriebs, nicht nach der Größe des Gesamtunternehmens.

In Tabelle 1.17 wird die Anzeigepflicht in Abhängigkeit von der Größe des Betriebs dargestellt.

Tab. 1.17: Anzeigepflicht in Abhängigkeit von der Größe des Betriebs.

Anzahl der Arbeitnehmer	Anzahl der Entlassungen/Kündigungen
21–59	6 und mehr
60–499	10 % oder 26 und mehr
500 und mehr	30 und mehr

Eine Anzeigepflicht haben Arbeitgeber ab einer Betriebsgröße von 21 Beschäftigten. Von der Anzeigepflicht ausgenommen sind Kleinstbetriebe mit bis zu 20 Beschäftigten sowie Saison- und Seeschiffbetriebe.

Der Gesetzgeber verlangt (§ 17 Abs. 3 Satz 4 KSchG), dass in der Massenentlassungsanzeige folgende Mindestangaben enthalten sind: Name des Arbeitgebers, Sitz des Betriebes, Art des Betriebes, Gründe für die geplanten Entlassungen, Zahl und Berufsgruppen der zu entlassenden Arbeitnehmer, Zahl und Berufsgruppen der in der Regel beschäftigten Arbeitnehmer, Zeitraum, in dem die Entlassungen vorgenommen werden sollen, vorgesehene Kriterien für die Auswahl der zu entlassenden Arbeitnehmer.

3. Hinweise zur Lösung

Hätte das Unternehmen einen Betriebsrat, so hätte die Geschäftsführung die Pflicht, einen juristisch voraussetzungsvollen und für beide Seiten (Geschäftsführung und Betriebsrat) aufwendigen Interessenausgleich und einen Sozialplan erstellen müssen. Fehler in der Abwicklung von Massenentlassungen können grundsätzlich und insbesondere dann, wenn ein Betriebsrat involviert ist, sehr teuer werden (Gerichtskosten, höhere Abfindungsansprüche, indirekte Kosten durch ein schlechtes Image in der Öffentlichkeit). Massenentlassungen sorgen nicht nur bei den Betroffenen für große Aufregung. In der Öffentlichkeit wird die Debatte um die gesellschaftliche Verantwortung besonders laut, wenn Unternehmen trotz hoher Gewinne Personal abbauen. Shareholder-value-getriebene Unternehmensführung und die Profitabilität als alleiniger Maßstab, so die Kritik, führe zu unethischem Verhalten beispielsweise in Form von Entlassungen der Beschäftigten. Denn Personalkostensenkungen würden sich positiv auf den Shareholder Value auswirken.

Abbildung 1.11 zeigt die Anzahl der angekündigten Stellenstreichungen von Unternehmen in Deutschland.

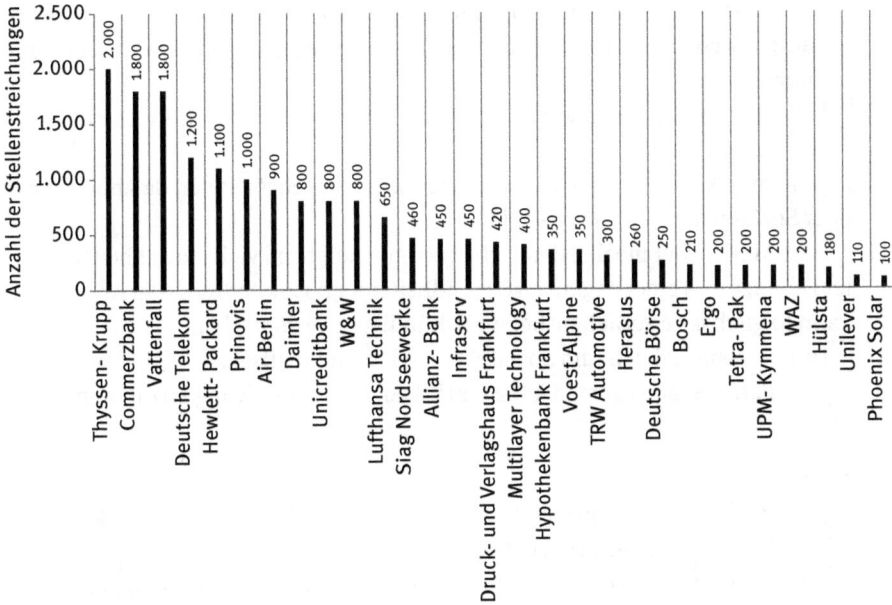

Abb. 1.11: Anzahl der im ersten Quartal 2013 angekündigten Stellenstreichungen von Unternehmen in Deutschland, Quelle: Frankfurter Allgemeine Zeitung, Nr. 79, 05.04.2013, S. 16.

4. Literaturempfehlungen

Jung, Hans (2017): Personalwirtschaft, 10. Aufl., Berlin, S. 352 ff.
Röschlau, Manfred (1990): RKW-Handbuch Personalplanung, 2. Aufl., Frankfurt a. M., S. 236 ff.

Aufgabe 4: Single Choice

Wissen, Verstehen, Anwenden, Transfer, Bewerten
8 Minuten

1. Fragestellung

Markieren Sie die Aussagen als richtig oder falsch.

(a) ☐ Der Bäckermeister und Geschäftsinhaber Bernd Meyer hat eine Bäckereikette mit fünf Filialen und insgesamt 35 Mitarbeitern. Er verstirbt plötzlich durch Herztod. Durch seinen Tod enden die Arbeitsverhältnisse der 35 Beschäftigten.

(b) ☐ Karl Klug ist Inhaber eines mittelständischen Unternehmens der Fleischverarbeitung. Seinen Betrieb verkauft er an einen Investor aus China. Damit enden die Arbeitsverhältnisse für die Stammbelegschaft.

(c) ☐ Karl Klug ist Angestellter der FutureCar GmbH. Er stirbt an seinem Schreibtisch im Büro durch einen Herzstillstand. Sein Arbeitsverhältnis ist durch seinen Tod beendet.

(d) ☐ Flexible Arbeitszeiten können auch in Form von Kurzarbeit in Anspruch genommen werden.

(e) ☐ Kurzarbeit ist im Vergleich zu Personalabbau kostengünstiger, da Abfindungen oder Sozialpläne nicht nötig sind.

(f) ☐ Der Arbeitgeber möchte dem Arbeitnehmer aufgrund vieler krankheitsbedingter Fehltage und einer negativen Gesundheitsprognose kündigen. Der Arbeitgeber kann folglich eine verhaltensbedingte Kündigung aussprechen.

(g) ☐ Interessenausgleich und Sozialplan sind nicht identisch.

(h) ☐ Der Betriebsrat ist gemäß § 102 BetrVG vor jeder Kündigung anzuhören.

2. Lösung

(a) ☐F Der Bäckermeister und Geschäftsinhaber Bernd Meyer hat eine Bäckereikette mit fünf Filialen und insgesamt 35 Mitarbeitern. Er verstirbt plötzlich durch Herztod. Durch seinen Tod enden die Arbeitsverhältnisse der 35 Beschäftigten.

(b) ☐F Karl Klug ist Inhaber eines mittelständischen Unternehmens der Fleischverarbeitung. Seinen Betrieb verkauft er an einen Investor aus China. Damit enden die Arbeitsverhältnisse für die Stammbelegschaft.

(c) ☐R Karl Klug ist Angestellter der FutureCar GmbH. Er stirbt an seinem Schreibtisch im Büro durch einen Herzstillstand. Sein Arbeitsverhältnis ist durch seinen Tod beendet.

(d) ☐F Flexible Arbeitszeiten können auch in Form von Kurzarbeit in Anspruch genommen werden.

(e) ☐R Kurzarbeit ist im Vergleich zu Personalabbau kostengünstiger, da Abfindungen oder Sozialpläne nicht nötig sind.

(f) ☐F Der Arbeitgeber möchte dem Arbeitnehmer aufgrund vieler krankheitsbedingter Fehltage und einer negativen Gesundheitsprognose kündigen. Der Arbeitgeber kann folglich eine verhaltensbedingte Kündigung aussprechen.

(g) ☐R Interessenausgleich und Sozialplan sind nicht identisch.

(h) ☐R Der Betriebsrat ist gemäß § 102 BetrVG vor jeder Kündigung anzuhören.

3. Hinweise zur Lösung

Der Bäckermeister und Geschäftsinhaber Bernd Meyer hat eine Bäckereikette mit fünf Filialen und insgesamt 35 Mitarbeitern. Er verstirbt plötzlich durch Herztod. Durch seinen Tod enden die Arbeitsverhältnisse der 35 Beschäftigten.

Hinweis: Nach § 1922 BGB endet durch Tod des Arbeitgebers nicht das Arbeitsverhältnis der 35 Beschäftigten. Im Todesfall des Arbeitgebers fungieren die Erben als Arbeitgeber nach § 1922 Abs. 1 BGB.

Karl Klug ist Inhaber eines mittelständischen Unternehmens der Fleischverarbeitung. Seinen Betrieb verkauft er an einen Investor aus China. Damit enden die Arbeitsverhältnisse für die Stammbelegschaft.

Hinweis: Das Arbeitsverhältnis für die Stammbelegschaft endet nicht automatisch. Bei dem Verkauf des Betriebes handelt es sich um einen Betriebsübergang nach § 613 BGB, aus dem sich zahlreiche Rechte und Pflichten ergeben. Daraus resultiert jedoch nicht die Beendigung der Arbeitsverhältnisse.

Karl Klug ist Angestellter der FutureCar GmbH. Er stirbt an seinem Schreibtisch im Büro durch einen Herzstillstand. Sein Arbeitsverhältnis ist durch seinen Tod beendet.

Hinweis: Sein Arbeitsverhältnis ist durch seinen Tod beendet. Laut § 613 Satz 1 BGB sind die Dienste im Zweifel in Person zu leisten. Die Dienste können im Todesfall nicht mehr in Person geleistet werden.

Flexible Arbeitszeiten können auch in Form von Kurzarbeit in Anspruch genommen werden.

Hinweis: Kurzarbeit und flexible Arbeitszeit beruhen auf unterschiedlichen Voraussetzungen. Flexible Arbeitszeiten weichen hinsichtlich Lage und Dauer vom sogenannten „Normalarbeitsverhältnis" ab, und sollen in der Regel der besseren Vereinbarkeit von Berufs- und Privatleben dienen. Kurzarbeit hingegen wird bei temporären Auftragseinbrüchen oder anderen temporären wirtschaftlichen Problemlagen eingesetzt, und bezeichnet ein Instrument der vorübergehenden Arbeitszeitverkürzung, die alle Arbeitnehmer oder nur einen bestimmten Teil der Arbeitnehmer betrifft und auf maximal 12 Monate begrenzt ist. Mit der Einführung von Kurzarbeit soll das Unternehmen von hohen Personalkosten entlastet werden und es sollen Entlassungen der Arbeitnehmer verhindert werden. Die Einführung von Kurzarbeit ist an eine Reihe von rechtlichen Voraussetzungen gebunden (§§ 95 ff. SGB III). Kurzarbeit ist häufig eine echte Alternative zu Entlassungen.

Kurzarbeit ist im Vergleich zu Personalabbau für ein Unternehmen kostengünstiger, da Abfindungen oder Sozialpläne nicht nötig sind.

Hinweis: In der Regel ist Kurzarbeit kostengünstiger, da kostspielige Abfindungen, teure Sozialpläne und damit ggf. verbundene Kosten von Gerichtsverfahren entfallen. Mit der Einführung von Kurzarbeit wird auch das Entgelt abgesenkt. Der Differenzbetrag, das sogenannte Kurzarbeitergeld, welches der Arbeitnehmer erhält, wird, wenn die Voraussetzungen erfüllt sind, von der Bundesagentur für Arbeit gezahlt.

Der Arbeitgeber möchte dem Arbeitnehmer aufgrund vieler krankheitsbedingter Fehltage und einer negativen Gesundheitsprognose kündigen. Der Arbeitgeber kann folglich eine verhaltensbedingte Kündigung aussprechen.

Hinweis: Bei krankheitsbedingten Fehltagen und negativer Gesundheitsprognose besteht die Möglichkeit der personenbedingten Kündigung (rechtliche Voraussetzungen werden an dieser Stelle nicht behandelt). Eine verhaltensbedingte Kündigung käme beispielsweise bei Diebstahl oder Beleidigung zum Tragen.

Interessenausgleich und Sozialplan sind nicht identisch.

Hinweis: Der Interessenausgleich ist praktisch die Vorstufe des Sozialplans. Beim Interessenausgleich handelt es sich um eine schriftliche Vereinbarung zwischen Arbeitgeber und Betriebsrat. In der Vereinbarung werden das „Ob", das „Wann" und „Wie" der geplanten Betriebsänderung verhandelt. Ziel ist es, die geplante Betriebsänderung abzuwenden bzw. sozialverträglich zu gestalten. Beim Sozialplan handelt es sich, wie beim Interessenausgleich auch, um eine schriftliche Vereinbarung zwischen Arbeitgeber und Betriebsrat. Allerdings hat der Sozialplan das Ziel, den Ausgleich der wirtschaftlichen Nachteile, die aus der Betriebsänderung resultieren, zu regeln bzw. zu mildern. Der Sozialplan ist im Unterschied zum Interessenausgleich vom Betriebsrat erzwingbar (vgl. §§ 77 und 118 BetrVG).

Der Betriebsrat ist gemäß § 102 BetrVG vor jeder Kündigung anzuhören.

Hinweis: Ja, gemäß § 102 BetrVG ist der Betriebsrat ausnahmslos vor jeder Kündigung anzuhören. Eine Kündigung ohne Anhörung des Betriebsrats ist unwirksam. In Abhängigkeit von der Kündigungsart macht der Gesetzgeber allerdings Unterschiede hinsichtlich der Inhalte und der Widerspruchsfristen.

4. Literaturempfehlungen

Bröckermann, Reiner (2012): Personalwirtschaft. Lehr- und Übungsbuch für Human Resource Management, 6. Aufl., Stuttgart, S. 349–383.

Jung, Hans (2017): Personalwirtschaft, 10. Aufl., Berlin, S. 314–360.

Drumm, Hans Jürgen (2008): Personalwirtschaft, 6. Aufl., Heidelberg, S. 249–270.

Röschlau, Manfred (1990): RKW-Handbuch Personalplanung, 2. Aufl., Frankfurt a. M., S. 183–256.

Stock-Homburg, Ruth (2013): Personalmanagement. Theorien – Konzepte – Instrumente, 3. Aufl., Wiesbaden, S. 280–304.

Aufgabe 5: Aufhebungsverträge und Abfindungen

Wissen, Verstehen, Anwenden, Transfer, Bewerten
6 Minuten

1. Fragestellung

Die FutureCar GmbH hat den Experten Karl Glück befristet (ohne vertragliche Kündigungsmöglichkeit) für zwei Jahre eingekauft. Nach nur einem Jahr stellt sich die Personalentscheidung als Flop heraus, denn Karl Glück erreicht seine Ziele nicht und pflegt den Führungsstil „Management by Dezibel". Die FutureCar GmbH möchte sich deshalb schnellstmöglich von Karl Glück trennen. Welche Möglichkeit hat die Geschäftsführung der FutureCar GmbH?

2. Lösung

Karl Glück hat einen zeitlich befristeten Vertrag, der keine ordentliche Kündigungs-möglichkeit vorsieht. Die FutureCar GmbH hat die Möglichkeit, Karl Glück von der Arbeit freizustellen, muss ihn aber wie vertraglich vereinbart bis zum Ablauf der zwei Jahre weiterbezahlen. Eine weitere Möglichkeit bietet sich der FutureCar GmbH durch einen Aufhebungsvertrag mit einem „golden handshake", also einer Abfindungssum-me, die den Austritt aus dem Unternehmen attraktiv macht.

Als Abfindung wird eine Geldsumme bezeichnet, die einmalig bei Beendigung des Arbeitsverhältnisses durch den Arbeitgeber an den Arbeitnehmer gezahlt wird.

3. Hinweise zur Lösung

Für den Begriff „golden handshake" existieren auch die Synonyme „goldener Fall-schirm" oder „golden parachute" oder „goldener Fußtritt". So soll den Mitarbeitern, von denen man sich trennen möchte, eine Eigenkündigung oder die Zustimmung zu einem Aufhebungsvertrag schmackhaft gemacht werden.

Rationales Handeln unterstellt, würde Karl Glück eine Eigenkündigung nur dann in Erwägung ziehen, wenn er bereits eine Anschlussbeschäftigung in Aussicht hät-te und eine Abfindungssumme in Aussicht gestellt bekommt, die so hoch ist wie die verbleibenden zwei Jahresgehälter.

4. Literaturempfehlungen

Bröckermann, Reiner (2012): Personalwirtschaft. Lehr- und Übungsbuch für Human Resource Ma-
nagement, 6. Aufl., Stuttgart, S. 349–383.
Drumm, Hans Jürgen (2008): Personalwirtschaft, 6. Aufl., Heidelberg.
Röschlau, Manfred (1990): RKW-Handbuch Personalplanung, 2. Aufl., Frankfurt a. M., S. 231 ff.
Stock-Homburg, Ruth (2013): Personalmanagement. Theorien – Konzepte – Instrumente, 3. Aufl.,
Wiesbaden, S. 296.

Aufgabe 6: Management des Personalabbaus

Wissen, Verstehen, Anwenden, Transfer, Bewerten
24 Minuten

1. Fragestellung

Sie sind Personalleitungsfunktion der FutureCar GmbH und Sie müssen von den 3000 Mitarbeitern, die in Deutschland beschäftigt sind, betriebsbedingt ca. 300 Mitarbeiter freisetzen. Die Geschäftsführerin kommt zu Ihnen ins Büro und sagt: „*Hören Sie bitte, Fehler im Management des Personalabbaus haben nachweislich negative Effekte. Das kann die Firma Millionen kosten. Sie bekommen einen Juristen an die Seite gestellt, aber das Management müssen Sie übernehmen. Die Mitarbeiter, die uns verlassen müssen, sollen uns in guter Erinnerung behalten und möglichst wenig zu Schaden kommen."*

Warum ist das Management des Personalabbaus so bedeutsam? Erläutern Sie!

2. Lösung

Das Management des Personalabbaus entscheidet maßgeblich darüber, ob die intendierten wirtschaftlichen Effekte, welche sich aus dem Personalabbau ergeben sollen, auch tatsächlich eintreten, und der Prozess für alle Beteiligten fair, menschlich und ohne große Kollateralschäden abläuft. Das Management bezieht sich auf den gesamten Prozess der verantwortungsvollen Abwicklung, sodass die psychosozialen Belastungsfaktoren für die ausscheidenden Mitarbeiter so gering wie möglich sind und die Motivation, Loyalität und Produktivität der verbleibenden Mitarbeiter so wenig wie möglich leidet. Die subjektiv erlebte Fairness im Stellenabbau beeinflusst maßgeblich die Aufnahme einer neuen Beschäftigung bei den Entlassenen.

Die Motivation und Loyalität der verbleibenden Mitarbeiter haben großen Einfluss darauf, ob das Unternehmen die angestrebten wirtschaftlichen Ziele auch erreicht, oder die Situation sich für das Unternehmen verschlimmert. Leider ist diese Sichtweise sowohl in Praxis als auch in Theorie unterbelichtet. Personalabbau ist in der Literatur ein stark juristisch geprägtes Thema. Sicherlich bedarf jeder Freisetzungsprozess eines ausgefeilten juristischen Know-hows. Verfahrensfehler können teuer werden und müssen unter allen Umständen vermieden werden. Aber die saubere juristische Abwicklung ist nur die eine Seite der Medaille.

In der Praxis hingegen kommt es sehr stark auf die Kommunikation und das Führungsverhalten der Manager an. Gerade an diesen beiden Aspekten mangelt es oft. Personalabbau gehört zu den heikelsten Aufgaben des Managements. Kein Manager, von marginalen pathologischen Fällen abgesehen, entlässt gerne Mitarbeiter. Und diejenigen, die es tun, machen zum Teil gravierende Fehler in der Kommunikation und im Führungsverhalten. So werden, so zeigen es die wenigen, aber dennoch aufschlussreichen empirischen Studien, in Bezug auf die Kommunikation die Beteiligten erst sehr spät und unzureichend eingebunden bzw. es wird nicht kommuniziert. Gerade die Nichtkommunikation lässt Gerüchte und Spekulationen hochkommen.

Wie Berner (2015) es formuliert: *„Eine schlechte Nachricht bleibt eine schlechte Nachricht – das ist auch durch gute Kommunikation nicht zu ändern. Umso wichtiger ist, die schlechte Nachricht nicht noch durch die Art der (Nicht-) Kommunikation noch schlimmer zu machen."* Die daraus entstehenden Produktivitätsverluste der verbleibenden Mitarbeiter als auch die folgenden Imageschäden für das Unternehmen sind mittlerweile hinreichend bekannt.

Nach wie vor werden in der Theorie und auch insbesondere in der Praxis die wirtschaftlichen und menschlichen Folgeschäden, die aus unprofessionell gehandhabtem Personalabbau resultieren, vernachlässigt. Mit dem Begriff „Survivor Sickness" werden Stresssymptome wie Motivationsschwierigkeiten, Ängste, Depressionen, Konzentrationsschwierigkeiten, Reizbarkeit, Wutausbrüche etc. bezeichnet, die bei den verbleibenden Mitarbeitern zu beobachten sind und nicht bei den freigesetzten Mitarbeitern. Aber gerade auf die Motivation und die Leistungsfähigkeit der verbleibenden Mitarbeiter kommt es an. Denn diese sind die Zugkräfte nach einem Personalabbau und bestimmen den zukünftigen Unternehmenserfolg bzw. Misserfolg mit. Sie müssen durch die Führungskräfte aktiv begleitet werden. Dazu gehört die umfassende Kommunikation mit den Verbleibenden. Führungskräfte sind herausgefordert klar und deutlich zu kommunizieren, welche weiteren Konsequenzen zu erwarten sind. Die Verbleibenden müssen beispielsweise Klarheit darüber haben, ob sich die Arbeitsbedingungen verändern oder gleich bleiben oder ob mit weiteren Entlassungen zu rechnen ist. Die kommunizierte Information darf sich im Nachhinein nicht als falsch erweisen, denn dies kann das gesamte Vertrauen in die Führung zerstören. Auch müssen Führungskräfte die Resilienz der Verbleibenden stärken. Zwar ist die Resilienz einer Person von verschiedenen individuellen Faktoren abhängig, sie kann aber auch sehr stark durch die Führung beeinflusst werden. Zum Beispiel kann die Führungskraft die Rahmenbedingungen dafür schaffen, dass die Verbleibenden ihre eigene Handlungskompetenz entdecken, deren Stärken nutzen und dazu beitragen, dass sie sich nicht als dem Schicksal ausgeliefert fühlen müssen.

3. Hinweise zur Lösung

Der Verlust des Arbeitsplatzes ist meist ein einschneidendes Lebensereignis, das in Abhängigkeit von der Lebenssituation sogar existenzielle Dimensionen annehmen kann. Marie Jahoda und Paul Lazarsfeld (1933) haben schon im letzten Jahrhundert in ihrer legendären Studie zur Arbeitslosigkeit aufgezeigt, dass Arbeitslosigkeit das Leben zerstören kann. Nicht nur der Verlust des Geldes, der zumindest in Deutschland durch die sozialen Sicherungssysteme teilweise aufgefangen wird, ist schmerzhaft. Von viel weitreichenderer Bedeutung ist der mögliche Verlust des Selbstwertgefühls samt den psychologischen und sozialen Auswirkungen, die von Depression bis hin zu Verlust von Familie und Freunden führen können. Denn Arbeit kann identitätsstiftend sein, Platz für Selbstentfaltung bedeuten, Ort des sozialen Austauschs sein und damit auch Gemeinschaft bieten.

4. Literaturempfehlungen

Andrzejewski, Laurenz (2009): Trennungs-Kultur und Mitarbeiterbindung als zukunftssichernder Teil der Organisations- und Personalentwicklung, in: von Rosenstiel, Lutz et al. (Hrsg.): Führung von Mitarbeitern. Handbuch für erfolgreiches Personalmanagement, 6. Aufl., Stuttgart, S. 699–716.

von Baeckmann, Susanne (1998): Downsizing – zwischen unternehmerischer Notwendigkeit und individueller Katastrophe. Eine Studie zum Personalabbau in deutschen Unternehmen. München.

Scholz, Christian (2014): Personalmanagement. Informationsorientierte und verhaltenstheoretische Grundlagen, 6. Aufl., München.

1.10 Personalcontrolling

Fallstudie KaffeeLeben – Aufgabe F10

Wissen, Verstehen, Anwenden, Transfer
20 Minuten

---

1. Fragestellung

Mit zunehmender Beschäftigtenzahl bei KaffeeLeben wuchs der Bedarf, das Unternehmen auch stärker kennzahlengestützt zu steuern. Roman und Florentine versprachen sich davon auch, dass die Filialleitungen auf einen Blick sehen konnten, wie ihr Team arbeitet und umgekehrt hatten Florentine und Roman dadurch die Möglichkeit, die Performance von Filialen zu vergleichen. Neben finanzwirtschaftlichen Kennzahlen sollten auch Personalkennzahlen ein Teil dieses Berichtswesens werden. Da KaffeeLeben dennoch mit fünf Filialen kein sehr großes Unternehmen war, schien es wichtig, das Berichtswesen nicht unnötig umfangreich zu gestalten, sodass die Kennzahlen mit angemessenem Aufwand erhoben werden konnten.

Überlegen Sie sich bitte, welche Personalkennzahlen für die erstmalige Einführung eines Personalcontrollings für KaffeeLeben sinnvoll erscheinen.

2. Anregungen für Ihre Diskussion der Lösung

Ansätze für ein „Basis-Set" an Personalkennzahlen in einem jungen Unternehmen wie KaffeeLeben könnten sein:

- Personalkosten/Gesamtkosten
- Arbeitsvolumen/Arbeitszeit
- Durchschnittliche Betriebszugehörigkeit
- Fluktuationsrate
- Überstundenquote
- Krankheitsquote
- Umsatz/FTE

Weitere Kennzahlen sind natürlich auch denkbar und könnten Ergebnis Ihrer Fallstudienlösung sein.

Alle Kennzahlen richten sich an die Zielgruppe der Geschäftsführer. Insbesondere die letzten vier Kennzahlen sind auch für die Zielgruppe der Filialleiter relevant.

3. Literaturempfehlungen

Bartscher, Thomas et al. (2012): Personalmanagement: Grundlagen, Handlungsfelder, Praxis, München, S. 300–308.

Berthel, Jürgen/Becker, Fred G. (2017): Personal-Management: Grundzüge für Konzeptionen betrieblicher Personalarbeit, 11. Aufl., Stuttgart, S. 699–710

Kolb, Meinulf (2010): Personalmanagement: Grundlagen und Praxis des Human Resources Managements, 2. Aufl., Wiesbaden, S. 624–644.

Scholz, Christian (2014): Grundzüge des Personalmanagements, 2. Aufl., München, S. 450–455.

Aufgabe 1: Aufgaben und Funktionen des Personalcontrollings

Wissen, Verstehen, Anwenden, Transfer, Bewerten
16 Minuten

1. Fragestellung

Hugo Müller ist Personalreferent bei der FutureCar GmbH, einem mittelständischen Unternehmen, und wird von der Personalchefin gebeten beim Aufbau eines modernen und zukunftsgerichteten Personalcontrollings mitzuwirken. Hugo Müller will seine Arbeit besonders gut machen und erstellt für die Personalchefin Statistiken mit Angaben zum Familienstand der Beschäftigten, der Anzahl der Krankheitstage pro Jahr sowie zu den Ausgaben für Weiterbildung der letzten fünf Jahre. In einer optisch ansprechend aufbereiteten Präsentation stellt Hugo Müller der Personalchefin seine Ergebnisse vor, in der Hoffnung, ein großes Lob für seine harte Arbeit zu bekommen. Statt eines Lobs bekommt Hugo Müller scharfe Kritik. Was könnte die Personalchefin zur Kritik veranlasst haben?

2. Lösung

Anlass zur Kritik könnten die unterschiedlichen Auffassungen sein, was unter Personalcontrolling zu verstehen ist. Hugo Müller hat lediglich Statistiken aufbereitet in der Annahme, dass dies schon ein Personalcontrolling sein könnte. Personalstatistiken respektive die Datenerhebung ist lediglich ein kleiner Teilbereich des Personalcontrollings, entspricht aber bei weitem nicht dem Zweck eines modernen und zukunftsgerichteten Personalcontrollings.

Personalcontrolling ist eine abgeleitete Form des Unternehmenscontrollings. Personalcontrolling beschreibt den Prozess des Steuerns, des Lenkens und auch des Kontrollierens im Sinne eines Soll-Ist-Vergleichs, und nicht nur, wie häufig falsch angenommen wird, die Kontrolle im Sinne einer Überprüfung von vergangenheitsorientierten Zuständen.[4] Im Personalcontrolling sollen personalwirtschaftliche Prozesse und Strukturen auch zukunftsorientiert gesteuert, gelenkt und überwacht werden. Personalcontrolling gibt Aufschluss darüber, welchen Beitrag personalwirtschaftliche Prozesse bzw. Tätigkeiten für den Unternehmenserfolg leisten. Nach der Auffassung von Scherm und Süß (2010:221 ff.) ist unter Personalcontrolling die *„zielorientierte Bewertung, Kontrolle und Steuerung bzw. Regelung personalwirtschaftlicher Maßnahmen"* zu verstehen.

In dem genannten Beispiel hat Hugo Müller der Personalchefin einen sogenannten Datenfriedhof aus statistischem Zahlenmaterial geliefert. Hätte Hugo Müller an einem modernen und zukunftsgerichteten Personalcontrolling mitwirken wollen, wäre er bestrebt gewesen, eine Plattform aufzubauen, auf der vergangenheitsbezogene, gegenwartsbezogene und auch zukunftsbezogene Informationen über Personal, Personalprozesse und Personalstrukturen zusammenfließen, um damit der Informationsfunktion, der Kontrollfunktion und der Steuerungsfunktion gerecht zu werden.

Die Informationsfunktion beinhaltet die adressatengerechte Bereitstellung von relevanten Daten und Informationen für die Entscheidungsträger. Wie beispielsweise Informationen über die Anzahl der Krankheitstage, Vollzeitangestellte, Beschäftigte mit Migrationshintergrund etc. Je nach Interessenslage des Managements würden hier die entsprechenden Daten aufbereitet werden.

Die Kontrollfunktion beinhaltet einen Abgleich von Soll-Ist-Werten. Ein Beispiel, welches den Sachverhalt veranschaulicht: Die FutureCar GmbH strebt eine Frauenquote von 30 % im Management an und erreicht eine Quote von 15 %. Voraussetzung ist, dass eine zuvor definierte Zielgröße festgelegt wurde. Ist dies nicht der Fall, so wird das Personalcontrolling lediglich der Informationsfunktion gerecht.

Die Steuerungsfunktion beinhaltet die Veränderung der Abweichung von Soll und Ist, also das Einleiten von Maßnahmen. Beispielsweise könnte die Personalabteilung die Aufgabe bekommen, 200 neue Informatiker einzustellen. Diese lassen sich auf dem herkömmlichen externen Beschaffungsmarkt nicht finden. Die Personalabteilung muss Maßnahmen einleiten, um den Personalengpass zu lösen.

Hätte sich Hugo Müller statt scharfer Kritik ein Lob einfangen wollen, hätte er für die Implementierung eines moderneren und zukunftsgerichteten Personalcontrollings sogenannte Key Performance Indicators erarbeiten können. Dazu hätte er sich vor seiner Präsentation besser mit dem Topmanagement und der Personalchefin abstimmen müssen. Er hätte dazu abgeleitet von der Unternehmensstrategie klären müssen, welche KPIs für das Unternehmen wichtig sind, welche es also zu ermitteln gilt. Er hätte auch ein Benchmarking durchführen können, um zu ermitteln, mit welchen KPIs andere Unternehmen aus der Branche arbeiten. Für Hugo Müller bleibt also zu

---

4 Über die Notwendigkeit eines Personalcontrollings besteht sowohl in Wissenschaft als auch in der Praxis Einigkeit. Über die Begriffsbestimmung, die Ziele und Funktionen hingegen gibt es verschiedene Auffassungen.

klären, welche KPIs für die Firma bzw. für die Branche Sinn machen, welche Zielsetzung das Unternehmen verfolgt und ggf. inwieweit die KPIs qualitative bzw. quantitative Elemente enthalten müssen.

3. Hinweise zur Lösung

Hugo Müller hat ein sehr eingeengtes Verständnis vom Controlling, welches sich auf quantitative Werte beschränkt. Während für ein modernes und zukunftsorientiertes Personalcontrolling auch die qualitativen Beurteilungskriterien entscheidend sind.

Hugo Müller hätte auch gut daran getan, die Zielsetzung mit seiner Personalchefin genau abzustimmen, und nicht wie eine Wühlmaus voller Übereifer vor sich hinzuarbeiten und einen Datenfriedhof zu produzieren, anstatt an einem Steuerungsinstrument mitzuwirken. Beispielsweise hätte Hugo Müller auch fragen können, welche Erwartungen die Personalchefin hat, was das Personalcontrolling leisten muss und wie sich die Personalchefin genau das Ergebnis vorstellt. Hugo Müller hätte einen groben Entwurf machen und die Personalchefin fragen können, ob dies den Vorstellungen entspricht. So hätte er das Desaster der scharfen Kritik nicht riskiert.

Weiterhin muss sich Hugo Müller bewusst sein, dass es sich bei personenbezogenen Daten um sehr sensible Informationen handeln kann, die einen besonderen Umgang und die Einbindung des Datenschutzbeauftragten erfordern.

4. Literaturempfehlungen

Bartscher, Thomas et al. (2012): Personalmanagement. Grundlagen, Handlungsfelder, Praxis, München, S. 299–313.
Drumm, Hans Jürgen (2008): Personalwirtschaft, 6. Aufl., Heidelberg, S. 587 ff.
Lisges, Guido/Schübbe, Fred (2009): Personalcontrolling. Personalbedarf planen, Fehlzeiten reduzieren, Kosten steuern, 3. Aufl., München.
Scherm, Ewald/Süß, Stefan (2010): Personalmanagement, 2. Aufl., München.

2 Führung

2.1 Grundlagen der Führung von Mitarbeitern

Fallstudie KaffeeLeben – Aufgabe F11

Wissen, Verstehen, Anwenden, Transfer
20 Minuten

1. Fragestellung

Roman Fertig und Florentine Gutmann befanden sich in einem Bewerbungsgespräch. Vor zwei Monaten hatten sie die Stelle einer Filialleitung neu ausschreiben müssen, da die bisherige Stelleninhaberin gekündigt hatte. Zum heutigen Termin war Herr Christoph Hoffmann eingeladen. Der Lebenslauf von Herrn Hoffmann sah sehr vielversprechend aus: Er verfügte bereits über mehrjährige Erfahrung als Filialleiter im Einzelhandel in kleinen und größeren Supermärkten. Vor allem aus diesem Grund hatten die beiden Geschäftsführer von KaffeeLeben zum Auswahlgespräch eingeladen. In der Vorbereitung auf das Gespräch hatten Florentine und Roman sich darauf verständigt, vor allem das Führungsverständnis der Bewerber in den Gesprächen intensiv zu thematisieren. „Herr Hoffmann", fragte Florentine, „wir würden mit Ihnen gerne ein weiteres wichtiges Thema besprechen. Bitte erläutern Sie uns Ihre persönliche Perspektive zum Thema Mitarbeiterführung." „Sehr gerne", entgegnete dieser, „ich habe die Erfahrung gemacht, dass ich eine sehr gute Führungskraft bin. Meine Mitarbeiter tun immer genau das, was ich sage. Deswegen habe ich auch immer Top-Umsatzzahlen in meiner Filiale nach oben melden können." „Wie kann ich mir das im Alltag konkret vorstellen, wenn Sie sagen, dass die Mitarbeiter immer genau das tun, was Sie sagen?", fragte Florentine nach. Herr Hoffmann erläuterte: „Ich teile immer ganz genau ein, wer wann welche Aufgabe übernimmt. Und ich achte sehr darauf, dass keine Fehler passieren, denn für Fehler habe ich kein Verständnis. Leider machen viele Mitarbeiter sehr viele Fehler, weswegen ich es am besten finde, wenn man ganz genaue Vorgaben macht und dann überwacht, dass die Mitarbeiter sich an die Anweisungen auch exakt halten." „Ah ja. Und wie reagieren Sie, wenn jemand Ihre Anweisungen nicht befolgt? Könnten Sie uns dies an einer beispielhaften Situation erläutern?", fragte Roman. „Ach da kann ich Ihnen unzählige nennen. Letztlich sind die Leute, die im Einzelhandel arbeiten ja alle gleich. Die müssen ständig angetrieben werden, sonst passiert da gar nichts und Sie können dann als Chef hinterherarbeiten. Wenn jemand nicht gehorcht, gibt es von mir eine ganz klare Ansage, darauf können Sie sich verlassen. In meiner Filiale herrscht Ordnung und Respekt und auf Widerworte habe ich keine Lust, das weiß auch jeder meiner Untergebenen nach zwei Tagen. Danach läuft

https://doi.org/10.1515/9783110481860-003

es immer wie geschmiert. Am besten stellt man am Anfang gleich klar, wer der Kuchen ist und wer der Krümel, so meine Erfahrung!", sprach sich Herr Hoffmann aus.

(a) Welches Menschenbild nach der Menschenbildtheorie von McGregor hat Herr Hoffmann?

(b) Wie beurteilen Sie die Eignung von Herrn Hoffmann für eine Position als Filialleiter bei KaffeeLeben in Bezug auf das Thema Mitarbeiterführung? Sollte er eingestellt werden?

2. Anregungen für Ihre Diskussion der Lösung

(a) Die von Herrn Hoffmann demonstrierten Ansätze verdeutlichen, dass sein Menschenbild der Theorie X entspricht.

(b) Die Eignung von Herrn Hoffmann für die ausgeschriebene Position ist nicht gegeben. Zum einen passen seine Wertevorstellungen nicht zur Unternehmenskultur von KaffeeLeben (hanseatische Tugenden, ehrbarer Kaufmann, Wertschätzung von Partnern – also auch Mitarbeitern). Zudem ist der Geschäftserfolg stark von der Freundlichkeit der Mitarbeiter gegenüber den Kunden abhängig – es ist sehr zweifelhaft, ob es Herrn Hoffmann mit seinem Menschenbild gelingen wird, in der Filiale ein Klima zu schaffen, in welchem die Mitarbeiter diese Kundenfreundlichkeit auf natürliche Weise entfalten werden. Unabhängig von den Beobachtungen der Geschäftsführer in den weiteren Gesprächssequenzen sollte Herr Hoffmann besser nicht eingestellt werden.

3. Literaturempfehlungen

Berthel, Jürgen/Becker, Fred G. (2017): Personal-Management: Grundzüge für Konzeptionen betrieblicher Personalarbeit, 11. Aufl., Stuttgart, S. 41–44.
Scholz, Christian (2014): Grundzüge des Personalmanagements, 2. Aufl., München, S. 288–292.

Aufgabe 1: Zum Begriffsverständnis von Führung

Wissen, Verstehen
10 Minuten

1. Fragestellung

„Führung heißt, andere durch eigenes, sozial akzeptiertes Verhalten so zu beeinflussen, dass dies bei den Beeinflussten mittelbar oder unmittelbar ein intendiertes Verhalten bewirkt." (Weibler, 2012: 19).

Nennen und beschreiben Sie die vier Kriterien, die sich aus diesem Führungsverständnis ableiten.

2. Lösung

(Verhaltens-)Beeinflussung: Ein Organisationsmitglied wirkt auf ein anderes Mitglied im Sinne der Aktivierung oder Verhinderung eines bestimmten Verhaltens ein.

Akzeptanz: Akzeptanz ist die Voraussetzung für die Beeinflussung. Ohne ein Mindestmaß an Akzeptanz aufseiten der Geführten ist keine Führung möglich.

Intentionalität: Intentionalität bedeutet die zielgerichtete Beeinflussung von Organisationsmitgliedern im Sinne des Abgleichs von Organisations- und Mitarbeiterzielen.

(Un-)Mittelbarkeit: Es kann unmittelbar, d. h. direkt über den nächsthöheren Vorgesetzten (personell) oder es kann mittelbar, d. h. indirekt (strukturell) geführt werden.

3. Hinweise zur Lösung

Bei der (Verhaltens-)Beeinflussung spielen die Verhaltensdeterminanten Können (Qualifikation), Wollen (Motivation), soziales Dürfen bzw. Sollen (Werte und Normen) und die situative Ermöglichung (Infrastruktur) eine wichtige Rolle. Führung bezieht sich auf alle oder auf einzelne dieser Determinanten. Die Einflussnahme kann auf der kognitiven und/oder auf der emotionalen Ebene erfolgen.

Ein Gegenstück zur Akzeptanz ist die Reaktanz. Im Grunde geht es um Formen des Widerstandes gegen Beeinflussungsversuche. Scheitern die Widerstandsversuche, so sind Frustration, Passivität, aber auch Aggression zu beobachten. Führung ist nur bei Vermeiden von Reaktanz möglich und setzt eine akzeptierte Führer-Geführten-Beziehung voraus.

Führen ist unzweifelhaft mit einer Absicht (Intention) verbunden. Dabei möchte die Führungskraft entsprechende Formalziele (insbesondere finanzielle Erfolgsgrößen) und Sachziele (ökonomische, soziale und/oder ökologische Ziele) im Arbeitskontext umgesetzt wissen. Diese Formal- und Sachziele können auf einzelne Geführte heruntergebrochen werden. Dazu stehen Zielvereinbarungssysteme und weitere ausgewählte Managementtechniken zur Verfügung.

Im Führungsprozess kommt schließlich dem Aspekt der Mittel- und/oder Unmittelbarkeit von beabsichtigter Verhaltensbeeinflussung eine wichtige Bedeutung zu. Dazu muss man wissen, dass Führung direkt bzw. personell und/oder indirekt bzw. strukturell stattfinden kann: Erhält ein Geführter von seinem Vorgesetzten in kurzen Zeitabständen Anweisungen bzw. Arbeitsaufträge, deren Ergebnisse zeitnah kontrolliert werden, so spricht man von unmittelbarer (personeller) Führung. Werden Zielvereinbarungssysteme angewendet, so liegt in den meisten Fällen indirekte bzw. strukturelle Führung vor. Diese indirekte Form der Führung kann auch durch die Vorgabe von bürokratischen Regelungen, Verfahrensanweisungen oder von Eskalationsplänen ausgestaltet sein.

4. Literaturempfehlungen

von Rosenstiel, Lutz (2000): Grundlagen der Organisationspsychologie: Basiswissen und Anwendungshinweise, 4. Aufl., Stuttgart, S. 45–50.
Weibler, Jürgen (2012): Personalführung, 2. Aufl., München, S. 3–24.

Aufgabe 2: Hauptfunktionen der Führung

Wissen, Verstehen
5 Minuten

1. Fragestellung

Welche zwei Hauptfunktionen der Führung gibt es? Nennen und beschreiben Sie diese Funktionen.

2. Lösung

Die Betriebswirtschaftslehre beschreibt Führung als Funktion zum Zusammenhalt von Wertschöpfungseinheiten und des daran beteiligten Personals (Kohäsion) sowie deren Erfolgssicherung (Lokomotion). Die Lokomotionsfunktion wird von daher mit der Ziel- und Aufgabenorientierung umrissen und die Kohäsionsfunktion umreißt den Gruppenzusammenhalt.

3. Hinweise zur Lösung

Eine gelingende Führung von Organisationen ist nur dann möglich, wenn beide der oben genannten Funktionen gesichert sind. Die operative Umsetzung von Formal- und Sachzielen basiert deshalb auf zwei Säulen: auf der Lokomotion und auf der Kohäsion. Vorgesetzte und Geführte bewegen sich von daher im beruflichen Alltag in einem Erlebens- und Handlungsraum, der gleichermaßen von erfolgsorientierten und vom verständigungsorientierten Handeln der Akteure abhängt. Das bedeutet, dass es keine ökonomische Effizienz ohne soziale Effizienz geben kann.

4. Literaturempfehlungen

Wunderer, Rolf (2011): Führung und Zusammenarbeit. Eine unternehmerische Führungslehre, 9. Aufl., Köln, S. 622.

Aufgabe 3: Unmittelbarkeit und Mittelbarkeit: Personelle und strukturelle Führung

---

Bewerten
15 Minuten

---

1. Fragestellung

Sie sehen eine Gegenüberstellung zweier Anwendungsoptionen der Führungspraxis.

Tab. 2.1: Personelle und strukturelle Führung, Quelle: in Anlehnung an Oelsnitz, v. d. D. (2012:20).

	Führung durch Vorgesetzte	Führung durch Struktur
Charakter	persönlich (im Ideal individualisiert)	unpersönlich (im Ideal großflächig)
Wirkung	direkt	indirekt
Rolle der Führungskraft	Hauptverantwortlicher, Motivator, Coach	Vermittler, Übersetzer, Schlichter
Ziel	Umsetzung der Zielvorgaben und Feinsteuerung	Rahmenbedingungen zur Kanalisierung von Aktivitäten und Spielräumen

Erörtern Sie die Vor- und Nachteile der personellen und der strukturellen Führung.

2. Lösung

Die Vor- und Nachteile beider Führungsoptionen können nach den Bewertungskriterien Entscheidungsfindung, Qualität der Kommunikation, Motivation und Kontrolle erörtert werden.

3. Hinweise zur Lösung

Es ist offensichtlich, dass die Vorteile der personellen Führung zugleich die Nachteile der strukturellen Führung kompensieren und umgekehrt. Strukturelle Führung erzeugt Nachteile in Bezug auf die Motivation. Menschen möchten Resonanz erfahren (insbes. das Gefühl, dass man sie miteinbezieht und dass sie Wertschätzung erhalten). Dazu trägt unter anderem das regelmäßige persönliche Feedback des unmittelbar Vorgesetzten bei. Umgekehrt möchten Geführte nicht das Gefühl haben, vom Chef ständig kontrolliert zu werden.

Angemessene Führung, im Sinne von Lokomotion und Kohäsion (vgl. Hauptfunktionen von Führung) stellt sich vermutlich dann ein, wenn eine Balance zwischen personeller und struktureller Führung gegeben ist. Dennoch sind Generalisierungen kaum möglich: So spielen sicherlich die Art der Arbeit (routine- oder fallbasiert, aus-

Tab. 2.2: Vor- und Nachteile der personellen und der strukturellen Führung, Quelle: eigene Darstellung.

	Führung durch Vorgesetzte	Führung durch Struktur
Entscheidungsfindung	Vorteil: – Direkte und schnelle Entscheidungen möglich Nachteil: – Gefahr intuitiver und stark subjektiver Entscheidungsfindung	Vorteil: – Regelbasierte, weitgehend objektive Entscheidungen Nachteil: – Möglicherweise lange, bürokratische Entscheidungswege; insbes. in steilen Hierarchien
Qualität der Kommunikation	Vorteil: – Erlebbare, humanbasierte Kommunikation bei hoher beidseitiger Resonanz Nachteil: – Stark von Sympathie/ Antipathie der im Führungsprozess Beteiligten abhängig (Bias)	Vorteil: – Intersubjektiv nachprüfbar Nachteil: – weitgehend resonanzfreie Kommunikation bei geringer persönlicher Verbundenheit
Motivation	Vorteil: – tendenziell hohe Motivation, bedingt durch unmittelbares Feedback Nachteil: – mögliche Dysfunktionen bei Bias (vgl. oben)	Vorteil: – Für „Resonanzverweigerer" geeignet Nachteil: – Motivationsverlust bzw. Motivationsmangel durch fehlendes unmittelbares Feedback (Gefühl der „Entfremdung")
Kontrolle	Vorteil: – Direkte Kontrolle der Arbeitsergebnisse durch den Vorgesetzten Nachteil: – Negative Gefühle seitens des Geführten (z. B. Gefühl der Einengung)	Vorteil: – Versachlichte und vorausschaubare Kontrollen und Kontrollintervalle Nachteil: – Zunehmende Entfernung zwischen der Kontrollinstanz und den „Objekten" und den „Subjekten" im Kontrollprozess

führend oder dispositiv etc.), aber auch der Reifegrad der Mitarbeiter (vgl. die Reifegradtheorie im Kapitel 2.3.5) eine entscheidende Rolle, um diesbezügliche Bewertungen und Handlungsempfehlungen vornehmen zu können.

4. Literaturempfehlungen

Von der Oelsnitz, Dietrich (2012): Einführung in die systemische Personalführung, Heidelberg, S. 20.
Für besonders Interessierte; zur Resonanz in Arbeits- und Führungsbeziehungen:
Rosa, Hartmut (2016): Resonanz. Eine Soziologie der Weltbeziehung, 4. Aufl., Berlin, S. 393–402.

2.2 Grundlagen der Motivation

Fallstudie KaffeeLeben – Aufgabe F12

Wissen, Verstehen, Anwenden, Transfer
20 Minuten

---

1. Fragestellung

Die ausgeschriebene Filialleitungsposition war weiterhin unbesetzt, da sich Florentine und Roman gegen den Bewerber Hoffmann entschieden hatten. Ein zweiter Bewerber, Herr Klaus Eisenhart, war heute zum Auswahlgespräch gekommen. Auch Herr Eisenhart kann laut seinem Lebenslauf Erfahrungen als Führungskraft im Einzelhandel vorweisen. Auch in diesem Gespräch thematisierten die beiden Geschäftsführer das Thema Führung sehr intensiv. „Herr Eisenhart, mich würde interessieren, was Sie über das Thema Motivation denken und wie Sie damit im Führungsalltag umgehen.", wollte Florentine wissen. Der Bewerber erläuterte: „Für mich ist vor allem eins von Bedeutung, nämlich meinen Mitarbeitern zu ermöglichen, sich im Beruf zu entwickeln und zu entfalten. Das Wichtigste dabei ist, jemanden für gute Arbeit, z. B. wenn jemand einen Kunden besonders nett bedient hat und dieser mit einem Lächeln auf dem Gesicht das Geschäft verlässt, auch zu loben. Was hingegen in meiner Erfahrung weniger hilfreich ist um das Team zu motivieren sind Regeln, Gehaltserhöhungen usw. – natürlich muss es das auch geben, aber motiviert ist dadurch dann noch niemand." „Und wie gehen Sie damit um, wenn es um unangenehme Aufgaben geht, wie z. B. die abendliche Reinigung der Kaffeemaschine?", wollte Roman wissen. „Ich sage dann immer, es gibt Schwarzbrot- und Toastbrot-Aufgaben – manches schmeckt mehr, manches weniger. So ist es auch im Beruf. Entscheidend ist, dass der Anteil der Aufgaben, die den Mitarbeiter Freude bereiten und etwas geben immer höher ist, als der Anteil der weniger spaßmachenden Aufgaben. So lange ich das als Führungskraft gut im Blick habe, wird das Reinigen der Kaffeemaschine sicher kein Problem werden", gab Herr Eisenhart zum Besten.

(a) Auf welcher der Ihnen bekannten Motivationstheorien baut die Aussage von Herrn Eisenhart auf?

(b) Wie beurteilen Sie die Eignung von Herrn Eisenhart für eine Position als Filialleiter bei KaffeeLeben in Bezug auf das Thema Mitarbeitermotivation?

2. Anregungen für Ihre Diskussion der Lösung

(a) Die Aussage von Herrn Eisenhart spiegelt die Zwei-Faktoren-Theorie von Herzberg wider. Kern der Theorie ist die Unterteilung in „Motivatoren" und „Hygiene-Faktoren". Motivatoren sind Faktoren, die Zufriedenheit hervorrufen können. Sind solche Faktoren nicht gegeben, bewirkt dies zwar keine hohe Unzufriedenheit, jedoch sind die Mitarbeiter dann auch nicht motiviert. Beispiele hierfür sind Entfaltung, Wachstum, die Arbeit an sich, Anerkennung. Hygiene-Faktoren sind Faktoren, die bei entsprechend positiver Ausprägung Unzufriedenheit verhindern, aber keine Zufriedenheit herstellen. Wenn sich die Hygiene-Faktoren verschlechtern, steigt die Unzufriedenheit der Mitarbeiter. Wenn bei ihnen eine Verbesserung eintritt, wird keine Unzufriedenheit empfunden, aber auch keine Zufriedenheit, da Verbesserungen als selbstverständlich angesehen werden. Beispiele hierfür sind Arbeitsanweisungen, Arbeitsbedingungen und Gehalt.

(b) Die Eignung von Herrn Eisenhart für die Position ist in Bezug auf das Thema Mitarbeitermotivation als sehr gut einzuordnen. Er demonstriert ein Grundverständnis von Motivationstheorien und kann diese auf den Führungsalltag übertragen. Auch passen seine Wertevorstellungen zur Unternehmenskultur von KaffeeLeben. Ob er der richtige Bewerber ist und eingestellt werden sollte, hängt aber auch davon ab, wie er sich zu anderen Fragebereichen des Auswahlgespräches gezeigt hat. Gute Motivationsansätze sind für eine Führungskraft zwar sehr wichtig, für die Position eines Filialleiters sind aber weitere Kompetenzfelder von Bedeutung wie z. B. Verständnis der Unternehmensstrategie oder unternehmerisches Denken und Handeln.

3. Literaturempfehlungen

Bartscher, Thomas et al. (2012): Personalmanagement: Grundlagen, Handlungsfelder, Praxis, München, S. 74–90.

Berthel, Jürgen/Becker, Fred G. (2017): Personal-Management: Grundzüge für Konzeptionen betrieblicher Personalarbeit, 11. Aufl., Stuttgart, S. 53–77.

Herzberg, F. (1968): One more time: how do you motivate employees?; in Harvard Business Review, Jg. 46, Nr. 1, S. 57.

Kolb, Meinulf (2010): Personalmanagement: Grundlagen und Praxis des Human Resources Managements, 2. Aufl., Wiesbaden, S. 389–395.

Scholz, Christian (2014): Grundzüge des Personalmanagements, 2. Aufl., München, S. 292–302.

Stock-Homburg, Ruth (2013): Personalmanagement. Theorien – Konzepte – Instrumente, 3. Aufl., Stuttgart, S. 67–85.

Aufgabe 1: Begriffliche Abgrenzungen: Motiv, Anreiz, Motivation

Wissen, Verstehen, Anwenden
20 Minuten

1. Fragestellung

Was ist ein Motiv? Welche Motive gibt es? Was ist ein Anreiz? Welche Anreize gibt es? Wie ist die Motivation definiert? Welche Grundmotivationen gibt es? Nennen Sie dazu jeweils Beispiele.

2. Lösung

Motive sind in sich schlüssige und gebündelte Beweggründe (Wünsche und Ziele) des beruflichen und/oder des privaten Handelns. In ihnen sind Bewertungsrichtungen des individuellen Handelns angelegt. Die Psychologie nennt diese Bewertungsrichtungen Dispositionen.

Es gibt drei Hauptgruppen von Motiven:

- Leistungsmotiv (z. B. anspruchsvolle Aufgaben, Einkommenserzielung)
- Machtmotiv (z. B. Einflussnahme, Einflussvergrößerung)
- Anschlussmotiv (z. B. Zugehörigkeit, Wertschätzung)

Die situative oder dauerhafte Ermöglichung der Motivanregung bildet Anreize. Anreize dienen der Umsetzung von Motiven.

Es gibt zwei Hauptgruppen von Anreizen:

- Materielle Anreize, insbesondere monetäre oder geldwerte Vorteile wie z. B. Gehalt, Bonus, Firmenwagen, Firmenwohnung, Kapitalbeteiligung, betriebliche Altersvorsorge
- Immaterielle Anreize wie z. B. Arbeitsinhalt, Betriebsklima, persönliches Feedback

Während sich in den Motiven die Bewertungsrichtungen (vgl. oben) manifestieren, erklärt die Motivation zusätzlich die Intensität (Energie) und die Ausdauer (Beharrlichkeit) des personalen Verhaltens.

Es gibt zwei Hauptgruppen der Motivation:

- Intrinsische Motivation: Wunsch oder Absicht eine bestimmte Handlung auszuführen, weil die Handlung selbst als interessant, spannend und/oder herausfordernd erscheint (z. B. Arbeitsinhalte, Leistung und Erfolg, Anerkennung, Wertschätzung, Verantwortung).

- Extrinsische Motivation: Wunsch oder Absicht, eine bestimmte Handlung auszuführen, um damit positive Folgen herbeizuführen oder negative Folgen zu vermeiden (z. B. monetäre oder geldwerte Vorteile, beruflicher Aufstieg, Beförderung)

3. Hinweise zur Lösung

Jeder Personalverantwortliche wird sich die Frage stellen, was die Belegschaft motiviert, welche Motive zugrunde liegen und welche Anreize dazu passen könnten? Differenziert man die Belegschaft in Berufsgruppen (z. B. kaufmännisch vs. gewerblich-technisch), in Qualifikationsgruppen (z. B. akademisch vs. nicht-akademisch) oder nach Unternehmenszugehörigkeit (z. B. lange Zugehörigkeit vs. Neueingestellte), so können diesbezügliche Einschätzungen vorgenommen werden, die jedoch an den individuellen Gegebenheiten nicht vorbeikommen. Im Rahmen von Personalbeurteilungen, insbesondere über Mitarbeitergespräche, können Personalverantwortliche doch brauchbare Informationen erhalten, die dazu beitragen können, den Führungsprozess besser gestalten zu können. Von großer Bedeutung ist die Motivationswirkung des unmittelbar Vorgesetzten: Eine Studie des Gallup-Instituts aus dem Jahre 2014 (Gallup Engagement Index) kam zu dem Ergebnis, dass jeder fünfte Beschäftigte bereits darüber nachgedacht hat, den Arbeitgeber aufgrund des unmittelbar Vorgesetzten zu verlassen. Folgestudien des Gallup-Instituts bestätigen diesen Befund.

4. Literaturempfehlungen

Nerdinger, Friedemann W. (2008): Grundlagen des Verhaltens in Organisationen, 2. Aufl., Stuttgart, S.102–110.

Nink, Marco (2014): Engagement Index. Die neuesten Daten und Erkenntnisse aus 13 Jahren Gallup-Studie, München.

Aufgabe 2: Motivation nach Herzberg: die Zwei-Faktoren-Theorie

---

Wissen, Verstehen, Anwenden, Bewerten
20 Minuten

---

1. Fragestellung

Erklären Sie die Grundzüge der Zwei-Faktoren-Theorie nach Frederick Herzberg! Definieren Sie zunächst die beiden Faktorengruppen und zeigen Sie dabei deren Motivationswirkung auf! Nennen Sie dazu jeweils Beispiele. Diskutieren Sie Konsequenzen für die Führungspraxis.

2. Lösung

Herzberg setzt bei den menschlichen Bedürfnissen – verstanden als grundlegende Mitarbeitermotive – in Arbeitskontexten an. Seine Theorie intendiert, das Arbeitsverhalten zu erklären und zu prognostizieren. Dabei schälen sich die Arbeitszufriedenheit und die Arbeitsunzufriedenheit als die entscheidenden Erklärungs- bzw. Prognosemuster heraus.

Die Faktorengruppe der Motivatoren bzw. Motivationsfaktoren basieren in erster Linie auf der intrinsischen Motivation und sind unmittelbar mit der Tätigkeit verbunden. Beispiele dazu sind Arbeitsinhalte, beruflicher Erfolg, Verantwortungsübernahme, Wertschätzung, Entfaltungsmöglichkeiten, Freiräume oder Aufstiegschancen. Werden diese Motivatoren von den Mitarbeitern als positiv vorhanden bewertet, so entsteht die Motivationswirkung der Arbeitszufriedenheit. In negativen Fällen entsteht Arbeitsunzufriedenheit.

Die Faktorengruppe der Hygienefaktoren basiert in erster Linie auf der extrinsischen Motivation und ist mit dem Arbeitsumfeld bzw. mit den Rahmenbedingungen der Arbeit verbunden. Beispiele dazu sind Bezahlung, Kollegenbeziehungen, Unternehmenspolitik, formale Beziehungen zu den Vorgesetzten, Arbeitssicherheit. Werden diese Hygienefaktoren von den Mitarbeitern als positiv vorhanden bewertet, so wird Arbeitsunzufriedenheit verhindert. Eine richtige Motivationswirkung bleibt aus. Demotivierend wirkt sich diese Faktorengruppe immer dann aus, wenn ein oder mehrere Faktoren, die zuvor gewährleistet wurden, fehlen; dann entsteht Arbeitsunzufriedenheit.

Würde ein Vorgesetzter ausschließlich über den Einsatz von Hygienefaktoren führen, so könnte er allenfalls Arbeitsunzufriedenheit verhindern, auf Dauer aber niemals Arbeitszufriedenheit bei den Mitarbeitern herbeiführen. Erfolgsversprechender ist das Führen auf der Grundlage von Motivatoren, weil hier insbesondere die intrinsische Motivation der Mitarbeiter stimuliert wird, die eine nachhaltigere Wirkung aufweist.

3. Hinweise zur Lösung

Denken Sie an den Hausputz: Oft ist es so, dass man eine sauber geputzte Wohnung als selbstverständlich sieht und den hygienisch einwandfreien Zustand gar nicht richtig wahrnimmt. Man verspürt gar keine richtige Zufriedenheit. Werden die mit der Raumpflege Beauftragten nach einer Woche nicht wieder aktiv, so sieht man erste „Staubmäuse" auf dem Fußboden oder Brotkrümel im Speiseraum. Nach zwei, drei Wochen entwickeln sich möglicherweise Spinnenweben an den Raumdecken und in den Raumwinkeln u. ä. Je nach individuellem Sauberkeitsbedürfnis entsteht früher oder später Unzufriedenheit. Wird dann wieder geputzt, so ist der ursprüngliche Zustand der Nichtunzufriedenheit hergestellt, ohne jedoch dauerhaft Zufriedenheit zu erreichen. Dieses Phänomen lässt sich ohne weiteres auf Führungskontexte übertragen: Gehaltserhöhungen, ergonomische Verbesserungen am Arbeitsplatz, ein noch schnellere und leistungsfähigere Internetverbindung erzeugen nur ganz kurz Zufriedenheit, um recht schnell in den Bewertungszustand der Unzufriedenheitsverhinderung zu gelangen. Erfolgreiche Vorgesetzte und zufriedene Mitarbeiter lassen sich insbesondere dort ausmachen, wo über Motivatoren geführt wird.

4. Literaturempfehlungen
Weibler, Jürgen (2012): Personalführung, 2. Aufl., München, S. 200–203.

Aufgabe 3: Erwartungen als Bestimmungsgröße im Motivationsprozess: Gerechtigkeitstheorie nach Adams

---

Wissen, Verstehen, Anwenden, Transferieren
25 Minuten

Vorüberlegung
Führung gelingt nur über die Angleichung von Erwartungen: Die beteiligten Akteure haben Erwartungen an Personen und/oder an die Institution, in der sie beschäftigt sind. Es gibt damit also auch keine erwartungslose Führer-Geführten-Beziehung und/oder keine erwartungslose Beziehung zwischen Individuum und Organisation. Eine ganz wichtige Erwartung ist die erlebte Gerechtigkeitserfahrung.

1. Fragestellung
Stellen Sie die Grundzüge der Gerechtigkeitstheorie von Adams dar. Erstellen Sie eine Tabelle mit möglichen Vergleichssituationen! Welche Handlungen kann ein Geführter vollziehen (Möglichkeiten der Kompensation), damit sein subjektives Gerechtigkeitsgefühl erfüllt wird?

2. Lösung
Diese Theorie geht davon aus, dass jeder Beschäftigte sein individuell wahrgenommenes Verhältnis zwischen Arbeitseinsatz (z. B. geleistete Stunden, Überstunden, entgangene Opportunitäten, möglicher Ärger mit Kollegen, Vorgesetzten und Kunden) und Arbeitsertrag (z. B. Nettoeinkommen, Beförderung, interessante Arbeitsinhalte, Weiterbildung) mit den Vergleichspersonen des beruflichen Umfeldes (insbes. Kollegen und Vorgesetzte) in ein Verhältnis setzt. In erster Linie wird dieser Vergleich innerhalb der Gruppe der Gleichrangigen, also innerhalb der sog. „Peergroup", angestellt.

Es kann subjektiv Ungleichheit – und damit Unzufriedenheit – erlebt werden, insbesondere dann, wenn der Beschäftigte das Verhältnis seiner Arbeitserträge zu seinen Arbeitsaufwendungen analog zu denen von anderen Referenzpersonen ins Verhältnis setzt. Auf der *intrapersonellen Ebene* wird daher der Quotient aus eigenem *Input* zum erhaltenen *Outcome* gebildet. Auf der *interpersonellen Ebene* hingegen bildet der Beschäftigte einen Quotienten aus eigenem Input/Outcome-Verhältnis zum Input/Outcome-Verhältnis der Vergleichsperson.

Tab. 2.3: Ungleichheitsempfinden durch subjektive Wahrnehmung „ungerechter" Aufwand-/Ertragsverhältnisse, Quelle: in Anlehnung an Weibler (2012: 208 ff.).

Aufwand und *Ertrag* der Vergleichsperson / der urteilenden Person	niedrig/ *hoch*	hoch/ *niedrig*	niedrig/ *niedrig*	hoch/ *hoch*
niedrig/*hoch*	0	1	1	1
hoch/*niedrig*	2	0	1	1
niedrig/*niedrig*	1	1	0	0
hoch/*hoch*	1	1	0	0

Legende
0 = kein Ungleichheitsempfinden
1 = Ungleichheitsempfinden (auch wenn man sich besser gestellt fühlt)
2 = hohes Ungleichheitsempfinden (insbesondere wenn man sich schlechter gestellt fühlt)

Die Tabelle 2.3 zeigt die möglichen Vergleichssituationen auf: Beurteilt beispielsweise eine Person ihr eigenes Aufwands-/Ertragsverhältnis mit niedrig/hoch und überträgt dieses auf die Vergleichsperson, so wird keine Ungleichheit empfunden (0). Diese liefert ja genau so wenig Input und erhält einen hohen Output. Beurteilt beispielsweise ein Beschäftigter sein eigenes Aufwands-/Ertragsverhältnis als niedrig/niedrig, nimmt aber wahr, dass sein Kollege bei gleich niedrigem Einsatz einen höheren Output erzielt, so wird Ungleichheit empfunden (1). Schätzt eine urteilende Person seinen Aufwand mit hoch und seinen Ertrag mit niedrig ein, sieht aber, dass die Vergleichsperson bei niedrigem Aufwand einen hohen Ertrag erzielt, so verweist das auf das Empfinden hoher Ungleichheit (2).

Das Ungleichheitsempfinden vermeintlicher oder tatsächlicher „ungerechter" Aufwands-/Ertragsverhältnisse hat entsprechende Auswirkungen auf den *Motivationsprozess*. Wird permanent Ungerechtigkeit empfunden, so wird dies auch für die Zukunft erwartet, was die Arbeitsmotivation höchstwahrscheinlich vermindert. Die Person, die Ungerechtigkeit erfährt, sucht verständlicherweise nach Möglichkeiten der Kompensation wie beispielsweise
– Veränderung des Inputs oder des Outputs,
– Suchen nach einer anderen Vergleichsperson oder
– Verlassen der Arbeitsbeziehung.

Die erste Kompensationsmöglichkeit impliziert eine Reduzierung der eigenen Beiträge und schließt übrigens an die Anreiz-Beitrags-Theorie an.

Bei der zweiten Kompensationsmöglichkeit wird gefragt, ob der vorgenommene Vergleich tatsächlich aussagefähig und damit sinnvoll war? Vielleicht hat man sich doch mit dem falschen Kollegen verglichen? Unter Umständen hat dieser eine abweichende Stellenbeschreibung oder ist nicht mit unmittelbar vergleichbaren beruflichen Anforderungen konfrontiert, muss beispielsweise mit Konflikten umgehen oder ist höheren Risiken ausgesetzt. Schließlich könnte man in Betracht ziehen, dass der Kollege aufgrund seiner Kompetenzen, die er in einem langen Ausbildungs- und Berufsprozess erworben hat, besonders erfolgskritisch zur betrieblichen Wertschöpfung beiträgt, was von der Geschäftsführung entsprechend höher goutiert wird. Es setzt ein Reflexionsprozess ein, an dessen Ende die urteilende Person zu dem Ergebnis kommt, sich eine andere Vergleichsperson zu suchen.

Die dritte und letzte Kompensationsmöglichkeit impliziert unter Umständen sogar Fluktuation. Insbesondere dann, wenn eine hohe Übereinstimmung der Beiträge innerhalb der Peergroup zu sehen ist, aber sich klare Missverhältnisse abzeichnen, scheint eine Kündigung bzw. Bitte um Versetzung die Alternative zu sein.

Unabhängig vom Gerechtigkeits- oder Ungerechtigkeitsempfinden schält sich ein Kerngedanke heraus, der in jede Sozialbeziehung und speziell in Führungsbeziehungen eingeschrieben zu sein scheint: Es gibt eine tiefverwurzelte Kraft innerhalb des Individuums, das mehr oder weniger auf die Anerkennung in sozialen Systemen abstellt. Es geht um Anerkennungsverhältnisse, die es in einem erwartungslosen Raum nicht geben könnte.

3. Hinweise zur Lösung

Das Phänomen des Sich-Vergleichens mit Gleichgestellten ist tradiert und hat sozialanthropologische Hintergründe: „Sind wir zu klein geraten und leben unter Menschen, die alle nicht größer sind, stören uns die fehlenden Zentimeter kaum. Aber wenn andere in der Gruppe auch nur unwesentlich größer sind, werden wir von Unzufriedenheit und Neid gepiesackt, obwohl wir kein bisschen geschrumpft sind. [...] Es gibt kaum einen Erfolg, der schwerer zu ertragen ist als der vermeintlich Gleichgestellter." (De Botton, 2004: 56 f.)

Die optimale Voraussetzung für solche Vergleiche wäre die vollkommene Information über alle Faktoren, Berechnungsgrundlagen und weitere Details, welche es erlauben, das angesprochene Aufwand-Ertragsverhältnis zu quantifizieren. Diese sind eher selten gegeben bzw. wären nur unter den Bedingungen totaler Transparenz und offener Gespräche zwischen dem Beurteilenden und allen Beurteilten möglich. Von daher wird Gerechtigkeit oder Ungerechtigkeit lediglich nach subjektivem Urteil gebildet.

4. Literaturempfehlungen

Weibler, Jürgen (2012): Personalführung, 2. Aufl., München, S. 46–48.
Weiterführend für besonders Interessierte: De Botton, Alain (2004): StatusAngst, Frankfurt a. M.

2.3 Führungskonzeptionen und -theorien

2.3.1 Grundlagen und Überblick über Führungstheorien

Fallstudie KaffeeLeben – Aufgabe F13

Wissen, Verstehen, Anwenden
20 Minuten

---

1. Fragestellung

Roman Fertig und Florentine Gutmann entschieden sich nach mehreren Vorstellungsgesprächen mit Bewerbern für die vakante Filialleiterposition für den Kandidaten
Klaus Eisenhart. Im Rahmen der Gespräche gab es die unterschiedlichsten Antworten der Bewerber zu den verschiedenen Fragebereichen, vor allem zu den Themen
Führung und Motivation unterschieden sich die Sichtweisen sehr. „Florentine, ich
glaube ich habe durch die Vorstellungsgespräche auch noch mal viel über das Thema
Führung reflektiert. Wenn die Bewerber auf unsere Fragen geantwortet haben, habe
ich automatisch auch immer darüber nachgedacht, wie ich zu dem Thema stehe",
sagte Roman. „Ja, das ging mir auch so", antwortete Florentine, „ich fand auch das
Gespräch zwischen uns beiden am Ende von jedem Bewerbungsgespräch sehr wert-
voll. Ich glaube, wir haben dadurch auch noch mal unsere jeweiligen Vorstellungen
von Führung abgeglichen. Dazu hatten wir bisher ja nicht immer so viel Gelegenheit.
Zum Glück haben wir beide da ja sehr ähnliche Vorstellungen." „Ja, das stimmt, aber
die Kandidaten waren schon sehr unterschiedlich. Und es gibt auch sehr viele verschiedene Perspektiven und Aspekte, um Führung zu erfassen bzw. zu verstehen",
meinte Roman.

Erläutern Sie in diesem Zusammenhang, was unter Führungstheorien zu verstehen ist und wie diese durch Roman und Florentine zum besseren Verständnis von
Führung herangezogen werden können.

2. Anregungen für Ihre Diskussion der Lösung

Führungstheorien beschäftigen sich mit der Beschreibung, Erklärung und dem Prognostizieren des Zustandekommens, des Bestehens und der Wirkung von Führung.

Sie beinhalten Aussagen über die Zusammenhänge zwischen Führungskraft, Ge-
führtem, deren Interaktion und dem Führungserfolg. Außerdem versuchen Führungstheorien Aussagen darüber zu machen, wie eine Führungskraft in einer bestimmten
Situation das Verhalten des Geführten in Richtung auf die Erfüllung bestimmter Aufgaben beeinflussen kann. Jede Führungstheorie betrachtet immer nur einen bestimmten „Ausschnitt" des komplexen Führungsprozesses, vor allem, um eine empirische
Untersuchbarkeit zu gewährleisten. Eine „allumfassende" Führungstheorie existiert

nicht, sie wäre auch empirisch nur schwer prüfbar. Auch sind nicht alle Führungstheorien kritikfrei – sei es, dass theoretische Inkonsistenzen bestehen, eine empirische Validierung ihrer Aussagen nicht erfolgen konnte oder sie in der Praxis wenig
handlungsleitend sind.

3. Literaturempfehlungen

Berthel, Jürgen/Becker, Fred G. (2017): Personal-Management: Grundzüge für Konzeptionen betrieb-
licher Personalarbeit, 11. Aufl., Stuttgart, S. 187–220.
Scholz, Christian (2014): Grundzüge des Personalmanagements, 2. Aufl., München, S. 308–327.
Stock-Homburg, Ruth (2013): Personalmanagement. Theorien – Konzepte – Instrumente, 3. Aufl.,
Stuttgart, S. 453–525.
Wunderer, Rolf (2011): Führung und Zusammenarbeit: Eine unternehmerische Führungslehre,
9. Aufl., München, S. 269–321.

Aufgabe 1: Eigenschafts-, Verhaltens- und Situationsansätze in den Führungstheorien

---

Wissen, Verstehen
15 Minuten

---

1. Fragestellung

Grenzen Sie den Eigenschafts-, den Verhaltens- und den Situationsansatz der Führung
voneinander ab.

2. Lösung

Allen drei Ansätzen gemeinsam ist, dass es sich um Führung durch den unmittelbar
Vorgesetzten, also um personelle bzw. direkte Führung handelt.

Der *Eigenschaftsansatz* ist „führerzentriert" und besagt, dass der, der Führungsperson wird und bleibt, derjenige ist, der über bestimmte Merkmale und Persönlich-
keitszüge verfügt. Dabei wird auf die sog. „Great-Man-Theorie" zurückgegriffen, welche bestimmte Eigenschaften wie physische Charakteristika (z. B. Körpergröße), soziale Herkunft, Fähigkeiten, Persönlichkeit und nicht zuletzt aufgabenbezogene Charakteristika in den Vordergrund der Betrachtung mit dem Führungserfolg stellt.

Im Mittelpunkt des *Verhaltensansatzes* stehen zwei Fragen:

- Wie verhalten sich erfolgreiche Führungspersonen?
- Welche Handlungen werden vollzogen, um Effizienz und Arbeitszufriedenheit zu
  erreichen?

Dazu wird auf zwei Verhaltensdimensionen abgestellt, welche die Grundlage der sog. „Ohio-State-Studien" bilden respektive sich auf die *Beziehungsorientierung* („Consideration") und auf die *Aufgabenorientierung* („Initiating structure") verdichteten. Der Kernbefund lautete: Beide Dimensionen sind unabhängig voneinander. Es erfolgten umfangreiche Befragungen von Führungspersonen und Mitarbeitern. Dabei ergaben sich zwei zentrale Thesen:

- *These 1*: Wird die Führungsperson von den Mitarbeitern nur hinsichtlich der Aufgabenorientierung hoch eingestuft, dann wird sie auch von ihrem Vorgesetzten positiv bewertet. In diesen Gruppen herrscht einerseits eine hohe Produktivität vor. Andererseits sind dort ein hoher Absentismus, eine hohe Fluktuation und eine geringe Arbeitszufriedenheit zu beobachten.
- *These 2*: Wird die Führungsperson von den Mitarbeitern hinsichtlich der Beziehungsorientierung hoch eingestuft, liegen sog. „kohäsive" Gruppen vor.

Mit beiden Thesen werden die beiden grundlegenden Funktionen der Führung erkannt. Die These 1 untermauert die Funktion der *Lokomotion*, d. h. Führungskräfte müssen das zielgerichtete soziale System voranbringen, unabhängig, ob dies nun das Team, die Gruppe, die Abteilung oder die ganze Organisation ist. Die These 2 untermauert die *Kohäsionsfunktion*, d. h. Führungskräfte müssen das soziale System zusammenhalten können, um die möglichen negativen Begleiterscheinungen, die sich aus der These 1 ergeben, kompensieren bzw. verhindern zu können.

Betrachtet man die Führungsforschung und Führungspraxis des 20. Jahrhunderts, so können aus den Eigenschafts- und den Verhaltensansätzen zwei Lehren gezogen, respektive zwei wichtige Ergebnisse schlussgefolgert werden: Erstens sind der Führungserfolg und die Effizienz einer Organisation niemals allein auf die Führungsperson oder auf das Führungsverhalten zurückzuführen. Zweitens kann es keine generell gültigen Verhaltensregeln für erfolgreiche Führung geben. Wichtig ist vielmehr die situationsbedingte Variation des Führungsverhaltens. Diesen Ergebnissen wird im sog. *Situationsansatz* der Führung entsprochen.

3. Hinweise zur Lösung

Nicht die einzelnen Eigenschaften, sondern deren Zusammenwirken bzw. deren Gefüge machen den Führungserfolg aus. So scheinen große Vorgesetzte mit rhetorischen Fähigkeiten und aggressivem Auftreten eine höhere Durchsetzungskraft zu haben. Hier sei an den früheren Geschäftsführer der US-amerikanischen Investmentbank Lehman Brothers, Richard Fuld („der Gorilla"), erinnert. Als ehemaliger Kampfjetflieger in der US-Luftwaffe arbeitete er sich sukzessive in das Topmanagement der Skandalbank hoch. Sein martialisches, fast schon animalisches Auftreten, gepaart mit hohen analytischen Fähigkeiten, brachte ihm die Anerkennung als die Führungsfigur der einst bedeutenden Investmentbank mit ihren unzähligen Tochterunternehmen.

Im Rahmen des Eigenschaftsansatzes ist die Persönlichkeit zu fokussieren. Dazu gehört mit Sicherheit das Differenzierungsmerkmal des nichtkonformen Verhaltens wie Risikofreude, Innovationskraft, Begeisterungsfähigkeit, aber auch Ehrgeiz, rebellisches Potenzial; auf jeden Fall Eigenschaften, welche die Führungsperson befähigen, aus einem Sozialverband oder aus einem Aggregat von Personen herauszuragen um initiativ zu sein, um das „Zepter in die Hand" zu nehmen.

Der Eigenschaftsansatz der Personalführung bildet zwar einen wichtigen Erfolgsfaktor effektiver Führung ab, vernachlässigt aber weitere, ebenfalls wichtige Einflussfaktoren. Das, was der Eigenschaftsansatz nicht leistet, wird im *Verhaltensansatz* der Führung diskutiert. Ab Mitte des 20. Jahrhunderts lösten die Verhaltensansätze die Eigenschaftsansätze in der Führungsforschung ab. Auf der Grundlage eigenschaftsorientierter Typologien wird versucht Gesetzesaussagen über situationsvariante Effizienzwirkungen bestimmter Führungsmuster abzuleiten. Der Verhaltensansatz wird jedoch dahingehend kritisiert, als dass Alternativeinflüsse und Wechselwirkungen wie die Führungspersönlichkeit (Führungsstil wird oft unreflektiert als Persönlichkeitsmerkmal aufgefasst) und die spezifische Führungssituation (Entscheidungsdruck, Interaktionsmöglichkeiten etc.) vernachlässigt werden. Stellvertretend für die vielfältigen Ansätze zur *situativen Führung* soll später zunächst im Kapitel 2.3.5 auf den Reifegrad und dann im Kapitel 2.4.3 auf das sog. *Bereitschaftsgradmodell* von Hersey/ Blanchard eingegangen werden.

4. Literaturempfehlungen

von der Oelsnitz, Dietrich (2012): Einführung in die systemische Personalführung, Heidelberg, S. 79 ff.

Weibler, Jürgen (2012): Personalführung, 2. Aufl., München, S. 344–348.

Wunderer, Rolf (2011): Führung und Zusammenarbeit. Eine unternehmerische Führungslehre, 9. Aufl., Köln, S. 274–276; S. 310–319.

2.3.2 Personenorientierte Führungstheorien

Fallstudie KaffeeLeben – Aufgabe F14

Wissen, Verstehen, Anwenden, Transfer
20 Minuten

1. Fragestellung

Unter den immer häufiger eingestellten Filialleitern von KaffeeLeben gab es, trotz sehr guter Auswahl der bisherigen Führungskräfte durch Roman Fertig und Florentine Gutmann, eine gewisse Bandbreite. Insgesamt gab es keinen Anlass zur Sorge, denn alle

Filialleiter bewiesen sich als sehr gute Besetzungen. Offenbar hatten Florentine und Roman ein „gutes Gespür" für die richtigen Leute. Insbesondere ein Filialleiter fiel positiv aus der Gruppe der Führungskräfte heraus: Maximilian Krewe, Mitte 30, gelang es, sein Team besonders gut zu führen. Die Umsätze der Filiale gehörten stets zu den besten, Personalkennzahlen wie Flukuationsquote und Krankenstand waren die niedrigsten von allen Filialen und die Stimmung im Team war hervorragend. Florentine und Roman konnten es förmlich spüren, wenn sie in der Filiale einen Termin hatten oder einfach mal spontan vorbeischauten. Eine Barista hatte Florentine auf der Weihnachtsfeier sogar mal gesteckt, dass Maximilian Krewe im Filialteam den Spitznamen „Der mitreißende Max" erworben hatte. Er weiß zum Glück nichts davon, dachte sich Florentine damals bei der Feier. Roman sagte zu Florentine: „Der hat einfach so eine gewisse Ausstrahlung, der kann einfach alle Kollegen und Kolleginnen gut mitnehmen. Ich finde, wir sollten das zu einem Einstellungskriterium machen und nur Leute wie ihn auswählen. Und vielleicht können wir mal schauen, ob wir einen Trainingsanbieter finden, der das den anderen Filialleitern beibringt. Was meinst Du, Florentine?"

Mit welcher Führungstheorie können Sie das Phänomen des „Mitreißenden Max" erklären und wie sinnvoll erscheint Ihnen die Idee von Roman?

2. Anregungen für Ihre Diskussion der Lösung

Die charismatische Führungskraft besitzt meist eine stark beeinflussende „Ausstrahlung". Charismatische Führungskräfte vermitteln Visionen und beeinflussen Werte und Verhalten der Geführten in grundsätzlicher Weise. Sie bieten „anziehende" Ziele an und „beeindrucken" Menschen. Sie werden besonders in Stress- und Krisensituationen gesucht und können tief greifenden Wandel bewirken.

Empirische Analysen zur charismatischen Führung zeigen, dass viele Geführte charismatische Führung als dynamischer erleben als eine rein rationale Zielorientierung, sich dabei selbstsicherer fühlen und mehr Aktivität und eine höhere Leistungsgüte aufweisen als Mitarbeiter von nichtcharismatischen, aber dennoch effektiven Führungskräften. Problematisch ist jedoch, dass charismatische Führung auch Risiken birgt (z. B. blinder Gehorsam, Missbrauch). Zudem sind charismatische Führungskräfte in der Realität eher selten und Charisma lässt sich kaum erlernen bzw. durch Weiterbildungsangebote „antrainieren".

3. Literaturempfehlungen

Berthel, Jürgen/Becker, Fred G. (2017): Personal-Management: Grundzüge für Konzeptionen betrieblicher Personalarbeit, 11. Aufl., Stuttgart, S. 188–190.

Scholz, Christian (2014): Grundzüge des Personalmanagements, 2. Aufl., München, S. 324–325.

Stock-Homburg, Ruth (2013): Personalmanagement. Theorien – Konzepte – Instrumente, 3. Aufl., Stuttgart, S. 459–463.

Wunderer, Rolf (2011): Führung und Zusammenarbeit: Eine unternehmerische Führungslehre, 9. Aufl., München, S. 278–279.

Aufgabe 2: Empirisch ermittelte Führungseigenschaften

Wissen, Verstehen
8 Minuten

1. Fragestellung

Tabelle 2.4 enthält vier Eigenschaftskategorien, die empirisch ermittelt wurden.

Tab. 2.4: Empirisch ermittelte Führungseigenschaften (ohne Beispiele), Quelle: in Anlehnung an Wunderer (2011: 275).

Eigenschaftskategorie	*Beispiele für die Eigenschaften*
Prädisposition der Einflussbefähigung Soziale und interpersonelle Fertigkeiten Merkmale der Aufgaben-, Ziel- und Umsetzungsorientierung Prädisposition der Informationsverarbeitung und -evaluation	

Ordnen Sie den Eigenschaftskategorien Beispiele zu.

2. Lösung

Tab. 2.5: Empirisch ermittelte Führungseigenschaften (mit Beispielen), Quelle: in Anlehnung an Wunderer (2011: 275).

Eigenschaftskategorie	*Beispiele für die Eigenschaften*
Prädisposition der Einflussbefähigung	Dominanz, Durchsetzungsfähigkeit, Selbstvertrauen
Soziale und interpersonelle Fertigkeiten	Kooperationsbereitschaft, Interaktionskompetenz
Merkmale der Aufgaben-, Ziel- und Umsetzungsorientierung	Initiative, Ehrgeiz, Hartnäckigkeit, Durchsetzungsfähigkeit
Prädisposition der Informationsverarbeitung und -evaluation	Intelligenz, Entscheidungsfähigkeit, Urteilsvermögen

3. Hinweise zur Lösung

Die Eigenschaftstheorien gehen davon aus, dass die relevanten Eigenschaftsausprägungen entweder angeboren oder im Rahmen des Sozialisationsprozesses früh erworben wurden.

Zieht man jedoch die Erkenntnisse aus der Erwachsenenbildung (Andragogik) mit ein, so ist davon auszugehen, dass Menschen Führungseigenschaften im Laufe ihres Berufslebens erlernen können. Eine Vielzahl von Konzepten und Instrumenten aus der Personalentwicklung (u. a. Coaching, Mentoring, Patenschaft, Erwerb von Führungslizenzen) bis hin zur personenzentrierten Therapie verweisen auf die Möglichkeiten von lebenslänglichen Lernprozessen auf dem Weg zur Führungskraft.

4. Literaturempfehlungen

Wunderer, Rolf (2011): Führung und Zusammenarbeit. Eine unternehmerische Führungslehre, 9. Aufl., Köln, S. 274–278.

Aufgabe 3: Charismatische Führung

Wissen, Verstehen, Anwenden, Bewerten
12 Minuten

---

1. Fragestellung

Was verstehen Sie unter Charisma? Finden Sie Beispiele für charismatische Führungspersönlichkeiten! Bewerten Sie die Potenziale und Risiken charismatischer Macht!

2. Lösung

Der Charisma-Begriff geht auf die religionssoziologischen Untersuchungen von Max Weber zurück. Charisma wird als eine wirkliche oder als eine vermeintliche außeralltägliche Qualität eines Menschen bezeichnet („Gnadengabe"). Ein charismatischer Mensch kann Begeisterung und Gefolgschaft bei seinen Mitmenschen auslösen.

Man kann Führungspersönlichkeiten wie z. B. John F. Kennedy, Barack Obama, Steve Jobs, Bill Gates als „Menschenfänger" bezeichnen, Persönlichkeiten, die sich im positiven wie manchmal auch im negativen Sinne (z. B. Donald Trump, Vladimir Putin, Recep Tayyip Erdoğan) in Politik, Wirtschaft und Gesellschaft immer wieder beobachten lassen.

Charisma ist eine eigenständige Machtbasis, die sich mit der Überzeugungsmacht überschneidet. Charismatische Führungspersonen können insbesondere in organisatorischen oder in gesellschaftlichen Wandel- bzw. Übergangsphasen als die entscheidenden Akteure fungieren, die wichtige Veränderungsprozesse nach vorne bringen. Kritisch zu bemerken ist, dass die charismatische Führung nicht primär auf die vermeintlich objektive Qualität der Persönlichkeit zurückzuführen ist, sondern auch oder nur auf Grundlage der Eigenschaftszuschreibung der Geführten funktioniert. Charisma wird daher einer Person eher zugewiesen und ist weniger ein persönliches Merkmal. Damit sind die Risiken umrissen: „Blinde" Gefolgschaft wird insbesondere dann problematisch, wenn die Führungspersönlichkeiten die falschen Entscheidungen treffen, ihnen man aber trotzdem vertraut. Machtmissbrauch seitens der Führung und destruktiver Gehorsam seitens der Geführten stellen weitere Risiken dar.

3. Hinweise zur Lösung

Das Charisma, verstanden als die wirkliche oder vermeintlich außeralltägliche Qualität eines Menschen, besitzt eine Person oft dann, wenn eine Gesellschaft, eine Organisation oder ein anderes soziales System in eine Krise gerät und auf der kollektiven Ebene der Wunsch nach einem vermeintlichen „Retter" besteht. In den herrschaftssoziologischen Untersuchungen von *Max Weber* wurde schon früh erkannt, dass sich analog zum Strukturwandel von Organisationen und zu den evolutionären Stufen von Führung die „traditionale Herrschaft" in die „moderne Herrschaft" transformiert. Moderne Gesellschaften und Organisationen sind schon zu Beginn des 20. Jahrhunderts in Krisen geraten (insbes. Inflation, Weltwirtschaftskrise, Massenarbeitslosigkeit) und angesichts der schier unlösbaren Probleme wurde nach einem „Führer" gerufen, der die Krise bewältigt respektive bewältigen soll. Dies ist der Punkt, wo „moderne Herrschaft" in „charismatische Herrschaft" umschlägt. Über die verheerenden Folgen dieser Herrschaft – man betrachte den Faschismus im 20. Jahrhundert – wurde in Schulbüchern und wissenschaftlichen Untersuchungen schon das Wesentliche vermittelt. Umgekehrt haben charismatische Führerpersönlichkeiten wichtige emanzipatorische Anliegen wie Überwindung der Rassentrennung (Martin Luther King, Nelson Mandela) oder Fürsorge für die Armen der sog. Dritten Welt (Mutter Theresa) durchgesetzt. Ob nun negativ oder positiv konnotiert, Charisma hinterlässt einen ambivalenten Eindruck: Angesichts der Komplexität und Krisenanfälligkeit von modernen Gesellschaften und Organisationen ist es schwer vorstellbar, dass eine Person die Probleme allein lösen kann. Zu stark sind die Abhängigkeiten und damit die Interdependenz von Experten, Spezialisten, Interessensgruppen, politischen und ökonomischen Kräften in einer offenen Gesellschaft. Freilich ist nicht von der Hand zu weisen, dass herausragende Persönlichkeiten die Initiative, die Sinnvermittlung und die Ingangsetzung von notwendigen Veränderungsprozessen gestalten können.

4. Literaturempfehlungen

Nerdinger, Friedemann W. (2008): Grundlagen des Verhaltens in Organisationen, 2. Aufl., Stuttgart, S.135–139.
Wunderer, Rolf (2011): Führung und Zusammenarbeit. Eine unternehmerische Führungslehre, 9. Aufl., Köln, S. 278–280.

Aufgabe 4: Persönlichkeitspsychologie: Das OCEAN-Modell

Wissen, Verstehen
10 Minuten

1. Fragestellung

In der Persönlichkeitspsychologie werden fünf Hauptdimensionen der Persönlichkeit („Big Five") nach dem OCEAN-Modell unterschieden.

O = Openness
C = Conscientiousness
E = Extraversion
A = Agreeableness
N = Neuroticism

Beschreiben Sie diese fünf Hauptdimensionen kurz!

2. Lösung

O = Openness: Offenheit für Erfahrungen auf der kognitiven Ebene (intellektuell), auf der affektiven Ebene (gefühlsbezogen) und auf der konativen Ebene (einstellungsbezogen). Bei starker Ausprägung ist der Mensch neugierig. Bei schwacher Ausprägung ist der Mensch vorsichtig.

C = Conscientiousness: Gewissenhaftigkeit. Bei starker Ausprägung ist der Mensch gut strukturiert. Bei schwacher Ausprägung ist der Mensch nachlässig.

E = Extraversion: Bei starker Ausprägung ist der Mensch gesellig. Bei schwacher Ausprägung ist der Mensch zurückhaltend.

A = Agreeableness: Verträglichkeit. Bei starker Ausprägung ist der Mensch zuvorkommend, verbindlich und empathisch. Bei schwacher Ausprägung ist der Mensch rein erfolgs- und konfliktorientiert ausgerichtet.

N = Neuroticism: Neurotizismus. Hier kann die schwache Ausprägung als positiv bewertet werden. Der Mensch ist in sich ruhend und selbstsicher. Die starke Ausprägung hingegen kann als negativ beurteilt werden. Ängstlichkeit, Reizbarkeit, soziale Befangenheit, Impulsivität, Verletzlichkeit, bis hin zur Depression sind mögliche Ausprägungen.

3. Hinweise zur Lösung

Im Rahmen der personenorientierten Führungstheorien spielen die Persönlichkeitsstrukturen des Vorgesetzten eine erhebliche Rolle. An Führungskräfte werden Kompetenzerwartungen adressiert, welche insbesondere auf die persönliche Integrität, auf kommunikatives Handeln, auf die Fähigkeit des Motivierens, auf verantwortungsvolles Handeln, auf die Fähigkeit zur Empathie und nicht zuletzt auf Reflexionsfähigkeiten abstellen. Dabei wird besonders deutlich, dass Führungskräfte mit hohem Neurotizismus auf Dauer kaum erfolgreich in ihrer Funktion als Vorgesetzte bestehen können. Nichtsdestotrotz gibt es, folgt man empirischen Untersuchungen aus der Sozialpsychologie, nicht wenige neurotische Führungskräfte, die aufgrund ihrer Positionsmacht (vgl. die Machtbasen in Kapitel 2.3.3) ihre Führungsschwächen nicht reflektieren.

4. Literaturempfehlungen

Stemmler, Gerhard (2016): Differentielle Psychologie und Persönlichkeitsforschung, 8. Aufl., Stuttgart, S. 293–305.
Für besonders Interessierte: Ehrenberg, Alain (2011): Das Unbehagen in der Gesellschaft, Berlin.

2.3.3 Positionsorientierte Führungstheorien

Fallstudie KaffeeLeben – Aufgabe F15

Wissen, Verstehen, Anwenden, Transfer
20 Minuten

1. Fragestellung

Betrachten Sie die in den Aufgaben F11, F12 und F14 vorgestellten Mitarbeiter bzw. Bewerber Christoph Hoffmann, Klaus Eisenhart und Maximilian Krewe.

(a) Verschaffen Sie sich einen Überblick über verschiedene Machtarten.

(b) Nutzen Sie die Machttheorie, um das beobachtbare bzw. durch die Äußerungen in den Bewerbergesprächen zu vermutende Führungsverhalten zu erklären. Welche Arten von Macht scheinen jeweils bei den Personen zu „dominieren"?

Tab. 2.6: Vorlage zur Analyse, Quelle: eigene Darstellung.

	Christoph Hoffmann	Klaus Eisenhart	Maximilian Krewe
Sanktionsmacht			
Expertenmacht			
Legitimierte Macht			
Identifikationsmacht			
Ko-Orientierungsmacht			
Informationsmacht			
Verfügungsmacht			

2. Anregungen für Ihre Diskussion der Lösung

(a)

Tab. 2.7: Machtarten, Quelle: eigene Darstellung.

Sanktionsmacht	Fähigkeit, ein bestimmtes Verhalten des Machtunterworfenen zu belohnen oder zu bestrafen (mit Sanktionen zu belegen)
Expertenmacht	Annahme einer Person, eine andere Person habe einen höheren Informationsstand
Legitimierte Macht	Aus formalen Strukturen abgeleitete Berechtigung einer Person, anderen Personen Weisungen zu erteilen
Identifikationsmacht	Grundlage in der Identifikation von Personen mit Werten, Überzeugungen und Verhaltensweisen anderer Personen und deren Übernahme in die eigene Persönlichkeit
Ko-Orientierungsmacht	Ausrichten des eigenen Verhaltens an anderen Personen, die gleiche Werte, Überzeugungen und Verhaltensweisen haben
Informationsmacht	Fähigkeit, den Informationsfluss zu Personen zu steuern, d. h. Zurückhalten, Filterung oder Verfälschung von Informationen
Verfügungsmacht	Fähigkeit, in das Entscheidungsfeld anderer Individuen einzuwirken, also Art und Anzahl der für sie verfügbaren Entscheidungsalternativen zu verändern

(b)

Tab. 2.8: Machtverteilung, Quelle: eigene Darstellung.

	Christoph Hoffmann	Klaus Eisenhart	Maximilian Krewe
Sanktionsmacht	X		
Expertenmacht			
Legitimierte Macht	X	X	
Identifikationsmacht			x
Ko-Orientierungsmacht		X	
Informationsmacht			
Verfügungsmacht	X		

3. Literaturempfehlungen

Berthel, Jürgen/Becker, Fred G. (2017): Personal-Management: Grundzüge für Konzeptionen betrieblicher Personalarbeit, 11. Aufl., Stuttgart, S. 188–190.

Wunderer, Rolf (2011): Führung und Zusammenarbeit: Eine unternehmerische Führungslehre, 9. Aufl., München, S. 298–301.

Aufgabe 5: Typische Rollenkonflikte der Führungskraft

Wissen, Verstehen, Anwenden
18 Minuten

1. Fragestellung

Rollen stellen ein Bündel von Erwartungen an einen Positionsinhaber dar. Insbesondere an Führungskräfte sind unterschiedliche Erwartungen gerichtet, die zu Konflikten führen können. Beschreiben Sie sechs mögliche Konfliktarten und geben Sie jeweils ein Beispiel dazu!

2. Lösung

(Siehe Tabelle 2.9)

3. Hinweise zur Lösung

Die Rolle steuert das personale Verhalten konkret. Sie stellt das gesamte Bündel der *Eigen- und Fremderwartungen* an das Verhalten eines Positionsinhabers im Unternehmen dar. Dabei wird die Eigenerwartung im Sozialisationsprozess (Erziehung, Aufwachsen unter Gleichaltrigen, Ausbildung, Studium etc.) erworben. Insofern wirkt die Eigenerwartung sogar als selbstdisziplinierend. In dem Fall normiert sich der Rolleninhaber selbst. Der Soziologe *Norbert Elias* (1887 bis 1990), der sich umfassend mit der Entstehung und Herausbildung des Zivilisationsprozesses in modernen Gesellschaften befasst hat, spricht von der selbstdisziplinierenden Wirkung des sog. „innengeleiteten" Menschen, der die Verhaltensnormen und Rollenerwartungen, welche durch seine ökonomische und sozio-kulturelle Umwelt bestimmt werden, zunehmend internalisiert – also verinnerlicht – hat. Pflichtgefühl, Arbeitsethos, Verantwortung für sich und andere sind Verhaltensausprägungen jenes innengeleiteten Menschen, die ebenso im Rahmen der religionssoziologischen Arbeiten von *Max Weber* (1864 bis 1920) beschrieben wurden.

Maßgeblich sind aber auch die Fremderwartungen, also die Verhaltenserwartungen, die an einen Positionsinhaber zur Erfüllung gemeinsamer Aufgaben im Unternehmen gerichtet sind. Diese ergeben sich einerseits aus der Stellenbeschreibung bzw. aus dem *formalen Vertrag*, beinhalten aber zusätzlich weitere Erwartungen, die sich aus dem *psychologischen Vertrag* ergeben.

Tab. 2.9: Mögliche Rollenkonflikte (mit Beispielen), Quelle: in Anlehnung an Wunderer (2011: 296).

Konfliktart mit Beschreibung	Beispiele für die Konfliktarten
Intra-Sender-Konflikt: Hier hält die Führungskraft in sich widersprechende Eigenerwartungen aufrecht.	Es entsteht der Selbstanspruch nach hohem Arbeitstempo bei höchster Qualität.
Inter-Sender-Konflikt: Es gibt unterschiedliche Positionsinhaber, die in sich widersprechende Fremderwartungen an die Führungskraft richten.	Der unmittelbar Vorgesetzte der Führungskraft erwartet die Durchsetzung von ehrgeizigen Formalzielen (z. B. Umsatzsteigerung) und die Geführten von der Führungskraft eine Intensivierung der Beziehungsdimension (z. B. Wertschätzung, Resonanz, die Resilienz fördernde Maßnahmen).
Inter-Rollen-Konflikt: Die Führungskraft nimmt unterschiedliche Rollen ein, die zu kollidierenden Fremderwartungen führen.	Hoher wöchentlicher Zeitaufwand zur Leitung einer Abteilung und Erfüllung der Vater- bzw. Mutterrolle.
Personen-Rollen-Konflikt: Die Fremderwartungen an die Führungskraft kollidieren mit dem Selbstbild des Führenden.	Der Führende identifiziert sich zu stark mit den Fachaufgaben oder ist zu stark mit der Reputationswirkung des Unternehmens beschäftigt, womit die Rolle der Führungskraft an Bedeutung verliert.
Rollen-Ambiguität: Nur mäßig skizzierte Rollenerwartungen an die Führungskraft bei hoher Differenz zwischen formellen und informellen Erwartungen.	Es ist nicht klar, ob der Vorgesetzte der Führungskraft eher die Aufgabenorientierung (z. B. formale Erfolgsgrößen) oder eher die Beziehungsorientierung (z. B. Stärkung des Gruppenzusammenhalts) favorisiert.
Rollen-Überlastung: Zu viele positionsbezogene Fremderwartungen überfordern die Führungskraft. Prioritäten müssen gesetzt und Abstriche gemacht werden.	An einem Arbeitstag soll die Führungskraft zwei neue Kunden akquirieren, an zwei Meetings teilnehmen, mehrere Mitarbeitergespräche führen und ein Arbeitspapier für eine neue Geschäftsfeldstrategie vorbereiten.

4. Literaturempfehlungen

Macharzina, Klaus/Wolf, Joachim (2015): Unternehmensführung. Das internationale Managementwissen. Konzepte – Methoden – Praxis, 9. Aufl., Wiesbaden, S. 582–583.

Nerdinger, Friedemann W. (2008): Grundlagen des Verhaltens in Organisationen, 2. Aufl., Stuttgart, S.159–167.

Wunderer, Rolf (2011): Führung und Zusammenarbeit. Eine unternehmerische Führungslehre, 9. Aufl., Köln, S. 294–298.

Aufgabe 6: Machtbasen im Führungsprozess

Wissen, Verstehen, Anwenden, Transferieren, Bewerten
25 Minuten

1. Fragestellung

Welche Basen gibt es, auf die eine Führungskraft ihre Macht beziehen kann? Stellen Sie diese Machtbasen tabellarisch dar und beschreiben Sie im Anschluss diese Basen. Greifen Sie dazu Beispiele auf und erörtern Sie die möglichen Einflüsse des unmittelbar Vorgesetzten auf die Geführten.

2. Lösung

Tab. 2.10: Machtbasen, Quelle: in Anlehnung an Nerdinger (2008: 135 ff.).

Machtbasen	
Positionsmacht	**Personenmacht**
Amtsautorität	Expertenmacht
Belohnungsmacht	Überzeugungsmacht
Bestrafungsmacht	Identifikationsmacht
Informationsmacht	Charismatische Macht

Aus der Tabelle 2.10 geht hervor, auf welchen Chancen die Machtausübungen beruhen. Dabei ist zwischen der Position und der Person der Machtträger zu unterscheiden.

Auf der linken Seite geht es um Durchsetzungschancen, die sich aus der Position des Machtträgers innerhalb der Organisation ableiten. Dabei geht es um vier Machtbasen (vgl. hierzu Nerdinger 2008, S. 135 f.):

- *Amtsautorität*: Hier steht die Form der legitimierten Macht im Vordergrund. Die Einflussausübung über Amtsmacht ist gesellschaftlich und im Beruf über Werte und Normen anerkannt. So übt der Vorgesetzte per Position ein Weisungs- bzw. Direktionsrecht aus, welches vom Geführten akzeptiert wird.
- *Belohnungsmacht*: Mit der Amtsautorität ist die Chance verbunden, positives Verhalten von Mitarbeitern anhand von materiellen und immateriellen Komponenten zu goutieren.
- *Bestrafungsmacht*: Mit der Amtsautorität ist aber auch die Chance verbunden negatives Verhalten von Mitarbeitern zu sanktionieren. Dabei genügt meist die Androhung von personaladministrativen Maßnahmen wie z. B. Abmahnung oder Kündigung. Dabei sollte konsequent gehandelt werden, d. h. bei negativem Ver-

halten müssen die angedrohten Konsequenzen greifen; ansonsten würde die Führungsbeziehung an Glaubwürdigkeit verlieren.

- *Informationsmacht*: Im Kontext der wissensorientierten Unternehmensführung stellen die Verfügbarkeit an Informationen und vor allem der Zugang zu Informationen die „Währung" in einer Organisation schlechthin dar. Wer über einen Informationsvorteil verfügt, hat in der Regel auch eine Machtgrundlage.

Auf der rechten Seite der Tabelle 2.10 geht es um Durchsetzungschancen, die sich aus der Person des Machtträgers innerhalb der Organisation ableiten. Auch hier sind vier Machtbasen von Bedeutung (vgl. Yukl/Falbe 1991, nach Nerdinger 2008, S. 136 ff.):

- *Expertenmacht:* Analog zur Informationsmacht fokussiert sie sich auf das Wissen, welche die Person sich in ihrer Ausbildung und beruflichen (Weiter-) Qualifikation erworben und vertieft hat. Dass das Expertenwissen in den sog. MINT-Berufen (Mathematik, Informatik, Naturwissenschaft und Technik) auf dem Arbeitsmarkt und in den Betrieben an strategischer Bedeutung gewonnen hat, ist unbestritten. Doch auch im operativen Bereich ist deren Expertise und deren Problemlösungsfähigkeit nicht mehr wegzudenken. Man denke z. B. an einen Informatiker, der (möglicherweise) als einziger Mitarbeiter eine wichtige Datenbank angemessen einrichten und verwalten kann, sodass andere Mitarbeiter (Kollegen, aber auch Vorgesetzte) von seinem Expertenwissen abhängig sind.
- *Überzeugungsmacht*: Hier geht es um Einflussnahme, die insbesondere den Mitarbeitern gegeben ist, die Kollegen und Vorgesetzte von ihren Vorstellungen und Wünschen überzeugen zu können. Dies kann auf subtile Weise über bestimmte Einflusstaktiken geschehen (z. B. Einschmeicheln, inspirierende Appelle).
- *Identifikationsmacht*: Im Vordergrund steht die Vorbildwirkung der Führungskraft. Im Extremfall identifiziert sich der Geführte mit den Motiven und Idealen des Vorgesetzten. Dieses Phänomen ist aus der Psychologie bekannt: die emotionale Gleichsetzung.
- *Charismatische Macht*: Diese wurde im Rahmen der personenorientierten Führungstheorien (vgl. Kapitel 2.3.2 in der Frage 3 behandelt).

3. Hinweise zur Lösung

Ob nun Positions- oder Personenmacht – stets geht es um die Verhaltensbeeinflussung, verstanden als ein wesentliches Kriterium im Führungsprozess. Es wird folglich Einfluss ausgeübt, der über die Wirkung des Besitzes von Ressourcen einer Person oder Personengruppe auf eine andere funktioniert. Diese Ressourcen können von unterschiedlicher Qualität, Quantität und Wertschätzung sein. Dabei geht es nicht nur um finanzielle, materielle, planerische oder direktionale Ressourcen, sondern auch solche, welche von emotionaler Natur sind. Gefühle wie Angst, Furcht, erwünscht sein, nicht erwünscht sein, Wertschätzung, Verachtung und vieles mehr spielen hinsichtlich des Einflusses auf andere Personen oder Personengruppen eine wesentliche Rolle.

4. Literaturempfehlungen

Nerdinger, Friedemann W. (2008): Grundlagen des Verhaltens in Organisationen, 2. Aufl., Stuttgart, S. 134–139.

Weibler, Jürgen (2012): Personalführung, 2. Aufl., München, S. 148–154.

Wunderer, Rolf (2011): Führung und Zusammenarbeit. Eine unternehmerische Führungslehre, 9. Aufl., Köln, S. 298–301.

Aufgabe 7: Führungsökonomik

Wissen, Verstehen
15 Minuten

1. Fragestellung

Lässt sich der Führungsprozess auch ökonomisch herleiten? Beziehen Sie dabei die Ansätze der Neuen Institutionenökonomik mit ein!

2. Lösung

Grundsätzlich lässt sich der Führungsprozess über die strukturelle Führung (vgl. Kapitel 2.1) und damit auch führungsökonomisch herleiten. Es wird dann eben nicht mehr direkt bzw. unmittelbar, sondern über Institutionen (insbesondere über Werte wie Unternehmensverfassungen oder Vertragsarten) sowie über Regeln, Grundsätze, Restriktionen (allesamt Normen für die Gestaltung der Austauschbeziehungen zwischen Vorgesetztem und Geführten) und nicht zuletzt über die damit verbundenen Kooperations- und Delegationsformen geführt.

Im Führungsprozess können somit die Entscheidungsfindung, die Kommunikation, die Motivation und die Kontrolle quasiökonomisch gestaltet werden. Drei ausgewählte Ansätze der Neuen Institutionenökonomik eignen sich dazu:
- Der Property-Rights-Ansatz (a),
- der Principal-Agent-Ansatz (b) und
- der Transaktionskostenansatz (c).

Zu (a): Im Mittelpunkt stehen die Verfügungsrechte, also Rechte der Nutzung, Veränderung, Gewinnaneignung und Veräußerung der eingesetzten oder der im Führungsprozess entstehenden Ressourcen: Im Kern geht es um den Einsatz von materiellen und immateriellen Anreizen wie z. B. Erfolgsbeteiligungen und Partizipationsmöglichkeiten an Organisationsentscheidungen. Besonders eignet sich der Property-Rights-Ansatz im Zusammenhang mit dem Mitunternehmertum. Im Führungsprozess sollen die Verfügungsrechte motivations- und leistungssteigernde sowie risikominimierende Wirkungen haben.

Zu (b): Die Akteure sind der Auftraggeber (Principal) und der Auftragnehmer (Agent) deren Zusammenarbeit analog zu (a) über Institutionen geregelt wird; typisch ist der Kooperationsvertrag zwischen beiden. Dem Agenten werden dabei recht breite und tiefe Entscheidungs- und Handlungsspielräume eingeräumt; vorausgesetzt er erfüllt die vertraglichen Vereinbarungen. Die Ausgestaltungen des Vertrages lassen sich gut in die Konstrukte des Mitunternehmertums – gekoppelt mit Anreizsystemen – einbetten, um einmal mehr positive Wirkungen in Bezug auf Motivation, Leistungssteigerung und Risikominimierung in Aussicht zu stellen.

Zu (c): Transaktionskosten sind Kosten der Anbahnung und Abwicklung, also Kosten, die bei der Übertragung von Verfügungsrechten entstehen. Auch im Führungsprozess gilt es, solche Kosten möglich gering zu halten. Im Idealfall wirken starke Unternehmenskulturen oder tief verankerte Führungsgrundsätze (z. B. Empowerment) als Quasivereinbarungsformen mit transaktionskostenminimierender Wirkung.

3. Hinweise zur Lösung

Die Konzepte und Instrumente aus der Neuen Institutionenökonomik wirken allesamt als Führungssubstitute. Sie ersetzen die direkte, unmittelbare Führung durch die indirekte, strukturelle Führung. Zwei wesentliche Voraussetzungen sind zu beachten: Vertrauen und hohe Kompetenz. Beide reduzieren die Komplexität im Rahmen der Vertragsbeziehung.

4. Literaturempfehlungen

Walter-Busch, Emil (1996): Organisationstheorien von Weber bis Weick, Amsterdam, S. 287–293.
Wunderer, Rolf (2011): Führung und Zusammenarbeit. Eine unternehmerische Führungslehre, 9. Aufl., Köln, S. 301–306.

2.3.4 Interaktionsorientierte Führungstheorien

Fallstudie KaffeeLeben – Aufgabe F16

Wissen, Verstehen, Anwenden, Transfer
20 Minuten

---

1. Fragestellung

Klaus Eisenhart ist mittlerweile seit einem halben Jahr als Filialleiter tätig. Der positive Eindruck aus dem Vorstellungsgespräch hat sich bestätigt, Roman und Florentine können sich glücklich schätzen die richtige Einstellungsentscheidung getroffen zu haben. Nicht nur die Umsatzzahlen sind auf Rekordhöhe, auch die Kundenzufriedenheit könnte nicht besser sein. Auch das Mitarbeiterteam scheint mit Herrn Eisenhart als neuer Führungskraft sehr zufrieden zu sein. Verschiedene Mitarbeiter haben Florentine Gutmann bei ihren Besuchen in der Filiale mitgeteilt, dass Herr Eisenhart sehr gut auf die Bedürfnisse der Mitarbeiter eingeht, zum Beispiel bei der Einteilung der Arbeitszeiten auch berücksichtigt, dass einige Kolleginnen auch mal kurzfristig die Schicht wechseln müssen, wenn ihr Kind krank geworden ist. Dann hat Herr Eisenhart immer unkompliziert und ohne Nachteile für andere Kollegen eine Lösung gefunden. Außerdem schätzen die Mitarbeiter das hohe Maß an Vertrauen, welches er allen entgegenbringt. „Herr Eisenhart geht erst mal davon aus, dass jeder sein Bestes gibt und wir uns auch gut untereinander unterstützen können. Und wenn mal jemand etwas nicht ganz richtig macht, gibt es keinen Einlauf, sondern eine ruhige Erklärung, wie man es das nächste Mal einfach besser machen kann. So macht Arbeiten echt Spaß.", sagte eine Mitarbeiterin. „Neulich, als dann mal wirklich Not am Mann war, weil diese schlimme Grippewelle kam und fast alle krank waren, hat Herr Eisenhart uns gefragt, ob wir bereit wären, freiwillig ein paar Überstunden zu machen, um den Laden am Laufen zu halten und alle haben sofort ‚ja' gesagt, wir sind ja ein Team!", erzählte sie freudestrahlend.

Mithilfe welcher Führungstheorie lässt sich das dargestellte Führungsverhalten am besten erklären?

2. Anregungen für Ihre Diskussion der Lösung

Den besten Erklärungsansatz für den Führungserfolg von Herrn Eisenhart liefert die Idiosynkrasie-Kredit-Theorie. Der „Idiosynkrasie-Kredit" ist Ausdruck des innerhalb einer Gruppe erworbenen Status. Er bezeichnet das Ausmaß, bis zu dem eine Person von den Erwartungen der Gruppe abweichen kann, ohne Sanktionen befürchten zu müssen. Der Idiosynkrasie-Kredit bezeichnet also eine Art Vertrauensvorschuss oder Abweichungskredit. Die Führungskraft erwirbt durch die richtigen Führungsaktivitäten am Beginn der Führungsbeziehung einen Vertrauens- und Loyalitätsvorschuss („Akzeptanzkapital"), den sie später für „Innovation" oder „Ausnahmesituationen" einsetzen kann. Die Geführten evaluieren den Status und die Legitimation der Führungskraft anhand seiner Beiträge zur Erfüllung der Hauptaufgabe der Gruppe und Zeichen der Loyalität zur Gruppennorm.

3. Literaturempfehlungen

Berthel, Jürgen/Becker, Fred G. (2017): Personal-Management: Grundzüge für Konzeptionen betrieblicher Personalarbeit, 11. Aufl., Stuttgart, S. 216.

Wunderer, Rolf (2011): Führung und Zusammenarbeit: Eine unternehmerische Führungslehre, 9. Aufl., München, S. 307–308.

Aufgabe 8: Gegenstand interaktionsorientierter Führungstheorien

---

Wissen, Verstehen
5 Minuten

---

1. Fragestellung

Mit welchen Tatbeständen befassen sich interaktionsorientierte Führungstheorien?

2. Lösung

Es geht in erster Linie um soziale Austausch- und Einflussprozesse (z. B. Vertrauen, persönliche Kontakte, Anerkennung) zwischen Vorgesetzten und Geführten. Dabei kann die sogenannte Führungsdyade (Zweierbeziehung) oder die Gruppe fokussiert werden. Es kann aber auch um ökonomische Austauschprozesse im Sinne der Neuen Institutionenökonomik gehen, insbesondere um ökonomisch bewertbare Transaktionen.

3. Hinweise zur Lösung

Interaktionen sind aufeinander bezogene Handlungen. Reziprozität (Wechselseitigkeit) und Dynamik sowie die Verhandlungsbereitschaft kennzeichnen die Austauschprozesse zwischen Vorgesetzten und Geführten. Die Führung über Führungssubstitute scheint hier – abgesehen von den Möglichkeiten der ökonomischen Ausprägungen der Interaktionstheorie – kaum möglich. Zu stark ist der Grad an Personalisierung. Die unmittelbare Beziehungsorientierung zwischen den Akteuren spielt eine zentrale Rolle.

4. Literaturempfehlungen

Macharzina, Klaus/Wolf, Joachim (2015): Unternehmensführung. Das internationale Managementwissen. Konzepte – Methoden – Praxis, 9. Aufl., Wiesbaden, S. 584–585.
Wunderer, Rolf (2011): Führung und Zusammenarbeit. Eine unternehmerische Führungslehre, 9. Aufl., Köln, S. 306–309.

2.3.5 Situationsorientierte Führungstheorien

Fallstudie KaffeeLeben – Aufgabe F17

Wissen, Verstehen, Anwenden, Transfer
20 Minuten

---

1. Fragestellung

Herr Eisenhart fühlte sich sehr wohl in seinem neuen Job als Filialleiter. Die Arbeit mit dem Team machte ihm wirklich Spaß und KaffeeLeben stellte sich als guter Arbeitgeber heraus. Er hatte die richtige Entscheidung für den nächsten Karriereschritt getroffen, als er sich damals auf die Stellenausschreibung, die ihm ein Freund zugeschickt hatte, beworben hat.

In seinem vorherigen Job hatte Klaus Eisenhart ebenfalls bereits Führungsverantwortung. Dort hatte er bereits Erfahrungen gesammelt, wie er verschiedene „Mitarbeitertypen" am besten führt, schließlich braucht ja jeder die für sie oder ihn „richtige" Art von Führung, um gemeinsam gute Ergebnisse zu erzielen. In den ersten Wochen beobachtete er seine Teammitglieder sehr genau, um sich von jedem einen guten Eindruck zu machen. Dazu führte er abends eine Art „Tagebuch", damit er nichts vergaß. Für vier seiner Teammitglieder sind folgende Notizen zur Einschätzung entstanden (Tabelle 2.11).

Wie sollte Klaus Eisenhart die vier Mitarbeiter führen, wenn er sich die Reifegrad-Theorie zu Hilfe nimmt?

2. Anregungen für Ihre Diskussion der Lösung

Ausgangspunkt der Reifegradtheorie ist eine Führungsstilklassifikation, welche die zwei Stufen „Aufgabenorientierung" und „Personenorientierung" aus den Ohio-State-Studien zu vier Stufen kombiniert. Die „Situation" wird durch die Variable „Reife der Mitarbeiter" in Ansatz gebracht, welche aus den Faktoren „Funktionsreife" und „psychologische Reife" ermittelt wird. Funktionsreife bezeichnet dabei die Fähigkeiten, das Wissen und die Erfahrung, die ein Mitarbeiter zur Erfüllung seiner Aufgabe mitbringt, also die Qualifikation. Die Psychologische Reife bezieht sich auf die Motivation und berücksichtigt Selbstvertrauen, Leistungsorientierung und Verantwortungsbereitschaft.

Die Reifegrad-Theorie trifft folgende Aussagen zum situativ empfohlenen Führungsstil in Abhängigkeit der Qualifikation und Motivation eines Mitarbeiters, die Herr Eisenhart berücksichtigen kann:

- Bei geringer Reife (geringe Qualifikation und Motivation) sollte der Mitarbeiter aufgabenorientiert geführt werden (direktiv). Dies trifft am ehesten auf Judith Klein zu.

Tab. 2.11: Auszug aus dem Notizbuch, Quelle: eigene Darstellung.

Name	Notizen von Klaus Eisenhart
Dunja Arnst	Ist die betriebsälteste Mitarbeiterin hier in der Filiale, seit zwei Jahren dabei. Kennt alle Abläufe und die Handhabung aller Maschinen sehr gut. Hohe Qualität bei der Zubereitung. Erklärt den anderen auch mal, wie es richtig geht, wenn sie nicht weiterwissen. Kommt manchmal zu spät und überzieht bei den Pausen etwas. Wirkt manchmal etwas abwesend, was auch die Kunden und Kollegen merken.
Anne Schnell	Hat erst vor wenigen Wochen angefangen und ist noch nicht mit allem vertraut. Macht noch Fehler bei der Zubereitung der Kaffeespezialitäten oder in der Bedienung der Maschinen, lässt auch mal was fallen, da etwas hektisch. Reagiert konstruktiv auf das Feedback von mir oder ihren Kolleginnen. Lernt schnell, Fehler passieren dann nicht mehr. Absolut zuverlässig. Scheint authentische Freude an der Arbeit und vor allem der Bedienung der Kunden zu haben. Sehr sympathisch, immer gut drauf.
Judith Klein	Arbeitet fast von Anfang an für KaffeeLeben. Steht mit der neuen Kaffeemaschine auf Kriegsfuß, die alte war besser, sagt sie. Schiebt bei einem Problem manchmal die Schuld auf andere Kollegen. Achtet genau auf ihre Arbeits- und Pausenzeiten. Wenig Bereitschaft im Sinne des Ladens und des Teams auch mal 5 Minuten länger zu bleiben, obwohl alle anderen gerne mit anpacken. Hält gerne Schwätzchen mit den Kolleginnen obwohl Kunden da sind, der Betrieb wird dadurch auch mal aufgehalten. Führt manchmal zu genervten Reaktionen im Team. Bin mir nicht sicher, ob die Kolleginnen sie wirklich mögen.
Stephan Geradewiese	Arbeitet vollkommen selbstständig. Kennt sich mit allem im Geschäft aus. Hat sich verschiedene Bücher zur Kaffeanpflanzung und Röstung besorgt und in seiner Freizeit gelesen. Weiß wirklich viel über Kaffee und beeindruckt seine Kunden in der Beratung damit; das kommt bei den Kunden super an. Ist auch immer gut drauf. Die Kolleginnen fragen ihn gerne um Rat und nennen ihn freundschaftlich „Dr. Coffee". Bringt Spaß ins Team durch seinen guten Humor. Immer pünktlich, immer zuverlässig bisher. Stellvertreter-Potenzial?

- Bei mäßiger Reife (geringe Qualifikation und hohe Motivation) sollte die Führungskraft aufgaben- und mitarbeiterorientiert führen (unterstützend und strukturierend). Dies trifft am ehesten auf Anne Schnell zu.
- Bei höherem Reifegrad (hohe Qualifikation und geringer Motivation) ist die Führungskraft erfolgreich, wenn sie sich mehr mitarbeiter- als aufgabenorientiert verhält (partizipativ). Dies trifft am ehesten auf Dunja Arnst zu.
- Den reifen Mitarbeiter (hohe Qualifikation und hohe Motivation) sollte die Führungskraft innerhalb eines definierten Handlungsspielraums am besten weitgehend selbstständig arbeiten lassen (delegierend). Dies trifft am ehesten auf Stephan Geradewiese zu.

3. Literaturempfehlungen

Bartscher, Thomas et al. (2012): Personalmanagement: Grundlagen, Handlungsfelder, Praxis, München, S. 99–102.

Berthel, Jürgen/Becker, Fred G. (2017): Personal-Management: Grundzüge für Konzeptionen betrieblicher Personalarbeit, 11. Aufl., Stuttgart, S. 214–216.

Scholz, Christian (2014): Grundzüge des Personalmanagements, 2. Aufl., München, S. 317–318.

Stock-Homburg, Ruth (2013): Personalmanagement. Theorien – Konzepte – Instrumente, 3. Aufl., Stuttgart, S. 501–504.

Wunderer, Rolf (2011): Führung und Zusammenarbeit: Eine unternehmerische Führungslehre, 9. Aufl., München, S. 310–311.

Aufgabe 9: Reifegradtheorie der Führung

Wissen, Verstehen, Anwenden
10 Minuten

1. Fragestellung

Was verstehen Sie unter dem Reifegrad im Rahmen der Personalführung? Welche zwei Perspektiven werden betrachtet? Zeigen Sie einige Beispiele zu den beiden Perspektiven auf!

2. Lösung

Im Fokus stehen Mitarbeiter, denen vom Vorgesetzten Aufgaben übertragen werden. Der Reifegrad eines Mitarbeiters lässt Einschätzungen darüber zu, inwiefern dieser *fähig* und *willig* ist, die ihm übertragenen Aufgaben zu erledigen. Von daher sind es die beiden Perspektiven der Qualifikation und der Motivation, welche die Basis zur Bestimmung des Reifegrades bilden. Im Rahmen der situativen Führung kann von daher eingeschätzt werden, inwiefern ein Mitarbeiter einen geringen, einen geringen bis mittleren, einen mäßigen bis hohen oder den hohen Reifegrad aufweist.

Der Perspektive Qualifikation (Fähigkeit) sind Ausbildung, Arbeitserfahrung, tätigkeitsbezogene Kenntnisse zuzuordnen.

Die Perspektive Motivation (Willigkeit) weist einen starken Bezug zur Persönlichkeitspsychologie auf (vgl. das OCEAN-Modell im Kapitel 2.3.2): Offenheit, Gewissenhaftigkeit und Verträglichkeit lassen Aussagen darüber zu, inwiefern ein Mitarbeiter die ihm übertragenen Aufgaben bereitwillig erledigt.

3. Hinweise zur Lösung

Im Kontext der wissensorientierten Personalführung und im Zusammenhang mit dem Kampf um Talente, also der Gewinnung und Bindung von hochqualifizierten Fach- und Führungskräften an die Unternehmen, nehmen reifegradorientierte Konzepte und Instrumente eine erfolgskritische Bedeutung ein. Hochkompetente Mitarbeiter weisen per se einen hohen bzw. den höchsten Reifegrad auf: Sie sind gleichermaßen fähig und willig, die ihnen übertragenen Aufgaben nahezu autonom und ohne direkte Führung zu erledigen.

Auch im Zusammenhang mit der Personalentwicklung ist zu beachten, dass Mitarbeiter über ausgewählte Maßnahmen des Personalmanagements (z. B. Mentoring, Coaching) in höhere Reifegrade entwickelt werden können. Im Berufsalltag sollte der unmittelbare Vorgesetzte nach Möglichkeit situationsbezogen – nämlich dem jeweiligen Reifegrad des Mitarbeiters entsprechend – führen. Je höher der Reifegrad ist umso mehr wird direkte Führung substituiert (vgl. nächste Frage).

4. Literaturempfehlungen

von der Oelsnitz, Dietrich et al. (2007): Der Talente-Krieg. Personalstrategie und Bildung im globalen Kampf um Hochqualifizierte, Bern, S. 236–238.

Wunderer, Rolf (2011): Führung und Zusammenarbeit. Eine unternehmerische Führungslehre, 9. Aufl., Köln, S. 306–309.

Aufgabe 10: Substitution direkter Führung

Wissen, Verstehen, Anwenden, Transferieren, Bewerten
18 Minuten

---

1. Fragestellung

Lesen Sie zunächst folgende Definition:

„Substitution direkter Führung bezeichnet die Ersetzung interaktiver Mitarbeiterführung durch indirekte Steuerungsmechanismen, v. a. durch spezifische – situativ unterschiedlich ausgeprägte – Aufgaben-, Organisations- sowie auch Geführtencharakteristika (Führungssubstitute)." (Wunderer, 2011: 314)

Zeigen Sie die Relevanz von Führungssubstituten anhand von Beispielen auf! In welchem Verhältnis stehen direkte (interaktive) und indirekte Führung, insbesondere im praktischen Einsatz? Illustrieren Sie das anhand von zwei Beispielen!

2. Lösung

Als Führungssubstitute gelten

- aufbau- und ablauforganisatorische Regelungen mit einem hohen Formalisierungsgrad,
- unmittelbares Leistungsfeedback durch externe Anspruchsgruppen, z. B. durch Kunden,
- Aufgabenumfeld, welches die intrinsische Motivation fördert, z. B. sog. Flow-Erlebnisse,
- leistungsfördernde Anreize,
- hochqualifizierte Mitarbeiter,
- Arbeitsgruppen mit starker Kohäsion sowie
- starke Unternehmenskulturen.

Im praktischen Einsatz wäre es kontraproduktiv wenn man die direkte Führung und die Führung über Substitute kontrastieren würde. Die strikte Trennung hätte die Verringerung der Führungseffektivität und die Reduzierung der Führungseffizienz zur Folge. Führung bedarf gleichermaßen interaktiver und struktureller Elemente. Es gibt wechselseitige Anpassungs- und Kontrollbedarfe, sodass sich direkte und indirekte Führung ergänzen.

Beispiele:

- Hochqualifizierte, die autonom in kohäsiven Projektteams bei guter Dotierung und mit engem Kundenkontakt arbeiten, benötigen von Zeit zu Zeit das direkte Feedback durch den Projektleiter, wenn nicht gar durch den Bereichsverantwortlichen.
- In aufsichtsrechtlich stark normierten Geschäftsfeldern der Finanzdienstleistungsbranche (z. B. Kreditgeschäft, Versicherungen) substituiert der hohe Formalisierungsgrad in den entsprechenden Wertschöpfungsketten das qualifizierte Gespräch mit dem Bereichsverantwortlichen nicht. Im Gegenteil: Besonders das ereignis- und fallorientierte Vorgehen (z. B. bei Aufträgen, die Schlüsselkunden betreffen) bedarf oft einer persönlichen Absprache mit dem Vorgesetzten.

3. Hinweise zur Lösung

Führung ist selbst durch die vielfältigen Substitute nicht vollends ersetzbar. Realistisch und praktikabel ist das ergänzende Vorgehen aus direkter und indirekter Führung. Sicherlich könnte man den Worten des St. Galler Managementvordenkers Fredmund Malik folgen: „Der Job ist das Ziel, nicht der Chef." Dennoch werden auch die hochqualifizierten, autonom und intrinsisch motiviert arbeitenden Mitarbeiter mit dem höchsten Reifegrad von Zeit zu Zeit das Bedürfnis nach einem persönlichen Gespräch oder Erfahrungsaustausch mit dem unmittelbar Vorgesetzten haben. Hier sei einmal mehr an das Bedürfnis nach Resonanz in Arbeits- und Führungsbeziehungen erinnert (vgl. Kapitel 2.1).

4. Literaturempfehlungen

Wunderer, Rolf (2011): Führung und Zusammenarbeit. Eine unternehmerische Führungslehre, 9. Aufl., Köln, S. 314–316.

Für besonders Interessierte; zur Resonanz in Arbeits- und Führungsbeziehungen: Rosa, Hartmut (2016): Resonanz. Eine Soziologie der Weltbeziehung, 4. Aufl., Berlin, S. 393–402.

2.4 Führungsstile

2.4.1 Grundlagen und Überblick über Führungsstile

Fallstudie KaffeeLeben – Aufgabe F18

Wissen, Verstehen, Anwenden, Transfer
20 Minuten

---

1. Fragestellung

Florentine und Roman stellten sich die Frage, welcher Führungsstil denn nun am erfolgversprechendsten wäre. Dabei erinnerte sich Florentine – wie so oft – an ihre Vorlesung aus dem Studium: „Du Roman, da gibt es ja verschiedene idealtypische Führungsstile. Ich muss mal überlegen, wie das genau war. Da gab es eine viel zitierte Untersuchung, Iowa-Studien oder so ähnlich." „Ja, ich glaube, wir müssen uns grundsätzlich erst mal überlegen, ob wir als Chefs denn auch autoritär auftreten wollen oder ob wir eher demokratisch vorgehen wollen", gab Roman zu bedenken.

(a) Diskutieren Sie ausführlich, welche Auswirkungen grundsätzlich bei autoritärer Führung einerseits sowie bei demokratischer Führung andererseits vorstellbar sind.

(b) Welche der beiden grundsätzlichen Alternativen würden Sie Florentine und Roman nahelegen und warum würden Sie dies tun?

2. Anregungen für Ihre Diskussion der Lösung

(a) Der Führungsstil drückt aus, wie sich Führungskräfte gegenüber ihren Mitarbeitern innerhalb gewisser Bandbreiten relativ konsistent und wiederkehrend verhalten und so ihre Führungsfunktion ausüben.

(b) Zur Unternehmens- und auch Führungskultur von KaffeeLeben passt sicher eher ein demokratisch orientiertes Führungsverhalten, das auf einer entspannten, freundschaftlichen Atmosphäre fußt, kollegial-kooperatives Gruppenverhalten fördert, eine höhere Originalität der Arbeitsergebnisse aufweist sowie eine Weiterarbeit bei Abwesenheit des Führenden aufzeigen kann.

Tab. 2.12: Auswirkungen autoritärer vs. demokratischer Führung, Quelle: Wunderer (2011: 205).

autoritär geführte Gruppe	demokratisch geführte Gruppe
– hohe Spannung, Konflikte	– entspannte, freundschaftliche Atmosphäre
– gehorsames bis unterwürfiges Gruppenverhalten	– kollegial-kooperatives Gruppenverhalten
– höhere Arbeitsintensität	– höhere Originalität der Arbeitsergebnisse
– Arbeitsunterbrechung bei Abwesenheit der Führungsperson	– Weiterarbeit bei Abwesenheit der Führungsperson

3. Literaturempfehlungen

Berthel, Jürgen/Becker, Fred G. (2017): Personal-Management: Grundzüge für Konzeptionen betrieblicher Personalarbeit, 11. Aufl., Stuttgart, S. 175–176.

Wunderer, Rolf (2011): Führung und Zusammenarbeit: Eine unternehmerische Führungslehre, 9. Aufl., München, S. 203–214.

Aufgabe 1: Führungsstil

Wissen, Verstehen
5 Minuten

1. Fragestellung

Was ist unter einem Führungsstil zu verstehen?

2. Lösung

Als Führungsstil (zumeist synonym Führungsverhalten) wird in der Regel die Art und Weise verstanden, in der Führungskräfte sich ihren Mitarbeitern gegenüber verhalten, d. h. ihre Führungsfunktion ausüben. Das Führungsverhalten ist zeitlich relativ überdauernd, also konstant, kann aber auch situationsspezifisch ausgerichtet sein.

3. Hinweise zur Lösung

Im Rahmen der direkten, unmittelbaren Führung durch den nächsthöheren Vorgesetzten schält sich der Führungsstil heraus, der in der Person des Vorgesetzten begründet liegt, aber auch durch das Arbeitsumfeld mitbeeinflusst wird. In den folgenden Fragestellungen wird von der Leserschaft erwartet, dass sie verschiedene Führungsstile kennt, diese versteht, Anwendungsbeispiele dazu einbringt und in der Lage ist, Führungsstile auf Führungssituationen hin zu transferieren, um schließlich Bewertungen vornehmen zu können.

4. Literaturempfehlungen

Weibler, Jürgen (2012): Personalführung, 2. Aufl., München, S. 337–348.

Aufgabe 2: Empirische Führungsstilforschung: Autoritär und demokratisch geführte Gruppe

Wissen, Verstehen
8 Minuten

1. Fragestellung

Kurt Lewin und Mitarbeiter haben Ende der 1930er-Jahre an der Iowa University Elementary School unter Laborbedingungen die Auswirkungen autoritärer und demokratischer Führung auf Kinder untersucht. Beschreiben Sie jeweils kurz vier Auswirkungen.

2. Lösung

Tab. 2.13: Auswirkungen autoritär und demokratisch geführter Gruppen, Quelle: in Anlehnung an Wunderer (2011: 205).

autoritär geführte Gruppe	demokratisch geführte Gruppe
– Spannungen und Konflikte – Gehorsamkeit und Unterwürfigkeit – höhere Leistungsergebnisse – die Arbeit wird während der Abwesenheit der Führungsperson unterbrochen	– Gruppenatmosphäre zeichnet sich durch Entspannung und Freundschaft aus – die Gruppenmitglieder verhalten sich kollegial und kooperativ – bescheidenere, aber originellere Arbeitsergebnisse – die Arbeit wird während der Abwesenheit der Führungsperson nicht unterbrochen

3. Hinweise zur Lösung

Die durch die Laborexperimente gewonnen Erkenntnisse gelten als die Vorläufer zur Bestimmung des autoritären und des demokratischen Führungsstils. Im Rahmen von Feldstudien konnten diese Ergebnisse verfeinert werden. Des Weiteren konnte der Laissez-faire-Stil ermittelt werden: Im Grunde gibt es hierbei keine Führung, denn jedem Gruppenmitglied ist das Arbeits- und Sozialverhalten freigestellt.

4. Literaturempfehlungen

Wunderer, Rolf (2011): Führung und Zusammenarbeit. Eine unternehmerische Führungslehre, 9. Aufl., Köln, S. 205–208.

Aufgabe 3: Führungsstilmodelle

Wissen, Verstehen
10 Minuten

1. Fragestellung

In der Führungsforschung gibt es eindimensionale und mehrdimensionale Modelle. Stellen Sie ein eindimensionales, ein zweidimensionales und ein dreidimensionales Führungsmodell jeweils überblicksmäßig dar.

2. Lösung

Tab. 2.14: Eindimensionale und mehrdimensionale Führungsstilmodelle, Quelle: in Anlehnung an Wunderer (2011: 208).

Typologie nach	Dimensionen	Führungsstile
Tannenbaum/Schmidt	Teilhabe am Entscheidungsprozess	– autoritär – patriarchalisch – informierend – beratend – kooperativ – delegativ – (teil-)autonom
„Ohio-State-Studien"	– Aufgabenorientierung (Initiating Structure) – Mitarbeiterorientierung (Consideration)	– aufgabenorientiert – mitarbeiterorientiert
Hersey/Blanchard	– Aufgabenorientierung – Mitarbeiterorientierung – Reifegrad der Mitarbeiter	– Unterweisungsstil – Verkaufsstil – Partizipationsstil – Delegationsstil

3. Hinweise zur Lösung

Das eindimensionale Modell konzentriert sich auf die Teilhabe des Mitarbeiters an den Entscheidungsprozessen. Diese Dimension erstreckt sich innerhalb der Eckpunkte des autoritären Führungsstils (keine Entscheidungsteilhabe des Mitarbeiters) bis hin zum (teil-)autonomen Führungsstil (eigenständige Entscheidung des Mitarbeiters). Dazwischen sind wechselseitige Kooperationen zwischen Vorgesetzten und Mitarbeitern möglich. Das zweidimensionale Modell bezieht die Aufgabenorientierung und die Mitarbeiterorientierung ein. Während erstere rein zielorientiert ausgerichtet ist, ist die zweite rein beziehungsorientiert ausgerichtet. In der Zielorientierung spiegelt sich die Lokomotionsfunktion und in der Beziehungsorientierung die Kohäsionsfunktion der Führung wider. Beim dreidimensionalen Modell kommt noch der Reifegrad hinzu. Dieser wurde im Kapitel 2.3.5 im Kontext mit den Situationstheorien eingeführt. Man spricht auch vom Bereitschaftsgrad. Ein geringer Grad (Mitarbeiter ist kaum willig und nicht fähig) würde zur Empfehlung des Unterweisungsstils führen, während ein hoher Reifegrad (gleichermaßen höchst willig und fähig) zur Konsequenz hätte, den Delegationsstil zu wählen.

4. Literaturempfehlungen

Wunderer, Rolf (2011): Führung und Zusammenarbeit. Eine unternehmerische Führungslehre, 9. Aufl., Köln, S. 207–214.

2.4.2 Einfaktorielle Führungsstilmodelle

Fallstudie KaffeeLeben – Aufgabe F19

Wissen, Verstehen, Anwenden, Transfer
20 Minuten

---

1. Fragestellung

Nachdem Florentine und Roman sich grundlegend über Führungsstile ausgetauscht hatten, bemerkten Sie, dass das Thema noch umfangreicher war als zunächst angenommen. Roman meinte: „Wenn ich so an Frau Klein denke, dann möchte ich eigentlich alle Entscheidungen als Vorgesetzter selbst treffen, denn jede Partizipation scheint hier an viele nervenaufreibende Diskussionen geknüpft zu sein." Florentine entgegnete: „Du, Roman, das kann ich natürlich gut verstehen, aber denk mal an Herrn Geradewiese. Da verschenken wir ja sogar Potenzial. Der ist so engagiert und interessiert, dass wir als Vorgesetzte und die KaffeeLeben GmbH durch seine Beteiligung an Entscheidungen oft eine Bereicherung erfahren werden." Die beiden Vorgesetzten überlegten bei einer Tasse köstlichen Kaffees, welcher Führungsstil im Hinblick auf die Mitarbeiterbeteiligung an Entscheidungen wohl am geeignetsten für die KaffeeLeben GmbH und ihren Erfolg sei – wohl wissend, dass Sie sich wiederum hier für einen Stil entscheiden müssten.

(a) Erläutern Sie bitte warum Florentine und Roman sich dennoch auf einen grundlegenden Führungsstil festlegen können, trotz dass jeder der Mitarbeiter unterschiedlich ist.

(b) Stellen Sie das Führungskontinuum nach Tannenbaum/Schmidt dar und geben Sie auf die KaffeeLeben GmbH bezogene Beispiele und Argumente für oder gegen den jeweiligen Führungsstil.

(c) Welchen Führungsstil des Kontinuums würden Sie Florentine und Roman denn schlussendlich nahelegen und für wie lange sollten Sie diese Entscheidung treffen?

2. Anregungen für Ihre Diskussion der Lösung

(a) Der Führungsstil signalisiert bewusst ein Muster im Führungsverhalten, auch wenn die Mitarbeiter unterschiedlich sind. Wie bei der vorherigen Lösung beschrieben handelt es sich um ein relativ konsistentes, wiederkehrendes Verhaltensmuster, das die Differenzierung der Mitarbeiter im Rahmen gewisser Bandbreiten dennoch abdeckt. Zum Beispiel können beim sogenannten kooperativen Führungsstil die Mitarbeiter bzw. die Gruppe Vorschläge entwickeln, die Vorgesetzten entscheiden sich dann für die von ihnen favorisierte Variante. So werden konstruktive und in alle Richtungen gehende Vorschläge von Herrn Geradewiese sicher eher Berücksichtigung finden als einseitig opportunistische von Frau Klein.

(b) Das Führungskontinuum nach Tannenbaum/Schmidt zeigt sieben idealtypische Führungsstile und charakterisiert diese. Der Schwerpunkt der Willensbildung verschiebt sich vom ersten bis zum siebten Führungsstil vom Vorgesetzten auf den Mitarbeiter.

Konkret auf die KaffeeLeben GmbH bezogen ist z. B. der autoritäre Führungsstil nicht geeignet, denn den Gründern ist von Anfang an wichtig gewesen, dass die Mitarbeiter in die Belange rund um das Unternehmen einbezogen werden bzw. gemeinsam als Team arbeiten. Auch der partriarchalische Führungsstil ist nicht geeignet. Zwar wird hier seitens der Vorgesetzten versucht, die Mitarbeiter zu überzeugen, dies reicht aber nicht aus, um sich für eine Sache – hier im konkreten Fall das Kaffeeangebot zu begeistern. Der informierende Führungsstil beinhaltet die umfassende Information der Mitarbeiter, mit dem Ziel, Akzeptanz zu fördern. Für das Einbringen eigener Ideen der Mitarbeiter – wie in der Unternehmenskultur von KaffeeLeben verankert – reicht dies jedoch nicht aus.

Vieles spricht genau deswegen für einen kooperativen Führungsstil, bei dem die Mitarbeiter auch und insbesondere als Gruppe Vorschläge entwickeln und sich

Tab. 2.15: Führungsstilkontinuum nach Tannenbaum/Schmidt, Quelle: Weibler (2016; S. 315); nach Tannenbaum/Schmidt (1958; S. 96), ergänzt nach Wunderer (2011; S. 209).

Willensbildung beim Vorgesetzten				Willensbildung beim Mitarbeiter		
1	2	3	4	5	6	7
Vorgesetzter entscheidet ohne Konsultation der Mitarbeiter	Vorgesetzter entscheidet; er versucht aber, die Mitarbeiter von seiner Entscheidung zu überzeugen, bevor er sie anordnet	Vorgesetzter entscheidet; er gestattet jedoch Fragen zu seinen Entscheidungen, um dadurch Akzeptanz zu erreichen	Vorgesetzter informiert Mitarbeiter über beabsichtigte Entscheidungen; Mitarbeiter können ihre Meinung äußern, bevor der Vorgesetzte die endgültige Entscheidung trifft	Mitarbeiter/ Gruppe entwickelt Vorschläge; Vorgesetzter entscheidet sich für die von ihm favorisierte Alternative	Mitarbeiter/ Gruppe entscheidet nachdem der Vorgesetzte die Probleme aufgezeigt und die Grenzen des Entscheidungsspielraums festgelegt hat	Mitarbeiter/ Gruppe entscheidet; Vorgesetzter fungiert als Koordinator – nach innen und außen
„Autoritär"	„Patriarchalisch"	„Informierend"	„Beratend"	„Kooperativ"	„Delegativ"	„Autonom"

so einbringen können, während die Vorgesetzten letztendlich die finale Entscheidung treffen.

(c) Es finden sich sehr viele Argumente für einen kooperativen Führungsstil. Die Führungsstile des Kontinuums, die den Mitarbeitern weniger Entscheidungsbefugnisse zukommen lassen, werden der unternehmerischen Vision und der Unternehmenskultur von KaffeeLeben weniger gerecht, denn hier wird bewusst Wert auf die intrinsische Motivation der Mitarbeiter gelegt, was mit einer gewissen Entscheidungsverantwortung einhergeht. Für die Führungsstile des Kontinuums, die den Mitarbeitern mehr Entscheidungsraum geben, ist das Unternehmen noch nicht lange genug am Markt. Derzeit müssen noch zu viele Entscheidungen grundlegender Art getroffen werden, die von den Gründern bzw. Vorgesetzten zu tragen sind, um die weitere Richtung maßgeblich zu bestimmen.

3. Literaturempfehlungen

Berthel, Jürgen/Becker, Fred G. (2017): Personal-Management: Grundzüge für Konzeptionen betrieblicher Personalarbeit, 11. Aufl., Stuttgart, S. 177–178.
Wunderer, Rolf (2011): Führung und Zusammenarbeit: Eine unternehmerische Führungslehre, 9. Aufl., München, S. 203–214.

Aufgabe 4: Das Führungskontinuum nach Tannenbaum/Schmidt

Wissen, Verstehen, Anwenden
20 Minuten

1. Fragestellung

Erläutern Sie das Führungskontinuum nach Tannenbaum/Schmidt und entwickeln Sie Beispiele dazu!

2. Lösung

Tab. 2.16: Führungskontinuum, Quelle: in Anlehnung an Wunderer (2011: 209).

Willensbildung beim Vorgesetzten					Willensbildung beim Mitarbeiter	
1	2	3	4	5	6	7
autoritär	patriarchalisch	informierend	beratend	kooperativ	delegativ	(teil-)autonom

- Zu 1: Beim autoritären Führungsstil entscheidet der Vorgesetzte ohne seine Mitarbeiter vorher zu konsultieren. Es geht um eine „einsame" Entscheidung. *Beispiel*: Der Betriebsleiter einer Motorenfabrik ordnet bei der Einkaufsabteilung an, dass ab dem nächsten Monat die Dichtungsringe beim Zulieferer XY nicht mehr bestellt werden dürfen.
- Zu 2: Beim patriarchalischen Führungsstil entscheidet der Vorgesetzte, versucht aber über seine Überzeugungsmacht seine Mitarbeiter für die Entscheidung zu gewinnen, bevor er diese per Positionsmacht (Amtsautorität) anordnet. *Beispiel*: Der Inhaber und Chef eines Handwerksbetriebs wird ab dem nächsten Quartal ein variables Vergütungsmodell einführen und erklärt im Vorfeld, dass die zukünftigen Entlohnungsformen „zum Besten" aller Mitarbeiter sein werden.
- Zu 3: Beim informierenden Führungsstil entscheidet der Vorgesetzte, stimuliert jedoch im Nachgang Fragen zu seinen getroffenen Entscheidungen und erhofft sich dabei eine hohe Akzeptanz durch seine Mitarbeiter. *Beispiel*: Im Rahmen einer Abteilungsleitersitzung in einem Versicherungsunternehmen wird entschieden, dass im Frontoffice ab nächstem Jahr auch Teilaufgaben im Zusammenhang mit der Pflege des Versicherungsbestandes vorgenommen werden müssen. Zur Entlastung der Abteilung XY wird die Sparte Unfallversicherung ausgelagert. Am nächsten Tag informiert der Leiter der Abteilung XY im Rahmen des Jour Fixe seine Mitarbeiter und macht ihnen diese getroffene Entscheidung „schmackhaft".

- Zu 4: Beim beratenden Führungsstil kündigt der Vorgesetzte eine zu fällende Entscheidung an und holt zuvor die Meinungen seiner Mitarbeiter ein. Letztlich fällt der Vorgesetzte nach der Einholung der Meinungen seine Entscheidung alleine. *Beispiel*: Die Inhaberin und Chefin eines kleinen Steuerberatungsbüros wird einen neuen Klienten aufnehmen, der auch Erträge im Ausland generiert. Sie fragt einen Steuerfachgehilfen, der vor Jahren die diesbezüglichen operativen Aufgaben für einen früheren Kunden erledigt hat, ob das vom Kunden gewünschte Leistungsspektrum im Tagesgeschäft zu stemmen ist. Nach Einholung der Meinung des Steuerfachgehilfen unterbreitet die Chefin dem neuen Kunden ein Angebot mit dem detaillierten Leistungsspektrum.
- Zu 5: Beim kooperativen Führungsstil avisiert der Vorgesetzte eine zu treffende Entscheidung und bittet seine Mitarbeiter Vorschläge dazu zu unterbreiten. Der Vorgesetzte entscheidet sich anschließend für den Vorschlag den er für opportun hält. *Beispiel*: Der Ko-Geschäftsführer eines Unternehmens zum Vertrieb von Haushaltsgeräten möchte den Umsatz für Staubsauger in den nächsten zwei Jahren um 20 % steigern. Dazu lässt er sich von seinen drei Marketingleitern Konzepte zur Umsatzsteigerung erarbeiten. Nach einem Monat liegen drei Alternativen auf dem Tisch: Marktdurchdringung durch verstärkte Werbemaßnahmen, Neugewinnung (Akquise) von Kunden durch Hausbesuche und Marktdurchdringung sowie Neugewinnung durch Aufbau eines Onlinevertriebsportals. Angesichts der hohen Diffusionsrate des Internethandels entscheidet sich der Ko-Geschäftsführer für die Onlinealternative.
- Zu 6: Beim delegativen Führungsstil entscheiden die Mitarbeiter. Zuvor hat der Vorgesetzte den Entscheidungskorridor festgelegt. Dieser wird bestimmt durch vorgegebene Ziele, Hinweise auf mögliche Hindernisse bei der Umsetzung und auf die Festlegung der Grenzen des Korridors. *Beispiel*: Ausgehend vom vorherigen Beispiel (Umsatzsteigerung bei den Staubsaugern) wird es den Marketingleitern überlassen, welche absatzfördernde Strategie und welche absatzpolitischen Instrumente eingesetzt werden. Dem Ko-Geschäftsführer geht es um die realistische Umsetzung des Umsatzziels von +20 %. Dazu betreibt er ein Monitoring; lässt sich Zwischenverkaufsberichte, Kostenerlösübersichten und weitere Statistiken aus dem Controlling vorlegen.
- Zu 7: Beim (teil-)autonomen Führungsstil entscheiden die Mitarbeiter unter sich. Der Vorgesetzte nimmt nur noch die Funktion des Koordinators nach innen und nach außen war. *Beispiel*: Die festangestellten Lehrbeauftragten einer Bildungseinrichtung sind verantwortlich für die Lehrinhalte, für die Vermittlung und Prüfung derselben sowie für die Akquise externer Referenten, welche das Curriculum ergänzen. Die Geschäftsführerin der Einrichtung stellt Budgets für Lehrmittel und Honorare bereit, prüft und unterzeichnet die Verträge und stellt mögliche Kontakte zu Kooperationspartnern her.

3. Hinweise zur Lösung

Das beschriebene Führungskontinuum bildet den zentralen Faktor, nämlich die Entscheidung, im Führungsgeschehen ab. Je nach Unternehmensgröße, -struktur und -kultur sowie Unternehmensumwelt scheinen bestimmte Führungsstile opportun. Bei hoher Unternehmens- und Umweltkomplexität ist es für die Unternehmensführung gleichermaßen effektiv und effizient die Willensbildung bzw. Entscheidungsgewalt auf die unteren Führungsebenen bis hin zu den operativen Ebenen zu verlagern. Mitarbeiter werden ermächtigt in einem bestimmten Rahmen eigenständig Entscheidungen fällen zu dürfen (Empowerment). Hier spielt freilich einmal mehr der Reifegrad bzw. Bereitschaftsgrad eine große Rolle. Insbesondere beim kooperativen, delegativen und (teil-)autonomen Führungsstil sind die Geführten sehr „reif". Je höher die Willensbildung beim Mitarbeiter ist, umso mehr bietet sich die Führung nach Zielvereinbarungen (vgl. Kapitel 2.5) an.

4. Literaturempfehlungen

Wunderer, Rolf (2011): Führung und Zusammenarbeit. Eine unternehmerische Führungslehre, 9. Aufl., Köln, S. 209–211.

Aufgabe 5: Grenzen des einfaktoriellen Modells und erweiterte Führungskompetenzen

Transferieren, Bewerten
20 Minuten

1. Fragestellung

Folgend sehen Sie Auszüge aus dem KPMG Ketchum Leadership Communication Monitor 2015. Dieser spiegelt die Erwartungen der Mitarbeiter an den unmittelbar Vorgesetzten.

> Ein guter Chef ...
> ... ist fair und empathisch,
> ... entscheidet auf Grundlage guter Argumente,
> ... ist kommunikativ und transparent dabei,
> ... ist ideenreich und scheut sich nicht vorm Querdenken,
> ... hinterfragt und fördert Innovationen,
> ... geht mit gutem Beispiel voran,
> ... ist motiviert und konstruktiv,

... bietet ein respektvolles wie angstfreies Umfeld,
... gibt Fehler zu,
... löst Konflikte ruhig und souverän.

Quelle: Sievers (2016: 20)

Nachdem Sie diese Erwartungen zur Kenntnis genommen haben, beantworten Sie (a) und (b)!

(a) Welche Dimension nach Kapitel 2.4.1, Aufgabe 19 findet im einfaktoriellen Führungsstilmodell kaum Berücksichtigung?

(b) Reflektiert man die obigen Erwartungen, so reichen Basiskompetenzen der Führungskraft nicht mehr aus. Offensichtlich ist, dass die Anforderungen an Führungskräfte steigen. Gemessen an der Komplexität der Führungsaufgabe reichen die Basiskompetenzen (Fach-, Sozial- und Methodenkompetenzen) nicht mehr aus. Welche erweiterten Führungskompetenzen sind von einem „guten Chef" zu erwarten?

2. Lösung

(a) Die Beziehungsorientierung wird kaum berücksichtigt. Es erfolgt eine Überbetonung der Aufgabenorientierung.

(b) Im Idealfall sind es sechs erweiterte Führungskompetenzen.

Personale Kompetenz: Im Kern geht es um die Integrität, also um die Glaub- und Vertrauenswürdigkeit des Vorgesetzten. Personale Kompetenz wird auch am authentischen und gewissenhaften Verhalten zu messen sein.

Kommunikative Kompetenz: Die Führungskraft muss Entscheidungen nach innen und nach außen kommunizieren können, d. h. sie muss diese erklären, moderieren, vermitteln und kanalisieren können. Dazu gehören Handlungsfelder, die auf die positive Beeinflussung der internen und externen Anspruchsgruppen abstellen.

Motivationskompetenz: Im Kern geht es um die Lernfähigkeit, insbesondere hohe Ansprüche an sich selbst, was die Notwendigkeit des lebenslangen Lernens betrifft und um die Überzeugungskraft in Bezug auf die Zielgruppe der Mitarbeiter.

Verantwortungskompetenz: Im beruflichen Umfeld müssen Entscheidungen getroffen werden, die vom Vorgesetzten eine Haltung abverlangen, d. h. hier sind ethisch-moralische Fragen angesprochen. Diese Kompetenz baut auf der Fähigkeit zur *Introspektion* auf. Dabei sollte der Vorgesetzte sich selbst fragen können, welche Folgen durch das eigene Handeln erzeugt werden? So zum Beispiel: „Sollte ich einen unerfahrenen Mitarbeiter mit einer diffizilen Aufgabe beauftragen, die ihn in Rollenkonflikte, Ungewissheit oder in den Selbstzweifel hineinmanövrieren oder löst das Hineinstoßen in das kalte Wasser einen beruflichen Lernerfolg beim Geführten aus?" Die Führungskraft reflektiert hier einmal mehr die von ihr erzeugbaren Handlungsfolgen und damit ihren Einflussbereich auf interne und externe Anspruchsgruppen.

Emotionale Kompetenz: Die Führungskraft sollte sich im beruflichen Umfeld in Stimmungen und Gefühle des Mitarbeiters hineinfühlen können. Diese Fähigkeit zur Empathie trägt nicht primär einer überzogenen „Menschenliebe" Rechnung, sondern trägt dazu bei „frühe Signale" wie z. B. die sich abzeichnende Fluktuationsneigung von personellen Wissensträgern oder von Kunden wahrzunehmen, um darauf angemessen reagieren respektive gegensteuern zu können.

Erfahrungskompetenz: Einhergehend mit der Fähigkeit zur Introspektion sollten berufsbezogene Erfahrungen dokumentiert und kritisch reflektiert werden. Aus den damit gewonnenen Lernergebnissen sind Schlussfolgerungen zu ziehen, die an die Geführten in Form von Erfahrungsberichten und Erfahrungserzählungen weitergegen werden können.

3. Hinweise zur Lösung

Folgt man einer rein systemtheoretisch ausgerichteten Betrachtung, so operieren Organisationen, also auch die Führungsprozesse im Unternehmen, primär anhand von Entscheidungen. Dies mag im Kern stimmen, wird jedoch der betrieblichen und menschlichen Komplexität nicht gerecht. Entscheidungen haben eine kognitive (verstandesbezogen), aber auch eine konative (wertend) und nicht zuletzt eine affektive (gefühlsbezogene) Komponente.

Bemerkenswert ist nun die Vielschichtigkeit der Führungskompetenz. Drei Basiskompetenzen werden durch sechs weitere Kompetenzen ergänzt. Nun könnte kritisch angemerkt werden, dass sich hier Wunschvorstellungen von Dozenten, Beratern und Trainern artikulieren, die in der Führungspraxis kaum Resonanz finden. Dem ist nicht so. In renommierten internationalen, börsennotierten Unternehmen ist der Erwerb einer sog. „Führungslizenz" mittlerweile Standard. Die angehenden Führungskräfte durchleben einen Reifeprozess, der sie dazu berechtigt, Personal- und Führungsverantwortung wahrzunehmen und dauerhaft auszuüben.

4. Literaturempfehlungen

Rosenberger, Walter (2002): Führungskräfteberatung: Grundwissen. Methoden, Praxis, o. O.

Sievers, Florian (2016): Plötzlich ganz oben, in: Handelsblatt Karriere Nr. 4/2016, S. 16–21.

2.4.3 Mehrfaktorielle Führungsstilmodelle

Fallstudie KaffeeLeben – Aufgabe F20

Wissen, Verstehen, Anwenden, Transfer
20 Minuten

Florentine erinnerte sich bezüglich der Führungsstile wiederum an ein bekanntes Konzept von Blake/Mouton, welches das Entscheidungsverhalten des Führenden an zwei Dimensionen ausrichtet, nämlich zum einen an den Menschen/Mitarbeitern und zum anderen an den Ergebnissen. Sie war der Meinung, dass sie damals im Studium dachte, es sei eigentlich selbstverständlich, den Führungsstil anzustreben, der laut diesem Konzept der einzig wahre zu sein schien. Roman hingegen störte dieses ständige Orientieren an Führungsstilkonzepten, denn diese hätten ja schon oft Schwächen bzw. würden nicht alle Eventualitäten in der Praxis berücksichtigen. Er warf die These ein: „Vielleicht sollten wir auch flexibler sein und uns nicht nur für *einen* Führungsstil entscheiden. Das wird der Praxis einfach nicht gerecht. Von Frau Klein z. B. bin ich zugegebenermaßen enorm genervt und die sollte man auch nicht so führen wie Herrn Geradewiese. Und jeder hat ja so seine Stärken und Schwächen – sowohl für sich als Person als auch in Bezug auf bestimmte Aufgaben im Unternehmen."

1. Fragestellung

(a) Stellen Sie das Konzept von Blake/Mouton ausführlich dar und äußern Sie sich zum Grundergebnis dieses Konzepts, wie es Florentine schon andeutete. Gehen Sie dabei sowohl auf den Fortschritt in Abgrenzung zum Kontinuum nach Tannenbaum/Schmidt ein als auch auf Romans Einwände bezüglich eventueller Mängel des Konzepts. Beziehen Sie die KaffeeLeben GmbH so direkt wie möglich in Ihre Überlegungen ein.

(b) Finden Sie ein realistisches Führungskonzept, das sowohl Florentine Orientierung gibt als auch Romans Einwänden gerecht wird. Erfinden Sie eine fiktive Beispielsituation einer Führungssituation in der KaffeeLeben GmbH, die dies untermauert.

2. Anregungen für Ihre Diskussion der Lösung

(a) Das populäre zweidimensionale Konzept in der Tradition der Ohio-Studien von Blake/Mouton führt idealtypische „Extremstile" auf. Der Fortschritt zum Kontinuum nach Tannenbaum/Schmidt ergibt sich aus der Zweidimensionalität.
Im Rahmen des Konzepts ist der 9.9-Führungsstil anzustreben.

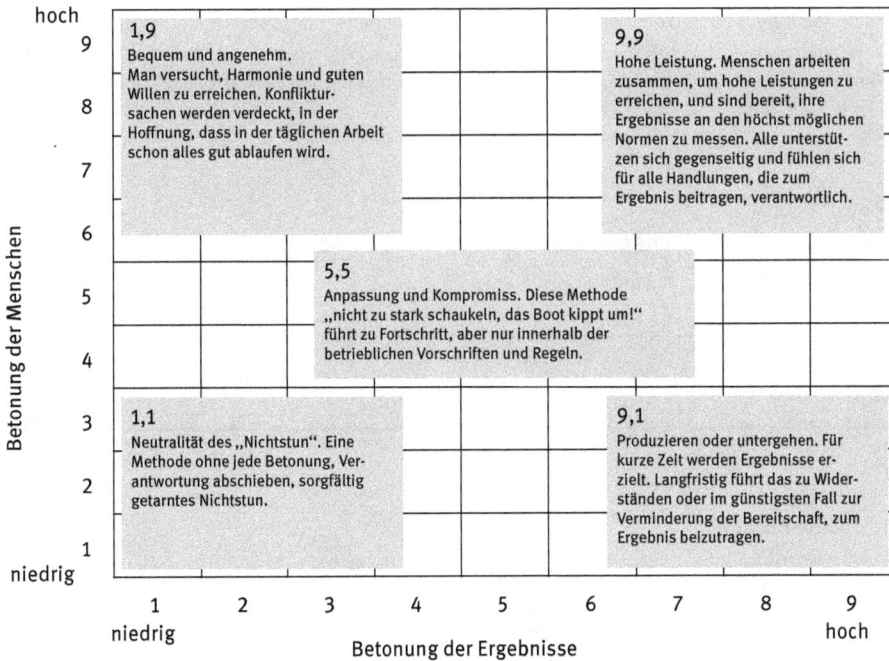

Abb. 2.1: Verhaltensgitter nach Blake/Mouton, Quelle: Wunderer (2011: 209) nach Blake/Mouton (1978: 6).

Das Konzept vernachlässigt die soziale Qualität der Vorgesetzten-Mitarbeiter-Beziehung, die jedoch einen entscheidenden Einfluss auf die Entscheidungsfindung hat.

(b) Hier ist der situative Führungsstil als realistisches Führungskonzept nahezulegen. Zwar können sich Florentine und Roman grundlegend für den kooperativen Führungsstil entscheiden. Allerdings sollte auch situativ entschieden werden – in Abhängigkeit davon, inwieweit die Mitarbeiter die Fähigkeit besitzen, Probleme selbstständig zu lösen und abhängig davon, inwieweit sie motiviert sind, eigene Verantwortung zu übernehmen. So können Vorgesetzte den für den entsprechenden Reifegrad passenden Führungsstil auswählen (vgl. auch Aufgabe/Lösung F17). Folglich empfiehlt es sich, je nach Situation – situativ – unterschiedliche Führungsstile zu verfolgen, was zu einem situativen Führungsstil führt.

3. Literaturempfehlungen

Bartscher, Thomas et al. (2012): Personalmanagement: Grundlagen, Handlungsfelder, Praxis, München, S. 95–102.

Berthel, Jürgen/Becker, Fred G. (2017): Personal-Management: Grundzüge für Konzeptionen betrieblicher Personalarbeit, 11. Aufl., Stuttgart, S. 179–182.

Stock-Homburg, Ruth (2013): Personalmanagement: Theorien – Konzepte – Instrumente, 3. Aufl., Wiesbaden, S. 483–486.

Wunderer, Rolf (2011): Führung und Zusammenarbeit: Eine unternehmerische Führungslehre, 9. Aufl., München, S. 203–214.

Aufgabe 6: Ein zweidimensionales Konzept: Das Verhaltensgitter nach Blake/Mouton

Wissen, Verstehen
18 Minuten

1. Fragestellung

Ergänzen Sie das Verhaltensgitter nach Blake/Mouton („Managerial Grid"). Welche fünf Führungsstile lassen sich daraus ableiten? Erläutern Sie diese kurz!

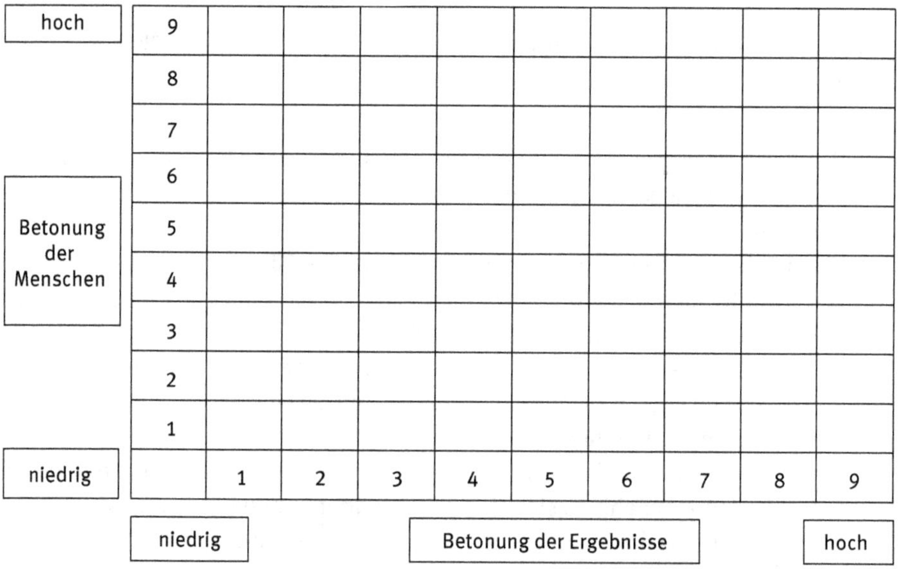

hoch	9									
	8									
	7									
	6									
Betonung der Menschen	5									
	4									
	3									
	2									
	1									
niedrig		1	2	3	4	5	6	7	8	9
		niedrig			Betonung der Ergebnisse					hoch

Abb. 2.2: Verhaltensgitter, Quelle: in Anlehnung an Wunderer 2011: 209.

2. Lösung

Das Verhaltensgitter bildet zwei Dimensionen ab, die mit den Ohio-State-Studien einhergehen: Die Betonung der Ergebnisse ist mit der Aufgabenorientierung in eins zu setzen und die Betonung der Menschen ist mit der Mitarbeiterorientierung in eins zu setzen.

Die beiden Dimensionen sind jeweils mit einer Skala von 1 (niedrig) bis 9 (hoch) versehen. Anhand des Verhaltensgitters könnte man 9×9 Führungsstile, also 81, identifizieren. Es genügen jedoch fünf signifikante Stile.

- Punkt **1.1**: „Laissez-faire-Stil". Niedrige Aufgaben- und niedrige Mitarbeiterorientierung. Die Führungskraft tut nichts. Die Mitarbeiter werden sich selbst überlassen.
- Punkt **9.1**: „Über Leichen gehen". Hohe Aufgaben- und niedrige Mitarbeiterorientierung. Die Devise lautet: Arbeiten oder Sterben. Nur kurzfristig werden passable Ergebnisse erzielt, mittel bis langfristig lässt die Leistungsbereitschaft erheblich nach. Reaktanz und Fluktuation aufseiten der Mitarbeiter sind vorauszusehen.
- Punkt **5.5**: Ausgeglichener Führungsstil. Aufgaben- und Mitarbeiterorientierung halten die Balance. Dieser Stil ist dadurch gekennzeichnet, dass sich Vorgesetzte und Geführte aufeinander einstellen, dass sie jeweils anpassungs- und kompromissbereit sind.
- Punkt **9.9**: „Exzellente Führung". Hohe Aufgaben- und gleichermaßen hohe Mitarbeiterorientierung. Die Geführten bringen beste Arbeitsergebnisse und verhalten sich sehr kollegial. Dieser Stil wird auch als Integrationsstil bezeichnet.
- Punkt **1.9**: „Geselliges Beisammensein". Niedrige Aufgaben- und hohe Mitarbeiterorientierung. Recht naives und harmonisches Miteinander („Country Club Atmosphäre") unter Ausblendung latenter und faktischer Konflikte. Vorgesetzter und Geführte richten sich in einer Komfortzone ein. Jegliches Problembewusstsein fehlt.

3. Hinweise zur Lösung

In Abbildung 2.3 sind nochmal die fünf Führungsstile markiert.

4. Literaturempfehlungen

Wunderer, Rolf (2011): Führung und Zusammenarbeit. Eine unternehmerische Führungslehre, 9. Aufl., Köln, S. 208–210.

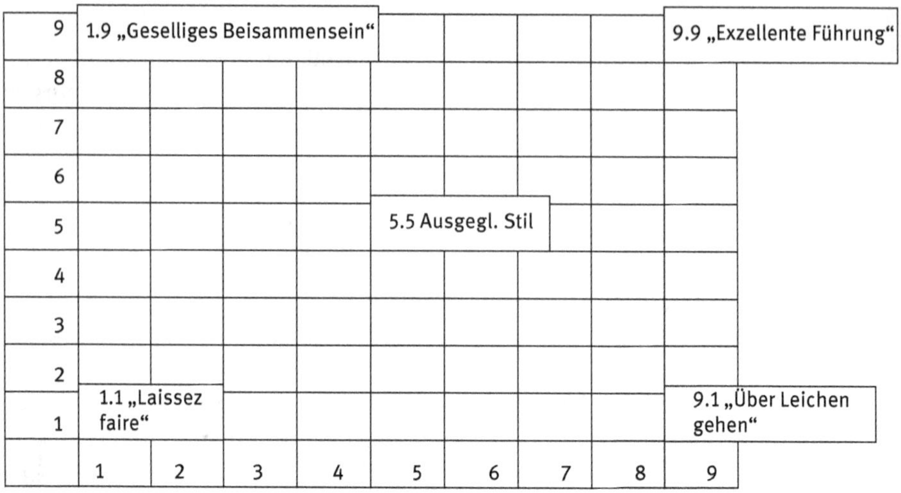

9	1.9 „Geselliges Beisammensein"							9.9 „Exzellente Führung"
8								
7								
6								
5				5.5 Ausgegl. Stil				
4								
3								
2								
1	1.1 „Laissez faire"							9.1 „Über Leichen gehen"
	1	2	3	4	5	6	7	8	9

Abb. 2.3: Verhaltensgitter mit Führungsstilen, Quelle: in Anlehnung an Wunderer 2011: 209.

Aufgabe 7: Das Reifegradmodell von Hersey/Blanchard

Wissen, Verstehen, Transferieren
15 Minuten

1. Fragestellung

Stellen Sie das Reifegradmodell von Hersey/Blanchard dar und leiten Sie Führungs-empfehlungen ab!

2. Lösung

Auf Basis der Ohio-State-Studien und des Verhaltensgitters ergeben sich vier Füh-rungsstile:

- Unterweisung („Directing" bzw. „Telling")
- Verkaufen („Guidance"/„Coaching"/„Selling")
- Beteiligung („Supporting" bzw. „Participating")
- Delegation („Delegating" bzw. „Self-Organisation")

Der *Unterweisungsstil* leitet sich unmittelbar aus dem autoritären Führungsstil ab. Er zeichnet sich durch eine hohe Aufgabenorientierung und durch eine niedrige Bezie-hungsorientierung aus. Gemäß der englischen Wortbedeutung („Directing" bzw. „Tel-ling") werden – umgangssprachlich formuliert – „klare Ansagen" gemacht. Es wird auch von einem *Befehlsstil* gesprochen.

Der *Verkaufsstil* beinhaltet Züge des Integrationsstils, nämlich einher hohen Aufgaben- und einer hohen Mitarbeiterorientierung. Gemäß den englischen Wortbedeutungen („Guidance"/„Coaching"/„Selling") sollte der Vorgesetzte dem Geführten seine Absicht „verkaufen" bzw. überzeugen. Es wird auch vom *Überzeugungsstil* gesprochen. Dabei kann er ihn „an die Hand nehmen" und ihm auch im Sinne des Coachings Orientierung und zielorientierte sowie erklärende Perspektiven bieten. Die Führungsperson begründet dem Geführten im Idealfall seine Anweisung und trägt wünschenswerter Weise zur Verbesserung der Kenntnisse und Fähigkeiten der Mitarbeiter bei; zumindest gibt er Impulse.

Der *Beteiligungsstil* leitet sich aus dem partizipativen Führungsstil ab. Er zeichnet sich durch eine hohe Beziehungsorientierung und durch eine niedrige Aufgabenorientierung aus. Es wird den Geführten Entscheidungsspielraum eingeräumt, woraus sich u. a. die geringe Aufgabenorientierung ableitet. Dies ist nicht falsch zu verstehen: Geringe Aufgabenorientierung ist nicht mit geringer Leistungsorientierung gleichzusetzen. Gemäß der englischen Wortbedeutung („Supporting" bzw. „Participating") wird der Geführte unterstützt und er wird am Entscheidungsprozess beteiligt. Letzteres setzt ein hohes Vertrauen zwischen Führungsperson und Geführten voraus, weshalb die Beziehungsorientierung hoch ist.

Der *Delegationsstil* zeichnet sich durch eine gleichermaßen niedrige Aufgaben- und Beziehungsorientierung aus. Dieser Stil ist aber nicht mit dem Laisser-faire-Stil oder mit einem quasi-antiautoritären Stil zu verwechseln, bei dem faktisch keine Führung stattfindet. Das Besondere an diesem Stil leitet sich – gemäß der englischen Wortbedeutung („Self-Organisation") – aus dem hohen Selbstorganisationsgrad des Geführten ab.

3. Hinweise zur Lösung
In Abbildung 2.4 finden sich nochmal die vier Führungsstile mit den situationsabhängigen Reifegraden.

4. Literaturempfehlungen
Wunderer, Rolf (2011): Führung und Zusammenarbeit. Eine unternehmerische Führungslehre, 9. Aufl., Köln, S. 211–213.

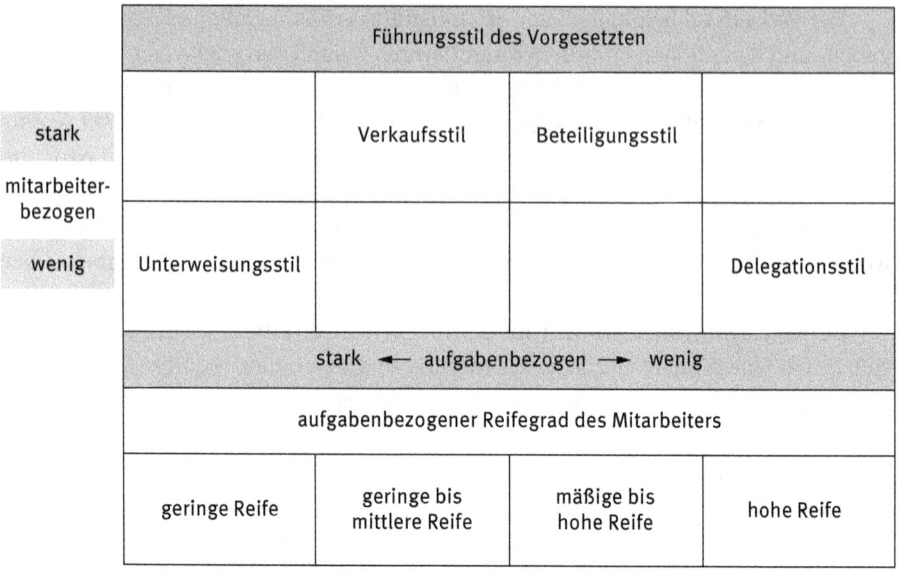

Führungsstil des Vorgesetzten			
	Verkaufsstil	Beteiligungsstil	
			Delegationsstil
Unterweisungsstil			

stark

mitarbeiter-
bezogen

wenig

stark ◄— aufgabenbezogen —► wenig

aufgabenbezogener Reifegrad des Mitarbeiters

geringe Reife	geringe bis mittlere Reife	mäßige bis hohe Reife	hohe Reife

Abb. 2.4: Bereitschaftsgradmodell, Quelle: in Anlehnung an Wunderer 2011: 212.

Aufgabe 8: Der optimale Führungsstil

Transferieren, Bewerten
12 Minuten

1. Fragestellung

Gibt es einen optimalen Führungsstil? Argumentieren Sie auf Grundlage des situativen Ansatzes im Sinne des Reifegradmodells und vor dem Hintergrund der zunehmenden Bedeutung agiler Organisationen!

2. Lösung

Einen optimalen Führungsstil gibt es nicht. Die Erkenntnisse aus dem Bereitschaftsgradmodell lassen den Schluss zu, dass es ein bewusstes Nebeneinander bzw. eine Vielfalt von Führungsstilen gibt. Zum Teil wird direkte Führung substituiert und ist seitens der Führungskraft und seitens der Geführten durch jeweils hohe Ausprägungen von Selbstorganisation gekennzeichnet. Blickt man in das Projektmanagement, so scheint von jeher das Führungsgeschehen jenseits primärorganisationaler Verfahrensweisen zu funktionieren: Einmaligkeit, Zeitdruck und Dynamik im Aufgabenumfeld. In ausgewählten betrieblichen Handlungsfeldern, insbesondere in der projektbezogenen Produkt- und Softwareentwicklung, sind agile Prinzipien zu beobachten, die gekennzeichnet sind durch kurze Planungshorizonte, selbstständige und eigenverantwortliche Aufgabenverantwortung (Ermächtigung) bei hoher erfolgskritischer Bedeutung der Kundenzufriedenheit. Die Festlegung auf einen bestimmten Führungsstil würde sich hier als kontraproduktiv erweisen. Einen optimalen Führungsstil gibt es von daher nicht.

3. Hinweise zur Lösung

Die Unternehmen und deren Umwelten lassen sich in nahezu allen Branchen durch eine intensive Dynamik beschreiben. Komplexität, Volatilität, Unsicherheit und Ambiquität kennzeichnen auch die Führungsbeziehungen. Deshalb müssen nicht nur die Geschäftsmodelle, sondern auch die angewandten Führungsstile permanent reflektiert und modifiziert werden.

4. Literaturempfehlungen

Sywottek, Christian (2015): Sinnvolle Unordnung, in: Brand eins, Wirtschaftsmagazin, Scheißjob, Schwerpunkt Führung, 17 Jg., Nr.03/2015, S. 46–51.
Für besonders Interessierte: Scheller, Torsten (2017): Auf dem Weg zur agilen Organisation. Wie Sie Ihr Unternehmen dynamischer, flexibler und leistungsfähiger gestalten, München.

2.5 Führung durch Zielvereinbarungen

Fallstudie KaffeeLeben – Aufgabe F21

Wissen, Verstehen, Anwenden, Transfer
20 Minuten

---

1. Fragestellung

Herr Eisenhart wandte sich als Filialleiter an Florentine und Roman, weil er sehr gerne eine Kinder- und Stillecke für seine Kunden einrichten würde. Dabei wollte er ein ihm bekanntes Konzept anwenden: Management by Objectives (MbO). Er hatte davon viel gehört und wurde zu früherer Zeit auch selbst einmal so geführt und brannte darauf, es nun selbst auszuprobieren – zumal das Einrichten einer Kinder- und Stillecke nicht über so viel Risikopotenzial verfügte. So sollte das neue Prinzip sein, dass die Mitarbeiter sich am Ziel orientieren sollten – nämlich dem Einrichten einer Kinder- und Stillecke, die von der Zielgruppe (Mütter und Kinder) genutzt wird, ohne dass sie andere Besucher des Kaffees auf Dauer aus dem Laden verbannt, denn schließlich konnten Kinder sehr laut sein – das wusste Herr Eisenhart auch aus eigener Erfahrung. Wie genau dieses Ziel verwirklicht wird, sollte den zuständigen Mitarbeitern freigestellt werden. Gerade bei Frau Arnst, Frau Schnell und Herrn Geradewiese versprach sich

Herr Eisenhart hier höchste Motivation. Und auch Frau Klein konnte es nicht schaden, mal eine neue Erfahrung zu sammeln, ohne dass sie den Satz „Das haben wir schon immer so gemacht" verwenden konnte.

(a) Versetzen Sie sich in die Rolle von Herrn Eisenhart und bereiten Sie Argumente vor, die er nutzen kann, um Florentine und Roman zu überzeugen.

(b) Entwickeln Sie anschließend eine Art Vorgehen für Herrn Eisenhart, das er für sich verwenden kann, um den Mitarbeitern das MbO-Konzept zu erläutern, damit sie die Einrichtung einer Kinder- und Stillecke als Aufgabe wahrnehmen können.

2. Anregungen für Ihre Diskussion der Lösung

(a) Die Mitarbeiter sollten sich am Ziel orientieren, ohne dass ihnen ein Verfahren vorgegeben wird. So sollte maximale Motivation angestrebt werden, da die Mitarbeiter kreative Freiräume erhalten und sich nicht kontrolliert fühlen. Die Kontrolle müsse eher über das Ergebnis, nämlich den Nutzungsgrad der Kinder- und Stillecke unter Beibehaltung der gewohnten Kunden, laufen. Hier könnten die Kundenzahlen über einen gewissen Zeitraum notiert werden und mit ungefähren Umsatzzahlen hinterlegt werden. Ganz ohne Zwischenabsprachen würde das Konzept nicht durchgeführt, denn gewisse Meldepunkte müssten schon vereinbart werden. Durch das Orientieren an Zielen erhielten die Mitarbeiter herausfordernde Arbeitsinhalte, welche Abwechslung in ihren Arbeitsalltag bringen würden. Das Einrichten dieser Ecke würde als eine Art „Pilotprojekt" fungieren, welches als Vorzeigeobjekt für andere Filialen gelten könnte (Motivationszweck); auch hieran wären Leistungsanreize zu knüpfen.

… (weitere Aspekte)

(b) Herr Eisenhart sollte zunächst eine Mitarbeiterbesprechung ansetzen, um die Mitarbeiter mit grundlegenden Informationen zu versorgen. In dieser Besprechung sollten folgende Inhalte thematisiert werden:

– Zielvorgabe durch Besucherzahlen der Kinder- und Stillecke, getrennt nach Kindern und stillenden Müttern,

– Info über Bonus für die Mitarbeiter bei Annahme der Ecke seitens der Kunden,

– Info, dass bei Nichtannahme keine Bestrafung erfolgt, sondern Förderung und Fortbildung,

– Info über Selbstkontrolle,

– Aufzeigen von Leistungsbeurteilungskriterien und

– weitere Aspekte.

3. Literaturempfehlungen

Wunderer, Rolf (2011): Führung und Zusammenarbeit: Eine unternehmerische Führungslehre, 9. Aufl., München, S. 230–233.

Aufgabe 1: Die Zielvereinbarung

Wissen, Verstehen
10 Minuten

1. Fragestellung
Was ist eine Zielvereinbarung? Wo liegen die Wurzeln?

2. Lösung
Zum Abgleich zwischen Organisationszielen und den Zielen der Organisation sind Zielvereinbarungen besonders gut geeignet. Das Führen durch Zielvereinbarungen (Management by Objectives) wurde in den 1950er-Jahren durch den österreichisch-amerikanischen Managementvordenker *Peter Ferdinand Drucker* (1909 bis 2005) mitgeprägt und war bereits in den 1960er-Jahren selbst in deutschen Unternehmen weithin verbreitet. Im Rahmen dieser Methode, durch MbO abgekürzt, legen sich Vorgesetzte und Geführte planerisch auf die zu erreichenden Arbeitsziele fest, die innerhalb eines vorgegebenen Zeitraums erreicht werden sollen.

Im Rahmen des Mitarbeitergesprächs erarbeiten Führung und Mitarbeiter konkrete Zielvorgaben, auch Teilziele, für den entsprechenden Mitarbeiterbereich. Der Geführte hat volle Gestaltungsfreiheit wie er die Teilziele erreichen will. Er handelt daher zielorientiert aus eigenem Antrieb, was eher der intrinsischen Motivation entspricht, oder gestützt durch ein materielles, ggf. immaterielles Anreizsystem, was auch Elemente der extrinsischen Motivation aufnimmt. Allein schon die Entscheidungsfreiheit auf Mitarbeiterebene stärkt die Motivation.

3. Hinweise zur Lösung
Das Führen über Zielvereinbarungen weist gleichermaßen Aspekte der direkten und der indirekten Führung auf. Je höher der Reifegrad des Mitarbeiters, desto höher sind die Chancen, dass man MbO sogar im Rahmen der strukturellen Führung einsetzt. Im Gegensatz zum Management by Delegation in dessen Rahmen der Vorgesetzte von Routineaufgaben und untergeordneten Führungsaufgaben entlastet wird, handelt es sich bei MbO um anspruchsvolle Entscheidungen, die eigenständig und eigenverantwortlich durchgeführt werden müssen.

4. Literaturempfehlungen
Macharzina, Klaus/Wolf, Joachim (2015): Unternehmensführung. Das internationale Managementwissen. Konzepte – Methoden – Praxis, 9. Aufl., Wiesbaden, S. 592–594.
Weibler, Jürgen (2012): Personalführung, 2. Aufl., München, S. 428–432.

Aufgabe 2: Voraussetzungen für Zielvereinbarungen

Wissen, Verstehen
5 Minuten

1. Fragestellung

Zielvereinbarungen gelingen nur dann, wenn die Ziele SMART formuliert sind. Was verbirgt sich hinter diesem Akronym?

2. Lösung

Herausfordernd ist das Problem des Zerlegens eines Oberziels in mitarbeiterspezifische Teilziele. In der Führungspraxis hat sich hierzu die sogenannte SMART-Formel etabliert. Demnach sollen Ziele

Spezifisch

Messbar

Aktiv beeinflussbar

Realistisch

Terminierbar

sein.

3. Hinweise zur Lösung

Das Führen über die SMART-Formel zeigt einmal mehr die Grundprinzipien des Management by Objectives (MbO): Im Vordergrund steht die Ziel- und nicht die Prozessorientierung. Die Ziele werden regelmäßig überprüft und angeglichen. Der Mitarbeiter kann, soll und muss die Ziele aktiv beeinflussen können, womit ein hoher Partizipationsgrad erreicht wird. Schließlich ist über das Kriterium der Messbarkeit die Möglichkeit gegeben, die Ziele über Soll-Ist-Vergleiche zu kontrollieren und zu bewerten.

4. Literaturempfehlungen

Wunderer, Rolf (2011): Führung und Zusammenarbeit. Eine unternehmerische Führungslehre, 9. Aufl., Köln, S. 230–232.

Aufgabe 3: Möglichkeiten, Grenzen und Probleme von Zielvereinbarungen

Bewerten
10 Minuten

1. Fragestellung

Das Management by Objectives (MbO) ist als Managementtechnik akzeptiert, wird aber auch kritisch beurteilt. Erörtern Sie die Möglichkeiten und Grenzen der MbO!

2. Lösung

Vorteilhaft ist der Motivationsaspekt: Die Entscheidungsfreiheit der Mitarbeiter wird gestärkt. Dass der Mitarbeiter (teil-)zielorientiert entscheidet, kann als ein weiterer Vorteil angesehen werden.

Grenzen zeigen sich dahingehend, als dass – trotz des Bewusstseins um die SMART-Formel – es nicht immer leicht ist, die Ziele so zu formulieren, dass daraus konsistente Teilziele abgeleitet werden können. Oberziele können durch die Bereichsegoismen einzelner Mitarbeiter oder Abteilungen gefährdet sein. Herausfordernd ist sicherlich auch, inwieweit die Zielvereinbarungen in geänderten Entscheidungsumfeldern zu modifizieren sind.

Insgesamt handelt es sich bei MbO um eine schlüssige Managementtechnik, die auf der instrumentellen Ebene mit Umsetzungsschwierigkeiten zu kämpfen hat.

3. Hinweise zur Lösung

Das Führen über Zielvereinbarungen bzw. MbO hat wichtige Funktionen, die zur Entscheidungsfindung, Motivation, Kommunikation, Koordination und Kontrolle im Führungsprozess beitragen. Es gibt aber auch Dysfunktionen: So besteht die Gefahr, dass sich einige Mitarbeiter überfordern, in dem sie zu ehrgeizigen Zielen zustimmen. Gerade im mittleren und im unteren Management besteht diesbezüglich eine gewisse „Burn-out-Gefahr". MbO basiert zwar auf der gemeinsamen Aushandlung von Zielen, führt aber nicht selten zu einer (impliziten) Zielvorgabe, der sich der Mitarbeiter nicht entziehen will: Überzogenes Loyalitätsverhalten und Karrieregründe sind mögliche Ursachen. So ist der Organisationssoziologe Stefan Kühl im Rahmen seiner Analyse von „Dieselgate" zu folgendem, wenn auch süffisanten, Ergebnis gekommen: „Der Prozess, der zur Manipulation der Abgaswerte an über 11 Millionen Autos geführt hat, ist im Detail noch nicht rekonstruiert worden, aber es bedarf wenig organisationswissenschaftlicher Phantasie, um zu erkennen, wie es dazu kommt. Die Ansage an die Motorenentwicklung lautet, dass bei der Prüfung der Motoren die zulässigen Abgashöchstwerte deutlich unterschritten werden sollen. In der Unternehmenssprache heißt dies ‚Management by Objectives'. Diese Zielvorgabe setzt Kreativität in den Entwicklungs- und Prüfabteilungen frei, Mittel zu entwickeln, um bei den Labormessungen möglichst gut abzuschneiden." (Kühl 2015)

4. Literaturempfehlungen

Kühl, Stefan (2015): Volkswagen ist überall. Die alltägliche Normalität der Regelabweichung, Working Paper 7/2015.
www.uni-bielefeld.de/soz/personen/kuehl/pdf/Kuehl-Stefan-Working-Paper-7_2015-151005-Volkswagen-ist-ueberall.-Die-alltaegliche-Normalitaet-der-Regelabweichung-.pdf, Abruf vom 13.09.2017.
Wöhe, Günter et al. (2016): Einführung in die Allgemeine Betriebswirtschaftslehre, 26. Aufl., München, S. 116–118.

2.6 Führung von Teams und Zusammenarbeit in Teams

Fallstudie KaffeeLeben – Aufgabe F22

Wissen, Verstehen, Anwenden, Transfer
20 Minuten

1. Fragestellung

Herr Eisenhart konnte Florentine und Roman überzeugen. Den beiden war allerdings wichtig, dass die Mitarbeiter Dunja Arnst, Anne Schnell, Judith Klein und Stephan Geradewiese gemeinsam als Team an der Entwicklung und Einführung einer Kinder- und Stillecke arbeiteten. „Jeder hat so seine Stärken und Schwächen und die Mitarbeiter sind so unterschiedlich, dass wir von jedem Input haben wollen, um möglichst viele Aspekte zu berücksichtigen", erklärte Roman. Frau Arnst kannte sich sehr gut mit dem Tagesgeschäft aus. Frau Schnell hat oft konstruktive Ideen. Dieses Mal konnte wohl auch Frau Klein etwas zur Entwicklung der Kinder- und Stillecke beitragen, schließlich hatte sie die Zwillinge Tom und Mary großgezogen und kannte sich bestens mit Kindern aus. Herr Geradewiese fand Frau Klein ein bisschen zu „öko", denn schließlich sollte KaffeeLeben weiter vornehmlich modern und dem Zeitgeist entsprechend sein, was das Team vor eine große Herausforderung stellte. Insbesondere das Raumkonzept musste noch mal überdacht werden.

Herr Eisenhart musste sich also Gedanken über die Zusammenarbeit in Teams und zur Teamführung machen.

(a) Entwickeln Sie eine Vorstellung davon, wie die Zusammenarbeit im oben beschriebenen Team aussehen könnte, wenn die Einführung einer Kinder- und Stillecke projektorientiert erfolgen sollte.

Im Rahmen der Zusammenarbeit ergab sich ein Konflikt zwischen den Teammitgliedern Stephan Geradewiese und Judith Klein. Frau Klein wollte am liebsten das gesamte Kaffee umbauen und der „Ecke" einen großen Raum geben. Sie schwärmte von Kundenströmen, die in Scharen ins Kaffee stürmen würden, weil es endlich mal einen Raum gab, wo sich die Mütter mit ihren Kindern entspannen könnten. Herr Geradewiese sah sich in der Pflicht, sie auf den Boden der Tatsachen zurückzuholen, denn er wollte auf keinen Fall riskieren, dass die bisherige, äußerst zufriedene Kundschaft Einbußen erfuhr und wollte zunächst mal mit einer eher „kleinen Ecke" starten. Frau Arnst war sich unsicher, sie hatte irgendwie keine Meinung dazu. Frau Schnell überschlug sich vor Vorschlägen und musste immer wieder gestoppt werden, denn solange nicht grundlegend entschieden war, welchen Raum die Ecke einnahm, war jegliche andere Planung wohl zu früh, so meinte Herr Geradewiese. Frau Klein war so genervt, dass sie mal wieder nicht erhört wurde, wo sie nun gerade bei diesem Thema Erfahrung vorweisen konnte. Das nahm sie speziell Herrn Geradewiese ziemlich übel, war aber auch sehr enttäuscht, dass die Anderen nicht klar Meinung bezogen – ob sie denn wohl keiner der Kollegen mochte?

(b) Wie kann Herr Eisenhart mit guter Führung das Team führen und vor allem diesem Teamkonflikt begegnen? Sie können hierzu Phasen der Teamentwicklung nach Tuckman zur Erklärung heranziehen.

2. Anregungen für Ihre Diskussion der Lösung

(a) Kick-off aller Teammitglieder Dunja Arnst, Anne Schnell, Judith Klein und Stephan Geradewiese,
   – Brainstorming aller Teammitglieder,
   – Aufgaben anhand eines Zeitstrahles einordnen,
   – Koordination von Aktivitäten,
   – Zuständigkeiten festlegen,
   – Zwischenziele/Meilensteine festlegen,
     Überlegungen, wie die gemeinsame Kommunikation erfolgen soll (regelmäßige Meetings oder Alternativen) etc.

(b) Zunächst sollte Herr Eisenhart dem Team klarmachen, dass die Aufgabe wichtig ist, Spaß macht und das Team in der Lage ist, die Aufgabe zu realisieren. Er sollte eine gewisse Machbarkeit vermitteln. Somit würde er als Motivator in Bezug auf das gesamte Team fungieren und dafür sorgen, dass die Teammitglieder ein entsprechendes Engagement mit sich bringen und gleichzeitig auch Vertrauen in die eigene Leistungsfähigkeit bekommen.

Frau Arnst würde er dahingehend motivieren, dass sie als betriebsälteste Mitarbeiterin ihren Erfahrungsschatz einbringen konnte wie kein anderer Mitarbeiter. Bei Frau Schnell war eben der Name Programm und Frau Klein konnte sich hier unter Umständen richtig entfalten aufgrund persönlicher Erfahrungen. Herrn Geradewieses Stärke war seine Selbstständigkeit im Arbeiten, die im Rahmen der

Teamzusammenarbeit von großem Vorteil war. Auch sein Humor sollte im ganzen Team Spaß bringen.

Den Konflikt gilt es auf der Sach- und der Beziehungsebene zu lösen.

Sachlich könnte Herr Eisenhart sich einbringen, indem er Florentine und Roman um eine Grundsatzentscheidung bezüglich des Ausmaßes der „Ecke" bittet. Auch könnte er die Entscheidung selbst treffen. Das hängt wiederum von seinem persönlichen Freiheitsgrad bei der Entscheidungsfindung ab. Es könnten auch Managementinstrumente, wie z. B. die Szenariotechnik, zum Einsatz kommen.

Auf der Beziehungsebene wäre eine Möglichkeit, die Teammitglieder zu einem Perspektivenwechsel zu animieren. Er könnte darauf hinweisen, dass sich Frau Klein nicht persönlich angegriffen fühlen müsse, denn schließlich hätten sie alle das gleiche Ziel. Herr Geradewiese könnte dadurch motiviert werden, dass ihm in aller Deutlichkeit nahe gelegt wird „über den Dingen" zu stehen, denn schließlich hat er Stellvertreterpotenzial und muss viel Besonnenheit und die Fähigkeit selbst zu führen beweisen.

Sowie weitere Aspekte, die sich aus Ihrer Diskussion ergeben.

Hierbei können Sie die Phasen der Teamentwicklung nach Tuckman einfließen lassen.

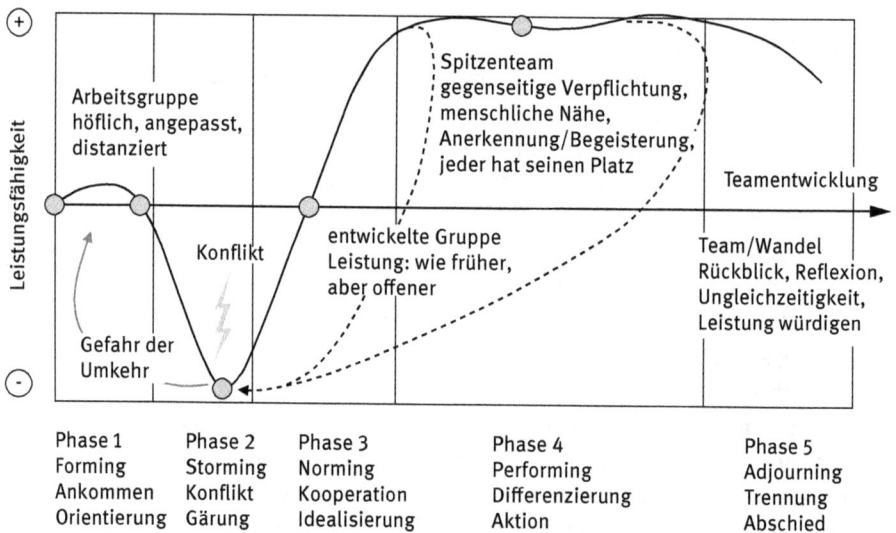

Abb. 2.5: Phasen der Teamentwicklung nach Tuckman, Quelle: Kuster (2011: 266) nach Tuckman (1965: 384 ff.).

Die Konfliktsituation kann auch mithilfe des Tuckman-Modells betrachtet werden. Demnach befindet sich das Team in Phase 2. Viele Teammitglieder wollen Einfluss ausüben und reagieren kritisch aufeinander aufgrund unterschiedlicher persönlicher und fachlicher Kompetenzen zum Thema. Herr Eisenhart kann nun mithilfe des Modells überlegen, wie er den Konflikt bewältigt und das Team zur Kooperation bringt.

In Phase 3 ist Herr Eisenhart nun angehalten das Team als kohäsive Gruppe zusammenzuführen, sodass Wertschätzung und Akzeptanz die Basis bilden. Unterschiedliche Einstellungen sollen konstruktiv genutzt werden und den Handlungsspielraum vergrößern. So kann Frau Klein zwar ihre Erfahrungen platzieren, wird aber in Bezug auf die Räumlichkeiten von Herrn Geradewiese ausgebremst.

In Phase 4 ist die Konfliktbewältigung überwunden und die Teammitglieder kümmern sich um die Aufgabe an sich, nämlich die Einrichtung einer Kinder- und Stillecke mit den dazugehörigen Maßnahmen. Frau Schnells Tatendrang wird für eine zügige Umsetzung genutzt. Frau Arnst kann sich trotz ihrer anfänglichen Unsicherheit nun einbringen, weil sie die Abläufe der Prozesse bei KaffeeLeben sehr gut kennt und insofern sehr gut einzuschätzen vermag, was sich hier mit der Einrichtung einer neuen Kinder- und Stillecke ändert.

Die fünfte Phase ist adaptiv so zu betrachten, als dass sich die Teammitglieder nach der eigentlichen Einrichtung der neuen „Ecke" wieder wie zuvor der Arbeit bei KaffeeLeben widmen, wo sie selbstverständlich wieder jederzeit neue Ideen einbringen können.

3. Literaturempfehlungen

Kuster, Jürg (2011): Handbuch Projektmanagement, Berlin, S. 264 ff.
Scholz, Christian (2014): Grundzüge des Personalmanagements, München, S. 337–366.
Stock-Homburg, Ruth (2013): Personalmanagement: Theorien – Konzepte – Instrumente, 3. Aufl., Wiesbaden, S. 554–639.
Tuckman, Bruce W. (1965): Developmental sequence in small groups; in: Psychological Bulletin, Vol. 63, No. 6, pp. 384–399.

Aufgabe 1: Gruppe und Team

Wissen, Verstehen
10 Minuten

1. Fragestellung

Grenzen Sie die Gruppe vom Team ab. Welche Grundmerkmale weisen Teams auf?

2. Lösung

Im Gegensatz zu Gruppen können Teams als höher interdependent, als stärker zusammenhängend und als stärker engagiert verstanden werden. In Arbeitsgruppen sind die Arbeitsabläufe erheblich vorstrukturiert, sodass einzelne Gruppenmitglieder stark arbeitsteilig agieren und kaum Handlungsspielräume innehaben. Die gegenseitige Abstimmung der Teilergebnisse im Arbeitsprozess erscheint nicht notwendig. Die einzelnen Gruppenmitglieder leisten von daher jeweils Einzelbeiträge, die am Ende des Arbeitsprozesses zusammengeführt werden respektive zu einem Resultat führen. Beispielhaft trifft dies auf die Montage in einer Autofabrik zu. Doch dies wäre nur eine (teil-)autonome Arbeitsgruppe. Ein Team weist andere Qualitäten bzw. Grundmerkmale auf:

- Es setzt sich aus mindestens drei Personen zusammen.
- Es ist eine Zielsetzung vorgegeben, die nur kollektiv zu erreichen ist.
- Die Erreichung des Ziels ist nur über die verbindliche Abstimmung zwischen den Mitgliedern möglich; entweder „face to face" oder über technische Verfahren/Medien.
- Es gibt eine Rollenstruktur (z. B. Führungsperson, Koordinator, Vermittler), die den Teammitgliedern eindeutige Verantwortungen zuweist.
- Die Mitglieder des Teams grenzen sich zur (restlichen) Organisation bzw. zum (restlichen) Unternehmen eindeutig ab. Teambildend ist primär die Mitgliedschaft im Team und sekundär die als Unternehmensangehöriger.
- Kennzeichnend ist ein hoher Grad an Selbststeuerung.
- Es gibt einen offiziell nominierten Teamleiter.

Betrachtet man die genannten Merkmale, so wird deutlich, dass in Teams eine höhere Interdependenz der Leistungsbeiträge, eine stärkere Kohäsion und ein höheres Engagement vorherrschen.

3. Hinweise zur Lösung

Das oft verwendete Zitat: „Jedes Team ist eine Gruppe, aber nicht jede Gruppe ist ein Team." (Busch, 2015:19) drückt die Differenzierung beider sozialer Systeme passend aus. Teams sind in Unternehmen/Organisationen viel stärker ausdifferenziert. Nicht selten werden die Begriffe Gruppe und Team synonym verwendet. Dies ist nicht ganz sinnlos, weil es Teams gibt, die permanent zusammenarbeiten und von daher auch als dauerhafte Arbeitsgruppen wahrgenommen werden. Betrachtet man die Projektarbeit, so haben die Teams einen temporären Charakter, d. h. diese lösen sich wieder auf.

4. Literaturempfehlungen

Busch, Michael W. (2015): Management und Dynamik teambezogener Lernprozesse, München und Mering, S. 19–21.

von der Oelsnitz, Dietrich/Busch, Michael W. (2012): Team: Toll, ein anderer macht's! Die Wahrheit über Teamarbeit, Zürich, S. 9–17.

Aufgabe 2: Teamführung

Wissen, Verstehen, Anwenden
15 Minuten

1. Fragestellung

Führung hat stets eine Lokomotions- und eine Kohäsionsfunktion (vgl. Frage 2; Haupt-funktionen der Führung). Nun ist die Führung von Teams nicht mit der Führung einzelner Personen gleichzusetzen. Welche Aufgaben hat die Teamführung? Ordnen Sie diese der Lokomotions- und der Kohäsionsfunktion jeweils zu!

2. Lösung

Tab. 2.17

Lokomotionsfunktion	Kohäsionsfunktion
– Klare Konzeptionierung des Teamauftrages – Identifikation von Handlungsanforderungen, -bedarfen und -alternativen – Setzen von Teamarbeitszielen – Festlegung von Verfahren, Ressourcenplanung und Informationsbereitstellung – Aufstellung der Teamarbeitsstruktur mit Aufgabenzuweisung, Reporting, Verhaltensgrundsätzen, Leistungsstandards sowie Gestaltung von Anreizsystemen – Zielgerichtete Entscheidung, Planung, Durchführung und Kontrolle der Teamarbeit	– Schaffung, Stabilisierung und langfristige Sicherung des Teamzusammenhalts – Initiation, Motivation, Moderation, ggf. Mediation und Konfliktmanagement der Teamprozesse – Beiträge zur Aufrechterhaltung und Pflege der Teamidentität – Einhaltung der Verhaltensregeln sichern – Durch vorbildliches und achtsames Verhalten agieren; insbesondere vor dem Hintergrund der heterogenen Mitarbeiterzusammensetzung – Harmonisierung der Teamarbeit über Kommunikations- und Kompromissbereitschaft

3. Hinweise zur Lösung

Die Aufgaben- und Zielerreichungsfunktion (Lokomotion) sowie die Teamerhaltungs- und Kohäsionsfunktion ist mit einigen Herausforderungen an die Führungskraft bzw. den Teamführer verbunden, die über die traditionelle unmittelbare Führung durch den Vorgesetzten hinausgehen. Im Idealfall hat die Person die mit der Führung eines Teams betraut ist einen Überblick über die vielfältigen Arbeitsbeziehungen zwischen den Teammitgliedern und unter Umständen auch über die Kräfteverhältnisse. Optimal wäre, wenn die Führungskraft ein Soziogramm erstellt, um das Verhalten der Mitglieder gezielt steuern zu können, aber auch um Akzeptanz zu fördern bzw. um Reaktanz und mögliche Konflikte verhindern zu können.

4. Literaturempfehlungen

Macharzina, Klaus/Wolf, Joachim (2015): Unternehmensführung. Das internationale Management-wissen. Konzepte – Methoden – Praxis, 9. Aufl., Wiesbaden, S. 601–602.

Aufgabe 3: Führung virtueller Teams

Wissen, Verstehen, Bewerten
20 Minuten

---

1. Fragestellung

Was sind virtuelle Teams? Definieren Sie zunächst den Begriff der Virtualität sowie des virtuellen Unternehmens und arbeiten Sie einige Herausforderungen heraus, die mit der Führung virtueller Teams verbunden sind!

2. Lösung

Das Konzept der virtuellen Organisation findet ab den 1990er-Jahren eine verstärkte Beachtung in Theorie und Praxis der Unternehmensführung, insbesondere in der Organisationslehre und in der Organisationspraxis sowie in der Personalführung. Dabei handelt es sich um eine typische Form indirekter Führung.

Der Begriff Virtualität leitet sich vom Lateinischen ab: Demnach ist „virtus" mit „tüchtig" zu übersetzen. Im wissenschaftlichen, aber auch im alltäglichen Sprachgebrauch wird damit ein Sachverhalt oder auch eine Sache bezeichnet, die nicht wirklich, also nur scheinbar, vorhanden ist. Und so sind virtuelle Unternehmen dementsprechend nur in der Vorstellungswelt eines Außenstehenden (z. B. eines Kunden) als ganze Einheit zu verstehen.

Virtuelle Unternehmen lassen sich charakterisieren durch

- die Delokalisierung von Produktionsorten und Arbeitsplätzen (z. B. Telearbeit, virtuelle Teams),
- den Projektbezug mit notwendigerweise zeitlicher Limitierung,
- die netzförmige Ausrichtung,
- die Unterstützung durch die modernen Informations- und Kommunikationstechnologien und
- die stark teambasierte Ausprägung.

Dabei ist offensichtlich, dass die traditionelle Über- und Unterordnung im Rahmen der Führung durch den unmittelbar Vorgesetzten genauso obsolet werden wie die bürokratische Organisationsform über Regelwerke und Organigramme. Führung in virtuellen Unternehmen ist von daher mit einigen Herausforderungen verbunden. Zunächst zur Frage: Wer führt überhaupt in virtuellen Unternehmen? Häufig ist der einzige Bezugspunkt der konkrete Kundenauftrag oder eine Aufgabe, für die innerhalb und zwischen der Organisation Teams zusammengestellt werden. Praktikabel sind zwei Organisationsebenen. Eine Ebene sollte dauerhaft übergeordnet sein, die das Unternehmen nach außen hin vertritt und für die Zusammenstellung der Teams verantwortlich ist. Die zweite Ebene wird von den Teams selbst – nämlich selbstorganisiert – gebildet, wobei auf hierarchische Unterschiede zwischen den Beteiligten verzichtet wird.

Die Vernetzung und Interdependenz der einzelnen Leistungsbeiträge steigen im Kontext virtueller Teams erheblich. Experten wie z. B. Softwareentwickler, Produktionsplaner oder strategische Einkäufer tauschen ihr Wissen zwischen verschiedenen Niederlassungen und nicht selten über Länder- und Kulturgrenzen hinausgehend aus. Der Projektbezug der Teamarbeit findet oft in einem engen Zeitkorsett – sozusagen in Echtzeit – statt. Von daher sind individuelle methodische Kompetenzen wie Flexibilität und Zeitmanagement, aber auch die Sensibilität im Umgang mit fremden Kulturen von großer Bedeutung für den Teamerfolg. Auch hier werden MbO-Ansätze favorisiert. Darüber hinaus bedarf die Sicherstellung der Lokomotions- und Kohäsionsfunktion eines Mechanismus', der für den Zusammenhalt in sozialen Systemen mit großer raumzeitlicher Ausdehnung unverzichtbar ist. Dieser Mechanismus wurde vom deutschen Soziologen Niklas Luhmann (1927 bis 1998) als Vertrauen analysiert: Gerade dann, wenn die Akteure sich persönlich nicht kennen stellt dieses Vertrauen einen Mechanismus dar der soziale Komplexität reduziert.

3. Hinweise zur Lösung

Die seit den 1990er-Jahren zu beobachtende Führungspraxis um virtuelle Teams wird etwa ab der Jahrtausendwende um das Phänomen agiler Projektteams, insbesondere in der Software- und in der Produktentwicklung, fortgesetzt bzw. ergänzt: Schlagworte wie „Scrum" untermauern die Verbreitung agiler Führungsprinzipien. Diese Prinzipien knüpfen an die der Selbstorganisation, der Ermächtigung (Empowerment) sowie des permanenten Teamlernens an. Dabei wird auch deutlich, dass sich Projektteams in einem Umfeld bewegen, das sich durch hohe Komplexität, durch Wandelintensität, durch Ambiquität und durch hohe Unsicherheit auszeichnet. Diesen Herausforderungen stellt sich die Personalführung indem sie manifestierte Führungsprinzipien in Frage stellt und selbst situative Führungsmaßnahmen reflektiert und modifiziert.

4. Literaturempfehlungen

Neubauer, Walter/Rosemann, Bernhard (2006): Führung, Macht und Vertrauen in Organisationen, Stuttgart, S. 166–168.

von der Oelsnitz, Dietrich (2009): Die innovative Organisation. Eine gestaltungsorientierte Einführung, Stuttgart, S. 29–31.

Weiterführend für besonders Interessierte: Schneller, Torsten (2017): Auf dem Weg zur agilen Organisation – wie Sie Ihr Unternehmen dynamischer, flexibler und leistungsfähiger gestalten, München.

2.7 Instrumente der Mitarbeiterführung

2.7.1 Grundlagen der Gesprächsführung

Fallstudie KaffeeLeben – Aufgabe F23

Wissen, Verstehen, Anwenden, Transfer
20 Minuten

---

1. Fragestellung

Florentine und Roman waren der Meinung, Herr Eisenhart sollte noch einmal grundlegend über Methoden der Gesprächsführung unterrichtet werden. Gerade mit Frau Klein z. B. gab es ihrer Erfahrung nach im Alltag immer wieder Situationen, in denen das strikte Befolgen von Methoden der Gesprächsführung half, um nicht impulsiv, rechthaberisch und unprofessionell zu reagieren. Zwar hatte Herr Eisenhart bereits Führungserfahrung, aber eine grundlegende Auffrischung konnte ja nicht schaden, fanden Florentine und Roman. Sie schickten Herrn Eisenhart zu einem Training mit der folgenden Agenda:

(1) Aktives Zuhören, sich in den Gesprächspartner hineinversetzen,
(2) bei Unklarheiten nachfragen, um detailliertere Informationen zu erhalten,
(3) Ich-Botschaften verwenden, um unfruchtbare Konfrontationssituationen zu vermeiden und
(4) das Gesagte paraphrasieren, d. h. den Inhalt des von einer Person Gesagten mit eigenen Worten zu wiederholen, damit die Aussage für alle transparent wird.

Wie erwartet, ließ nach dem Training Frau Klein nicht lange auf eine Gelegenheit warten:

„Herr Eisenhart, ich weiß nicht, ob ich mich woanders bewerben sollte. Immer dieser Stress hier. Ich habe für alles zu wenig Zeit und keiner der anderen Mitarbeiter hat Verständnis für mich."

Wie sollte Herr Eisenhart das Gespräch mit Frau Klein führen, indem er das Erlernte direkt anwendete? Gehen Sie dabei auf jeden o. g. Agenda-Punkt des Trainings ein. Sie dürfen dabei zur Verdeutlichung eigene Mutmaßungen über Frau Klein anstellen und mögliche Lösungen anbieten.

2. Anregungen für Ihre Diskussion der Lösung

Folgende Ansätze sind nur ein mögliches Beispiel für das Gespräch bzw. die Ansätze bezüglich Frau Klein.

(1) Herr Eisenhart hörte Frau Klein aktiv zu, versuchte, sich in ihre Lage zu versetzen, ihr volle Aufmerksamkeit zu schenken und dabei nicht nur auf den Inhalt, sondern auch auf Zwischentöne zu achten. So stellte er fest, dass Frau Kleins Frust nur ganz entfernt etwas mit der Arbeit bei KaffeeLeben zu tun hatte. Vielmehr war sie sehr konservativ unterwegs und privat auch ziemlich frustriert.

(2) Herr Eisenhart fragte Frau Klein detailliert, was denn ihre Situation bei KaffeeLeben so unerträglich machte, dass sie woanders zufriedener wäre.

(3) Da Herr Eisenhart keine direkten betrieblichen Ursachen für die Unzufriedenheit von Frau Klein feststellen konnte, sie aber auch nicht gleich entlassen wollte, entschied er sich, sie ein wenig „bei Laune" zu halten, um wenigstens ein bisschen Motivation hervorzurufen: „Frau Klein, was halten Sie von der Idee, wenn ich Ihre Mühen ein wenig belohne und Sie sich mal zu Hause ein Tässchen Kaffee in Ruhe gönnen, um Ihre Zeitnot ein wenig zu minimieren. Natürlich benötigen Sie dafür das richtige Equipment. Wir schenken Ihnen immer zu Anlässen wie Geburtstag etc. einen Teil Ihres persönlichen Kaffee-Services. Ich setze mich persönlich für einen ordentlichen Wert ein."

(4) Herr Eisenhart gab das Problem noch mal mit eigenen Worten wieder: „Frau Klein, ich sehe, Sie finden kaum Ruhe hier, sind doch immer so ordentlich, aber die Ansprüche lassen kaum Zeit, mal in Ruhe eine Tasse Kaffee zu genießen – und das, wo Sie doch an der Quelle sitzen. Die anderen Mitarbeiter kümmern sich rührend um die Kunden, aber eben nicht um Ihre Belange. Und die müssen jetzt auch mal bedient werden.

3. Literaturempfehlungen

Weibler, Jürgen (2012): Personalführung, 2. Aufl., München, S. 400 f.
Weibler, Jürgen (2016): Personalführung, 3. Aufl., München, S. 375 ff.

Aufgabe 1: Das Mitarbeitergespräch

Wissen, Verstehen, Bewerten
12 Minuten

---

1. Fragestellung

Stellen Sie einen Leitfaden für ein Mitarbeitergespräch dar. Welche Gesprächstypen bzw. Gesprächsstile können sich im Rahmen eines Mitarbeitergesprächs herausschälen? Welcher Gesprächstyp bzw. Gesprächsstil ist anzustreben?

2. Lösung

Zum Leitfaden:

- Es sollten Sinn, Zweck und Inhalt des Gesprächs aufgezeigt werden.
- Innerhalb des Kerngesprächs sollte – in Abhängigkeit vom Gesprächsanlass – eine Zielabweichungsanalyse zwischen dem Soll- und dem Istzustand vorgenommen werden.
- Nach der Analyse sollte die Steuerungsperspektive hervorgehoben werden: Wie lässt sich eine Verhaltensänderung des Mitarbeiters forcieren? Der Vorgesetzte sollte Unterstützungswege und -mittel anführen.

Gesprächstypen:

- Das direkte Gespräch (das patriarchalisch-autoritär, autoritär oder als sog. Stressgespräch geführt werden kann),
- die qualifizierte Beratung durch den Vorgesetzten,
- der normale Dialog,
- das belanglose Plaudern des Geführten mit seinem Vorgesetzten und
- das nondirektive Gespräch.

Beurteilung des Einsatzes: Anzustreben ist die qualifizierte Beratung durch den Vorgesetzten.

3. Hinweise zur Lösung

Beispiel für einen Leitfaden für ein Mitarbeitergespräch:

Leitfaden zum Mitarbeitergespräch

Worin besteht die **Aufgabenstellung**?

Welche Ziele müssen bei der Aufgabe erreicht werden?

Wie sollen diese Ziele erreicht werden?

Werden die besprochene Aufgabenstellung und die Ziele von beiden akzeptiert?

Worin liegen die besonderen **Erfolge bzw. Misserfolge** des Mitarbeiters bei der Aufgabenerfüllung? (Möglichst konkret darlegen, welche Ziele erreicht bzw. gar übertroffen und welche verfehlt wurden.)

Worin sieht der Vorgesetzte **Gründe** für die geschilderten positiven und negativen Ergebnisse? Sieht der Mitarbeiter das ähnlich?

Gibt es Gründe, die der Mitarbeiter nicht zu vertreten hat (äußere Umstände) bzw. Gründe, die in der Person des Beurteilten liegen?

Wie soll es künftig weitergehen?

Welche **Ziele** soll der Mitarbeiter erreichen (Ergebnisse, Verhalten, Innovationen)?

Wie kann er dabei **gefördert** werden (fachlich, persönlich)?

4. Literaturempfehlungen

Neumann, Peter (2009): Gespräche mit Mitarbeitern effizient führen, in: von Rosenstiel, Lutz et al. (Hrsg.): Führung von Mitarbeitern, 6. Aufl., Stuttgart, S. 213–226.
Weibler, Jürgen (2012): Personalführung, 2. Aufl., München, S. 420–422.

2.7.2 Feedbackgespräche

Fallstudie KaffeeLeben – Aufgabe F24

Wissen, Verstehen, Anwenden, Transfer
20 Minuten

1. Fragestellung

Herr Eisenhart war von der Geschäftsführung – von Florentine und Roman – regelmäßig dazu angehalten Feedbackgespräche zu führen. Heute stand das Gespräch mit Dunja Arnst an, auf das er sich nun vorbereitete. Dabei verwendete er das folgende Konzept zur Systematisierung von Stärken und Schwächen von Stock-Homburg (zurückzuführen auf Homburg/Stock-Homburg):

Tab. 2.18: Systematisierung von Stärken und Schwächen der Mitarbeiter im Rahmen von Feedbackgesprächen, Quelle: Stock-Homburg (2013: 536), zurückgehend auf Stock-Homburg (2012).

Stärken	I. Kraftbereich „bewusst machen"	II. Potenzialbereich „ausbauen"
Schwächen	IV. Akzeptanzbereich „akzeptieren"	III. Verbesserungsbereich „beheben"
	nicht veränderbar	veränderbar

(a) Helfen Sie Herrn Eisenhart bei der Vorbereitung seines Feedbackgesprächs.
(b) Wie sollte Herr Eisenhart das Gespräch konkret führen?

2. Anregungen für Ihre Diskussion der Lösung
(a) So oder ähnlich könnte eine Vorbereitung in Bezug auf Frau Arnst aussehen.

Tab. 2.19: Stärken und Schwächen am Bsp. Frau Arnst, zurückgehend auf Stock-Homburg S. 536 f., Quelle: eigene Darstellung.

Stärken	I. Kraftbereich	II. Potenzialbereich
	– Betriebserfahrung	– Ausbau spezifischer Produktkenntnisse
		– vermehrtes Zugehen auf Menschen
		– Überzeugungsfähigkeit
Schwächen	IV. Akzeptanzbereich	III. Verbesserungsbereich
	– Kann nur Teilzeit arbeiten	– Unpünktlichkeit
		– „Abwesenheit"
	nicht veränderbar	veränderbar

(b) Hier kann folgender Feedbackprozess angewendet werden:

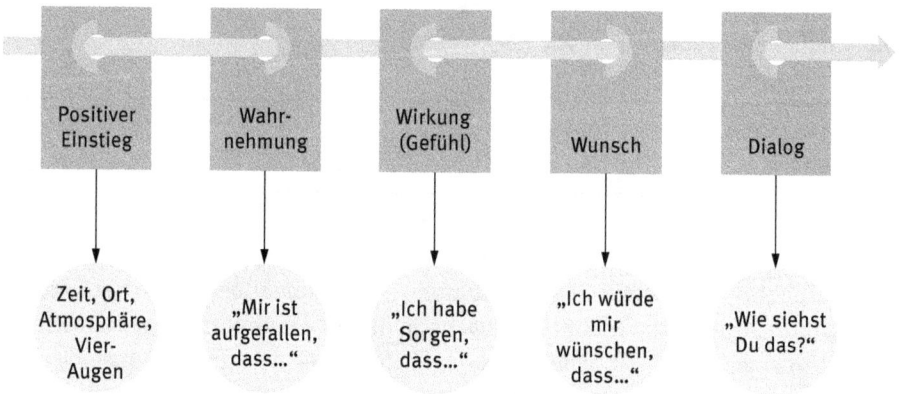

Abb. 2.6: Der Feedbackprozess, Quelle: Bartscher/Stöckl/Träger (2012: 285).

Herr Eisenhart würde demnach das Gespräch positiv starten. Sowohl räumlich als auch zeitlich müssen günstige Bedingungen geschaffen werden, so bat er Frau Arnst in sein Büro und servierte ihr köstlichen Kaffee mit einem Donut.

„Jetzt hoffe ich mal, dass dieser Kaffee dem höchsten Standard gerecht wird. Sie haben ja bei der Zubereitung des Kaffees höchste Ansprüche an sich selbst und das bemerken auch die Kunden äußerst positiv. Mir ist allerdings aufgefallen, dass Sie manchmal ein wenig in Gedanken sind. Insofern habe ich Sorge, dass auch die Kollegen und Kunden etwas merken könnten. Insofern würde ich mir wünschen, dass Sie versuchen, sich noch etwas mehr auf die Kunden und Kollegen einzulassen. Das würde Ihre exzellente Zubereitung des Kaffees perfekt ergänzen. Wie ist denn Ihre Sichtweise dazu?"

3. Literaturempfehlungen

Bartscher, Thomas et al. (2012): Personalmanagement: Grundlagen, Handlungsfelder, Praxis, München, S. 282–286.
Stock-Homburg, Ruth (2013): Personalmanagement: Theorien – Konzepte – Instrumente, 3. Aufl., Wiesbaden, S. 535–538.

Aufgabe 2: Feedbackgespräche

Wissen
5 Minuten

1. Fragestellung
In Feedbackgesprächen gelten Anerkennung und Kritik als wichtige Führungsmittel. Welche Funktionen haben diese beiden Führungsmittel?

2. Lösung
Folgende Funktionen sind besonders für die Mitarbeiter wichtig:
- Information
- Ingangsetzung von Lernprozessen
- Motivation
- Finden eines Selbstbildes

3. Hinweise zur Lösung
Die vier genannten Funktionen haben das Ziel, das Verhalten in Organisationen zu stabilisieren, oder dieses positiv zu verändern. Die Information hat die Funktion, gewünschtes Verhalten zu stabilisieren. Dabei soll präventiv auf die Stabilisierung des Leistungs- und Sozialverhaltens hingewirkt werden. Das Lernen zielt in erster Linie auf die Erlebens- und Verhaltensveränderung ab. So kann beispielsweise Anerkennung positive Gefühle beim Mitarbeiter hervorrufen, was die von den Führenden beabsichtigten Verhaltensänderungen attraktiver erscheinen lässt. Die Motivation kann durch Anerkennung und konstruktive Kritik gesteigert werden: Mögliche motivierende Kräfte können wachgerufen werden, die bei Ausbleiben der beiden Führungsmittel nicht zum Tragen gekommen wären. Schließlich kann geholfen werden, dass Mit-

arbeiter beim Finden eines Selbstbildes unterstützt werden: „Ein Vorgesetzter, der – in realistischem Rahmen – Hoffnungen in seinen Mitarbeiter investiert, gute Leistungen anerkennt, unerwünschtes Verhalten vorsichtig und konstruktiv korrigiert, wird Selbstsicherheit bei diesem stärken und ihn langfristig zu einem besseren Mitarbeiter machen." (von Rosenstiel 2009: 230).

4. Literaturempfehlungen

von Rosenstiel, Lutz (2009): Anerkennung und Kritik als Führungsmittel, in: von Rosenstiel, Lutz et al. (Hrsg.): Führung von Mitarbeitern, 6. Aufl., Stuttgart, S. 227–236.

2.7.3 Teamsitzungen

Fallstudie KaffeeLeben – Aufgabe F25

Wissen, Verstehen, Anwenden, Transfer
20 Minuten

---

1. Fragestellung

Herr Eisenhart führt mit seinen Mitarbeitern regelmäßig einmal im Monat einen Jour fixe durch, damit Aktuelles, Belange der Mitarbeiter von gemeinsamem Interesse oder organisatorische Dinge im Team besprochen werden können.

(a) Erstellen Sie eine konkrete Checkliste für Herrn Eisenhart, die er für eine erfolgreiche Gestaltung verwenden kann. Sie können dafür folgendes Muster einer Checkliste verwenden, dieses abändern und/oder ergänzen:

Tab. 2.20: Checkliste für die erfolgreiche Gestaltung von Mitarbeiterbesprechungen, Quelle: Stock-Homburg (2013: 538).

Phase der Mitarbeiterbesprechung	Gestaltungshinweise
Vorbereitung	– Wählen eines Zeitpunktes, zu dem ein möglichst störungsfreier Ablauf gewährleistet ist – Festlegen eines Zeitrahmens für die Besprechung – Bestimmen der richtigen Teilnehmer – Rechtzeitiges Informieren und Einladen der Teilnehmer
Durchführung	– Bestimmen des Protokollführers – Festlegen von Regeln für das Gespräch – Einlegen von Pausen bei langen Besprechungen
Nachbereitung	– Erstellen des Protokolls – Verteilen des Protokolls an die Teilnehmer

Neben den organisatorischen, eher „technisch" orientierten Aspekten der Vorbereitung und der Durchführung ist eine strukturierte inhaltliche Gestaltung von Bedeutung.

(b) Erstellen Sie eine fiktive Beispielsituation für eine professionelle Teambesprechung durch Herrn Eisenhart mit seinem Team. Bitte erläutern Sie auch, inwieweit sich bei der Art der Sitzungsleitung der kooperative Führungsstil zeigt.

2. Anregungen für Ihre Diskussion der Lösung

(a) Abbildung Stock-Homburg mit Inhalten füllen, z. B.

Vorbereitung

Optimaler Zeitpunkt:	Montagabend nach Geschäftsschluss
Zeitrahmen:	eine Stunde
Teilnehmer:	alle Mitarbeiter, solange es noch nicht mehr sind
Einladung:	alle Mitarbeiter kennen den Termin, da es der erste Montag im Monat ist, Ausnahmen werden frühzeitig kommuniziert.

Durchführung

Protokollführer:	wechselt von Mal zu Mal; Herr Eisenhart sieht zu, dass bei eher kritischen Sitzungen Frau Schnell oder Herr Geradewiese Protokoll führen, sofern möglich.
Gesprächsregeln:	ausreden lassen, keine Wertungen bei Brainstorming, Gesprächspartner als gleichberechtigte Partner ansehen etc.
Pausen:	Wenn die geplante Stunde um ist, dann wird entweder eine Kaffeepause angesetzt, Themen werden, falls möglich, vertagt bis zum nächsten Jour fixe oder es wird ein außerplanmäßiger Termin festgelegt.

Nachbereitung

Protokoll muss bis zum übernächsten Tag nach dem Jour fixe allen Mitarbeitern zugänglich sein.

(b) In der *ersten Phase*, der so genannten Themenrunde, haben die Teilnehmer die Möglichkeit eigene Themen für das Gespräch vorzuschlagen. Hier wird auch ein Protokollführer bestimmt.

Herr Geradewiese möchte eine neue Kaffeesorte ausprobieren. Frau Schnell möchte neu dekorieren. Frau Klein möchte darum bitten, dass Frau Arnst das Pausenende besser einhält, damit sie selbst nicht unnötig Mehrarbeit hat. Frau Arnst hat dieses Mal kein Thema für die Runde.

In der *zweiten Phase* wird eine Tagesordnung aus den eingebrachten Themen erarbeitet. Zusätzlich zu den ursprünglichen Tagesordnungspunkten werden aus den neu vorgeschlagenen Themen diejenigen ausgewählt, die den Teilnehmern als besonders wichtig bzw. dringlich erscheinen. Restliche Punkte werden bis zur nächsten Runde vertagt.

Frau Klein findet ihr Thema ausgesprochen wichtig, was aber auch schnell zu klären sein scheint, da Frau Arnst grundsätzlich eine zuverlässige Mitarbeiterin ist, sodass Herr Eisenhart diesen Punkt mit in die Agenda aufnimmt.

Frau Schnell schlägt vor, bis zum nächsten Mal ein paar Dekovorschläge auszuarbeiten, sodass Herr Geradewieses Thema noch Berücksichtigung findet – zumal KaffeeLeben hier als „Vorreiter" im Markt dienen kann.

Die *dritte Phase*, die Bearbeitung, bildet den Kern der Teamsitzung und ist der anspruchsvollste Teil der Besprechung. Nacheinander werden die einzelnen Punkte der Tagesordnung abgearbeitet. Herr Eisenhart bezieht die Mitarbeiter alle mit ein.

Hier sollten Sie kreativ werden.

In der *vierten Phase*, der Rückmeldung, kann es bei eher persönlichen bzw. kritischen Sitzungen um die Rückmeldung von Befindlichkeiten der Teammitglieder gehen, bei einer eher sachlichen Teamsitzung um das Festlegen des weiteren Vorgehens. Hier steht das Festlegen von zentralen Maßnahmen, Zuständigkeiten und Fristen im Vordergrund.

In Bezug auf die neue Kaffeesorte wird entschieden, dass sich vornehmlich Herr Geradewiese darum kümmert. Bis zum nächsten Jour fixe sollte er Bezugsmöglichkeiten klären und Preise einholen.

Der kooperative Führungsstil wird hier insbesondere dadurch deutlich, dass die Mitarbeiter bei der Entwicklung von Ideen eng zusammenarbeiten und sich in ihren Kompetenzen ergänzen. Die Mitarbeiter – auch als Gruppe – präsentieren dem Vorgesetzten Vorschläge; dieser entscheidet sich für die von ihm/ihr favorisierte Alternative.

3. Literaturempfehlungen

Stock-Homburg, Ruth (2013): Personalmanagement: Theorien – Konzepte – Instrumente, 3. Aufl., Wiesbaden, S. 538–539.
Wunderer, Rolf (2011): Führung und Zusammenarbeit: Eine unternehmerische Führungslehre, 9. Aufl., München 2011, S. 209 sowie 218 ff.

Aufgabe 3: Teambesprechungen

Wissen, Verstehen
8 Minuten

1. Fragestellung

Es ist keine Seltenheit, dass Teambesprechungen nicht detailgenau sind und im Unverbindlichen verbleiben. Welche vier Fragen können weiterhelfen, Teambesprechungen besser zu strukturieren?

2. Lösung

Es empfiehlt sich, nach folgendem Frageschema vorzugehen:
1. Was soll erreicht werden?
2. Was wurde tatsächlich erreicht?
3. Weshalb wurde das Ziel erreicht bzw. weshalb nicht?
4. Was kann anschließend verbessert werden?

3. Hinweise zur Lösung

Die vier genannten Fragen stellen einen Regelkreislauf sicher, welcher insbesondere Soll-Ist-Abweichungen identifiziert und Interventionsmöglichkeiten eröffnet. Das vorliegende Frageschema wurde ursprünglich im militärischen Kontext (sog. „After Action Reviews" in der US-Armee) entwickelt. Es spricht aber nicht dagegen, dieses Schema ebenso im Wirtschaftsleben respektive im organisatorischen Alltag einzusetzen.

4. Literaturempfehlungen

von der Oelsnitz, Dietrich/Busch, Michael W. (2012): Team: Toll, ein anderer macht's! Die Wahrheit über Teamarbeit, Zürich, S. 152–155.

2.7.4 Das Mitarbeiterjahresgespräch

Fallstudie KaffeeLeben – Aufgabe F26

Wissen, Verstehen, Anwenden, Transfer
20 Minuten

1. Fragestellung

In einer der anderen Filialen bereitete sich Maximilian Krewe, der äußerst erfolgreiche Filialleiter, auf das Mitarbeitergespräch mit der als Barista angestellten Wiebke Flecken vor. Ihm war es wichtig, das Gespräch auf eine kooperative und kommunikative Art zu führen. Für ihn war es selbstverständlich, auch Frau Flecken zu fragen, was sie von ihm als Führungskraft so hielt. Schließlich zeichneten Vertrauen und Ehrlichkeit ihre Führungsbeziehung aus.

Frau Flecken selbst war eine gut aussehende, von allen beliebte Barista. Sie war lustig, hatte immer einen Spruch auf den Lippen und konnte sehr gut improvisieren, wenn mal etwas schief ging. Sie selbst fand Herrn Krewe großartig, was dazu führte, dass sie ihn immer und überall beeindrucken wollte.

(a) Wovon könnte die Ausgestaltung dieses Mitarbeiterjahresgesprächs abhängen?
(b) Bitte äußern Sie sich dazu, dass Herr Krewe auch eine Rückmeldung von Frau Flecken über ihn als Führungskraft einfordern wollte.
(c) Helfen Sie Herrn Krewe und Frau Flecken bei der Vorbereitung des Mitarbeiterjahresgesprächs und zeigen Sie dabei mögliche Inhalte des auszufüllenden Bogens auf.

2. Anregungen für Ihre Diskussion der Lösung

(a) Die Ausgestaltung des Mitarbeiterjahresgesprächs hängt mitunter von der Führungskultur und der Führungsbeziehung ab.

Die Führungskultur bei KaffeeLeben zeichnete sich durch kooperative Elemente aus, was sich auch darin ausdrückte, dass im Rahmen des Mitarbeiterjahresgesprächs auch der Vorgesetzte eine Beurteilung seitens der Mitarbeiter erfuhr. Auch waren die Kriterien des Gespräches transparent für alle Betroffenen. Dass die Führungsbeziehung auf Vertrauen und Ehrlichkeit beruhte war sehr förderlich für die Qualität des Mitarbeiterjahresgesprächs. Selbstverständlich beschränkten sich diese Werte jedoch auf die Arbeit bei KaffeeLeben; persönliche Schwärmereien von Frau Flecken wurden ausgeblendet, denn diese würden ein Gespräch in eine unprofessionelle Richtung führen. Die dadurch bedingte Motivation wiederum fand im Jahresgespräch Berücksichtigung. Auch der Reifegrad der Mitarbeiter bestimmt die Qualität derartiger Gespräche.

(b) Mitarbeiterjahresgespräche, die nur auf die Beurteilung der Mitarbeiter abzielen, sind sehr einseitig. Wird jedoch eine Vorgesetztenbeurteilung integriert, kann auch der Vorgesetzte selbst im Hinblick auf seine Führung vom Mitarbeitergespräch profitieren. Auch zeigt sich an der Existenz der Vorgesetztenbeurteilung eine hohe persönliche und organisationale Reife im zwischenmenschlichen Umgang. Herr Krewe hatte nichts zu verbergen – im Gegenteil – er freute sich auf das meist positiv ausfallende Feedback seiner Mitarbeiter.

Allerdings hatte Herrn Krewe in der Vergangenheit auch ein kritisches Feedback eines Mitarbeiters konstruktiv geholfen. Dieser Mitarbeiter merkte an, dass Herr Krewe zwar eine sehr gute Führungskraft war, zum Teil aber zu perfekt wirkte, was u. U. dazu führte, dass eine gewisse „Unnahbarkeit" aufkam. Nach diesem Feedback bemühte sich Herr Krewe auch mal kleine, nicht so bedeutsame, Schwächen seinerseits wohlüberlegt offenzulegen, was seinen Erfolg noch förderte.

(c) Sowohl Herr Krewe als auch Frau Flecken füllten einen Bogen aus, der die Beurteilung der Zielerreichung 2017 durch Herrn Krewe umfasste, sowie ein Stärken- und Schwächenprofil über Frau Flecken, welches aussagte, wie Herr Krewe sie sah. Persönliche Entwicklungsperspektiven für Frau Flecken wurden beidseits aufgeführt und der Aspekt „Vereinbarkeit von Beruf und Familie" erfuhr Beachtung. Frau Flecken könnte Herrn Krewe beurteilen in Bezug auf

- Informationen und Delegation von Aufgaben
- Planung und Organisation der Arbeitsabläufe
- Nachvollziehbare Zielvereinbarungen
- Kontrolle der Zielerreichung
- Anerkennung und Kritik
- Motivation für neue Aufgaben
- Zuhören und Zeit haben

3. Literaturempfehlungen

Kolb, Meinulf (2010): Personalmanagement: Grundlagen und Praxis des Human Resources Managements, 2. Aufl., Wiesbaden, S. 435–438.

Weibler, Jürgen (2016): Personalführung, 3. Aufl., München, S. 404–406.

Wunderer, Rolf (2011): Führung und Zusammenarbeit: Eine unternehmerische Führungslehre, 9. Aufl., München, S. 338–347.

Aufgabe 4: Das Mitarbeiterjahresgespräch

Wissen, Verstehen, Bewerten
15 Minuten

1. Fragestellung

Im Kontext von Zielvereinbarungen (vgl. die Fragen 24 bis 26) werden üblicherweise Mitarbeiterjahresgespräche durchgeführt. Welche Gesichtspunkte sollte der Vorgesetzte bei der Umsetzung von vereinbarten Zielen berücksichtigen? Welche Probleme bei der Leistungsbeurteilung kann es geben?

2. Lösung

Der Vorgesetzte sollte folgende Perspektiven beachten:
- Er sollte den Fortschritt der vereinbarten Ziele für die kommende Periode beobachten und begleiten.
- Er sollte die Verbindlichkeit der vereinbarten Ziele überprüfen.
- Er sollte mögliche Leistungs- oder Verhaltensmängel im Vorfeld erkennen und dem Mitarbeiter ein Feedback bzgl. Soll-Ist-Abweichung geben sowie Verbesserungsvorschläge unterbreiten und Unterstützung anbieten.
- Er muss mögliche Veränderungen von Rahmenbedingungen, welche die Zielvereinbarungen betreffen, wahrnehmen und ggf. modifizieren können. Dazu kann es notwendig sein zwischen den Jahresgesprächen ein weiteres Mitarbeitergespräch einzuplanen und zu gestalten.

Probleme bei der Leistungsbeurteilung:
- Rahmenbedingungen im Unternehmen und im Unternehmensumfeld können sich ändern, z. B. kann sich aufgrund des Markteintritt eines neuen Konkurrenten oder aufgrund weiterer ereignisbezogener Absatzschwankungen die Auftragslage ändern, womit Vertriebsziele modifiziert werden müssen.
- Die Leistung einzelner Mitarbeiter ist in den meisten Fällen im Zusammenhang mit der Leistung von Kollegen sowie unter Einbeziehung von Zulieferer- und Kundenbeiträgen zu sehen. Gerade in Dienstleistungsbranchen ist der Kunde zu einem großen Teil an der Entstehung der Leistung beteiligt.

3. Hinweise zur Lösung

Es ist keine Seltenheit, dass Mitarbeiter lediglich ein Mitarbeitergespräch pro Jahr erhalten. Dies liegt zum Teil an den sehr großen Leitungsspannen. Mitarbeiterjahresgespräche werden kurzfristig in das Tagesgeschäft eingeplant. Der Mangel an Zeit wird manchmal durch das schnelle Abarbeiten umfangreicher Leistungsbewertungsbögen begleitet. Dabei werden vorschnell „(...) zahlenbasierte Scheingenauigkeiten produziert."(vgl. Schumacher 2017: 27). Unternehmensinterne und -externe Informationen, verstanden als „Kernzutaten" zur Leistungsbeurteilung, sind oft von schwacher Aussagekraft. Konkret heißt das: „Je weniger diese Kernzutaten der Zukunft im Unternehmen vorhanden sind, desto stärker wuchert der Scheinobjektivierungswahn, der sich in Leistungsbewertungsbögen von siebzehn Seiten (reale Beispiele) manifestiert." (Schumacher, 2017: 27). Um jene Scheinobjektivitäten zu vermeiden, sind regelmäßige Feedbackgespräche zwischen den Periodengesprächen anzuregen.

4. Literaturempfehlungen

Schumacher, Torsten (2017): Alle Jahre wieder. Warum die klassische Leistungsbeurteilung zum Jahresende in die falsche Richtung führt, in: Handelsblatt, Dienstag, 05. Dezember 2017, Nr. 254, S. 27.

Wunderer, Rolf (2011): Führung und Zusammenarbeit. Eine unternehmerische Führungslehre, 9. Aufl., Köln, S. 338–347.

3 Change-Management

3.1 Grundlagen des Change-Managements

Fallstudie KaffeeLeben – Aufgabe F27

Wissen, Verstehen, Anwenden, Transfer
20 Minuten

1. Fragestellung

Florentine und Roman setzten sich regelmäßig halbjährlich zusammen, um sich dar-über auszutauschen, ob grundlegende Veränderungen für KaffeeLeben notwendig waren – sei es durch Impulse von außen, um dem Wettbewerb Stand zu halten oder aber auch durch eigene Ideen bzw. Hinweise der Mitarbeiter. Dieses Mal gingen der Sitzung einige Denkprozesse voraus, da sowohl Florentine als auch Roman merkten, dass KaffeeLeben mal wieder eine Erneuerung erfahren könnte. Schließlich wollte man ja mit dem Geist der Zeit gehen. Bei der Sitzung stellten die Unternehmer fest, dass sie beide unabhängig voneinander schon des Öfteren an eine Erweiterung ihres Angebots gedacht hatten, nämlich eine Frischzubereitung von Bagels direkt vor den Augen der Kunden. Die beiden Unternehmer fanden die Idee zum einen einfach groß-artig, zum anderen sollte sich KaffeeLeben noch stärker von der Konkurrenz abheben. „Das vermittelt doch auch ein besonderes Gefühl von Frische, wenn der Kunde sogar beim Zubereiten zuschauen kann", stellte Florentine begeistert heraus. „Ja, außerdem schafft es Vertrauen bei den Kunden, wenn man sich so offen präsentiert, sich quasi in die Karten schauen lässt", erwiderte Roman, „von dieser Veränderung verspreche ich mir sehr viel auf Dauer." Florentine überlegte: „Ok, dann leiten wir mal eine Verände-rung ein. Wir sollten dabei wieder möglichst professionell vorgehen und Kenntnisse zum Change-Management einbringen."

(a) Ordnen Sie den Auslöser des anzustoßenden Change-Prozesses ein. Ist dieser in-tern oder extern einzustufen?

(b) Finden Sie weitere Beispiele möglicher Auslöser eines Wandels bei KaffeeLeben. Nehmen Sie dabei eine Einteilung in interne und externe Auslöser vor, die ein proaktives bzw. reaktives Verhalten mit sich bringen. Stellen Sie Ihre Ergebnisse in Form einer Tabelle dar.

(c) Was würde ein Change-Berater Florentine und Roman raten? Welche Erfolgsfak-toren weist ein gelungenes Change-Management auf?

Anmerkung: Im Englischen wird der Begriff Change-Management ohne Bindestrich geschrieben. Im Deutschen handelt es sich um einen zusammengehörigen Begriff, der deshalb in den folgenden Aus-führungen auch in weiteren Verknüpfungen mit Bindestrich verwendet wird.

https://doi.org/10.1515/9783110481860-004

2. Anregungen für Ihre Diskussion der Lösung

(a) Der Auslöser für den oben beschriebenen Wandel ist vornehmlich intern zu sehen. Die Idee kam von den beiden Unternehmern im Zuge des Nachdenkens über ihr Unternehmen. Denn die Initiative für die Idee rührte daher, dass sich die beiden Gründer permanent weiterentwickeln wollten, was auch Teil der Unternehmenskultur ist, also intern proaktiv getrieben. Jedoch ist eine Zuordnung nicht ganz trennscharf zu sehen. Denn auch die Konkurrenz war im Auge zu behalten und hier wollte man sich deutlich abheben.

(b)

Tab. 3.1: Externe Auslöser des Wandels, Quelle: eigene Darstellung.

Externe Auslöser	Reaktives Verhalten
Eröffnung eines neuen klassischen Cafés in der Nähe	Angebotserweiterung auf Kuchen
Die Eröffnung einer Hochschule in der Nähe von KaffeeLeben	Prüfung, ob Räumlichkeiten erweitert werden können
Abschaffung der Kantine eines großen in der Nähe befindlichen Unternehmens	Angebotserweiterung auf warme Speisen
Der Stadtteil entwickelt sich hin zu einem sehr „hippen" und gefragten Gebiet	Entwicklung eines neuen Preiskonzepts
…	…

Tab. 3.2: Interne Auslöser des Wandels, Quelle: eigene Darstellung.

Interne Auslöser	Proaktives Verhalten
Sinkende Umsatzzahlen	Angebotserweiterungen oder vermehrtes Marketing
Starke Konflikte unter den Mitarbeitern	Teambuilding-Maßnahmen
Motivationsprobleme durch zu viel Routine	Neue Herausforderungen finden; Partizipation an Neu- und/oder Weiterentwicklungen
…	…

(c) Erfolgsfaktoren sind eine geeignete Führung, eine vorhandene Vision, eine angemessene Kommunikation, eine Partizipation der Betroffenen, eine Integration unterschiedlicher Mitarbeiter oder Gruppen, eine zielgerichtete Personalentwicklung, eine professionelle Projektorganisation, eine Inanspruchnahme von Beratungsleistungen (intern oder extern) sowie eine permanente Weiterentwicklung. Bei KaffeeLeben ist ein kooperativer Führungsstil vorherrschend, der mit dem Gesamtkonzept der Einbindung der Mitarbeiter korrespondiert. Insofern werden auch die betroffenen Mitarbeiter in den Change-Prozess einbezogen und

zu Beteiligten gemacht. Sie sollen schließlich die Speisen vor Ort frisch zubereiten. Verschiedene Mitarbeitertypen mit ihren persönlichen Meinungen und
Einstellungen werden in den Change-Prozess einbezogen, um so ein möglichst
konstruktives Ergebnis zu erhalten. Eine professionelle Projektorganisation wird
etabliert. Die Führungskräfte erhalten hierzu Schulungen, die Mitarbeiter erfahren zielgerichtete Personalentwicklung zur Frischzubereitung von Speisen.

Zur Information: Diese Erfolgsfaktoren werden im Folgenden z. T. wieder aufgegriffen
und noch einmal ausführlich behandelt.

3. Literaturempfehlungen

Lauer, Thomas (2014): Change Management: Grundlagen und Erfolgsfaktoren, 2. Aufl., Wiesbaden,
    S. 13–27 sowie 85 ff.
Krüger, Wilfried (2014): Das 3W-Modell: Bezugsrahmen für das Wandlungsmanagement; in: Krü-
    ger, Wilfried/Bach, Norbert (Hrsg.), Excellence in Change: Wege zur strategischen Erneuerung,
    5. Aufl., Wiesbaden, S. 1–32.

Aufgabe 1: Begriffliche Grundlagen

Wissen, Verstehen, Erläutern, Transfer
20 Minuten

---

1. Fragestellung

In der allgemeinen Diskussion werden verschiedene Begriffe benutzt, um im weites-
ten Sinne von Veränderungen in Unternehmen zu sprechen. Diese gilt es zunächst
voneinander abzugrenzen, um darauf aufbauende Schlussfolgerungen zu ziehen und
konkrete Handlungen zu vollziehen.

Beschreiben Sie die Entwicklung von der Organisationentwicklung hin zum
Change-Management, indem Sie die Entwicklungsbedürftigkeit der Organisationentwicklung deutlich machen.

2. Lösung
Organisationsentwicklung

Unter Organisationsentwicklung wird im Allgemeinen die geplante, systematische
und zielorientierte Veränderung der organisatorischen Strukturen und Prozesse sowie des Verhaltens der Mitarbeiter verstanden. Dabei werden sozialwissenschaftliche
Methoden auf der Basis gemeinsamer Lernprozesse aller Beteiligten eingesetzt. Ziel

ist sowohl die Steigerung der betrieblichen Leistungsfähigkeit (Effektivität) als auch die Qualität des Arbeitslebens (Humanität).

Häufig wird bei der Abgrenzung des Begriffes Organisationsentwicklung der langfristige, ganzheitliche Ansatz in den Vordergrund gestellt und eine Beteiligung der Betroffenen als wesentliches Gestaltungselement sowie die Hilfe zur Selbsthilfe als Kennzeichen definiert.

Die so eher in das Unternehmen *hinein* gerichtete Organisationsentwicklung wurde allerdings im Laufe der Zeit nicht mehr dem gerecht, was Organisationen in der Realität erlebten. Sie wurden zunehmend vor allem von Faktoren beeinflusst, die von *außen* auf das Unternehmen wirkten (siehe oben Megatrends). Der ursprüngliche Ansatz der Organisationsentwicklung war so offensichtlich veränderungsbedürftig.

Change-Management

Change-Management hat sich seit geraumer Zeit als ein Sammelbegriff für alles was heutzutage im Zusammenhang mit der Gestaltung von Veränderungen in Organisationen beobachtet werden kann, und damit noch als recht unpräzise definierter Begriff, etabliert. Ein Ansatz, Change-Management ein wenig exakter zu definieren, könnte darin liegen, Change-Management als Planung und Durchführung aller Aktivitäten, die Führungskräfte und Mitarbeiter auf zukünftige, veränderte Situationen vorbereitet, zu bezeichnen.

Das Neue am Change-Management-Prozess war nun nicht etwa, all dies mit einer Glasur aus Feinfühligkeit und Arbeitskräfteorientierung zu übergießen und dann darauf zu hoffen, dass der Veränderungsprozess klappt, sondern etwas anderes. Es ging darum, respekt- und maßvoll den Betroffenen den Veränderungsbedarf näherzubringen bzw. diesen mit den Betroffenen zu identifizieren und gemeinsam an Handlungsstrategien zur Veränderung zu arbeiten. Dazu gehörte, dass nicht verschwiegen wurde, dass Veränderung auch Schmerz, Zumutung, Unsicherheit und Angst bedeuten kann.

Die Entwicklung von der Organisationsentwicklung zu dem selbstständigen und zu recht abgegrenzten Begriff Change-Management liegt in der veränderten Perspektive. Change-Management ist eine Erweiterung des Horizonts, der permanente Blick über die Grenzen des Unternehmens/der Organisation hinaus. Impulse (Veränderungen des Unternehmensumfelds) gewinnen existenzielle Bedeutung (Megatrends). Diesem Sachverhalt muss Rechnung getragen werden, wenn die Überlebensfähigkeit des Unternehmens sichergestellt werden soll. Die neue Bezeichnung Change-Management ist also nicht eine bloße Umetikettierung, sondern eine neue Sicht auf die Zusammenhänge des Unternehmensgeschehens.

Ein Abschied von den in der Organisationsentwicklung geforderten Werten ist allerdings abwegiger denn je. Das machen die Erkenntnisse der Hirnforschung auf eindrucksvolle Weise deutlich. Organisationen, die den Primärantrieb menschlicher Motivation missachten, nämlich die geglückte Beziehung zu anderen Menschen, werden auf Dauer Schiffbruch erleiden.

Die Verbindung von Produktivität *und* Menschlichkeit als treibendem Ansatz hat keineswegs an Bedeutung verloren. Die Bereitschaft und die Fähigkeit von Menschen, sich in Organisationen unter dem Blickwinkel eines Ausgleiches der berechtigten Interessen zu verändern, ist ein hochaktueller Erfolgsfaktor und macht Unternehmen zukunftssicher.

Der Unterschied, der den Unterschied macht, liegt darin, dass Change-Management begriffsgemäß zur erklärten Managementaufgabe *erweitert* wird. So wird der Blick auf die Ergebnisse und das Controlling der Umsetzung von Veränderungen geschärft. Damit wird die im Vergleich eher unspezifisch und nach innen gerichtete Organisationsentwicklung zu einer auf konkrete Ziele ausgerichteten, ergebnis- sowie umweltorientierten und selbstverantwortlichen extern induzierten Gestaltung des Unternehmensgeschehens.

3. Hinweise zur Lösung

Im Prozess der Erweiterung der Gedanken von der Organisationsentwicklung zum Change-Management konnte man durchaus beobachten, dass Tendenzen bestanden, sich von den psychologischen und gruppendynamischen Ansätzen zu verabschieden, die ohnehin nicht von allen Akteuren mit den eigenen Überzeugungen vereinbar waren und vielfach als unangenehm empfunden wurden. Beigetragen hat dazu sicher auch das eine oder andere Seminar, das wenig achtsam und mit Gruppendruck nicht etwa die Entwicklung gefördert hat, sondern vor allem eine generelle Aversion gegen jede Form von Gruppenprozessen.

Die Gelegenheit war also günstig und so wurde gelegentlich „das Kind mit dem Bade ausgeschüttet". Unter dem Deckmantel von marktinduzierten Notwendigkeiten wurden die gelegentlich lustvollen Psychoseminare durch die lustvolle Wiederbelebung von technokratischen Ansätzen ersetzt. Dabei wurden und werden dann durch den Vorstand oder externe Berater initiierte Scheinbeteiligungsrituale installiert. Der Scheinwerfer wird dann nicht auf die wirklichen Probleme gerichtet, sondern auf die Kompetenzen, die man auf Leitungsebene präferiert, nämlich zum Beispiel strategische Kompetenzen und/oder die Gestaltung von Strukturen sowie Geschäftsprozessen.

Nach außen werden diese Ansätze dann nicht selten mit einem imposanten Wording versehen (z. B. Leitbildentwicklung oder Balanced Scorecard), um die gewünschte Wirkung zu verstärken. Die Vorstellung, dass der Einsatz dieser Instrumente, die natürlich auch eine Berechtigung haben können, automatisch zum Erfolg führt, ist naiv.

Der ehrliche Veränderungsprozess in Unternehmen nimmt eben nicht nur den Profit in den Blick, sondern achtet darauf, was die Menschen, die die Veränderung mitmachen sollen, dabei empfinden. Es geht nicht um Seminare, die mit sanften Methoden versuchen, Arbeitskräfte von einer Botschaft zu überzeugen. Es geht darum, den Kontext von Veränderungen in den Blick zu nehmen, Perspektivwechsel einzufügen, die Kompetenzen der Menschen zu berücksichtigen und gemeinsam an einer

Lösung zu arbeiten. Das ist Kooperation im besten Sinne, die, wenn sie glückt, in sich durch die als positiv erfahrene Zusammenarbeit motiviert.

Der Change-Management-Prozess kümmert sich kurz gesagt darum, dass sich Arbeitskräfte mit dem Veränderungsprozess auseinandersetzen können und bietet einen Weg an, selbst wenn es überaus schwierig und unangenehm ist, Veränderungen zu ermöglichen.

4. Übungsangebot

Man kann sehr lange über die vielen Aspekte von Change-Management-Prozessen schreiben. Einprägsam für das was beim Change-Management passiert, ist, wenn ich selber erfahre, was eine Veränderung bedeuten kann. Schreiben Sie deshalb einmal probeweise mit der Hand, die Sie üblicherweise nicht benutzen. Stellen Sie sich nun vor, Sie müssten Ihre Schreibhand wechseln, weil eine Verordnung im Unternehmen das so vorsieht. Ab morgen dürfen Sie bei Strafe nicht mehr mit Ihrer richtigen Schreibhand schreiben.

Machen Sie sich am besten bewusst, was bei diesem Wechsel und seinen Folgen bei Ihnen passiert!

5. Hinweise zur Übung

Das, was Sie erleben, ist wahrscheinlich der Abschied von einer liebgewordenen Gewohnheit und Kompetenz (das Schreiben mit Ihrer bevorzugten Hand). Wenn das passiert, fragen sich die meisten Menschen, wofür es gut sein soll, die andere Hand zu benutzen, wenn Sie doch das Schreiben mit der bevorzugten Hand gut beherrschen. Bei einem Change-Management-Prozess kommt es, wie angedeutet, deshalb ganz entscheidend darauf an, den Nutzen der Veränderung plausibel zu machen.

Menschen brauchen Einsicht in den Sinn dessen, was verändert werden soll, und eine realistische Aussicht auf Erfolg (um nicht zu resignieren). Um in unserem Beispiel zu bleiben, könnten das zum Beispiel Schreibtechniken sein, die angeboten und geschult werden, um aus einem Rechtshänder einen Linkshänder zu machen bzw. umgekehrt. Wenn es darüber hinaus allerdings nicht möglich sein sollte, den Sinn der Maßnahme verständlich zu machen, was bei einer Änderung der Schreibhand schwierig werden dürfte, wird Change ein hochgradig zäher Prozess oder sogar unmöglich. Die Folge sind Widerstände derjenigen, die in derartige Prozesse hineingezogen werden. Das ist menschlich gesehen überaus verständlich. Ein hochwertiger Change-Management-Prozess befasst sich daher neben anderem auch mit den verständlichen Bedenken, die eine Veränderung mit sich bringt, wie in den weiteren Aufgaben zum Thema Change-Management-Prozess nachzulesen ist.

Ein Change-Management-Prozess ist an sich eine Zumutung, wenn ich etwas verändern soll, was mir in meiner eigenen Vorstellung gefällt und mit dem ich (!) zurechtkomme. In den Wurzeln der Organisationsentwicklung haben sich die Protagonisten überaus ehrlich um Angst, Druck und Verunsicherung gekümmert. Die gruppendynamischen Prozesse, die entsprechend in den Blick genommen wurden, haben diese Vorbehalte aufgenommen und ausführlich thematisiert. Angstfreies Lernen war das Stichwort. Wer Angst krampfhaft vermeiden will, wird häufig feststellen, dass Angst noch stärker wird. Auch hier macht ein markiger Spruch deutlich, was passieren kann: „Energy flows, where attention goes!"

So lief manches gruppendynamische Training nach dem Muster ab, möglichst alles zu sagen, was Angst macht, um anschließend festzustellen, dass andere Teilnehmer Ängste haben, die man selber bei sich noch nie gespürt hatte. Etwas ironisch formuliert verliefen diese Seminare dann streng nach dem Motto: „Haben Sie kein Problem? Ich hätte da noch eins für Sie!"

Die Lösung für den Umgang mit Angst liegt, wie nicht selten, in der Betrachtung von Prozessen, die im Gehirn ablaufen, wenn Veränderung angesagt ist. Uns schaden bei Veränderungsprozessen sowohl die Überforderung wie die Unterforderung. Überforderung macht Angst und Unterforderung macht lethargisch. Was wir brauchen, sind Herausforderungen, die wir mit einiger Mühe bewältigen können. Das schafft Bedingungen im Gehirn des Menschen, die das Wachstum von Synapsen befördern und Veränderung ermöglichen. Dabei entsteht eine Form von Angst oder Stress, die durchaus nützlich ist (Eustress – *guter* Stress). Der Stress hat allerdings ein entscheidendes Merkmal, wir können uns durch Anstrengung von der Angst bzw. dem Stress durch die erbrachten Leistungen befreien und fühlen uns am Ende wohl. Das beflügelt bei der Bewältigung weiterer Aufgaben.

Für das Thema Change-Management heißt das, dass wir keine Angst vor der Angst haben sollten und müssen. Sie ist, wohldosiert und respektvoll wahrgenommen, ein Motor für Veränderungen. Sie darf aber nicht in einen Kreislauf führen, bei dem Angst zu einer Lähmung führt (siehe dazu vor allem Schmidt, Gunther 2013). Die Gestaltung derartiger Bedingungen, die sehr wohl produktiv sind, ist Aufgabe des Change-Managements.

6. Literaturempfehlungen

Doppler, Klaus/Lauterburg, Christoph (2014): Change Management. Den Unternehmenswandel gestalten, 13. Aufl., Frankfurt und New York, S. 89–100.

Schmidt, Gunther (2013): Einführung in die hypnosystemische Therapie und Beratung, 5. Aufl., Heidelberg, S. 34–74.

Aufgabe 2: Wertvolle Informationen am Anfang von Change-Management

Wissen, Verstehen, Erläutern
15 Minuten

1. Fragestellung

Wer Misserfolge vermeiden will, kann Vorsorge treffen und gegensteuern. Die Beschaffung wertvoller Informationen ist deshalb eine zentrale Aufgabe aller in einem Change-Management-Prozess verantwortlichen Personen von Anfang an.

Welche Informationen sind vor allem am Anfang eines Change-Management-Prozesses interessant?

2. Lösung

Wertvolle Informationen am Anfang von Change-Management

- Die Ziele des Prozesses
- Der Informationsstand der Betroffenen und Beteiligten
- Das Problembewusstsein der Betroffenen und Beteiligten
- Die Glaubwürdigkeit des Vorhabens und der Initianten
- Die Energie der Betroffenen und Beteiligten

3. Hinweise zur Lösung

Die Informationsbeschaffung kann dauern und braucht die Fähigkeit zu einem offenen und sensiblen Dialog mit den Menschen, um die es geht. Change-Management hat viel damit zu tun, ob Sie als Teil der Gruppe in der Lage sind, unterschiedliche Sichtweisen oder Perspektiven anzuerkennen und produktiv einzubeziehen. Das ist in vielen Fällen nicht leicht.

Wenn es eine Fähigkeit gibt, die im Change-Management auf jeden Fall einen hohen Bedeutungsgrad hat, ist es die Geduld aller Betroffenen mit sich selbst und mit den anderen Menschen. Das passt übrigens gar nicht gut zur üblichen Hektik, die wir in Unternehmen heute beobachten können.

Gerade in der Einstiegsphase ist es aber wichtig, sich Zeit zu nehmen und zuzuhören, damit Vorbehalte und Bedenken aufgenommen werden können. Es geht dann trotzdem nicht jede Veränderung ohne Schmerzen vonstatten. Veränderung hat normalerweise auch ihren Preis.

Wir erleben heute Organisationen, die über Regeln und Verflechtungen mit dem Weltmarkt zu weitgehend unüberschaubaren Gebilden geworden sind. Wirkungszusammenhänge dynamischer Systeme bleiben in den meisten Fällen verschlossen. Das Unternehmensgeschehen ist ein Wechselwirkungsgefüge, in dem sich Ursachen und

Wirkungen überlappen und nicht durchschaubar sind und schon gar nicht im Nachhinein ausgemacht werden können. So sind viele Phänomene, mit denen wir uns im Managementalltag auseinandersetzen müssen, kaum noch rational zu fassen und gelegentlich kommt das Gefühl von Chaos auf.

Das Bemühen, alles verstehen zu wollen, wird in den meisten Fällen nicht gelingen und vor allem eins verursachen, nämlich Unsicherheit. Wenn wir uns dann nicht geschlagen geben wollen, können wir versuchen:

- die Muster zu erforschen, die für Systeme typisch sind (ohne Ursachen und Wirkungen genau voneinander trennen zu können),
- die Stellen in Systemen und Mustern zu erkennen, die in Bewegung oder Veränderung gebracht werden können (das sind Ansätze für ein Change-Management),
- ausprobieren, ob Veränderungsversuche zielbezogen erfolgreich sind (das sind dann die Dinge, die wir weiter verfolgen können), und Entwicklungen und Trends zu erspüren, die im System beobachtbar sind und die uns Ansätze für weitere Veränderungsversuche geben.

Neben der Geduld und dem Einfühlungsvermögen ist hier auch gefordert, Unsicherheit zu ertragen und auf Gewissheit zu verzichten. Diese gibt es in komplexen Systemen nicht.

4. Literaturempfehlungen

Doppler, Klaus/Lauterburg, Christoph (2014): Change Management. Den Unternehmenswandel gestalten, 13. Aufl., Frankfurt a. M., S. 115–125.
von Rosenstiel, Lutz et al. (Hrsg.): Change Management. Veränderungsschwerpunkte Organisation, Team, Individuum, Berlin und Heidelberg, S. 13–28 und z. B. S. 93–108.

Aufgabe 3: Unternehmensumfeldanalyse im Rahmen von Change-Management

Wissen
5 Minuten

1. Fragestellung

Im Grunde müsste der Erfolgsfaktor das Unternehmensumfeld in den Blick zu nehmen sehr naheliegend sein. Normalerweise sind einzelne Unternehmen nicht in der Lage ihr Umfeld nach Belieben zu gestalten, sondern müssen sich darum sorgen die notwendigen Informationen aus dem Unternehmensumfeld zusammenzutragen. Das ist aufwendig, aber unumgänglich, wenn man nicht zu sehr im Dunkeln tappen will.

Nennen Sie fünf wesentliche Bereiche einer Unternehmensumfeldanalyse, die im Rahmen von Change-Management bedeutsam sind!

2. Lösung
Zur Analyse gehören vor allem Informationen
- zu Kunden
- zu Märkten
- zu Wettbewerbern
- zu gesetzlichen Regelungen
- zur Wirtschaftslage

3. Hinweise zur Lösung
- Die aus diesen Daten entstehende Landkarte in einem Geflecht von Beziehungen ist unter dem Blickwinkel zu betrachten, was davon besonders für den Erfolg und Bestand des Unternehmens von Bedeutung ist.
- Die besten Informationen aus dem Markt taugen nichts, wenn sie nicht rechtzeitig an dem Ort sind, wo sie gebraucht werden. Ein wesentlicher Erfolgsfaktor für Change-Management ist die interne Vernetzung im Unternehmen durch Kommunikation. Für Führungskräfte heißt das, dafür zu sorgen, dass sich Informationen vernetzen können, Zweifel aufgenommen werden, Widerstände erkannt werden, Hintergründe verstanden werden und das Vertrauen zu den Mitarbeitern und zwischen den Mitarbeitern gestärkt wird.
- Es gibt drei Gruppen, die Ansprüche an Unternehmen stellen und deren Erwartungen im Rahmen von Change-Management sorgfältig zu prüfen sind, um erfolgreich zu werden:
  - Kunden
  - Mitarbeiter
  - Anteilseigner
- Den Bedürfnissen der Mitarbeiter Vorrang (!) geben kann ehrenvoll gedacht sein, ist allerdings in Zeiten der Bedrohung von außen eine riskante Angelegenheit (sie zu vernachlässigen allerdings auch). Das Gleiche betrifft die kurzfristigen Erwartungen der Anteilseigner. Das kurzfristige Denken in Ertragserwartungen ist eine ständige Gefahr für unausgegorene Unternehmensprozesse. Das Schielen auf kurzfristige Rendite stellt eine latente Gefahr für die Unternehmenssubstanz und übrigens auch für die Unternehmenskultur dar.

4. Hinweise zur Lösung
- Dem Kunden und dem Markt Priorität zu geben, hat zur Konsequenz, das Unternehmen konsequent in Form einer Prozesskette zu organisieren. Ansatzpunkt ist immer wieder der Markt und die Bedürfnisse der Kunden. Die im Unternehmen zu

treffenden Entscheidungen werden dann permanent an ihrer Wirksamkeit gemessen, d. h. inwieweit sie dem notwendigen Markt beziehungsweise den Kundenbedürfnissen gerecht werden. Es wird sozusagen von außen nach innen gedacht. Von dieser Perspektive aus betrachtet treten die Bedürfnisse der Anteilseigner und Mitarbeiter an die zweite Stelle (müssen aber im Blick bleiben). Die Existenz des Unternehmens wird jedoch langfristig durch das Prinzip von außen nach innen zu denken abgesichert.

– Die Erfolgsfaktoren für Change-Management beinhalten darüber hinaus, dass die Menschen in Unternehmen bereit und in der Lage sind zu lernen. Geglücktes Lernen ist ein Vorgang, der bei den Menschen normalerweise Freude hervorruft. Allerdings müssen sie merken, dass sie Erfolg haben. Führungskräfte sollten Mitarbeitern deshalb Rückmeldungen zum Lernverhalten geben. Mitarbeiter sind dann dazu in der Lage eigene Erfolge glaubwürdig nachzuvollziehen. Dabei ist Sensibilität wichtig. Das Lob für eine Banalität ist genauso wenig hilfreich wie die flüchtige Bemerkung für eine hervorragende Leistung.

5. Literaturempfehlungen

Doppler, Klaus/Lauterburg, Christoph (2014): Change Management. Den Unternehmenswandel gestalten, 13. Aufl., Frankfurt a. M. und New York, S. 115–125.

Welge, Martin K./Al-Laham, Andreas (2012): Strategisches Management. Grundlagen – Prozesse – Implementierung, 6. Aufl., Wiesbaden, S. 289–352.

3.2 Change-Management-Modelle

Fallstudie KaffeeLeben – Aufgabe F28

Wissen, Verstehen, Anwenden, Transfer
20 Minuten

---

1. Fragestellung

Florentine war, wie schon bei früheren Themen, wieder dafür, hier noch mal ihre theoretischen Unterlagen zu studieren. Sie und Roman hatten damit ja ganz gute Erfahrungen gemacht und so wollte sie sich dieses Mal auch zunächst theoretische Modelle des Change-Managements anschauen, um nicht der Gefahr zu unterliegen, etwas Wichtiges zu vergessen.

(a) Äußern Sie sich kritisch zu der Frage, ob sich Florentine und Roman wirklich mit einem theoretischen Modell beschäftigen sollten? Schließlich haben sie ja genug zu tun und in der Praxis ist sowieso immer alles ganz anders.

(b) Verwenden Sie bitte das Change Modell von Lewin, um den Wandlungsprozess und Wandlungsmanagement zu erläutern. Beziehen Sie Ihre Informationen auch auf die Frischzubereitung von Bagels als Change für KaffeeLeben.

2. Anregungen für Ihre Diskussion der Lösung

(a) Ein Modell ist ein vereinfachtes Abbild der Wirklichkeit. Florentine und Roman können ein Modell sehr gut zur Veranschaulichung heranziehen, wenn sie im Rahmen von Personalentwicklungsmaßnahmen bzw. im Vorfeld der Veränderung auf einer Meta-Ebene mit den Führungskräften sprechen. Sie können mit den Führungskräften besprechen, in welcher Phase sie welche Maßnahmen vorgesehen haben, damit der Change möglichst effektiv abläuft.

(b) Vahs stellt das Modell von Lewin wie in Abbildung 3.1 folgt vor:

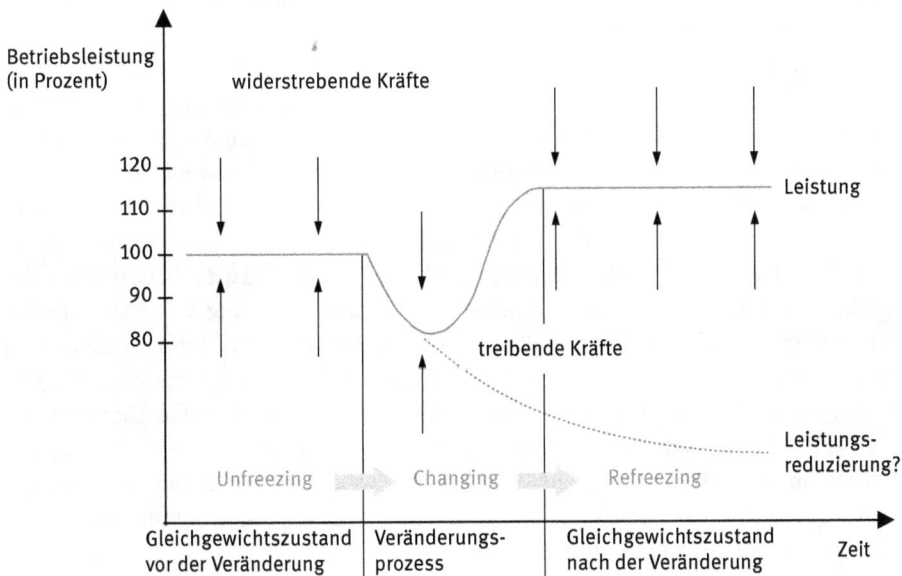

Abb. 3.1: Wandel als Veränderung von Gleichgewichtszuständen, Quelle: Vahs (2015: 356) nach Lewin (1963: 236 ff.).

Der Veränderungsprozess wird in drei wesentliche Phasen eingeteilt.

In der ersten Phase „Unfreezing" sollen bisherige Vorstellungen und Verhaltensweisen „aufgetaut" werden, um für die Veränderung eine Bereitschaft zu erzeugen. Veränderungsvorhaben, bei denen diese Phase übersprungen wird, scheitern oft.

In der zweiten Phase „Changing", die Phase des „Veränderns", wird der ursprüngliche Zustand neugestaltet. Hierfür ist ein adäquates Organisationskonzept zu entwickeln und zu implementieren. Die Führungskräfte und Mitarbeiter zeigen in dieser Phase oft ein breites Verhaltensspektrum, das von passiver Anpassung bis zur aktiven Teilnahme reicht. Ist der Widerstand zu groß, sinkt die Betriebsleistung. Hier gilt es entgegenzuwirken, um insgesamt die Leistung sogar zu steigern.

In der dritten Phase „Refreezing", die Phase des „Wiedereinfrierens" soll der neue Zustand stabilisiert werden, damit nicht ein Rückfall in alte Muster erfolgt. Refreezing bedeutet aber keineswegs einen Endzustand, sondern wird irgendwann wieder ein „Unfreezing" erfahren.

Konkret im Falle der geplanten Veränderung der KaffeeLeben GmbH gilt es in der Unfreezing-Phase die Führungskräfte und Mitarbeiter zu sensibilisieren, d. h. zu verdeutlichen, warum eine Veränderung geplant ist. Es ist durchaus sinnvoll, zunächst die Führungskräfte und sodann die Mitarbeiter zu informieren. Wichtig ist die Angabe von Gründen. Das KaffeeLeben-Konzept ist zwar einzigartig in den Vororten, dennoch unterliegen angebotene Produkte und Dienstleistungen einem Lebenszyklus, sodass das Angebot nach einiger Zeit eine gewisse Erneuerung erfahren sollte. Das solide Angebot von Kaffee kann durchaus erweitert werden, um dem Kunden darüber hinaus in Zukunft mehr zu bieten. Bereits zum Zeitpunkt der Vorbereitung dieser Veränderung können wichtige Weichen in Bezug auf den Erfolg des Veränderungsprojektes gestellt werden. Es sind möglichst alle Betroffenen zu beteiligen, damit die Veränderung für sie verständlich und erfahrbar wird. Denkbar sind Workshops, in denen entweder die Erneuerung selbst – also die Angebotserneuerung – diskutiert wird oder aber die Umsetzung einer Veränderung. Die eigentliche Changing-Phase erfolgt optimalerweise nach Plan, im Fall der Frischezubereitung bei KaffeeLeben sind dies Umgestaltung der Theke, Neuanschaffung von Behältnissen zur geeigneten Kühlung, Qualifizierung der Mitarbeiter etc. In der Refreezing-Phase wird die erreichte Veränderung zunehmend stabilisiert. Die Mitarbeiter beraten den Kunden fachkundig und bereiten die Bagels kompetent zu. Die Veränderung ist zum Alltagsgeschäft geworden, was aber nicht ein starres Festhalten bedeutet. Nach einer gewissen Zeit würde sich wieder eine Veränderung anbieten, beispielsweise eine Angebotserweiterung im Sinne besonderer Lebensmittelzusammenstellungen, z. B. scharf und süß, um vom Gewohnten abzuweichen und etwas ganz Besonderes anzubieten.

3. Literaturempfehlungen

Vahs, Dietmar (2015): Organisation: Ein Lehr- und Managementbuch, 9. Aufl., Stuttgart, S. 356 ff.
Lewin, Kurt (1963): Feldtheorie in den Sozialwissenschaften, Bern/Stuttgart.

Aufgabe 1: Arten von Change-Management

Wissen, Verstehen, Erläutern
10 Minuten

---

1. Fragestellung

Manche Veränderung in Organisationen verläuft zufällig, planlos und muss fast zwangsläufig scheitern, wenn es sich um größere Probleme handelt. An dieser Stelle setzt ein überlegter Prozess an, der versucht, einzelne Phasen zu definieren, die üblicherweise im Change-Management beobachtet werden können.

Welche Arten von Veränderungen gibt es in Organisationen?

2. Lösung

Kein Change-Management-Auftrag ist wie der andere. Trotzdem gibt es Möglichkeiten, Change-Management zu typisieren. Die Typisierung hilft, geeignete Instrumente zu finden, um den Prozess erfolgreich zu steuern.

Im Allgemeinen unterscheidet man Change-Management auf den folgenden drei Ebenen:
- Veränderungen in der Aufbauorganisation
- Veränderungen in der Ablauforganisation
- Veränderungen im sozialen Gefüge und im persönlichen Arbeitsverhalten

Selbstverständlich ist auch jede Kombination der Faktoren in der Praxis zu beobachten. So gut wie ausgeschlossen ist es, dass ein Change-Management-Prozess ohne die soziale Komponente auskommt. Aufbau- und ablauforganisatorische Veränderungen haben immer Auswirkungen auf die Menschen, die in Organisationen arbeiten.

3. Hinweise zur Lösung

Neben der Frage, welche Menschen und Bereiche durch eine Veränderung *betroffen* sind, um zu klären, welche Instrumente zur Verfügung stehen sollten, ist eine sorgfältige und umfassende Analyse der Organisation unumgänglich. Dazu gehört, dass Informationen zum Kontext gesammelt werden müssen, in dem die Veränderungen stattfinden.

Das liegt sehr nahe, da je nach Kontext die Voraussetzungen für eine Veränderung eher günstig oder ungünstig sein können. Sind in einer Organisation bereits ähnliche Vorhaben gelaufen, sind sie mit der Geschichte dieser Prozesse verknüpft. Daneben gibt es eine Vielzahl anderer Faktoren, die einwirken, auf die hier allerdings nicht eingegangen werden kann. Grundsätzlich gilt, dass alles, was eine spürbare Wirkung im Gefüge des Prozesses haben könnte, diskutiert und analysiert werden sollte.

Insgesamt gesehen sind zu Beginn des Prozesses die Ziele des Veränderungsge-schehens zu identifizieren, die angestrebt werden. Die Kunst eines Change-Manage-ment-Prozesses liegt darin, diese Analyse und die darauf aufbauende Planung in Ruhe und (deshalb) wohlüberlegt durchzuführen. Dabei ist es äußerst wichtig, die von den Veränderungen bewirkten möglichen Auswirkungen auf die Menschen und die Orga-nisation intensiv in den Blick zu nehmen. Das wird nie vollständig voraussehbar sein, jedoch wäre es fahrlässig, mögliche gravierende Systemwirkungen zu übersehen.

Es ist leicht ersichtlich, dass Change-Management sehr viel mit Kommunikation und der Fähigkeit zu tun hat, sich den berechtigten Interessen der Betroffenen zu stel-len, über diese zu diskutieren und sich letztlich zu einigen. Die Anforderungen, die sich daraus an die Menschen in Organisationen ergeben, haben sich in den letzten Jahrzehnten dramatisch verändert. Die immer wieder thematisierten sozialen Kom-petenzen haben zweifellos gewaltig an Bedeutung gewonnen. Werden Sie vernach-lässigt, kommt es zu Verbitterung und Verletzungen, die ihrerseits verheerende Aus-wirkungen haben können (vor allem gesundheitlicher Art).

Die oben beschriebenen Zusammenhänge zum Thema Motivation sind hier be-sonders wichtig, weil sie den Menschen als zutiefst soziales Wesen beschreiben. Ge-rade im Zusammenhang mit Change-Management ist es so gefordert, dass sich Orga-nisationen über die Art und Weise Gedanken machen, wie die Menschen miteinander umgehen.

4. Literaturempfehlungen
Stoltenberg, Kerstin/Heberle, Krischan (2013): Change Management. Veränderungsprozesse erfolg-reich gestalten – Mitarbeiter mobilisieren. Vision, Kommunikation, Beteiligung und Qualifizie-rung, 3. Aufl., S. 2–10.

3.3 Hemmnisse von Veränderungen

Fallstudie KaffeeLeben – Aufgabe F29

Wissen, Verstehen, Anwenden, Transfer
20 Minuten

---

1. Fragestellung
Die Idee der Frischzubereitung von Bagels direkt vor dem Kunden stieß nicht bei al-len Mitarbeitern der KaffeeLeben auf Begeisterung. Im Gegenteil rief sie bei Frau Klein massiven Widerstand hervor: „Ich habe sowieso schon so viel zu tun und Zeit ist Man-gelware, jetzt soll ich noch etwas zusätzlich machen?" Frau Arnst, die manchmal et-was in sich gekehrt in ihrer eigenen Welt lebte, äußerte folgende Sorge: „Ich weiß

nicht, ob ich noch derartige Leistungen bringen kann wie vorher, wenn ich mich vom Kunden so beobachtet fühle." Andere Mitarbeiter fragten sich, warum KaffeeLeben überhaupt eine Veränderung brauchte, schließlich lief doch alles ganz gut. Florentine und Roman standen damit vor einer großen Herausforderung. Sie mussten die Widerstände ernst nehmen und hier eine Lösung herbeiführen.

(a) Wie erklären Sie sich die Sorgen von Frau Klein und Frau Arnst?

(b) Welche weiteren Sorgen anderer Mitarbeiter sind denkbar?

(c) Wie kann den Widerständen der Mitarbeiter von KaffeeLeben begegnet werden?

2. Anregungen für Ihre Diskussion der Lösung

(a) Frau Klein ist eine Person, die jegliche Form von Veränderung ablehnt, weil sie dann ihre gewohnten Strukturen verlassen muss und sie mehr Arbeit für sich sieht. Umlernen ist für sie schwierig, weil sie von Natur aus Angst davor hat. Die geplante Veränderung führt bei ihr zu massiver Verunsicherung, weil sie eher langsam arbeitet und Sorge hat, die Arbeit nun nicht mehr gut bewältigen zu können. Außerdem lässt sie sich nicht gerne beobachten, weil ihr das nötige Selbstvertrauen fehlt. Bisher hat sie versucht, durch Reden über ihre Inkompetenz in einigen Dingen hinwegzutäuschen, aber nun sah sie die Gefahr, der Situation nicht mehr Herr zu sein.

Frau Arnst war unsicher, da sie nun angehalten war, sich stärker zu konzentrieren als bisher. Sie war oft während der Arbeit gedanklich mit eigenen Dingen beschäftigt, was sie durch Kompetenz ausgleichen konnte. Auch sie hatte Sorge, ihren Job nun nicht mehr zur Zufriedenheit der Vorgesetzten ausführen zu können.

(b) Es wären Sorgen um den eigenen Job denkbar. Die Mitarbeiter könnten Sorgen haben, dass sie ersetzt werden durch andere fähigere Mitarbeiter. Sie könnten Bedenken haben, dass ihnen wichtige Informationen vorenthalten würden. Weiterhin könnten einige sich sorgen durch die Veränderung ihren Status bzw. ihre Karriereaussichten zu verlieren.

(c) Den Widerständen kann vor allem durch Informationen und Beteiligung entgegengewirkt werden. Florentine und Roman sollten allen deutlich machen, warum sie eine Veränderung herbeiführen wollen – nämlich um mit dem Geist der Zeit zu gehen. Die Konkurrenz sollte nicht an ihnen vorbeiziehen. Weiterhin könnten sie die Mitarbeiter stark einbinden bei der Entwicklung neuer Ideen und deren Umsetzung. Hier ist es unter Umständen sinnvoll, Zeit zu investieren, z. B. in Form von Workshops etc., um die Zeit nicht später durch Widerstände bei der Umsetzung zu verlieren, indem die Konfliktbewältigung im Vordergrund steht und nicht die Umsetzung der Veränderung an sich.

Hinweis: Das Thema „Beteiligung" wird in 3.7 erneut aufgegriffen.

3. Literaturempfehlungen

Doppler, Klaus/Lauterburg, Christoph (2014): Change Management: Den Unternehmenswandel gestalten, 13. Aufl., Frankfurt a. M./New York, S. 354 ff.
Lauer, Thomas (2014): Change Management: Grundlagen und Erfolgsfaktoren, 2. Aufl., Wiesbaden, S. 29 ff.

Aufgabe 1: Gründe für Misserfolge von Change-Management

Wissen, Verstehen, Erläutern
20 Minuten

1. Fragestellung

Ab und an stellen wir fest, dass wir mit aller Kraft versuchen, eine bestimmte Situation zu bewältigen. Wie wir es auch anlegen, es gelingt nicht, eine Lösung zu erarbeiten. Was tun? Die Bemühung verdoppeln? Noch einmal abwarten, bevor wir wieder ansetzen, damit die Kraft ausreicht, den Versuch durchzuführen?

Ist die Ursache eine Verkennung der Zusammenhänge? Manchmal ist es der Zeitdruck, der in marktnahen Prozessen entsteht. Vielleicht spielt auch gelegentlich der Druck zum Vorweisen von Ergebnissen eine Rolle, weil Vereinbarungen getroffen wurden, die unrealistisch waren, aber auf jeden Fall erreicht werden müssen, damit eine entsprechende Belohnung erfolgen kann. Nicht selten ist auch die Angst vorhanden, dass die Diskussion über die Sinnhaftigkeit eine Korrektur der angestrebten Ziele zur Folge hat. Dann wäre das Gesetz des Handelns in Gefahr, für das viele Entscheider stehen wollen.

Vom Sport wissen wir, was ein Kaltstart bedeuten kann, von Maschinen auch. Im praktischen Managementgeschehen kommt es nicht selten zu Kaltstarts, die von vorne herein den Erfolg des Projektes gefährden. Die Verwunderung ist dann groß, die Erklärung relativ einfach. Es gibt Bewältigungsstrategien, die ganz einfach nicht zum Ziel führen. Wir haben gelegentlich Denkmuster in uns, die vielleicht in bestimmten Situationen geholfen haben, in anderen aber nicht. So ist die Lösung, die einmal gefunden wurde nicht automatisch die Lösung für alle anderen Situationen auf dieser Welt. Das ist im Grunde klar.

Führen Sie einmal einen Selbsttest durch. Schildern Sie einer dritten Person ein Problem und warten Sie, was passiert. In vielen Fällen kommt wie aus der Pistole geschossen ein Lösungsvorschlag – sozusagen „aus der Hüfte geschossen". Was heißt das für die Qualität der Lösung?

Welche naheliegenden Gründe hat das Scheitern von Change-Management? Nennen und erläutern Sie kurz, welche dies sein können. Denken Sie bitte über vier Gründe nach. Im Folgenden werden acht Gründe genannt und erläutert.

2. Lösung

Gute Gründe für das Misslingen von Change-Management

- Verletzung gleich am Anfang!
- Die Hierarchie weiß alles!
- Überraschungen erleben!
- Nicht genug nachgedacht und die Lösung wird zum Problem!
- Bloß keine Struktur gefährden: Function follows structure!
- Das Unerreichbare beschreiben!
- Übertreibungen einbauen!
- Ich bin mir selbst der Nächste!
- Verbündete vergessen!

3. Hinweise zur Lösung

„Verletzung gleich am Anfang!"

Menschen haben die Eigenschaft, dass sie Bedingungen schätzen, in denen sie Sicherheit erleben, der eine mehr, der andere etwas weniger. Menschen brauchen Selbstvertrauen, Vertrauen in eine umgebende vertraute Gruppe, bei denen sie das Gefühl haben, aufgehoben zu sein, und Vertrauen in die Zukunft („Am Ende wird es gut!"). Werden diese drei Faktoren spürbar gestört, kommt es zu einer Verunsicherung, die sich im privaten und beruflichen Umfeld bemerkbar macht.

Obwohl der Mensch – wie oben beschrieben – das Lebewesen ist, das am besten lernen kann, möchten wir mindestens wissen, warum oder wofür wir uns verändern sollen – oder wofür sich eine Organisation massiv verändern soll.

Wer in einem Unternehmen vergisst, den Menschen, die dort arbeiten, zu erklären, warum oder wofür etwas verändert wird, darf sich nicht wundern, wenn Angst und Widerstand aus den Reihen der Beschäftigten kommen. Entscheider, die derartige Prozesse einleiten, handeln wie Verkäufer deren Produkte keiner will, weil man noch nicht verstanden hat, was man damit machen kann oder welchen Nutzen das Produkt eigentlich hat. Sie könnten auch sagen, dass ein Radiosender Programme auf einer Frequenz sendet, die man nicht empfangen kann.

Warum handeln manche Manager gemäß dem Leitsatz „Die Hierarchie weiß alles!"? „Alles Gute kommt von oben!" ist ein zweiter bewährter Grundsatz, um Veränderungen scheitern zu lassen. Wenn es schwierig wird und Veränderung angesagt ist, trifft sich die Führungsebene in vielen Meetings und demonstriert Dynamik, die allerdings nur für die Eingeweihten durchschaubar ist. Macht wird hier sehr gut sichtbar gezeigt und die von Veränderungen betroffenen Arbeitskräfte werden solange von den Geschehnissen ausgeschlossen, bis eine Lösung feststeht. Diese wird dann als Festival zelebriert. Das Stück hat eine klare Inszenierung: das Management als Retter und die Beschäftigten als ausführendes Organ.

Sie könnten an dieser Stelle kurz nachdenken, welche möglichen Konsequenzen dieses Verhalten in einem Unternehmen hätte, in dem Sie selbst arbeiten. Die möglichen Konsequenzen sind natürlich vielfältig und es hängt sicher von der konkreten Organisation ab, was wirklich passieren wird. Das beschriebene Verhalten beinhaltet jedoch eine gewisse Tendenz zu Schnelligkeit aufseiten des Managements. Konsens mit den Betroffenen würde die Dinge in den Augen vieler Manager nur verlangsamen und wäre dann schädlich. Außerdem könnte der Eindruck entstehen, dass man auf die nächst niedrigere Hierarchiestufe angewiesen ist, um das Problem zu lösen.

Das Szenario wird zur rivalisierenden Selbstdarstellung benutzt und die Situation als Chance gesehen, sich selbst vor allen Mitarbeitern als der Held zu präsentieren, der das Problem im Zweifel im Alleingang lösen kann.

Wenn Arbeitskräfte, die von den Veränderungen massiv betroffen sind, ausschließlich als Staffage für die Selbstinszenierung des Managements dienen, kommt ihnen bestenfalls die Rolle von Wasserträgern oder staunenden Bewunderern zu. Die Attraktivität dieser Rollen muss an dieser Stelle nicht weiter vertieft werden.

„Überraschungen erleben!"

Lösungen, die auf höherer Ebene oder ohne die Betroffenen erarbeitet wurden, haben den Charme eines fertigen Produktes, das der spätere Nutzer gar nicht gebrauchen kann. Wetten, dass es in vielen Fällen selbst dann nicht gewollt ist, wenn es Elemente hat, die im Grunde ganz ordentlich sind? Das Selbstwertgefühl, das entsteht, wenn man mitgestalten bzw. von Selbstwirksamkeit spüren kann, wird hier von vorne herein ausgeschaltet. Im Ergebnis ist entweder eine Nachbesserung nötig oder im ungünstigsten Fall scheitert das Projekt.

„Nicht genug nachgedacht und die Lösung wird zum Problem!"

Viele Menschen neigen dazu, Lösungsmuster in den Blick zu nehmen, die vor allem ein (!) Problem haben: Sie passen nicht zum Problem. Dann können Sie wie Don Quijote gegen Windmühlenflügel ankämpfen und werden den Kampf verlieren.

Beispiel: Nicht selten möchten Mitarbeiter mehr Anerkennung durch Titel oder sonstige Möglichkeiten, sich von anderen abzusetzen. Als Lösung wird die Anzahl der Hierarchiestufen vergrößert und damit die Möglichkeit der Titelvergabe. Gerade in der Titelflut wird aber das Prinzip wieder verwässert. Am Ende steht die komplette Entwertung der Maßnahme und die Maßnahme wird bei genauerer Betrachtung der Lächerlichkeit preisgegeben. Das Problem an derartigen Interventionen ist, dass man das Grundmuster nicht ändert und stattdessen immer mehr desselben praktiziert, was im Ergebnis nur Energie kostet und sogar negative Effekte auf das System haben wird.

„Bloß keine Struktur gefährden: Function follows structure!"

Es gibt Tendenzen die vorhandenen Strukturen, die in der Vergangenheit durchaus getragen haben, zum Ziel der Bemühungen zu machen. Nicht die Funktion hat eine bestimmte Struktur zur Folge, sondern die vorhandene Struktur ist Ausgangspunkt aller Überlegungen. Menschen werden dann nur noch als Mittel betrachtet, um die Struktur auszufüllen oder zu erhalten. Man hält sich an der Organisation fest, die wie ein Schloss erscheint, groß und ehrwürdig und auf jeden Fall nicht veränderbar.

An diesem Phänomen sind einige große deutsche Unternehmen gescheitert, jedoch zumindest in massives Schlingern geraten. Bevor zum Beispiel die Volkswagen AG in den letzten Jahren zu einem weltweit bedeutenden Automobilhersteller geworden ist, war der Konzern in den 70er-Jahren kurz vor der Insolvenz. Die Produktpalette war überaltert, die Innovationskraft gering und das Management in einer unüberschaubaren Zahl von Hierarchiestufen verfangen. Am Ende hat ein radikaler Schnitt bei den Produkten das Scheitern verhindert.

„Das Unerreichbare beschreiben!"

Haben Sie schon einmal eine Stellenanzeige mit einer Fülle von geforderten Eigenschaften gelesen (Identifikation mit der Arbeit, Begeisterungsfähigkeit, Einfühlungsvermögen, Kontaktfähigkeit, Kooperationsfähigkeit, Kommunikationsfähigkeit, Flexibilität, Kreativität)?

Als wenn das nicht genug wäre, werden noch Zuverlässigkeit, Eigeninitiative, Selbstständigkeit, Leistungswille, Verantwortungsbewusstsein, Ergebnisorientierung und Durchsetzungsvermögen gefordert. Neuerdings kommen noch vernetztes und systemisches Denken, Selbstorganisation und Integration hinzu, als wenn die genannten Eigenschaften die meisten (wahrscheinlich alle) Menschen nicht schon gnadenlos überfordern würden. Darüber stehen allerdings „selbstverständlich" noch Glaubwürdigkeit, Vorbildfunktion und ein positives Menschenbild sowie persönliche Ausstrahlung.

Bevor Sie beim Lesen dieser Zeilen vollständige Realitätsferne unterstellen, sollte die Liste geschlossen werden. Der Versuch, Menschen zu suchen, die hohen Ansprüchen gerecht werden, ist ehrenwert. Wichtig ist allerdings, dass die geforderten Eigenschaften mit den vor Ort beobachtbaren Regeln korrespondieren. Verlangt wird mitunter Unternehmertum und Mitdenken, kontrolliert wird nach dem Prinzip „Jeder Mensch ist ein potenzieller Drückeberger und Betrüger". Karriere machen nicht die kommunikativ, partizipativ und kooperativ agierenden Arbeitskräfte, sondern diejenigen, die sich geschickt anpassen und politisch korrekt taktieren.

Schauen wir also in Organisationen genau hin, was auf dem Papier steht und was gelebt wird. Change-Management muss die Dinge vor Ort realistisch einschätzen können und nach Lösungen suchen, die sich nicht in einer Parallelwelt befinden, sondern das treffen, was die tatsächlichen Verhältnisse zum Besseren wendet. Das ist übrigens nicht einfach, sondern ziemlich schwer.

„Übertreibungen einbauen!"

Es ist sicher eine Kunst, Nachrichten so zu präsentieren, dass sich die Betroffen hinterher ganz besonders engagieren. Am Anfang zu formulieren, „Es wird schon nicht so schlimm werden!", ist ein Ausspruch, der erstens in vielen Fällen nicht eintritt und zweitens in den seltensten Fällen vorab eingeschätzt werden kann. Aus beiden Gründen ist es deshalb wichtig, nicht eine Erwartungshaltung zu wecken, die über kurz oder lang Enttäuschungen hervorruft.

Die Kräfte, die in Menschen stecken, sich selbstständig aus einer misslichen Lage zu befreien, sind enorm. Andernfalls wären Menschen schon lange auf unserem Planeten ausgestorben. Wer die Wahrheit verschweigt, um keinen Liebesentzug zu erleben, vergisst, dass das in vielen Fällen so wichtige Bewusstsein einer Mitverantwortung im Keim erstickt wird. Gerade das Spüren einer derartigen Herausforderung kann Kräfte mobilisieren, die in einer Krise von entscheidender Bedeutung sind.

Ähnlich sind die Dinge zu sehen, wenn nicht verheimlicht, sondern dramatisiert wird. Angst ist ein schlechter Lehrmeister, wenn es um die Lösung von komplexen und/oder komplizierten Problemen geht. Angstmanagement im Rahmen von Veränderungsprozessen wird damit zum Schlüsselfaktor für deren Erfolge.

Jeder, der Verantwortung im Change-Management trägt, könnte sich die Frage stellen, inwieweit er die Grundlagen für das Wohlbefinden von Menschen in Unternehmen, nämlich Sicherheit, Geborgenheit und Anerkennung, ohne Not durch gezieltes Schüren von Angst gefährdet.

Brauchen Sie eine Prüfinstanz für das Maß, in dem Sie mit schlechten Nachrichten agieren wollen? Schalten Sie Ihren gesunden Menschenverstand ein, bewahren Sie sich einen Sinn für die Realität und hören Sie auf Ihre innere Stimme (auf Ihr Gewissen). Das hilft in den meisten Fällen, das Thema Angstmanagement einigermaßen zuverlässig zu bewältigen.

„Ich bin mir selbst der Nächste!"

Veränderungen sind auch von handfesten persönlichen Interessen beeinflusst. Das zu leugnen wäre realitätsfremd. Der Sachverhalt wäre nicht wirklich schlimm, wenn es zu einem Ausgleich der berechtigen Interessen der Beteiligten käme. Wie häufig wird aber von Gewinner-Gewinner-Situationen gesprochen und am Ende ein Gewinner-Verlierer-Szenario geschaffen, bei dem die Verlierer auch noch an ihrer eigenen Entlassung mitgearbeitet haben?

Unter dem Deckmantel einer Modernisierung der Strukturen wird eine radikale Durchforstungs- und Entsorgungsstrategie verfolgt. Opfer dieses Prozesses sind dann keineswegs immer diejenigen, die die Misere zu verantworten haben.

In der Konterkarierung solcher verdeckter Strategien, streng nach dem Motto „Hauptsache mir geht es gut!", werden mitunter gewaltige Energien freigesetzt, die an anderer Stelle vielleicht die rettende Kraft gewesen wären, das Schiff vor dem Kentern zu bewahren. Versteckte Agenden in Veränderungsprozessen führen gelegentlich zu beachtlichen Leistungen, die allerdings vor allem dazu dienen, sich vor Veränderung zu schützen und das Gesamtvorhaben aufs Äußerste zu gefährden.

„Verbündete vergessen!"

Last but not least! Wer mit anderen Menschen zusammenarbeitet, braucht Vertrauen. Das Leben lehrt, dass der Aufbau von Vertrauen Zeit braucht, wenn das Geschehen nicht ein oberflächlicher Selbstbetrug sein soll. Es wäre sicher interessant herauszufinden, inwieweit bestimmte Handlungen in Unternehmen Vertrauen aufbauen oder gefährden. Vertrauen zerstören geht nämlich viel schneller als der Aufbau.

Wer Change-Management betreibt oder betreiben muss, braucht Verbündete. Die Bereitschaft, sich auf Veränderungen einzulassen, hängt allerdings wesentlich davon ab, ob die Menschen, mit denen zusammen Veränderungen gestaltet werden sollen, sich gegenseitig vertrauen und schätzen.

Managementkulturen, die flüchtige Belohnungssysteme aufbauen, die übrigens in Krisensituationen meistens nicht mehr funktionieren, weil kein Geld mehr da ist, haben die Stabilität eines wackligen Kartenhauses. Wer zum Beispiel glaubt, mit Geld, jenseits einer als gerecht empfundenen Bezahlung, langfristige und stabile Motivation zu erzeugen, hat sich sicher getäuscht. In Zeiten von Veränderungen braucht es nicht vor allem Geld, sondern gegenseitige Wertschätzung und gegenseitiges Vertrauen in die Kräfte der anderen Menschen, die zusammen mit mir etwas verändern wollen, weil sie es als sinnvoll ansehen.

Übungsangebot:

Wem vertrauen Sie ganz besonders?

Damit Sie spüren, was Vertrauen nicht nur in diesem Fall bedeutet, stellen Sie sich bitte vor, Sie haben in der Hochschule ihren Laptop dabei, auf dem sich sehr persönliche Daten befinden. Da Sie das Gerät gerade gar nicht gebrauchen, möchten Sie es einer Person anvertrauen, bei der Sie sicher sind, dass sie nicht in die Dateien schaut, die Ihnen überaus schutzwürdig vorkommen.

- Welchen Menschen in Ihrem Umfeld würden Sie das Gerät überlassen?
- Wie lange kennen Sie diese Person?
- Woran merken Sie, dass Sie jemandem vertrauen können?

4. Literaturempfehlungen

Doppler, Klaus/Lauterburg, Christoph (2014): Change-Management. Den Unternehmenswandel gestalten, 13. Aufl., Frankfurt a. M. und New York, S. 101–114.

Dörner, Dietrich (2015): Die Logik des Misslingens. Strategisches Denken in komplexen Situationen, Reinbek, z. B. S. 58–73.

Aufgabe 2: Typische Fragen/Einwände am Anfang von Change-Management

Wissen, Verstehen, Erläutern
15 Minuten

1. Fragestellung

Stellen Sie sich vor, dass Ihr Unternehmen ein neues EDV-System installieren will. Das alte System hat sich in den letzten Jahren bewährt. Nun ist ein Update auf den Markt gekommen und die Unternehmensleitung überlegt, die neue Version einzuführen.

Welche typischen Fragen stellen Betroffene am Anfang eines Veränderungsprozesses? Geben Sie sechs Beispiele; in der Übersicht finden Sie wieder mehr Antworten als gefordert.

2. Lösung

Typische Fragen/Einwände am Anfang von Change-Management

- Es war doch alles so schön: Weshalb kann nicht einfach alles so bleiben, wie es ist?
- Wofür machen wir das?
- Ich verstehe das noch gar nicht!
- Welche Risiken kommen da auf mich zu?
- Was kann ich verlieren?
- Was werde ich in Zukunft anders oder neu machen müssen?
- Gibt es überhaupt eine Zukunft für mich im neuen System oder werde ich überflüssig?
- Welche Rolle soll ich bei der Veränderung spielen?
- Kann ich mir diesen Veränderungsschritt zutrauen?
- Können wir uns nicht ein wenig Zeit lassen?

3. Hinweise zur Lösung

- Es ist sicher wichtig, die von Veränderung betroffenen Menschen nicht zu überrumpeln oder etwas pointierter ausgedrückt, „über den Tisch zu ziehen". Das Ergebnis ist in der Regel, dass die Menschen, die im Veränderungsprozess besonders gefordert sind und mitmachen sollen, Vermeidungsstrategien suchen und der Prozess im schlimmsten Fall vollkommen scheitert. Das bedeutet übrigens auch in vielen Fällen, bei denen es um wesentliche Veränderungen geht, dass ein Scheitern des ganzen Unternehmens die Folge sein kann; nämlich dann, wenn es sich um einen Prozess geht, bei dem die Wettbewerbsfähigkeit des Unternehmens auf dem Spiel steht.
- Holen Sie die Menschen ab, mit denen Sie Veränderungen angehen wollen. Change-Management- Verantwortliche sollten sich um die immer wieder auftauchenden Fragen kümmern, die von Menschen gestellt werden, die von Veränderung betroffen sind. Schlüssige Antworten auf die Fragen sind sicher not-

wendig, um die Erfolgswahrscheinlichkeit von Change-Management zu steigern. Der Grundsatz, den Sie in allen Veränderungsprozessen beherzigen sollten, heißt: Holen Sie die Menschen dort ab, wo sie sich gerade befinden, wenn Sie erfolgreich werden wollen!

Aufgabe 3: Phasen von Change-Management

Wissen
15 Minuten

1. Fragestellung

Manchmal lässt der Wettbewerb Unternehmen keine oder nur sehr wenig Zeit, ein geordnetes Change-Management zu initiieren und umzusetzen. Dies ist insbesondere der Fall, wenn die Frühwarnsysteme in Unternehmen nicht funktionieren. Die damit verbundenen Gefahren eines Scheiterns des Veränderungsgeschehens sind beträchtlich.

Ist eine proaktive Handlungsweise möglich (eine Vorwegnahme bestimmter Entwicklungen), bietet es sich an, systematisch an Veränderungen heranzugehen und den Prozess damit abzusichern.

Machen Sie sich bitte Gedanken dazu, wie man Veränderungsmanagement systematisch angehen könnte. Beschreiben Sie dazu mögliche Phasen, die Sie für sinnvoll halten, und das, was in den jeweiligen Phasen wichtig ist.

2. Lösung

Die möglichen Phasen und Inhalte eines systematischen Change-Management-Prozesses sind in der nächsten Übersicht dargestellt.

3. Hinweise zur Lösung

In der Praxis wird es so sein, dass die einzelnen Phasen nicht immer ohne Verzögerung hintereinander ablaufen werden. Es wird nicht selten Schleifen geben, bei denen auf Grund von neuen und noch nicht bedachten Informationen Unterbrechungen erfolgen oder sogar ein Schritt zurück gemacht werden muss.

4. Literaturempfehlungen
Stoltenberg, Kerstin/Heberle, Krischan (2013): Change Management. Veränderungsprozesse erfolgreich gestalten – Mitarbeiter mobilisieren. Vision, Kommunikation, Beteiligung und Qualifizierung, 3. Aufl., Berlin und Heidelberg.

Tab. 3.3: Phasen und Inhalte eines systematischen Change-Management-Prozesses, Quelle: eigene Darstellung.

Phasen	Inhalte
1. Vision	– Analyse der Situation – Entwicklung einer Vision – Kommunikation der Vision – Planung und Umsetzung der Vision
2. Kommunikation	– Planung eines Kommunikationsprozesses – Umsetzung von Kommunikationsmaßnahmen
3. Beteiligung	– Kriterien zur Auswahl von Beteiligungsmaßnahmen – Beteiligungsmaßnahme kommunizieren – Beteiligungsmaßnahme durchführen – über die Ergebnisse informieren
4. Veränderungsumsetzung	– Analyse des Veränderungsbedarfes – Ableitung von konkreten Veränderungsmaßnahmen – Umsetzung der Veränderungen
5. Evaluation	– Bestandsaufnahme zur Zielerreichung – gegebenenfalls Bestimmung eines Nachbesserungsbedarfes – Bestimmung von Maßnahmen zur Nachbesserung – Umsetzung einer Nachbesserung

3.4 Anforderungen an Führungskräfte in Veränderungsprozessen

Fallstudie KaffeeLeben – Aufgabe F30

Wissen, Verstehen, Anwenden, Transfer
20 Minuten

1. Fragestellung

Florentine saß mit Roman im Zuge der Veränderung zusammen und äußerte sich dazu, wie gefordert beide nun waren: „Mensch Roman, wer hätte das bei unserer Gründung gedacht, dass wir so viele Kompetenzen auf einmal aufweisen müssen. Wir müssen uns fachlich mit unserem Kerngeschäft auskennen, klar. Dann müssen wir noch Unternehmer-Know-how aufweisen und jetzt im Rahmen der Veränderung werden auch noch strategische und soziale Kompetenzen wichtig." „Ja", entgegnete Roman, „und jetzt weiß ich auch, was es mit diesen Diskussionen um erfolgreiche Führungspersönlichkeiten auf sich hat." Florentine und Roman sahen die Anforderungen an sich als Führungskräfte besonders als sehr herausfordernd an, denn in der aktuellen Veränderungssituation schien das Konfliktpotenzial noch um ein Vielfaches größer zu sein.

(a) Erläutern Sie, warum die Anforderungen an Florentine und Roman insbesondere im Veränderungsprozess hoch sind. Zeigen Sie dies am Beispiel der Mitarbeiter Arnst, Schnell, Klein und Geradewiese aus F17.
(b) Erstellen Sie ein ausführliches Anforderungsprofil an Führungskräfte in Veränderungsprozessen, was sowohl für Florentine und Roman als auch für die Filialleiter der KaffeeLeben GmbH gelten kann.
(c) Gibt es auch Kompetenzen, die nicht erworben werden können? Wie kann damit umgegangen werden?

2. Anregungen für Ihre Diskussion der Lösung

(a) Veränderungen evozieren Unsicherheit bei den Mitarbeitern. Frau Klein hat Sorge, dass ihre Inkompetenz in einigen Bereichen deutlicher hervortritt, weil sie neue Dinge lernen muss. Mit den alten Prozessen war sie mittlerweile vertraut. Florentine und Roman werden hier auf Widerstand stoßen, wenn sie die Veränderung kommunizieren. Auch ist das Konfliktpotenzial im Rahmen von Veränderungsprozessen größer, weil gerade bei Veränderungen noch unbekannte Größen eine Rolle spielen, noch keine Erfahrungswerte bestehen und somit die Meinungsverschiedenheiten so am ehesten zum Tragen kommen. Stephan Geradewiese denkt an das laufende erfolgreiche Geschäft und möchte dies unter keinen Umständen gefährden. Frau Klein hat Sorge ihren Aufgaben noch weniger Herr zu werden, Frau Schnell hat es teilweise zu eilig mit kleinen Veränderungsschritten, sodass sie wichtige Dinge übersieht und Frau Arnst meint aufgrund ihrer langjährigen Erfahrung vieles besser zu wissen als die anderen Mitarbeiter.

(b) Das Management von Veränderungsprozessen ist inzwischen Kernaufgabe von Führungskräften. Es kristallisieren sich drei wesentliche Verhaltensbereiche heraus, in denen Führungskräfte im Rahmen des Change-Managements bestimmte Anforderungen erfüllen müssen:

- Im ersten Bereich fungieren Führungskräfte im Sinne einer Wandlungsunterstützung als Promotor und Enabler, die Möglichkeiten schaffen. Roman und Florentine möchten zunächst die Filialleiter und über diese dann die Mitarbeiter begeistern.
- Der zweite Bereich akzentuiert die Führungsleistung im Sinne einer Mitarbeiter- und Kollegenführung. Mitarbeiter werden als Wegbereiter des Wandels motiviert, während durch die Führung sowohl bei Mitarbeitern und Kollegen einer gewissen Beharrungstendenz entgegengewirkt wird. Florentine ist z. B. daran gelegen sowohl Romans Zweifel auszuräumen (Kollegenführung) als auch sich mit den Filialleitern zusammen zu tun, um gemeinsam für die Sache zu kämpfen.
- Der dritte Bereich erfordert politisches Verhalten um Konflikte zu lösen, insbesondere solche, die politischer Natur sind. Hier können Sympathien und Antipathien eine Rolle spielen. Frau Klein ist z. B. eine für die Kollegen eher anstrengende Persönlichkeit. Manche ihrer Eskapaden müssen schlichtweg mit Sachargumen-

ten unterbunden werden, andere Konflikte bedürfen eher einer diplomatischen Lösung wie z. B. das indirekte Aufzeigen von Abhängigkeiten, das Finden vorläufiger Lösungen, um das Konfliktniveau eher klein zu halten etc.

Beispielhafte konkretere Anforderungen sind:
-   Fähigkeit zur Trennung von der Vergangenheit,
-   Fähigkeit zur Schaffung veränderungsinduzierender Strukturen,
-   Wissen/Erfahrung,
-   Kommunikationsfähigkeit,
-   Interpersonelle Fähigkeiten,
-   Entschlossenheit/Willenskraft für zielgerichtetes Verhalten,
-   Besitz von Energie für zielgerichtetes Verhalten,
-   Verfolgung von Langzeitzielen durch das Setzen von Meilensteinen,
-   Umgang mit starken, insbesondere negativen Emotionen,
-   Fähigkeit zum selektiven Brechen von Regeln,
-   Fähigkeit zur Identifikation von Abhängigkeiten,
-   Fähigkeit zur kritischen Haltung gegenüber Kompromissen zugunsten einer allseits zufriedenstellenden Drittlösung,
-   Authentizität,
-   Konfliktumgang,
-   politische Fähigkeiten wie z. B. überzeugendes Verhalten etc.

(c) Kompetenzen wie Offenheit, Ehrlichkeit, Selbstvertrauen, Zivilcourage und Charisma können, wenn überhaupt, nur schwer erlernt werden. Vielfach sind dies Eigenschaften, welche die Persönlichkeit ausmachen und die als gegeben hinzunehmen sind. Nicht umsonst wird von Unternehmerpersönlichkeiten gesprochen. Florentine und Roman haben durch ihre Erziehung, Entwicklung vom Kindesalter an sowie das Sammeln von Erfahrungen Schritt für Schritt derartige Kompetenzen und Eigenschaften entwickelt. Wäre dies nicht der Fall, wäre es sinnvoll, das Führungsteam mit derartigen Teammitgliedern zu erweitern. Je größer Unternehmen werden, desto bedeutender scheinen diese Dinge zu werden.

3. Literaturempfehlungen

Doppler, Klaus/Lauterburg, Christoph (2014): Change Management: Den Unternehmenswandel gestalten, 13. Aufl., Frankfurt a. M. und New York, S. 74 ff.
Luther, Maren (2013): Diplomatie im Change Management: Diplomatisches Verhalten zwischen lateral interagierenden Führungskräften in Veränderungsprozessen, S. 73 ff.

3.5 Vision des Wandels als Zielsetzung

Fallstudie KaffeeLeben – Aufgabe F31

Wissen, Verstehen, Anwenden, Transfer
20 Minuten

---

1. Fragestellung

Florentine hatte Roman trotz großer Zweifel seinerseits im Rahmen ihrer Unternehmensgründung überzeugt, dass eine Vision etwas Wichtiges sei. Nun war es für ihn selbstverständlich, dass auch ein Change mit einer Vision einhergehen müsse. Die Vision der KaffeeLeben GmbH war „Wir leben für Deinen Kaffeegenuss". Diese Vision sollte selbstverständlich über allem stehen. Aber nun war eine Vision zur geplanten Veränderung zu ergänzen. Florentine und Roman überlegten und überlegten ...

(a) Warum ist eine Vision für den Change von Bedeutung, wenn es doch schon eine Vision für das Unternehmen selbst gibt?

(b) Äußern Sie sich dazu, ob es sinnvoll ist, auch bei der Formulierung der Vision Führungskräfte oder sogar Mitarbeiter einzubinden.

(c) Wie könnte eine Vision für den Change der KaffeeLeben entwickelt werden?

(d) Entwickeln Sie konkrete Ideen einer Vision für den Change. Diskutieren Sie Vor- und Nachteile verschiedener Ideen.

2. Anregungen für Ihre Diskussion der Lösung

(a) Visionen müssen zum einen begeistern, sich aber zum anderen auch auf Fakten stützen. Die Vision der KaffeeLeben GmbH bezieht sich auf das gesamte Unternehmen und kann so ubiquitär formuliert sein, dass sie noch nach der Veränderung Bestand hat. Nichtsdestotrotz kann eine auf den Change zugeschnittene, speziellere Vision den Change-Prozess zieladäquat unterstützen. Sie kann als Ergänzung zur Unternehmensvision angesehen werden.

(b) Eine Einbindung unterstützt immer die Identifikation mit der Vision. Die Reichweite der Einbindung von Führungskräften und Mitarbeitern hängt sicher von der Unternehmensgröße ab und hier konkret von der Tragweite des Change-Prozesses. Selbstverständlich kann eine Vision auch überzeugend kommuniziert werden, ohne dass zuvor ein Prozess der Beteiligung stattgefunden hat. In Bezug auf die KaffeeLeben GmbH könnte die Lösung so aussehen, dass Florentine und Roman vorformulierte Möglichkeiten einer Vision für den Change im Rahmen eines Workshops mit Führungskräften zur Diskussion anbieten. Nach Findung einer für sie geeigneten Vision für den Change könnte eine Informationsveranstaltung für die Mitarbeiter stattfinden.

(c) Eine Entwicklung könnte in Workshops stattfinden. Hier würde sich folgendes Vorgehen anbieten:
  - Analyse der Ist-Situation und einer möglichen Zukunft
  - Entwicklung einer Vision
  - Planung der Kommunikation der Vision

  In jeder Phase können Kreativitätstechniken Unterstützung bieten, z. B. Brainstorming oder Design Thinking.

(d) Mögliche Change-Visionen könnten sein:

  „Genuss durch Frische" – signalisiert die Ausweitung der Unternehmensvision des Genusses auf die frisch zubereiteten Speisen.

  „Wir leben für Deinen Frischegenuss" – ist in Anlehnung an die Unternehmensvision formuliert worden.

3. Literaturempfehlungen

Stolzenberg, Kerstin/Heberle, Krischan (2013): Change Management: Veränderungsprozesse erfolgreich gestalten – Mitarbeiter mobilisieren, 3. Aufl., Berlin/Heidelberg, S. 11 ff.

Aufgabe 1: Die Veränderungsfähigkeit von Menschen als Voraussetzung von Change-Management

Wissen, Verstehen, Erläutern
15 Minuten

1. Fragestellung

„Die reinste Form des Wahnsinns ist es, alles beim Alten zu lassen und zu hoffen, dass sich etwas verändert!", hat Albert Einstein einmal gesagt. Wenn man alles beim Alten belässt, gehört dazu auch, dass ich mich als Mensch selbst nicht verändere. Vielleicht glauben viele Menschen auch, dass eine Veränderung gar nicht möglich ist, weil die Gene dafür nicht oder nur unvollkommen vorhanden sind. Zu dieser Auffassung könnte man neigen, wenn man in den Vordergrund stellt, dass Menschen vor allem das Produkt ihrer Gene sind und damit eine Veränderung nur marginal im Rahmen der genetischen Entfaltung möglich ist oder im Grunde sogar unmöglich ist.

„Man kann die Welt oder sich selbst verändern. Das Zweite ist schwieriger!" So hat es Mark Twain formuliert und zum Ausdruck gebracht, dass es zwar möglich zu sein scheint, sich als Mensch zu verändern, aber nicht ganz einfach. In diesem Spannungsfeld stellen sich zunächst grundsätzliche Fragen im Rahmen von Change-Management:

Warum sind Menschen von der Natur wie dafür gemacht, sich zu verändern?

2. Lösung

Der von Mark Twain zitierte Satz ist richtig und falsch zugleich. Die Wahrheit ist manchmal kompliziert. Eigentlich (!) ist Veränderung für Menschen kein Problem. Wir sind von Natur aus zur Veränderung ausgestattet. Das hängt mit unserem Gehirn zusammen, das sich grundsätzlich hervorragend an veränderte Umgebungsbedingungen anpassen kann.

Menschen haben hochgradig komplexe Gene erhalten, die Wirkungen haben. Die alte Frage, wie groß der Anteil von Erlerntem und wie viel vererbt ist, lässt sich immer noch nicht hundertprozentig beantworten. Was wir allerdings heute wissen, ist, dass der Mensch das Lebewesen mit den umfangreichsten Fähigkeiten ist, ein Leben lang zu lernen. Die Nervenzellen des menschlichen Gehirns können sich ein Leben lang vernetzen (Lernprozesse in Gang setzen) und so Verhaltensveränderungen bewirken. Wir sind als Menschen praktisch unbegrenzt lernfähig, wenn keine krankhaften Prozesse einsetzen.

Der entscheidende Sachverhalt, der den Menschen von allen anderen Lebewesen unterscheidet, liegt in einer besonderen Fähigkeit seines Gehirns, die den Menschen zu dem komplexesten Lebewesen werden ließ, das wir im Universum kennen. Diese Eigenart hat zur Herausbildung einer Persönlichkeit geführt, die es dem Menschen ermöglicht, über sich selbst zu reflektieren, was ihn von allen anderen Lebewesen unterscheidet, selbst wenn manche dieser Lebewesen durchaus Ansätze besonderer Intelligenz zeigen, wie zum Beispiel Delphine. Wir können uns also für Veränderung entscheiden. Die Frage, ob der Mensch einen freien Willen hat, wird an dieser Stelle nicht vertieft, aber auf Grund der Zusammenhänge, die heute aus dem Wechselwirkungsgefüge der einzelnen Bereiche des Gehirns bekannt sind, grundsätzlich bejaht.

Je weniger fest programmiert ein Gehirn zum Zeitpunkt der Geburt ist, je langsamer es sich anschließend entwickelt und je mehr Zeit es in Anspruch nimmt, bis alle notwendigen Verdrahtungen zwischen den Nervenzellen entstanden sind, umso umfangreicher sind die Möglichkeiten, eigene Erfahrungen und individuell vorgefundene Nutzungsbedingungen in seinem eigenen Programm im Hirn zu verarbeiten. Genau ein solches Gehirn haben Menschen. Hätten wir feste Verdrahtungen im Gehirn (wie zum Beispiel primitive Lebewesen wie Würmer) oder wäre es initial programmierbar (wie zum Beispiel Vögel), wären wir nicht in der Lage, uns an veränderte Umgebungsbedingungen anzupassen.

Die Ausprägungen dieser veränderbaren Eigenschaften sind es, die einen gewaltigen Unterschied machen. Menschen zeichnen sich dadurch aus, dass sie durch ein besonders unfertiges und veränderbares Gehirn auf die Welt kommen. Neugeborene werden auf die vorgefundenen Gegebenheiten hin geprägt. Das geht ohne vorgegebene, genetisch bedingte Verschaltungen vor sich. Was dabei passiert unterscheidet den Menschen wesentlich von den übrigen Lebewesen. Menschen sind *grundsätzlich* ein Leben lang programmoffene Konstruktionen (Lebewesen).

Die gute Nachricht ist auf jeden Fall, dass wir als Menschen ein Leben lang in der Lage sind, unser Gehirn zu verändern, also zu lernen. Menschen sind für Change-Prozesse von Natur aus wie gemacht. Wir müssen allerdings auf die Bedingungen achten, in denen sich diese Veränderungen im Laufe eines Lebens abspielen. Diese können Veränderung begünstigen (Erfolgsfaktoren von Change-Management) oder behindern (Misserfolgsfaktoren von Change-Management). So ist die Veränderung manchmal schwerer und manchmal leichter. Wer sich verändern soll, gibt eventuell lieb gewordene Gewohnheiten als Teil seiner Identität auf. Das macht vielen Menschen Angst und darauf müssen Change-Management-Prozesse Rücksicht nehmen.

Vor diesem Hintergrund bekommt der Satz von Henry Ford einen tieferen Sinn: „Wer immer nur tut, was er kann, bleibt das, was er ist!" Wir können uns aber achtsam und den konkreten Gegebenheiten angepasst verändern und zwar von Natur aus.

3. Hinweise zur Lösung

Vor diesem Hintergrund ist die Erkenntnis, die auf Charles Darwin zurückgeht, bemerkenswert: „Es ist nicht die stärkste Spezies, die überlebt, auch nicht die intelligenteste, es ist diejenige, die sich am ehesten dem Wandel anpassen kann."

Der vielfach von Darwin zitierte Gedanke, dass Menschen sich in einem „Struggle for life" befinden, ist so nicht primär als Kampf gegen andere zu verstehen, sondern als Bestreben zu überleben, indem man sich ändert und sich den veränderten Bedingungen anpasst. Ohne darauf an dieser Stelle weiter eingehen zu können, spielt in diesem Zusammenhang ganz offensichtlich vor allem das Bestreben und die Fähigkeit eine Rolle, mit anderen zu kooperieren und nicht gegen andere zu kämpfen, da unser Gehirn uns bei positiven Beziehungserfahrungen Wohlfühlbotenstoffe ausschüttet und solche, die uns zu weiteren Aktivitäten befähigen. Das hat Darwin auch erkannt.

Positive Beziehungserfahrungen sind dabei vor allem Anerkennung, Wertschätzung, Partizipationsmöglichkeiten, ganz allgemein Resonanz und Achtsamkeit im Umgang mit anderen. Diese Erfahrungen motivieren also von innen her (intrinsische Motivation) und werden so zur wesentlichen Grundlage von als glücklich empfundenem, menschlichem Zusammenleben.

Fortschritt erwächst vor allem aus Kooperation und nicht auf der Grundlage eines Gesetzes des Stärkeren. Dass gelegentlich Stärkere in einem eher aggressiven Sinn Macht erhalten und mit diesem Machtzuwachs Veränderungen gestalten, ist kein Beleg für ihre besondere Führungskompetenz, sondern mitunter (nicht immer) für eine gewisse Rücksichtslosigkeit und mangelnde Empathie. Dahinter verbergen sich meistens furchtlose Dominanz und egozentrische Impulsivität, die Organisationsmacht zur Folge haben können, wenn Konkurrenten ausgeschaltet wurden.

4. Literaturempfehlungen

Hüther, Gerald (2006): Bedienungsanleitung für ein menschliches Gehirn, 6. Aufl., Göttingen, S. 33–68.

Bauer, Joachim (2014): Prinzip Menschlichkeit. Warum wir von Natur aus kooperieren, 7. Aufl., München, S. 23–54.

Aufgabe 2: Megatrends als Impulsgeber von Change-Management

Wissen, Verstehen, Erläutern, Transfer
15 Minuten

1. Fragestellung

Auf die Notwendigkeit von Change-Management wirken längerfristige und umfassende Trends ein, denen sich die Wirtschaft, Gesellschaft und die Menschen, die dort agieren, ausgesetzt sehen. Dazu gehören sogenannte Megatrends.

Nennen und erläutern Sie die Zusammenhänge, die dazu führen, dass wir in den letzten Jahren eine besondere Notwendigkeit für Change-Management wahrnehmen können. Wählen Sie bitte drei prägnante Beispiele. Im Folgenden werden für Sie sechs Beispiele im Überblick genannt und erläutert.

2. Lösung

Um ein Missverständnis auszuräumen soll an dieser Stelle betont werden, dass sich kein Mensch verändern muss, wenn er das nicht will. Solange wir einen freien Willen haben, können wir uns gegen Veränderung sperren. Die genannte Frage ist eher so gemeint, dass wir uns damit befassen können, welche Einflüsse in der aktuellen weltwirtschaftlichen Diskussion wirksam werden, die Veränderungen sinnvoll erscheinen lassen, wenn wir das wollen.

Es lassen sich mindestens sechs Themenbereiche und daraus ableitbare Wirkungen nennen, die fundamentale Bedeutung haben und sich letztlich im Bemühen um ein sinnvolles Change-Management widerspiegeln.

Megatrends als Begründung für Change-Management

- Ökologie
- Technologiedynamik
- Marktdynamik
- Organisationsdynamik
- Wertedynamik
- Globalisierung

Ohne an dieser Stelle auf Details eingehen zu können, wird beim Thema Ökologie klar sein, dass Unternehmen sich in Zukunft noch viel mehr als bisher in einem unternehmensweiten Veränderungsprozess darum bemühen müssen, schonender mit den zur Verfügung gestellten, knappen Ressourcen umzugehen und eine stärkere Verzahnung von Unternehmenszielen und Umweltzielen sowie Strategien herzustellen.

Die Weiterentwicklung von Technologie ist wesentlich, wenn es um Veränderungen von Unternehmen geht. Produktionszyklen verkürzen sich merklich. Das hat Wirkungen auf Produktionstechniken und die dort tätigen Menschen. Die Herausforderung liegt darin, dass alle im Produktions- oder Dienstleistungsprozess eingebundenen Menschen sich in immer kürzer werdenden Abständen veränderten Bedingungen anpassen müssen, wenn sie ihren Arbeitsplatz behalten wollen.

Der Wettbewerb verschärft sich zusehends. Wettbewerbsvorteile werden schneller aufgeholt. Die Anzahl von neuen Konkurrenten nimmt sichtbar und in kurzer Zeit zu. Gewinnmargen werden kleiner, aus Verkäufermärkten werden Käufermärkte. Kunden sind nicht mehr bereit, Probleme irgendwelcher Art zu akzeptieren. Das erfordert ein ständiges und waches Kümmern um Signale, die aus dem Markt kommen, und ihre Verarbeitung im jeweiligen Unternehmen.

Wer heute Impulse, die aus dem Markt heraus bewirkt werden, nicht unternehmensintern verarbeitet, gefährdet die Unternehmensexistenz. Business Reengineering, Lean Management und Downsizing verändern Organisationen heute in einem Tempo, das noch vor Jahren als undenkbar galt.

Fragt man danach, was die Wirtschaft in den letzten Jahren wesentlich beeinflusst hat und auch in Zukunft Bedeutung haben wird, so steht die Dynamik der Werte weit oben. Bei den Werten, die heute dominieren, ist viel deutlicher als früher zu erkennen, dass Selbstentfaltung oder Sinnsuche in den Vordergrund gerückt werden. Waren noch in der Mitte des letzten Jahrhunderts Tendenzen beobachtbar, den eigenen Erfolg aktiv herauszustellen, so haben wir heute verstärkt Tendenzen zu beobachten, die sich auf die Verbesserung der Welt, in der wir leben, beziehen.

Das alles hat Konsequenzen auf die Art und Weise, wie Unternehmen und die dort tätigen Menschen agieren. Nehmen wir noch den letzten Trend der Globalisierung als „Auflöser und Auslöser" in den Blick, wird die Bedeutung von Change-Management noch eindringlicher. Die Globalisierung löst Grenzen auf und schränkt lokale Macht ein. Was mit dem Trend der weltweiten Vernetzung von Märkten ausgelöst wird, ist weniger gut voraussehbar. Fest steht jedoch, dass sich regelmäßig dramatische Veränderungen ergeben können, die angemessene Reaktionen auf der Unternehmensseite benötigen.

Wir alle sind also gut beraten, uns mit dem Thema Change-Management auseinanderzusetzen, damit wir die Phänomene rund um die Veränderung proaktiv steuern können und nicht zu denen gehören, die von Veränderungen betroffen sind und nur noch reagieren können.

3. Übungsangebot

Eine sinnvolle Übung zur Verarbeitung dessen, was Sie gerade gelesen haben, ist, dass Sie sich überlegen, wo Sie Veränderung in letzter Zeit selbst erlebt haben.

Schreiben Sie die Situation detailliert auf:

- Was war der Anlass der Veränderung?
- Wie ist Veränderung bei Ihnen sichtbar geworden?
- Was hat Ihnen geholfen, die Veränderung zu bewirken?
- Was hat Ihnen geholfen, mit der Veränderung umzugehen?

4. Literaturempfehlungen

Scholz, Christian (2013): Personalmanagement. Informationsorientierte und verhaltenstheoretische Grundlagen, 6. Aufl., München, S. 8–31.

3.6 Instrumente der Kommunikation

Fallstudie KaffeeLeben – Aufgabe F32

Wissen, Verstehen, Anwenden, Transfer
20 Minuten

1. Fragestellung

Roman bat Florentine darum, gemeinsam ein Kommunikationskonzept zu entwickeln, mit dem Ziel, den Führungskräften und Mitarbeitern zum einen die Vision der Veränderung zu verdeutlichen und diese zu verinnerlichen, zum anderen, um die Kommunikation der Veränderung willen aufrecht zu halten, damit der Prozess in allen Phasen konstruktiv unterstützt wird. „Wir müssen allen klarmachen, dass frische Speisen am authentischsten wirken, wenn sie auch frisch zubereitet werden", erklärte Florentine. Roman stimmte ihr zu: „Denn was ist frisch? Wenn der Bagel schon seit Stunden in der Auslage liegt, ist das mit der Frische so eine Sache. Das müssen wir kommunizieren und erklären. Im Gegenteil: Der Bagel wird genauso zubereitet, wie der Kunde es haben möchte." Florentine überschlug sich fast: „Ja, hier greift wieder unser Konzept, dass wir den Kunden beraten. Denn der kann seinen Bagel ja selbst frisch zusammenstellen. So können wir absolut auf die Bedürfnisse des Kunden eingehen." Roman hatte aber hierzu auch Bedenken, ob dieses Konzept mit der Anzahl der vorhandenen Mitarbeiter überhaupt umsetzbar wäre.

(a) Welche Möglichkeiten gibt es, die Vision für den Change (siehe Aufgabe F31) an Führungskräfte und Mitarbeiter zu kommunizieren?

(b) Erläutern Sie exemplarische Kommunikationsinstrumente, die den Veränderungsprozess der KaffeeLeben zielgerichtet unterstützen können.

Frau Klein beschwert sich in der Kaffeepause bei Frau Kreutzer über die unmögliche Aufgabe, in Zukunft noch mehr zu machen, schließlich sammle sie seit zig Monaten, eigentlich seit Jahren, Überstunden. Ohne Neueinstellungen würde diese neue Veränderung überhaupt nicht zustande kommen können. Frau Kreutzer stimmt Frau Klein zu, belächelt sie aber insgeheim. Sie selbst denkt im Zuge der Veränderung vornehmlich daran, dass sie selbst von dem neuen Angebot profitiert. Schließlich können die Mitarbeiter ja nebenbei mal einen Bagel naschen. Frau Klein sieht das anders. Alles müsse schon korrekt ablaufen. Da könne sich nicht einfach jeder der Mitarbeiter etwas aus der Auslage klauen. Frau Kreutzer unterstellt sie nämlich das Ziel der eigenen Bereicherung und das würde die Kasse der Filiale schließlich komplett durcheinanderbringen. Die ganze Kalkulation wäre gestört. Sie denkt sich, mal mit dem Filialleiter darüber zu sprechen. Aber vorher will sie Herrn Geradewiese als Verbündeten gewinnen.

(c) Äußern Sie sich zu Gefahren und Potenzialen der informellen Kommunikation im Rahmen von Veränderungsprozessen.

2. Anregungen für Ihre Diskussion der Lösung

(a) Florentine und Roman können die Notwendigkeit einer Vision für den Change kommunizieren und die Vision selbst dann in Zusammenarbeit mit den Filialleitern der KaffeeLeben entwickeln. Eine Kommunikation an die Mitarbeiter kann dann in einem zweiten Schritt erfolgen.

Auch ist eine Entwicklung mit allen Filialleitern als Führungskräften sowie allen Mitarbeitern denkbar, sofern die KaffeeLeben GmbH eine bestimmte Größe noch nicht erreicht hat (aufgrund der Praktikabilität).

Wenn Florentine und Roman alternativ derart von der eigens entwickelten Vision für den Change überzeugt sind, dass sie in den Entwicklungsprozess keine anderen Personen mehr aufnehmen wollen, sollten sie zumindest auf eine adäquate Kommunikation achten. Dies kann darauf hinauslaufen, dass sie die Filialleiter informieren und diese dann ihre jeweiligen Mitarbeiter oder aber es wird bewusst eine Kommunikation an alle stattfinden. Hier wiederum gilt zu entscheiden, ob die Filialleiter separat oder zusammen mit den Mitarbeitern der Filiale informiert werden.

(b) Brownbag-Sitzung:

Unter einer Brownbag-Sitzung ist eine kurze Veranstaltung zu verstehen (ca. 2 Stunden), in der in einem relativ entspannten Rahmen Informationen an unterschiedlich große Teilnehmergruppengruppen vermittelt werden. Sie findet klassischerweise in der Mittagszeit statt und verbindet gemeinsames Essen und Austausch sowie Wissenstransfer miteinander. Für KaffeeLeben ist das Instrument etwas zu adaptieren, da die Mittagszeit eher Stoßzeit für Kunden ist, aber abends könnte gut bei einem Reste-Essen ein reger Austausch stattfinden, z. B.

über die Art der Zubereitung der Bagels, neue, spannende Zutaten, die Aufbewahrung der Zutaten, ein Angebot des Tages etc.

Telefonkonferenz:

Bei der Kommunikation über mehrere Filialen hinweg wäre eine klassische Telefonkonferenz als Kommunikationsinstrument denkbar. Hierbei wären Themen zu diskutieren, die dem Austausch unterschiedlicher Erfahrungen zu oben genannten Themen dienen. Auch könnte eine Telefonkonferenz als Basis für die Bewältigung eines Problems gelten, z. B. auftauchende Platzprobleme hinter der Theke.

World Café:

Ausgehend von einer entsprechenden Größe der KaffeeLeben GmbH mit vielen Filialen und einem entsprechenden Führungskräfte- und Mitarbeiterstamm ist auch ein World Café denkbar. Kollektives Wissen soll durch die vielfältige Vernetzung vieler Personen zu wichtigen Erkenntnissen führen. Florentine und Roman müssten sich für dieses Instrument entsprechende Räumlichkeiten suchen. Die Teilnehmer führen an Sechsertischen in lockerer Runde Gespräche über bestimmte, zuvor definierte Fragestellungen. Ideen können direkt auf dem Tisch auf ausgelegten Papiertischtüchern festgehalten werden. Nach einer gewissen Zeit, z. B. einer halben Stunde wechseln die Teilnehmer den Tisch und diskutieren in einer anderen Zusammensetzung an einem anderen Tisch weiter. An jedem Tisch erklärt ein „Gastgeber" die Fragen, resümiert vorangegangene Diskussionen und sammelt gute Ergebnisse, die später im Plenum diskutiert werden. Dieses Instrument kann jeder Art von Führungskraft und Mitarbeiter gerecht werden. Es ist so einfach, dass auch Frau Klein mitmachen kann. Frau Müller kann z. B. Gastgeber sein und hat so das Gefühl, die Fäden ein Stück weit in der Hand zu haben. Auch für Teilzeitkräfte wie Frau Emsig kann das World Café im Veränderungsprozess von Relevanz sein. Florentine und Roman sind hier eher gefragt, ob sie es schaffen, dass sich Frau Emsig die Zeit nimmt, um einen gewissen Weg in Kauf zu nehmen.

(c) Das von den Personen Gesagte und das Nicht-Gesagte stimmen nicht überein. Jeder ist auch auf seinen eigenen Vorteil bedacht, denkt den anderen zu durchschauen. Florentine und Roman sind gut darin beraten, ein mögliches Geflecht von Fehlinformationen, Befürchtungen und Intrigen aufzudecken, um die Veränderung konstruktiv voranzutreiben. Frau Klein könnte ein Konzept vorgelegt werden, wie sie denn gemeinsam mit den anderen Mitarbeitern ihre neue Aufgabe gut erledigen könne. Florentine müsste ihre Menschenkenntnis nutzen, um herauszufinden, wer sich mit wem verbünden will bzw. dies auch tatsächlich tut. Im oben genannten Fall ist denkbar, dass Herr Geradewiese absolut nicht Verbündeter von Frau Klein werden will – schließlich geht ihr ein bestimmtes Image voraus. Dabei wäre zweitrangig, ob sie ihrerseits damit recht hat, dass eigentlich noch Personal eingestellt werden müsste.

3. Literaturempfehlungen

Doppler, Klaus/Lauterburg, Christoph (2014): Change Management: Den Unternehmenswandel gestalten, 13. Aufl., Frankfurt a. M./New York, S. 368 ff.
Stolzenberg, Kerstin/Heberle, Krischan (2013): Change Management: Veränderungsprozesse erfolgreich gestalten – Mitarbeiter mobilisieren, 3. Aufl., Berlin/Heidelberg, S. 67 ff.

Aufgabe 1: Thesen zum Change-Management

Wissen, Verstehen, Erläutern, Transfer
20 Minuten

---

1. Fragestellung

Wenn man danach fragt, welche Erfahrungen diejenigen machen, die Change-Management in der Praxis verantwortlich erleben, wird man eine Vielzahl von Antworten erhalten. Allen gemeinsam ist, dass Change-Management schwierig ist. In vielen Fällen scheitert das Veränderungsmanagement, weil die Erfolgsfaktoren für ein Gelingen sträflich missachtet werden.

Aus den vielen Antworten, die von den Beteiligten und Initiatoren gegeben werden, lässt sich eine ebenso große Vielzahl an Thesen formulieren. Trotzdem lassen sich immer wiederkehrende Thesen formulieren, die aus der langjährigen Erfahrung der Begleitung von Change-Management-Prozessen ableitbar sind und die für Change-Management besonders typisch sind.

Versuchen Sie, sich ein wenig Zeit zu nehmen und insgesamt aus Ihrer Sicht darüber nachzudenken, was Change-Management besonders prägt. Fassen Sie Ihre Überlegungen thesenartig in zwei Kernthesen zusammen. Im Folgenden werden vier Thesen angeboten.

Die Lösung wird naturgemäß nicht immer das widerspiegeln, was Ihnen durch den Kopf geht. Die unterschiedlichen Sichtweisen wahrzunehmen ist sicher schon ein Teil des Gesamtproblems, das sich bei Change-Management stellt.

2. Lösung

These 1: *Systematisches* Change-Management ist der Schlüssel für erfolgreiche Veränderungen in Organisationen.

Systematisches Change-Management berührt mindestens zwei organisationsrelevante Bereiche, nämlich finanzielle und emotionale. Veränderungsmanagement ohne planmäßiges Vorgehen und gegen den Widerstand aus der Organisation macht den Unterschied besonders deutlich. Der Aufwand, der bereits bei dem Versuch entsteht ohne die Betroffen zu agieren, ist unverhältnismäßig hoch. Im Anschluss an die

Veränderung selbst entsteht in der Regel weiterer Aufwand, wenn die Menschen in der Organisation versuchen die Veränderung zu konterkarieren und zum Ausgangszustand zurückzukehren.

Die emotionale Komponente ist daneben keinesfalls zu unterschätzen. Das Erlebnis einen gemeinsamen Veränderungsbedarf zu vereinbaren und die anschließende erfolgreiche Bemühung bei der Umsetzung der angestrebten Veränderungen ist ein Faktor, der den Menschen in Unternehmen Vertrauen gibt, da sie verantwortlich an ihm mitwirken konnten und die Erfolge spüren können. Er ist darüber hinaus wichtiger Bestandteil für das Gefühl in einer Organisation gut aufgehoben zu sein. Gerade das ist neben anderen Faktoren ein besonders wichtiges, persönlichkeitsstabilisierendes Element im Berufsleben.

These 2: Change-Management kostet Zeit und Geld und macht viel Arbeit.

Veränderungen, die im Organisationsalltag durchgeführt werden, haben ihren Preis. Das zu erkennen und zu kommunizieren ist ehrlich und notwendig, damit keine Missverständnisse und enttäuschte Erwartungen entstehen. Das zu verschweigen ist einer der Faktoren, an denen geplante Veränderungen scheitern. Change-Management ist eine Investition, weil die Betroffenen sich durch die interaktiven Prozesse um eigene Aktivitäten bemühen, bewusst Neues lernen und vielfach neben den üblichen Aufgaben zusätzliche übernehmen. Sinnvolles Change-Management muss sorgfältig geplant und umgesetzt werden.

These 3: *Realistische* Change-Management-Vorhaben sind Herausforderungen, die jedoch mit den entsprechenden Instrumenten und mit einer tragfähigen Motivation machbar sind!

Bei Change-Management-Vorhaben ist darauf zu achten, dass die Veränderungsziele nicht unrealistisch sind. Das lähmt gleich am Anfang des Prozesses. Entscheidend für das Gelingen ist es deshalb, ob diejenigen, die sich mit der Formulierung von Veränderungszielen befassen, diese tatsächlich an der konkreten Organisationswirklichkeit orientiert haben. Das setzt einen tiefen Einblick in die Organisation voraus, der, wie oben vielfach deutlich geworden sein müsste, nicht ohne die von der Veränderung Betroffenen möglich ist.

Zum Erfolg gehört, dass die Beteiligten die Instrumente des Change-Managements soweit beherrschen, dass sie für die einzelnen Herausforderungen gewappnet sind. Dabei ist die Fähigkeit wichtig sich auch durch Rückschläge nicht aus der Ruhe bringen zu lassen, was dadurch begünstigt wird, dass man ein breites Fundament von Methoden zur Verfügung hat um Problemstellungen zu bewältigen.

These 4: Change-Management ist dann erfolgreich, wenn die Initiatoren von der Notwendigkeit der Veränderung überzeugt sind!

Viele Menschen, vielleicht sogar die meisten, sind so sensibel, dass sie bemerken, ob es der andere ernst meint. Wenn Sie Initiatoren treffen, die die angestrebte Veränderung nicht mit großer und überzeugender Kraft thematisieren können, ist der

Prozess in der Praxis hochgradig gefährdet. Ein Change-Management-Anliegen soll-te durch die Initiatoren begeistert und begeisternd vorgetragen werden können (ohne sich dabei unrealistisch zu überfordern). Selbst wenn die Betroffenen noch nicht in den Prozess eingebunden sind, muss es gute Gründe geben eine Veränderung in den Blick von systematischem Change-Management zu nehmen.

Nicht zuletzt die Notwendigkeit, die eigenen Ansichten in einer Organisation überzeugend vorbringen zu können, um Ressourcen für die Veränderungen einzu-werben, macht Authentizität und ein hohes, glaubwürdiges Engagement im Prozess zwingend notwendig.

3. Literaturhinweise
Stoltenberg, Kerstin/Heberle, Krischan (2013): Change Management. Veränderungs-prozesse erfolgreich gestalten – Mitarbeiter mobilisieren. Vision, Kommunikation, Be-teiligung und Qualifizierung, 3. Aufl., S. 262–263.

3.7 Instrumente der Beteiligung

Fallstudie KaffeeLeben – Aufgabe F33

Wissen, Verstehen, Anwenden, Transfer
20 Minuten

---

1. Fragestellung
Florentine äußerte sich gegenüber Roman sehr klar, was die Beteiligung am Verän-derungsprozess anging: „Ich glaube, wir sollten die Führungskräfte und Mitarbeiter stark in unsere Überlegungen einbeziehen. Zum einen haben wir dann gleich mehre-re Ideen, die zusammengetragen werden können, zum anderen fühlen sich alle abge-holt." „Wie stellst Du Dir das genau vor?", fragte Roman. Florentine erläuterte: „Na, wir haben beide ja schon ziemlich genaue Vorstellungen davon, was wir verändern wollen bzw. wie wir das tun wollen. Wenn wir das den Führungskräften und Mitar-beitern nicht einfach so vorsetzen, sondern sie an den Möglichkeiten der Umsetzung beteiligen, werden sie die Veränderungen inklusive der Neuerungen die für sie per-sönlich relevant sind, viel besser akzeptieren. Die Mitarbeiter können z. B. mitent-scheiden, welche Zutaten angeboten werden. Außerdem können wir sie dahingehend einbinden, wie der Bestellprozess ablaufen soll. Wartet der Kunde vor der Theke oder wird der Bagel zum Platz gebracht? Das Einbinden der Mitarbeiter in diese Denk- und Entscheidungsprozesse dauert zwar länger im Planungsprozess und man dreht viel-leicht ein paar Schleifen mehr, hinterher zahlt es sich sicher aus, weil alle überzeugt sind und wissen, sie sind für diese wundervolle Idee mitverantwortlich. Dann bren-

nen sie für die Sache." „Das klingt gut, dann haben wir nicht so viel mit Widerständen zu kämpfen", entgegnete Roman und musste etwas schmunzeln, das passte schließlich zu Florentines Sinn für soziales Miteinander, den sie schon früher hatte und auch zur Unternehmenskultur von KaffeeLeben.

(a) Wen sollten Florentine und Roman am Change beteiligen?

(b) Entwickeln Sie ein Konzept, wie Florentine und Roman vorgehen können, um die Führungskräfte und Mitarbeiter zu beteiligen.

2. Anregungen für Ihre Diskussion der Lösung

(a) Florentine und Roman sollten sowohl die Filialleiter als Führungskräfte als auch die Mitarbeiter in den Filialen am Veränderungsprozess beteiligen. Es ist förderlich, alle Betroffenen zu Beteiligten zu machen. Gerade die Mitarbeiter, die die Speisen vor den Augen der Kunden zubereiten sollen, sind an der Planung zu beteiligen, damit sie die Idee motiviert mittragen und im Zuge der Umsetzung möglichst wenig Widerstand leisten. Sie müssen das Gefühl bekommen wichtig zu sein und den Veränderungsprozess aktiv mitgestalten zu können.

(b) Florentine und Roman könnten die Filialleiter der KaffeeLeben zusammenbringen, um Ihnen gemeinsam die geplante Veränderungsmaßnahme zu präsentieren. Hier könnten Hintergrundinformationen geliefert werden und erste Ideen, wie man die Mitarbeiter in den Filialen überzeugen könnte. In Workshops könnten potenzielle Bedenken möglichen Lösungen zugeführt werden, sodass die Filialleiter optimal einbezogen und vorbereitet werden. Optimal wäre es, die Filialleiter als Change Agents – als Wegbereiter des Wandels – zu gewinnen, damit diese überzeugend die Idee weitertragen. Nach Überzeugung der Filialleiter wäre die Beteiligung der Mitarbeiter in den Filialen von Bedeutung. Die Führungskräfte könnten mit Ihnen Workshops veranstalten, in denen die Mitarbeiter an möglichen Lösungen zu Neuerungen kommen. Ideal wären Schritt-für-Schritt-Lösungen, in denen die Mitarbeiter langsam an die von den Vorgesetzten angedachte Lösung im Sinne einer eigenen Ideenfindung herangeführt werden. Dies fordert psychologisches Geschick seitens der Workshopleitung. Mit sprachlichem Feingefühl kann hier Befindlichkeiten begegnet werden.

Sinnvoll kann danach eine regelmäßige gemeinsame Abstimmungsrunde sein, in der auch und insbesondere auf die Stimmung im Team in Bezug auf die Veränderung geachtet und eingegangen wird.

Die Beteiligungsmöglichkeiten lassen sich grob aufteilen in formale Beteiligungsformen und informelle Austauschmöglichkeiten.

Formale Beteiligungsmöglichkeiten:

- Die Veränderung wird als Projektarbeit formalisiert und die Mitarbeiter der Filiale sind offizielle Projektteilnehmer.
- Es gibt Beratungsteams für die Veränderung, z. B. ein Teil der Mitarbeiter, die die Veränderung von Beginn an befürwortet haben.

- Es gibt einen Mitarbeiter-Ideenwettbewerb, damit jeder Mitarbeiter die Chance hat, sich einzubringen.
- Ein Multiplikatoren-Team bestehend aus intrinsisch motivierten Mitarbeitern, wie z. B. Herrn Geradewiese, wird gebildet.
- Eine Change-Runde, die organisatorisch wie ein Jour Fixe abläuft, und dem regelmäßigen Austausch dient.

Informelle Austauschmöglichkeiten:

- Diskussionen in Teamrunden
- Gespräche mit Kollegen
- „Flurfunk"

3. Literaturempfehlungen

Stolzenberg, Kerstin/Heberle, Krischan (2013): Change Management: Veränderungsprozesse erfolgreich gestalten – Mitarbeiter mobilisieren, 3. Aufl., Berlin/Heidelberg, S. 125 ff.

Aufgabe 1: Instrumente zur erfolgreichen Umsetzung von Change-Management

---

Wissen, Verstehen, Erläutern, Transfer
30 Minuten

---

1. Fragestellung

„Wenn das einzige Werkzeug, das du hast, ein Hammer ist, werden bald alle deine Probleme wie Nägel aussehen", sagt ein altes chinesisches Sprichwort. Der Werkzeugkasten für Change-Management muss sehr umfangreich sein, weil Change-Management-Prozesse sehr komplex und kompliziert sein können. Nicht immer wird man alles gebrauchen. Vieles ist jedoch häufig gleichzeitig nötig.

Manches wird sich in der Wirkung verstärken, manches gegenseitig gefährden. Change-Management kann gleichzeitig mehrere Ziele verfolgen, die nicht immer in völliger Harmonie zueinander stehen. Wer eine neue Software einführt, die neue ungeahnte Möglichkeiten und Flexibilität erfordert, wird in Abteilungen, in denen besonders enge Vorschriften die Arbeit bestimmen, feststellen, dass es Schwierigkeiten gibt.

Eine sichere Methode unglücklich zu werden ist, wie bereits erwähnt, die Formulierung utopischer Ziele. So wird auch hier nicht die Auffassung vertreten, dass alles immer und schon gar nicht sofort gelingen wird. Das zunächst zu akzeptieren ist wichtig wenn Change-Management nicht zur Qual werden soll.

Hier ein kleiner Überblick über den Werkzeugkasten des Change-Managements:

Auswahl von Themenfeldern im Werkzeugkasten eines Change-Management-Prozesses

---

- Motivation
- Feedback
- Konflikte
- Organisationsdiagnosen
- Moderation
- Führung
- Kommunikation
- Teamentwicklung
- Stressmanagement
- Coaching
- Auswahl und Einsatz externer Berater
- Zeitmanagement
- ...

Stellen Sie sich vor, dass Sie in einem Change-Management-Prozess die Gesamtleitung übernommen haben. Im Laufe des Veränderungsprozesses stellen Sie fest, dass sich im Unternehmen, in dem der Change-Management-Prozess zu einer nachhaltigen Veränderung im Vertrieb führen soll, ins Stocken gerät. Die Vertriebsmitarbeiter scheinen nicht besonders motiviert zu sein etwas verändern zu wollen. Sie haben beim letzten Change-Meeting bemerkt, dass kaum noch die Bereitschaft zu beobachten war Aufgaben zu übernehmen, die für den Fortgang des Prozesses notwendig sind.

In dieser Situation denken Sie darüber nach was Sie tun können. In der neueren Forschung zum Thema Motivation haben Sie gelesen, dass vor allem intrinsische Motivation wichtig ist. Sie würden darüber hinaus gerne dem einen oder anderen Mitarbeiter ein gezieltes Feedback geben. Dabei sind, wie das in sensiblen Phasen einer Veränderung und ganz allgemeinen bei Feedbackprozessen zu erwarten ist, auch Konflikte möglich. Diese wollen Sie vermeiden bzw. lösen.

Motivation
- Was ist unter dem Stichwort intrinsische Motivation zu verstehen, was unter extrinsischer? Definieren Sie kurz.
- Nennen Sie jeweils ein Beispiel für ein typisches intrinsisches und ein typisches extrinsisches Leistungsmotiv.
- Was könnten Sie tun, wenn Sie im Rahmen eines Change-Management-Prozesses intrinsische Motivation begünstigen wollen?

Feedback
- Warum ist Feedback so wichtig für dauerhaft geglückte Beziehungen?
- An welche Feedbackregeln sollten sich Feedbackgeber und Feedbacknehmer halten, damit das Feedback nicht schiefgeht?
- Was bewirkt geglücktes Feedback?

Konflikt

- Was sollten Sie zum Konfliktmanagement wissen, wenn es beim Feedback zu den typischen Konflikten kommt, z. B. dass die Feedbacknehmer Ihre Rückmeldungen nicht positiv aufnehmen, sondern das Feedback eher als Beleidigung empfinden und sich permanent rechtfertigen?

2. Lösung
Motivation

Als intrinsisch wird Motivation im Allgemeinen angesehen, wenn die Handlungen um ihrer selbst willen erfolgen. Häufig wird hier die Freude an der Leistungserbringung genannt. Im Unterschied dazu wird Motivation als extrinsisch betrachtet, wenn äußere Belohnungen angestrebt werden wie zum Beispiel Geld.

Menschen, die Handlungen vollziehen, merken gelegentlich nicht, dass sie Leistungen vollbringen oder schon vollbracht haben. Das hat mit der eigenen Fähigkeit zu tun, sich selbst zu beobachten und mit den Erfahrungen, die Menschen im Lauf ihres Lebens in dieser Beziehung gemacht haben. Wer nie gelobt wurde reagiert gelegentlich mit Unsicherheit auf Lob. Dann hört er auch schon einmal bei Lob bewusst weg.

Für einen erfolgreichen Change-Management-Prozess ist es deshalb wichtig, dass die am Geschehen Beteiligten Resonanz für ihr Verhalten erhalten. Es ist entscheidend dabei authentisch zu bleiben. Banalitäten durch eine euphorische Rückmeldung zu kommentieren ist genauso kontraproduktiv wie das Übersehen von hervorragenden Ergebnissen. Wenn Sie verhindern wollen, dass das eine oder andere passiert, sollten Sie in einen intensiven Austauschprozess mit anderen Menschen gehen. Dabei können Sie die oben genannten Regeln guter Kommunikation beachten (vgl. Tabelle 3.4).

Wer intrinsische Motivation begünstigen will sollte Gelegenheiten schaffen, dass Menschen Leistungen vollbringen wollen und können. Dafür dürfen die jeweiligen Aufgaben weder zu schwer noch zu leicht sein. Das entsprechende Niveau der Anforderung wird normalerweise als Herausforderung bezeichnet. Die Kunst wird darin liegen, bezogen auf die Menschen die Leistung vollbringen sollen, das richtige Maß zu finden. Das erfordert, dass Menschen die eigenen Kompetenzen kennen und die Person, die gegebenenfalls Aufgaben verteilt, sie ebenfalls wahrnehmen können sollte. Für beide Seiten bedeutet das Arbeit, die allerdings, wenn sie glückt, wiederum motiviert.

Lösungshinweise

Hinter dem was wir als intrinsische Motivation bezeichnen verbirgt sich ein hirnbiologisch faszinierender Zusammenhang. Selbst die Antwort auf die Frage was intrinsische Motivation ist, nämlich Leistungsfreude, macht nicht klar, was die eigentliche Ursache der Motivation ist, die allen gesunden Menschen zu eigen ist. Dazu ist es erforderlich sich die Zusammenhänge anzuschauen, die sich im Gehirn von Menschen zeigen, wenn wir Leistungen erfolgreich vollbringen.

Das Kernstück unseres hirnbiologischen Systems besteht aus zwei Komponenten. Die Basiskomponente ist mit einem „Kopfteil" über Synapsen verschaltet. Wenn das System in Gang kommt, feuert die Basiskomponente an das Kopfteil und gibt einen Botenstoff ab (Dopamin). Dadurch wird ein Gefühl des Wohlbefindens verursacht. Der Botenstoff macht nicht nur glücklich, sondern stärkt auch die Handlungsbereitschaft und Konzentration. Darüber hinaus kommt es zu einer Steigerung der muskulären Bewegungsfähigkeit. Dieser Zusammenhang verursacht, dass sich Menschen auf Ziele hin bewegen können.

Wenn das eben Beschriebene eintritt, kommt es im Kopfteil des Motivationssystems zur Freisetzung weiterer Stoffe. Dabei handelt es sich um die sogenannten endogenen Opioide (Endorphine, Enkephaline und Dynorphine). Erstaunlicherweise ist die Wirkung mit der von Opium oder Heroin vergleichbar. Sie führen jedoch nicht zu betäubenden oder einschläfernden Wirkungen. Die endogenen Opioide beeinflussen die emotionale Gestimmtheit und die Lebensfreude positiv, stärken darüber hinaus das Immunsystem und reduzieren die Schmerzempfindlichkeit. Der dritte Wohlfühlstoff neben Dopamin und der endogenen Opioidgruppe ist das sogenannte Oxytozin. Dieses Hormon hat überaus positive Wirkungen auf den zwischenmenschlichen Bereich.

Ein Motivationssystem braucht Motive. Was ist also die Voraussetzung, damit die Systeme in Gang kommen? Welchen Sinn haben die Systeme? Bei Suchtkrankheiten wurde klar, dass die Stoffe, die eine direkte Wirkung auf die Dopaminachse oder das endogene Opioidsystem haben, Ziel des Vorgangs sind. Die Wohlfühlwirkung ist jedoch in ihrer Wirkung eingeschränkt, sodass die Droge alsbald wieder beschafft werden muss, wenn wirklich ein Suchtverhalten zugrunde liegt.

Die eigentliche Bestimmung der Motivationssysteme ist selbstverständlich nicht die Bedienung von Süchten, sondern soziale Gemeinschaft und gelingende Beziehung. Es sind nicht nur die persönlichen Beziehungen, sondern alle Formen sozialer Gemeinschaft. Diese Erkenntnis verdeutlicht, dass der Mensch hirnbiologisch auf Resonanz und Kooperation hin konstruiert ist. Nichts kann den Menschen so sehr motivieren wie der Wunsch von anderen gesehen zu werden, das Erleben von Zuwendung und am meisten die Erfahrung von Liebe.

Daraus die Schlussfolgerung zu ziehen sich gegenseitig in Watte zu packen ist jedoch falsch. Es kommt darauf an eine ehrliche Beziehung aufzubauen, die motiviert. Nicht nur in Change-Management-Prozessen gehören dazu glaubwürdige Ermutigung, angemessene Nähe und authentische Wertschätzung. Dieses Ansinnen wird durch eine Feedbackkultur unterstützt, die auf sinnvollen und bewährten Regeln basiert.

Feedbackregeln

Feedback ist sinnvoll und notwendig für dauerhaft erfolgreiche Kommunikation, weil ich ohne Feedback nur vermuten kann wie mein Verhalten bei anderen ankommt. Der Inhalt einer Nachricht entsteht aber beim Empfänger. Feedback dient dem Abgleich von Selbstbild (das Bild, was ich von mir habe) und Fremdbild (das Bild, was andere von mir haben.) Im Vordergrund des Feedbacks stehen dabei Einfühlung und eine grundlegende Haltung des Wohlwollens.

Regeln für den Feedbackgeber

- Vergewissern Sie sich, dass Ihr Feedback erwünscht ist.
- Äußern Sie sich konkret.
- Trennen Sie beim Feedback Beobachtung, Vermutung und Bewertung.
- Seien Sie sich bewusst, dass Sie sich auch irren können.
- Teilen Sie auch Wünsche hinsichtlich dessen mit, was andere aus Ihrer Sicht besser machen sollen.
- Formulieren Sie „Ich-Botschaften" statt „Du-Botschaften".

Regeln für den Feedback-Nehmer

- Hören Sie aufmerksam zu, nehmen Sie Informationen auf.
- Argumentieren und rechtfertigen Sie sich nicht.
- Fragen Sie nach wenn Sie etwas genauer wissen wollen.
- Prüfen Sie in Ruhe was Sie übernehmen wollen.
- Sagen Sie ruhig zum Schluss des Feedbacks wie Ihnen zumute ist.
- Bringen Sie Ihre authentische Wertschätzung für ein offenes und ehrliches Feedback dem Feedbackgeber gegenüber zum Ausdruck.

Erfolgreiches Feedback führt dazu, dass sich der Bereich des „blinden Flecks" verkleinert. Das ist der Bereich, der mein Verhalten widerspiegelt, das zwar anderen, aber mir nicht bekannt ist. Erfolgreiches Feedback setzt Vertrauen voraus und führt, wenn die Regeln beachtet werden, mit hoher Wahrscheinlichkeit dazu, weiteres Vertrauen zu schaffen.

Konflikte in Feedbacksituationen

Zu den regelmäßig auftauchenden Konflikten gehört die Tendenz des Feedbacknehmers, sich zu rechtfertigen. Insbesondere dann, wenn sich Menschen in sehr persönlichen und grundsätzlichen Eigenschaften kritisiert fühlen, werden sie in ihrer Identität berührt. Wann das der Fall ist, kann der Feedbackgeber natürlich nicht immer abschätzen. Vorsicht ist in Feedbackprozessen jedoch immer geboten und ein sehr sensibles Beobachten des Feedbacknehmers erforderlich. Die mangelnde Bereitschaft sich das Feedback weiter anzuhören wird dabei nicht nur verbal, sondern in der Regel und vor allem auch nonverbal (körpersprachlich) zum Ausdruck gebracht. Die Körpersprache ist allerdings komplex, jedenfalls ist sie nicht eindeutig. Wer nicht genau weiß wie es demjenigen Menschen geht der gerade vor einem sitzt, kann aber einfach nachfragen.

Aus diesem Grund ist es in Feedbackprozessen dringend notwendig klärende Fragen nach der Bereitschaft zu stellen, das Feedback weiter durchzuführen. Die Gefahr besteht darin, dass das an sich überaus wertvolle Instrument des Feedbacks mit negativen Assoziationen belegt wird und damit seine positive Wirkung vollständig verliert, weil es als Bedrohung angesehen wird.

Das erklärt warum in der Praxis das Instrument bei Weitem nicht so durchgängig positiv aufgenommen wird, wie es die Theorie verspricht. Das liegt unter anderem auch daran, dass es inflationär eingesetzt zu einer regelrechten Feedbacküberdrüssigkeit kommen kann. Wer bei jeder Gelegenheit ein Feedback (und dann auch nur pseudofreiwillig) erhält, wird sich kaum noch frei verhalten können.

Feedback macht nur Sinn, wenn es akzeptiert ist und im Verlauf des Feedbackgespräches als sinnvoll erachtet wird. Wenn dies nicht der Fall ist, ist eine situativ angemessene Korrektur erforderlich. Im Zweifel sollte das Feedback beendet werden, um nicht die Chancen, die in einem qualitativ hochwertigen Feedback liegen, zu gefährden. In der Praxis lassen sich je nach Persönlichkeitsstruktur regelrechte Blockaden ausmachen, die auch verständlich sind, wenn die genannten Probleme auftreten.

3. Literaturempfehlungen

Bauer, Joachim (2008): Prinzip Menschlichkeit. Warum wir von Natur aus kooperieren, 8. Aufl., Hamburg, S. 23–73.

Glasl, Friedrich (2017): Konfliktmanagement, 11. Aufl., Bern u. a. Gesamter Teil 3.

Rohm, Armin (Hrsg.) (2012): Change Tools. Erfahrene Prozessberater präsentieren wirksame Workshop-Interventionen, 5. Aufl., Bonn, S. 237–259.

Aufgabe 2: Change-Management-Transfer

Wissen, Erläuterung
30 Minuten

1. Fragestellung

Mit der Vorlage eines überlegten Konzeptes ist wirksames Change-Management begonnen, jedoch noch lange nicht abgeschlossen. Die Vorgehensweise großer Unternehmensberatungen in den 80er- und 90er-Jahren war geprägt von diesem Missverständnis.

Heute wird kaum noch ein Auftraggeber mit klugen Gedanken auf Hochglanzpapier zufrieden sein, weil das Problem in der Regel nicht nur die Gestaltung eines sinnvollen Konzeptes, sondern letztlich die wirksame Umsetzung ist. In der Theorie klingen manche Lösungen erstaunlich einfach. Die Praxis lehrt aber, dass die Hauptschwierigkeit nicht die Idee ist, sondern ein Weg die Dinge wirksam umzusetzen.

Selbst wenn das Layout vieler Konzepte die am Anfang und nicht am Ende eines Change-Management-Prozesses vorgelegt werden mehr denn je auf Hochglanz getrimmt ist, ist der Transfer der Gedanken die Hauptaufgabe im Change-Management. Man kann, wenn man will, dieses Prinzip als Primat des Transfers bezeichnen. Die beste Idee nützt überhaupt nichts, wenn sie nicht umgesetzt wird. Deshalb ist es wichtig den Prozess abzusichern.

Welche Grundsätze sollten die Verantwortlichen von Change-Management-Prozessen beachten?

Nennen und erläutern Sie vier Grundsätze (Im Folgenden werden acht Grundsätze genannt und erläutert).

2. Lösung

Grundsätze zur Sicherung des Change-Management-Transfers

1. Handeln Sie nicht ohne Ziel!
2. Handeln Sie nicht ohne Diagnose!
3. Denken und handeln Sie ganzheitlich!
4. Beteiligen Sie die Betroffenen – bitte immer!
5. Bieten Sie Hilfe zur Selbsthilfe an!
6. Steuern Sie prozessorientiert!
7. Fördern Sie lebendige, ehrliche Kommunikation!
8. Wählen Sie die Schlüsselpersonen sorgfältig aus!

3. Hinweise zur Lösung
Grundsatz 1: Handeln Sie nicht ohne Ziel!

Es klingt banal, vielleicht sogar naiv, ist es aber leider nicht. Wie oft wird stundenlang diskutiert, ohne dass auch nur im Ansatz ein klares Ziel formuliert oder im laufenden Prozess immer wieder thematisiert wird. Derartige Erlebnisse sind nicht nur schlecht für den Fortschritt des Projektes, sondern rufen in der Regel auch mehr oder weniger deutliche Frustrationen bei den Beteiligten hervor, die sich im Laufe der Zeit immer hemmender auswirken.

Es gehört zu den sehr grundsätzlichen Missverständnissen unserer Zeit, dass eine partizipativ-menschenorientierte Kommunikation und Führung nicht mit einer systematischen Planung, Steuerung und Kontrolle zusammenpassen. „Softies" und „Psycho-Freaks" reagieren nicht selten überaus gereizt, wenn Hierarchie oder aktive Versuche nach Strukturierung, also auch nach der Benennung eindeutiger Ziele, ins Spiel kommen. Umgekehrt werden leider auch die sozialen Faktoren als überflüssig bezeichnet. Es hilft nichts, beides ist wichtig.

Ohne Führung und Richtung wird Partizipation zu einer Fahrt ins Ungewisse. Am Ende stehen vielfach Substanzverlust und Frustration der Beteiligten. Das wäre ein Bärendienst für das auch hier mit Überzeugung propagierte Motto, Betroffene zu Beteiligten zu machen und eine Kultur der Achtsamkeit vorzuleben.

Grundsatz 2: Handeln Sie nicht ohne Diagnose!

Jede Therapie ist nur so gut wie die ihr zugrunde liegende Diagnose. Das ist zwar ein Satz aus der Medizin, er kann aber ohne Probleme auf Change-Management übertragen werden.

Am Anfang eines Projektes steht deshalb immer die Befragung der betroffenen Mitarbeiter und Führungskräfte.

Diagnosefragen am Anfang eines Projektes

- Was läuft gut?
- Was läuft nicht gut?
- Welche Veränderungen sind angezeigt?
- Wie können die Veränderungen realisiert werden?

Die notwendige Befragung sollte sorgfältig erfolgen, hier ist eher mehr als weniger Zeit angesagt.

Grundsatz 3: Denken und handeln Sie ganzheitlich!

Hauptsache die Sachfragen werden gelöst. Diese Aussage ist falsch. So werden beim Change-Management in der Regel die technischen, strukturellen und ökonomischen Aspekte berücksichtigt und viele menschliche sowie zwischenmenschliche Aspekte einfach übersehen oder zumindest verdrängt. Mit diesen Gesichtspunkten sind vor allem Arbeitsklima, Motivation, Führungsstil, Entscheidungsvorgänge und die Zusammenarbeit innerhalb der einzelnen Organisationseinheiten gemeint.

Wenn Sie wissen wollen, worauf Sie achten sollten, wenn Sie das Phänomen der konkreten Organisation in den Blick nehmen, bieten sich die folgenden drei Gesichtspunkte an.

Drei Gesichtspunkte, um die Organisation zielorientiert in den Blick zu nehmen:
- Welche Struktur haben die Aufbauorganisation, die Ablauforganisation und die Führungssysteme?
- Welche Motivation, welche Identifikation und welches Kommunikations- sowie Kooperationsverhalten ist konkret beobachtbar?
- Welche geschriebenen und ungeschriebenen Gesetze und Spielregeln, Belohnungs- und Sanktionsprinzipien sind in der Organisation vorhanden?

Grundsatz 4: Beteiligen Sie die Betroffenen!

Die unmittelbar Betroffenen sind in der Regel am besten über die Details der Organisation informiert und werden damit zu Fachleuten für die Lösung. Wer in Lösungen eingebunden wird, erfährt Wertschätzung für seine Person, fühlt sich ernst genommen und steigert normalerweise seine Identifikation mit dem Unternehmen. Alles ist schon zu Beginn wichtig, wenn es gelingen soll, Akzeptanz für die gefundenen Lösungen zu erhalten.

Grundsatz 5: Bieten Sie Hilfe zur Selbsthilfe an!

Wir können nicht immer alles! Ein Glück, wir müssen nicht immer kompetent und erfolgreich sein. Die genannte Vorstellung wäre ein sicheres Mittel, um unglücklich zu werden, weil wir am eigenen Anspruch scheitern würden. Die Konsequenz von Stressaufbau ist am Ende ein veritabler Burn-out. Vermeiden wir also Utopisches und widmen wir uns der Realität: Wir bewegen uns häufig am Rande unserer Kompetenzen und manchmal sogar darüber hinaus.

Geben Sie den Menschen im Change-Management Zeit, sich den neuen Anforderungen zu stellen und herauszufinden, ob Sie diese alleine oder mit Hilfe bewältigen können. Achten Sie darauf, dass das Angebot an Hilfe eine latente Gefahr beinhaltet. Diejenigen, denen geholfen wird, neigen bei zu viel Hilfe zur Unselbständigkeit und fordern im Zweifel bei jeder Schieflage weitere Unterstützung an.

Manchmal ist das Nichthelfen dann paradoxerweise die beste Hilfe. Externe Berater, aber auch Führungskräfte, tun sich dabei gelegentlich schwer. Gebraucht zu werden ist verführerisch und/oder lukrativ. Wer wirksame Hilfe zur Selbsthilfe leisten will, sollte immer auf dem Sprung zum Rückzug sein.

Grundsatz 6: Steuern Sie prozessorientiert!

Drei Voraussetzungen prozessorientierter Steuerung

- Regelmäßige Prozessanalyse
- Bearbeitung von Widerständen und Konflikten
- Rollende Planung

Wer Projekte erfolgreich gestalten will, ist aufgefordert, mit den Menschen zu reden und ihnen zuzuhören. Fest einzuplanen ist die regelmäßige gemeinsame Besprechung von Problemen und Fortschritten. Letzteres sollte nicht fehlen, weil es motivierend wirkt. Ebenso wenig ist die „Manöverkritik" entbehrlich, die die Leitungskräfte aushalten müssen, selbst wenn sie für sie unangenehm wird. Hier ist Selbstreflexionskompetenz auf allen Seiten gefordert.

Konflikte zu verdrängen ist eine sichere Methode für das Scheitern des Change-Managements. Dabei ist sicher die Fähigkeit zur Unterscheidung gefordert, nicht „aus jeder Mücke einen Elefanten zu machen", aber gravierende Differenzen zu themati-

Tab. 3.4: Change-Management: Schädliches und Nützliches zum Thema Kommunikation, Quelle: in Anlehnung an Doppler, Klaus/Lauterburg, Christian (2014, S. 467, S. 474 ff.).

Kommunikation im Change-Management	
Das sollten Sie vermeiden:	Das können Sie forcieren:
– Hochdruckverkauf – Effizienzfetischismus – Lieblingsideen als versteckte Agenda – Vorgehen nach Taktfahrplan – Widerstand brechen	– Beteiligung der Betroffenen bei der Erarbeitung der Lösungen – realistische Zeitplanung – Lieblingsideen offen auf den Tisch legen – sensible und flexible Steuerung der Prozesse – Konflikte offenlegen und bearbeiten

sieren. Konfliktlösungen, die echte Lösungen sein sollen, müssen partnerschaftliche Lösungen sein und nicht aufoktroyiert.

Fingerspitzengefühl ist gefordert, das das Tempo in den Blick nimmt, laufende Entstörungen vornimmt und darauf achtet die einzelnen Schritte eines Projektes sauber abzuschließen.

Menschen sind intelligenter als Computer, aber manchmal nicht so schnell. Außerdem sind sie nicht nur sachlich gesteuert, sondern vielleicht sogar vor allem emotional. Ein wacher Blick dafür ist nötig, was Menschen in Projekten bewegt, welche Befürchtungen sie haben, welche Freude und welchen Ärger sie erwarten. Mit all diesen Dingen umzugehen gehört in den Werkzeugkasten, den ich Ihnen am Ende der Lerneinheit vorstellen werde und der sich in den ergänzenden Lernbriefen wiederfindet.

Planung ist, ironisch gesagt, bekanntlich der Ersatz des Zufalls durch Irrtum. Denn auch ein Plan muss gelegentlich überdacht werden, was einen gewissen Grad an Flexibilität von den Menschen in Change-Management-Prozessen erfordert. Das Stichwort war hier in der Übersicht am Anfang die rollende Planung, die sich Flexibilität für die Feinplanung in Projekten vorbehält.

Grundsatz 7: Fördern Sie lebendige, ehrliche Kommunikation!

An dieser Stelle soll deutlich gemacht werden, welchen Charakter Kommunikation im Change-Management haben sollte. Die Übersicht zeigt exemplarisch, welche Form von Kommunikation hilfreich und wichtig ist. Sie ist geprägt von Offenheit und Ehrlichkeit.

Wer Change-Management-Prozesse lösungsorientiert begleiten will, kann versuchen, über entsprechende Instrumente die mehr oder weniger unterschwelligen Probleme frühzeitig zu thematisieren und zu bereinigen. Dazu steht eine Reihe von Instrumenten zur Verfügung (siehe zum Beispiel Literaturhinweis „Ein Werkzeug zur achtsamen Projektsteuerung").

Grundsatz 8: Wählen Sie die Schlüsselpersonen sorgfältig aus!

Wenn wir uns die Geschichte der Menschheit anschauen, was zugegebenermaßen ein recht weiter Bogen ist, wurden die großen Veränderungen von einigen *Personen* maßgeblich beeinflusst. Veränderungen werden nicht über Hochglanzbroschüren bewirkt, sondern mit den Menschen zusammen, die betroffen sind und die es in den Blick zu nehmen gilt, um Entscheidungen zu treffen.

Im Vorfeld von Veränderungen bietet es sich an, sich Schlüsselfragen zu stellen, wer denn in einen Change-Management-Prozess eingebunden werden soll.

Drei Fragen für die Auswahl von Schlüsselpersonen im Change-Management

1. Wo sind die wichtigsten Verbündeten, mit denen man zusammenarbeiten kann?
2. Wo sind die Personen, die in der Organisation die Meinungsführerschaft haben („opinion leaders")?
3. Wer hat die Kompetenz den Veränderungsprozess zu leiten?

Wenn Sie sich um die Menschen kümmern wollen, die steuernde oder koordinierende Funktionen einnehmen, sind Eigenschaften gefordert, die mitunter nicht kurzfristig antrainiert werden können, sondern als stabile Verhaltenskompetenz vorhanden sein müssen. Deshalb ist ein mehrmaliger Blick mit umfassender Reflexion notwendig.

4. Literaturempfehlungen

Doppler, Klaus/Lauterburg, Christoph (2014): Change Management. Den Unternehmenswandel gestalten, 13. Aufl., Frankfurt a. M. und New York, S. 115–124.

Rohm, Armin (Hrsg.) (2012): Change Tools. Erfahrene Prozessberater präsentieren wirksame Workshop-Interventionen, 5. Aufl., Bonn, z. B. S. 15–38.

Stelzer-Rothe, Thomas et al. (2012): Professionelle Steuerung psychosozialer Prozesse in Change-Management-Projekten, in: DNH 6/2012, S. 192–195.

Stelzer-Rothe, Thomas/Thierau-Brunner, Heike (2015): Ein Werkzeug zur achtsamen Projektsteuerung, in: Personalwirtschaft 2/2015, S. 22–24.

3.8 Instrumente der Qualifikation

Fallstudie KaffeeLeben – Aufgabe F34

Wissen, Verstehen, Anwenden, Transfer
20 Minuten

---

1. Fragestellung

Qualifizierung der Mitarbeiter ist meist ein unverzichtbares Element im Change-Management, das zum Tragen kommt, wenn die Veränderung hinreichend geplant ist. Florentine stellte die Frage: „Roman, wir müssen nun genau überlegen, welche Qualifikationsmaßnahmen die Mitarbeiter nun durchlaufen sollten. Das kostet ja immer alles so viel." „Das ist richtig", erwiderte Roman, „auf der anderen Seite nützt die beste Veränderung nichts, wenn sie an der mangelnden Qualifikation der Mitarbeiter scheitert."

(a) Welche konkreten Qualifizierungsmaßnahmen erachten Sie für den Change bei KaffeeLeben als sinnvoll?

(b) Wer sollte vor dem Hintergrund einer Kosten- und Nutzenabwägung bei KaffeeLeben geschult werden?

2. Anregungen für Ihre Diskussion der Lösung

(a) Denkbare sinnvolle Qualifizierungsmaßnahmen für die Frischzubereitung von Bagels wären zunächst Lebensmittelschulungen bzw. Schulungen in Warenkunde. Auch der Umgang mit frischen Lebensmitteln ist fachgerecht zu schulen, insbesondere die Aufbewahrung der frischen Lebensmittel, die Kühlung, das Waschen (z. B. von Salat) sowie allgemeine Hygienemaßnahmen. Ein weiterer Qualifikationsbereich wäre ein Verkaufstraining im Hinblick auf eine professionelle Beratung des Kunden, was die Auswahl sowie die Zusammenstellung der Lebensmittel betrifft.

(b) Eine Schulung sollten sowohl die Filialleiter – also die Führungskräfte – als auch die Mitarbeiter erhalten, und zwar in all den drei oben genannten Bereichen (Warenkunde, Hygiene/Aufbewahrung sowie Beratung). Zwar ist es teurer, allen Personen die Qualifizierung anzubieten, jedoch ist davon auszugehen, dass der Hauptteil der Kosten die Maßnahme an sich betrifft und nicht die Anzahl der zu schulenden Personen. Ob eine Weiterleitung der Informationen gegeben ist, wenn nur ein Teil der Mitarbeiter geschult wird, ist fraglich. Zudem scheint der psychologische Effekt einige Mitarbeiter von der Qualifikationsmaßnahme auszuschließen, auch beachtlich. Die Filialleiter sind in diesem Fall ebenso zu schulen, denn nur so können sie auf die korrekte Umsetzung achten.

3. Literaturempfehlungen

Stolzenberg, Kerstin/Heberle, Krischan (2013): Change Management: Veränderungsprozesse erfolgreich gestalten – Mitarbeiter mobilisieren, 3. Aufl., Berlin/Heidelberg, S. 185 ff.

Stichwortverzeichnis

https://doi.org/10.1515/9783110481860-005

Literatur

Andrzejewski, Laurenz (2009): Trennungs-Kultur und Mitarbeiterbindung als zukunftssichernder Teil der Organisations- und Personalentwicklung, in: von Rosenstiel, Lutz et al. (Hrsg.): Führung von Mitarbeitern. Handbuch für erfolgreiches Personalmanagement, 6. Aufl., Stuttgart.

Apitzsch, Birgit et al. (2015): Flexibilität und Beschäftigungswandel, Weinheim.

Artus, Ingrid et al. (2016): Betriebsratsgründungen. Typische Phasen, Varianten und Probleme, in: WSI-Mitteilungen, Nr. 3/2016.

Astheimer, Sven (2017): Die Bewerber sind die Chefs, in: Frankfurter Allgemeine Zeitung, Nr. 268/2017.

von Baeckmann, Susanne (1998): Downsizing – zwischen unternehmerischer Notwendigkeit und individueller Katastrophe. Eine Studie zum Personalabbau in deutschen Unternehmen, München.

Bartscher, Thomas et al. (2012): Personalmanagement. Grundlagen, Handlungsfelder, Praxis, München.

Bauer, Joachim (2008): Prinzip Menschlichkeit. Warum wir von Natur aus kooperieren, 8. Aufl., Hamburg.

Berg, Thomas R. (1991): The Importance of Equity Perception and Job Satisfaction in Predicting Employee intent to stay at Television Stations, Group & Organization Studies 16, 3.

Berthel, Jürgen/Becker, Fred G. (2017): Personal-Management. Grundzüge für Konzeptionen betrieblicher Personalarbeit, 11. Aufl., Stuttgart.

Böckler-Stiftung (2007): https://www.boeckler.de/21823_21830.htm, Abruf vom 20.07.2018.

Bosch, Gerhard (2006): Ist die industrielle Ausbildung ein Auslaufmodell? in: Denk-doch-mal.de, Nr. 1/2016, http://denk-doch-mal.de/wp/gerhard-bosch-ist-die-industrielle-ausbildung-ein-auslaufmodell/, Abruf vom 31.08.2018.

Bosch, Gerhard (2014): Facharbeit, Berufe und berufliche Arbeitsmärkte, in: WSI-Mitteilungen, Nr. 1/2014.

Breisig, Thomas (2006): Personalbeurteilung. Mitarbeitergespräche und Zielvereinbarungen regeln und gestalten, 3. Aufl., Frankfurt a. M.

Breisig, Thomas (2012): Grundsätze und Verfahren der Personalbeurteilung, Frankfurt a. M.

Brenzel, Hanna et al. (2016): Neueinstellungen im Jahr 2015, in: IAB-Kurzbericht Nr. 4/2016, Nürnberg.

Bröckermann, Reiner (2012): Personalwirtschaft. Lehr- und Übungsbuch für Human Resource Management, 6. Aufl., Stuttgart.

Bundesinstitut für Berufsbildung (2015): Datenreport zum Berufsbildungsbericht 2015, Bonn.

Bundesinstitut für Berufsbildung (2015): Duales Studium in Zahlen. Trends und Analysen 2014, Bonn.

Busch, Michael W. (2015): Management und Dynamik teambezogener Lernprozesse, München und Mering.

Byars, Lloyd/Rue, Leslie (2007): Human Resource Management, 9. Aufl., New York.

De Botton, Alain (2004): StatusAngst, Frankfurt a. M.

Doppler, Klaus/Lauterburg, Christoph (2014): Change Management: Den Unternehmenswandel gestalten, 13. Aufl., Frankfurt a. M./New York.

Dörner, Dietrich (2015): Die Logik des Misslingens. Strategisches Denken in komplexen Situationen, Reinbek.

Drumm, Hans Jürgen (2008): Personalwirtschaft, 6. Aufl., Heidelberg.

Ehrenberg, Alain (2011): Das Unbehagen in der Gesellschaft, Berlin.

Eylert, Mario (2017): Mitbestimmung des Betriebsrats bei der Arbeitszeit im Spiegel der aktuellen Rechtsprechung, in: Arbeit und Recht, Nr. 1/2017.

https://doi.org/10.1515/9783110481860-006

Femppel, Kurt (2013): Interne Wege der Personalgewinnung, in: Bröckermann, Reiner/Pepels, Werner (Hrsg.), Das neue Personalmarketing- Employee Relationship Management als moderner Erfolgstreiber, 2. Aufl., Berlin.

Fischer, Ulrich/Reihsner, Rolf (2002): Personalplanung, Frankfurt a. M.

Forgas, Joseph P. (2014): Soziale Interaktion und Kommunikation. Eine Einführung in die Sozialpsychologie, Weinheim.

Frankfurter Allgemeine Zeitung, Nr. 79, 05.04.2013.

Giersberg, Georg (2017): Im Kampf um Arbeit, Lernen und Familie, in: Frankfurter Allgemeine Zeitung, Nr. 252/2017.

Grieger, Jürgen (2004): Ökonomisierung in Personalwirtschaft und Personalwirtschaftslehre. Theoretische Grundlagen und praktische Bezüge, Wiesbaden.

Glasl, Friedrich (2017): Konfliktmanagement, 11. Aufl., Bern.

Gutmann, Joachim/Terschüren, Jessica (2005): Personalplanung. Wie Sie Mitarbeiter richtig einsetzen, Planegg.

Herzberg, F. (1968): One more time: how do you motivate employees?, in: Harvard Business Review, Jg. 46, Nr. 1.

Hinrichs, Anja-Christina (2016): Erfolgsfaktoren beruflicher Weiterbildung. Eine Längsschnittstudie zum Lerntransfer, Wiesbaden.

Hinrichs, Sven (2011): Personalauswahl und Auswahlrichtlinien, Frankfurt a. M.

Hofmann, Josephine et al. (2015): Die flexible Führungskraft. Strategien in einer grenzenlosen Arbeitswelt, Gütersloh.

Hossiep, Rüdiger/Mühlhaus, Oliver (2015): Personalauswahl und -entwicklung mit Persönlichkeitstests, 2. Aufl., Göttingen.

Huf, Stefan (2017): Radikal, fundamental und disruptiv?, in: OrganisationsEntwicklung, Nr. 04/2017.

Hüther, Gerald (2006): Bedienungsanleitung für ein menschliches Gehirn, 6. Aufl., Göttingen.

Jung, Hans (2017): Personalwirtschaft, 10. Aufl., Berlin.

Kaiser, Tobias (2016): Meist sind Arbeitszeugnisse das Papier nicht wert, in: WeltN24.

Kanning, Uwe P. (1999): Die Psychologie der Personenbeurteilung, Göttingen.

Kanning, Uwe P. (2004): Standards der Personaldiagnostik, Göttingen.

Kauffeld, Simone (Hrsg.) (2014): Arbeits-, Organisations,- und Personalpsychologie für Bachelor, 2. Aufl., Berlin.

Keller, Berndt (2017): Interessenvertretung bei atypischen Beschäftigungsverhältnissen – ein strategisches Dilemma, in: WSI-Mitteilungen, Nr. 1/2017.

Keller, Berndt/Seifert, Hartmut (2013): Atypische Beschäftigung zwischen Prekarität und Normalität. Entwicklung, Strukturen und Bestimmungsgründe im Überblick, Berlin.

Klimecki, Rüdiger/Gmür, Markus (2005): Personalmanagement, 3. Aufl., Stuttgart.

Kolb, Meinulf (2010): Personalmanagement: Grundlagen und Praxis des Human Resources Managements, 2. Aufl., Wiesbaden.

Krüger, Wilfried (2014): Das 3W-Modell: Bezugsrahmen für das Wandlungsmanagement, in: Krüger, Wilfried/Bach, Norbert (Hrsg.), Excellence in Change: Wege zur strategischen Erneuerung, 5. Aufl., Wiesbaden.

Kühl, Stefan (2015): Volkswagen ist überall. Die alltägliche Normalität der Regelabweichung, Working Paper 7/2015, www.uni-bielefeld.de/soz/personen/kuehl/pdf/Kuehl-Stefan-Working-Paper-7_2015-151005-Volkswagen-ist-ueberall.-Die-alltaegliche-Normalitaet-der-Regelabweichung-.pdf, Abruf vom 13.09.2017.

Kühne, Wolfgang/Meyer, Sören (2014): Betriebsratswahl. Vorbereitung, Durchführung, Konstituierung, München.

Kuster, Jürg (2011): Handbuch Projektmanagement, Berlin.

Lauer, Thomas (2014): Change Management: Grundlagen und Erfolgsfaktoren, 2. Aufl., Wiesbaden.

Lepsinger, Richard/Lucia, Anntoinette D. (2009): The Art and Science of 360 Degree Feedback, 2. Aufl., San Francisco.

Lewin, Kurt (1963): Feldtheorie in den Sozialwissenschaften, Bern/Stuttgart.

Lieberman, Al (2002): The Entertainment Marketing Revolution. Bringing the Moguls, the Media, and the Magic to the World, New Jersey.

Linnenkohl, Karl (1999): Arbeitsrecht, 4. Aufl., München.

Lisges, Guido/Schübbe, Fred (2009): Personalcontrolling. Personalbedarf planen, Fehlzeiten reduzieren, Kosten steuern, 3. Aufl., München.

Luther, Maren (2013): Diplomatie im Change Management: Diplomatisches Verhalten zwischen lateral interagierenden Führungskräften in Veränderungsprozessen, München/Mering.

Macharzina, Klaus/Wolf, Joachim (2015): Unternehmensführung. Das internationale Managementwissen. Konzepte – Methoden – Praxis, 9. Aufl., Wiesbaden.

Mag, Wolfgang (1998): Einführung in die betriebliche Personalplanung, 2. Aufl., München.

Malik, Fredmund (2014): Führen, leisten, leben. Wirksames Management für eine neue Welt, Frankfurt a. M.

Mayrhofer, Helene (2009): Beschaffung und Auswahl von Mitarbeiterinnen und Mitarbeitern, in: Kasper, Helmut/Mayrhofer, Wolfgang (Hrsg.), Personalmanagement Führung Organisation, 4. Aufl., Wien.

Meckl, Reinhard (2010): Personalmanagement, in: Scholz, Christian (Hrsg.), Vahlens Großes Personallexikon, München.

Meißner, Astrid (2012): Lerntransfer in der betrieblichen Weiterbildung. Theoretische und empirische Exploration der Lerntransferdeterminanten im Rahmen des Training off-the-job, Lohmar.

Moser, Klaus (2004): Selbstbeurteilung, in: Schuler, Heinz (Hrsg.): Beurteilung und Förderung beruflicher Leistung, 2. Aufl., Göttingen.

Musolesi, Frank (1996): Handlungsanalyse. Ein alternativer Ansatz im Assessment Center, in: Sarges, Werner (Hrsg.): Weiterentwicklungen der Assessment-Center-Methode, Göttingen.

Nerdinger, Friedemann W. (2008): Grundlagen des Verhaltens in Organisationen, 2. Aufl., Stuttgart.

Nerdinger, Friedemann W. et al. (2014): Arbeits- und Organisationspsychologie, 3. Aufl., Heidelberg.

Neubauer, Walter/Rosemann, Bernhard (2006): Führung, Macht und Vertrauen in Organisationen, Stuttgart.

Neuberger, Oswald (1980): Rituelle (Selbst-)Täuschung. Kritik der irrationalen Praxis der Personalbeurteilung, in: Die Betriebswirtschaft, Nr. 1/1980.

Neuberger, Oswald (2000): Das 360°-Feedback. Alles fragen? Alles sehen? Alles sagen?, München.

Neumann, Peter (2009): Gespräche mit Mitarbeitern effizient führen, in: von Rosenstiel, Lutz et al. (Hrsg.): Führung von Mitarbeitern, 6. Aufl., Stuttgart.

Nink, Marco (2014): Engagement Index. Die neuesten Daten und Erkenntnisse aus 13 Jahren Gallup-Studie, München.

Oechsler, Walter, A. (2011): Personal und Arbeit, 9. Aufl., München.

Oechsler, Walter A./Paul, Christopher (2015): Personal und Arbeit, 10. Aufl., Berlin

von der Oelsnitz, Dietrich et al. (2007): Der Talente-Krieg. Personalstrategie und Bildung im globalen Kampf um Hochqualifizierte, Bern.

von der Oelsnitz, Dietrich (2009): Die innovative Organisation. Eine gestaltungsorientierte Einführung, Stuttgart.

von der Oelsnitz, Dietrich (2012): Einführung in die systemische Personalführung, Heidelberg.

von der Oelsnitz, Dietrich/Busch, Michael W. (2012): Team: Toll, ein anderer macht's! Die Wahrheit über Teamarbeit, Zürich.

Olfert, Klaus (2012): Personalwirtschaft, 15. Aufl., Herne.

Pössel, Anne et al. (2007): Führung von Führungskräften. Optimierung des Führungs- und Kooperationserfolgs von Führungskräften der mittleren Ebene, Saarbrücken.

Püttjer, Christian/Schnierda, Uwe (2013): Arbeitszeugnisse formulieren und entschlüsseln. Mit 50 Beispielzeugnissen, 400 Formulierungshilfen und Extratipps für Zwischenzeugnisse, 3. Aufl., Frankfurt a. M.

Rohm, Armin (Hrsg.) (2012): Change Tools. Erfahrene Prozessberater präsentieren wirksame Workshop-Interventionen, 5. Aufl., Bonn.

Rosa, Hartmut (2016): Resonanz. Eine Soziologie der Weltbeziehung, 4. Aufl., Berlin.

Röschlau, Manfred (1990): RKW-Handbuch Personalplanung, 2. Aufl., Frankfurt a. M.

Rosenberger, Walter (2002): Führungskräfteberatung: Grundwissen. Methoden, Praxis, o. O.

von Rosenstiel, Lutz (2000): Grundlagen der Organisationspsychologie: Basiswissen und Anwendungshinweise, 4. Aufl., Stuttgart.

von Rosenstiel, Lutz (2009): Anerkennung und Kritik als Führungsmittel, in: von Rosenstiel, Lutz et al. (Hrsg.): Führung von Mitarbeitern, 6. Aufl., Stuttgart.

von Rosenstiel, Lutz et al. (Hrsg.) (2012): Change Management. Veränderungsschwerpunkte Organisation, Team, Individuum, Berlin und Heidelberg.

Rosenzweig, Phil (2008): Der Halo-Effekt: Wie Manager sich täuschen lassen, Offenbach.

Sarges, Werner (Hrsg.) (1996): Weiterentwicklungen der Assessment-Center-Methode, Göttingen.

Scheller, Torsten (2017): Auf dem Weg zur agilen Organisation. Wie Sie Ihr Unternehmen dynamischer, flexibler und leistungsfähiger gestalten, München.

Scherm, Ewald/Süß, Stefan (2010): Personalmanagement, 2. Aufl., München.

Scherm, Martin (Hrsg.) (2005): 360-Grad-Beurteilungen. Diagnose und Entwicklung von Führungskompetenzen, Göttingen.

Scheytt, Stefan: Die Wucht des digitalen Wandels, in: Magazin Mitbestimmung, Hans-Böckler-Stiftung, Nr. 04/2017.

Schleßmann, Hein (2015): Das Arbeitszeugnis. Zeugnisrecht, Zeugnissprache, Bausteine, Muster, Auskünfte über Arbeitnehmer, 21. Aufl., Frankfurt a. M.

Schmidt, Gunther (2013): Einführung in die hypnosystemische Therapie und Beratung, 5. Aufl., Heidelberg.

Scholz, Christian (2014): Personalmanagement. Informationsorientierte und verhaltenstheoretische Grundlagen, 6. Aufl., München.

Scholz, Christian (2014): Grundzüge des Personalmanagements, 2. Aufl., München.

Schuler, Heinz (2014): Psychologische Personalauswahl. Eignungsdiagnostik für Personalentscheidungen und Berufsberatung, 4. Aufl., Göttingen.

Schumacher, Torsten (2017): Alle Jahre wieder. Warum die klassische Leistungsbeurteilung zum Jahresende in die falsche Richtung führt, in: Handelsblatt, Dienstag, 05. Dezember 2017, Nr. 254.

Seiler, Kai/Acemyan, Talar (2015): Zweiklassengesellschaft? Atypische Beschäftigung und Konsequenzen für Sicherheit und Gesundheit bei der Arbeit, Transfer 6, Landesinstitut für Arbeitsgestaltung des Landes Nordrhein-Westfalen.

Sievers, Florian (2016): Plötzlich ganz oben, in: Handelsblatt Karriere Nr. 4/2016.

Sommer, Luise P. et al. (2017): War for talents. How perceived organizational innovativeness affects employer attractiveness, in: R&D management, Nr. 47/2/2017, S. 299–310.

Sozio-oekonomisches Panel (2014): www.diw.de.

Stahlhacke, Eugen et al. (2015): Kündigung und Kündigungsschutz im Arbeitsverhältnis, 11. Aufl., München.

Statistisches Bundesamt (Hrsg.) (2017): Pressemitteilung Nr. 125. EU-Vergleich der Arbeitskosten 2016: Deutschland auf Rang sieben. www.destatis.de/DE/PresseService/Presse/Pressemitteilungen/2017/04/PD17_125_624.html, Abruf vom 20.07.2018.

Steinheimer, Jörg (2015): Praxiswissen Arbeitsrecht. Begründung, Durchführung und Beendigung eines Arbeitsverhältnisses, Nürnberg.

Stelzer-Rothe, Thomas et al. (2012): Professionelle Steuerung psychosozialer Prozesse in Change-Management-Projekten, in: DNH 6/2012.

Stelzer-Rothe, Thomas (2013): Personalauswahlverfahren, in: Bröckermann, Reiner/Pepels, Werner (Hrsg.), Das neue Personalmarketing- Employee Relationship Management als moderner Erfolgstreiber, 2. Aufl., Berlin.

Stelzer-Rothe, Thomas/Thierau-Brunner, Heike (2015): Ein Werkzeug zur achtsamen Projektsteuerung, in: Personalwirtschaft 2/2015.

Stemmler, Gerhard (2016): Differentielle Psychologie und Persönlichkeitsforschung, 8. Aufl., Stuttgart.

Stock-Homburg, Ruth (2013): Personalmanagement. Theorien – Konzepte – Instrumente, 3. Aufl., Wiesbaden.

Stolzenberg, Kerstin/Heberle, Krischan (2013): Change Management: Veränderungsprozesse erfolgreich gestalten – Mitarbeiter mobilisieren, 3. Aufl., Berlin/Heidelberg.

Straub, Dieter (Hrsg.) (2010): Arbeits-Handbuch Personal. Recht und Praxis für den Personal-Profi, 7. Aufl., Berlin.

Sywottek, Christian (2015): Sinnvolle Unordnung, in: Brand eins, Wirtschaftsmagazin, Scheißjob, Schwerpunkt Führung, 17. Jg., Nr.03/2015.

Thorndike, E. L. (1920): A constant error in psychological rating, in: Journal of Applied Psychology, Nr. 4/1920.

Tuckman, Bruce W. (1965): Developmental sequence in small groups, in: Psychological Bulletin, Vol. 63, No. 6.

Ullah, Robindro/Witt, Michael (Hrsg.) (2015): Praxishandbuch Recruiting. Grundlagenwissen, Prozess-Know-How, Social Recruiting, Stuttgart.

Vahle, Jürgen (2015): Welche Unterlagen muss der Arbeitgeber dem Betriebsrat im Bewerbungsverfahren vorlegen?, in: Datenschutz-Berater, Nr. 10/2015.

Vahs, Dietmar (2015): Organisation: Ein Lehr- und Managementbuch, 9. Aufl., Stuttgart.

Voss-Dahm, Dorothea/Franz, Christine (2011): Ohne Studium (k)eine Führungsposition? Nach wie vor starke Bedeutung von beruflichen Bildungsabschlüssen bei Führungskräften in der Privatwirtschaft, IAQ-Report, Nr. 2/2011.

Wadhawan, Julia (2017): Ich will dich! Unternehmen müssen sich heute einiges einfallen lassen, um die richtigen Mitarbeiter zu finden, in: absatzwirtschaft. Zeitschrift für Marketing, Nr. 7/8/2017.

Walter-Busch, Emil (1996): Organisationstheorien von Weber bis Weick, Amsterdam.

Weibler, Jürgen (2012): Personalführung, 2. Aufl., München.

Weibler, Jürgen (2016): Personalführung, 3. Aufl., München.

Weinbrenner, Lars/Meier, Enrico (2017): Interessenausgleich und Sozialplan. Verhandlungen, Inhalte, Durchführung, 3. Aufl., München.

Welge, Martin K./Al-Laham, Andreas (2012): Strategisches Management. Grundlagen – Prozesse – Implementierung, 6. Aufl., Wiesbaden.

Wöhe, Günter et al. (2016): Einführung in die Allgemeine Betriebswirtschaftslehre, 26. Aufl., München.

Wottawa, Heinrich (2000): Perspektiven der Potentialbeurteilung: Themen und Trends, in: von Rosenstiel, Lutz/Lang-von Wins, Thomas (Hrsg.): Perspektiven der Potentialbeurteilung, Göttingen.

Wunderer, Rolf (2011): Führung und Zusammenarbeit: Eine unternehmerische Führungslehre, 9. Aufl., München.

Tabellenverzeichnis

https://doi.org/10.1515/9783110481860-007

Abbildungsverzeichnis

https://doi.org/10.1515/9783110481860-008

Über die Autoren

Timm Eichenberg, Prof. Dr. rer. pol., Dipl.-Ök., geb. 1977, ist Professor für Personalmanagement und Projektmanagement am Fachbereich Wirtschaft der Hochschule Weserbergland in Hameln. Seine Arbeits- und Forschungsgebiete umfassen Strategische Unternehmensführung, Personalmanagement (insbesondere Personalentwicklung sowie Shared Services) sowie Projektmanagement (insbesondere Multiprojektmanagement).

Martin Hahmann, Dr. rer. pol., Dipl. Oec., geb. 1965, ist Lehrbeauftragter an der WelfenAkademie in Braunschweig.

Olga Hördt, Prof. Dr. rer. pol., Dipl.-Ök., geb. 1974, ist Professorin für Allgemeine BWL, insbesondere Organisation, Führung und Personal an der Hochschule Ruhr West in Mülheim an der Ruhr.

Maren Luther, Prof. Dr. rer. pol., Dipl.-Ök., geb. 1976, ist Professorin für Unternehmensführung und Existenzgründung am Fachbereich Wirtschaft der Hochschule Weserbergland in Hameln. Ihre Arbeits- und Forschungsgebiete umfassen Strategische Unternehmensführung, Organisation und Projektmanagement, Entrepreneurship sowie Diplomatisches Management.

Thomas Stelzer-Rothe, Prof. Dr. rer. pol., Dipl.-Hdl., lehrt und forscht mit dem Schwerpunkt Personalmanagement an der FH SWF, Hochschule für Technik und Wirtschaft, Abteilung Hagen. Er hat langjährige Erfahrung als Personal- und Organisationsentwickler und ist seit 1995 als Unternehmensberater im Bereich Personalentwicklung, Training und Coaching tätig. Seit vielen Jahren führt er Forschungen zur Organisationsentwicklung in Hochschulen durch und hat darüber hinaus zahlreiche Aufsätze und Monografien im Bereich Kommunikation, Führung und Training veröffentlicht. Er ist Präsident des hlbNRW (Hochschullehrerbund Nordrhein-Westfalen).

https://doi.org/10.1515/9783110481860-009

Lehr- und Klausurenbücher der angewandten Ökonomik

Zuletzt in dieser Reihe erschienen:

Band 6
Martin Hahmann/Werner A. Halver/Jörg-Rafael Heim/Jutta Lommatzsch/Manuel Teschke/Michael Vorfeld
Klausurtraining für allgemeine Betriebswirtschaftslehre. Originalaufgaben mit Musterlösungen, 2018
ISBN 978-3-11-048181-5, e-ISBN (PDF) 978-3-11-043960-1, e-ISBN (EPUB) 978-3-11-043963-2

Band 5
Timm Eichenberg/Martin Hahmann/Olga Hördt/Maren Luther/Thomas Stelzer-Rothe
Unternehmensführung. Fallstudien, Klausuren, Übungen und Lösungen, 2017
ISBN 978-3-11-043834-5, e-ISBN (PDF) 978-3-11-043833-8, e-ISBN (EPUB) 978-3-11-042931-2

Band 4
Robert Nothhelfer/Stefan Foschiani/Katja Rade/Volker Trauzettel
Klausurtraining für allgemeine Betriebswirtschaftslehre. Originalaufgaben mit Musterlösungen, 2017
ISBN 978-3-11-048181-5, e-ISBN (PDF) 978-3-11-048182-2, e-ISBN (EPUB) 978-3-11-048202-7

Band 3
Meik Friedrich/Bettina-Sophie Huck/Andreas Schlegel/Thomas Skill/Michael Vorfeld
Mathematik und Statistik für Wirtschaftswissenschaftler. Klausuren, Übungen und Lösungen, 2016
ISBN 978-3-11-041059-4, e-ISBN (PDF) 978-3-11-041400-4, e-ISBN (EPUB) 978-3-11-042371-6

Band 2
Torsten Bleich/Meik Friedrich/Werner A. Halver/Christof Römer/Michael Vorfeld
Volkswirtschaftslehre. Klausuren, Übungen und Lösungen, 2016
ISBN 978-3-11-041058-7, e-ISBN (PDF) 978-3-11-041449-3, e-ISBN (EPUB) 978-3-11-042372-3

Band 1
Robert Nothhelfer/Urban Bacher/Katja Rade/Marcus Scholz
Klausurtraining für Bilanzierung und Finanzwirtschaft. Originalaufgaben mit Musterlösungen, 2015
ISBN 978-3-11-044136-9, e-ISBN (PDF) 978-3-11-044137-6, e-ISBN (EPUB) 978-3-11-043322-7